750 French Verbs
and Their Uses

Jean-Philippe Mathy
and
Rosemary McCluskey

Series Editors:
Jan R. Zamir, Ph.D.
and
Sonia Zamir, M.A.

John Wiley & Sons, Inc.

New York • Chichester • Brisbane • Toronto • Singapore

Library of Congress Cataloging-in-Publication Data

Zamir, Jan R., 1941–; McCluskey, Rosemary; Mathy, Jean-Phillippe
　　750 French verbs and their uses / Jan R. Zamir, R. McCluskey, J. P. Mathy
　　　　p.　cm.
　　Includes index.
　　ISBN 0-471-54589-9 (alk. paper)
　　1. French language—Verb.　2. French language—Usage.　I. Title.
PC2271.Z36　1992　　　　　　　　　　　　　　　　　92-1048
448.2–dc20

Printed in the United States of America

10 9 8 7 6 5 4 3 2 1

Acknowledgments

For their suggestions at various stages of this project, we are thankful to Roberta J. Erickson, who went over the manuscript with care, and to Jill E. Meade, who offered helpful comments on the entries in English. We benefited greatly from Professor Edward J. McCluskey's invaluable experience with publishing and personal computers.

Preface

The main purpose of this book is to give a clear picture of the uses of 750 common French verbs with their prepositions. A number of illustrative sentences for each entry serve to reflect implicitly the various usages of the verb and its preposition in context.

Each verb is first introduced without a preposition in order to show the basic usage of the verb, and then we indicate, when necessary, if the verb takes an object. We then present the verb with the preposition—and herein lies the main thrust of this book. In representing the verbs with their prepositions, we may distinguish between two types of verbal expressions. First are the verbs that are predominantly fixed to their prepositions and whose collocations represent a meaning distinct from that of the main verb. (For example, in English we would have such phrasal verbs as "hold up," "hold out," "hold on," "hold back," "hold down," "hold in," "hold off," and "hold with" etc.) We have represented these types of verbal phrases, following lexicographical convention, together with their object(s). Second, we have many common verbs that are not linguistically collocated with the prepositions in a fixed way but are prevalently found with given prepositions in certain frequent contexts. For example, we find in English the relationship of "to speak up" or "to speak out" as being bound and constituting a phrasal verb; however, we find it rather useful for the reader to be also aware of the association of "to speak" with the commonly used prepositions as in "to speak on (the phone)" or "to speak over (the loudspeaker)," "to speak under (his breath)," "to speak in (a whisper)," and so on. For pedagogical reasons, we found it useful to include both types. In total, this book contains illustrative sentences for 750 main entries and all together over 1,800 with main entries and subentries combined.

We have made several critical decisions in the format of this book that, we feel, makes it uniquely valuable. First, the number of examples for each entry varies according to the difficulty the use of the verb poses to an English-speaking person based on our pedagogical experience. Hence, the more unusual expressions are treated more extensively. Second, the examples attempt to give as wide a range as possible for the semantic domain of each entry. Third, every attempt is made to present the examples in a structurally diversified manner so as to simultaneously show varied uses of tenses.

This illustrative usage guide to French verbs and their respective prepositions can be used at all levels of competency—both as a separate reference source and as a supplementary aid for developing writing skills, providing grammatical practice, and so on.

Abbreviations Used in This Book

English	Abb.	French
et cetera	etc.	et cetera
familiar	fam	familier
gerund	ger	gerondif
infinitive	inf	infinitif
oneself	oneself	se
somebody	qn	quelqu'un
something	qch	quelque chose
subjunctive	subj	subjonctif

Contents

A

abaisser qch/qn   to lower, pull down, let down sth; to cut sb down

- Pourriez-vous abaisser le store, s'il vous plaît?
  Could you please pull the shade down?
- Le gouvernement parle d'abaisser les impôts.
  The government is talking about lowering taxes.
- Henri n'a jamais cherché à abaisser ses adversaires.
  Henry has never tried to cut down his opponents.
- Elle nous a abaissés plus bas que terre.
  She cut us to the quick.

s'abaisser   to go down, diminish; to lower oneself

- Est-ce que sa température s'est abaissée?
  Has the temperature gone down?
- Les taux d'intérêts se sont considérablement abaissés cette année.
  Interest rates have gone down considerably this year.
- Il n'aime pas s'abaisser.
  He does not like to lower himself.

s'abaisser à qch   to lower oneself to sth

- J'ai du mal à croire qu'elle pourrait s'abaisser à de telles manœuvres (/procédés).
  I have a hard time believing that she could lower herself to such maneuvers (/procedures).

s'abaisser à ⟨jusqu'à⟩ + *inf*   to lower oneself to + *inf*

- Il s'est abaissé jusqu'à m'offrir de l'argent.
  He stooped so low as to offer me money.
- Jacques ne s'abaissera pas à nous demander de l'aide.
  Jacques will never lower himself to ask us for help.

abandonner (qch/qn)   to forsake, give up (sth/sb)

- J'en ai assez, j'abandonne!
  I have had enough; I quit!
- Véronique a abandonné son ancien appartement.
  Veronica gave up her old apartment.
- On dit qu'il va abandonner l'enseignement (/ses études de droit).
  I have heard that he is going to give up teaching (/law school).
- Le général de Gaulle a abandonné le pouvoir (/ses fonctions présidentielles en 1969).
  General de Gaulle gave up power (/his presidential role in 1969).

- Elle n'abandonnera jamais ses amis en difficulté.
  She will never abandon her friends in hard times.
- Au milieu de la bataille, ses forces l'abandonnèrent.
  In the middle of the battle, his strength deserted him.

abandonner qch/qn à to leave sth/sb to

- Jean-Louis a abandonné tous ses biens à ses enfants.
  Jean-Louis left all his possessions to his children.
- Rousseau abandonna ses enfants à l'Assistance Publique.
  Rousseau gave his children up for adoption.
- Tu ne vas tout de même pas l'abandonner à son sort!
  You cannot really leave him to his fate!

abandonner à qn le soin de + *inf* to leave it to sb to + *inf*

- Je vous abandonne le soin de leur annoncer la bonne nouvelle.
  I leave it up to you to announce the good news to them.

s'abandonner à qch to surrender, give in to sth

- Phèdre s'est abandonnée au désespoir.
  Phedre gave herself up to despair.
- Ne t'abandonne pas à la paresse!
  Do not give in to laziness!

abonner qn à qch to subscribe sb to sth

- Je t'ai abonné à la nouvelle revue de François.
  I got you a subscription to François's new review.

être abonné au téléphone to have a telephone

s'abonner à qch to subscribe to sth

- Est-ce que vous vous êtes abonné à un journal français pendant votre séjour aux Etats-Unis?
  Did you subscribe to a French newspaper during your stay in the United States?
- Je me suis abonné au Théâtre municipal.
  I bought a season's ticket to the City Theater.

aboutir to succeed, materialize

- Ses projets (/ses efforts) n'ont malheureusement pas abouti.
  Unfortunately, her plans (/efforts) were unsuccessful.
- Les négociations entre les deux pays sont sur le point d'aboutir.
  The negotiations between the two countries are about to succeed.

aboutir à qch   to lead to, result in sth

- La route aboutit à un petit village.
  The road leads to a small village.
- Toutes nos tentatives n'ont abouti à rien.
  All our attempts amounted to nothing.

aboutir à + *inf*   to lead to + *inf*

- Tout ceci aboutira à décourager les étudiants.
  The end result of all of this will be to discourage the students.

s'absenter (de qch)   to leave (from sth)

- Le directeur s'est absenté pour quelques instants.
  The manager has stepped out for a few moments.
- Qui vous a autorisé à vous absenter si souvent?
  Who authorized you to be absent so often?
- Elle s'est absentée du bureau pendant deux heures.
  She was gone from the office for two hours.
- J'ai appris qu'il s'était secrètement absenté de Paris la semaine dernière.
  I learned that he was secretly away from Paris last week.
- Puis-je m'absenter de la réunion pendant quelques minutes?
  May I slip out of the meeting for a few minutes?

s'abstenir (de qch)   to abstain (from sth)

- Si vous n'y voyez pas d'inconvénient, je préfère m'abstenir.
  If you don't mind, I would prefer to abstain.
- Paul m'a confié qu'il s'était abstenu aux dernières élections.
  Paul told me confidentially that he abstained from voting in the last two elections.
- Le ministre s'est abstenu de tout commentaire sur la situation internationale.
  The minister abstained from any comments on the international situation.

s'abstenir de + *inf*   to abstain, refrain from + *ger*

- Son médecin lui a conseillé de s'abstenir de fumer et de boire du café.
  His doctor advised him to refrain from smoking and from drinking coffee.
- J'aurais préféré que vous vous absteniez d'intervenir dans la discussion.
  I would have preferred that you abstain from getting involved in the discussion.

abuser   to misuse, overuse

- Tu ne penses pas que tu abuses un peu!
  Don't you think that you are going too far!

abuser qn   to deceive, delude sb

- S'il croit qu'il m'abuse par ses mensonges (/manigances)!
  Does he believe that he is taking me in by his lies (/his wheeling and dealing)?

■ Ne vous laissez pas abuser par ses belles paroles.
Do not let yourself be taken in by his fine words.

abuser de qch/qn   to abuse, misuse, take advantage of sth/sb

■ Vous abusez un peu trop de l'alcool, à mon avis.
In my opinion, you drink to excess.

■ Antoine a abusé de notre confiance (/de la situation/de notre hospitalité).
Antoine has taken advantage of our trust (/of the situation/of our hospitality).

■ Je ne voudrais pas abuser de votre patience (/temps/gentillesse).
I would not want to take advantage of your patience (/time/kindness).

■ Elle abuse de toi (/de son entourage) de manière inacceptable.
She is taking advantage of you (/of her circle of friends) in an unacceptable fashion.

s'abuser   to delude oneself, be mistaken

■ Si je ne m'abuse, il doit arriver la semaine prochaine.
If I am not mistaken, he is supposed to arrive next week.

s'abuser sur le compte de qn   to be mistaken about sb

■ Je me suis complètement abusée sur ton compte!
I was totally mistaken about you!

accabler qn   to overwhelm, overcome, overburden sb; to condemn sb

■ La chaleur accablait les marcheurs.
The heat overcame the walkers.

■ Le témoignage de tous ces gens vous accable.
The testimony of all these people condemns you.

accabler qn de qch   to overcome sb with sth

■ Le criminel était accablé de remords.
The criminal was overcome with remorse.

■ L'ivrogne nous a accablés d'injures (/de reproches).
The drunk overwhelmed us with insults (/with grievances).

■ Elle n'a pas pu venir à notre soirée car elle est accablée de travail.
She was not able to attend our party because she was overwhelmed with work.

■ La presse accable le gouvernement de critiques.
The press overwhelms the government with criticism.

accéder à qch/qn   to have access to, reach sth/sb

■ On accède au restaurant par un escalier extérieur.
You can reach the restaurant by an exterior staircase.

■ Bruno accèdera au sommet de la hiérarchie en quelques années.
Bruno will reach the top of the hierarchy in a few years.

- Louis XIV accéda au trône de France en 1643.
  Louis XIV acceded to the throne of France in 1643.

- Quand est-ce que le Sénégal a accédé à l'indépendance?
  When did Senegal become independent?

accéder à une demande, une requête, aux désirs de qn   to comply with a request

- Le départment accéda à la requête des étudiants.
  The department complied with the students' request.

accepter qch/qn   to accept sth/sb

- Tu te rends compte, ils n'ont pas accepté mon article!
  Can you imagine! They did not accept my article.

- Nous acceptons votre offre (/invitation/proposition) avec le plus grand plaisir.
  We accept your offer (/invitation/proposal) with the greatest of pleasure.

- Il a été accepté dans le groupe sans aucun problème.
  He was accepted into the group without any problem.

- Elle n'acceptera pas que tu donnes ta démission.
  She will not accept the fact that you are resigning.

accepter de + *inf*   to agree, consent to + *inf*

- Accepteriez-vous de nous accompagner jusqu'à la maison?
  Will you agree to accompany us to our home?

- Incroyable! Il a accepté de me donner une augmentation.
  I can't believe it! He agreed to give me a raise.

- Les étudiants ont accepté de reporter l'examen d'une semaine.
  The students agreed to put the exam off for one week.

accompagner qch/qn   to go with sth/sb, come with sth/sb, escort sb

- Veuillez accompagner monsieur jusqu'à la porte.
  Please escort this gentleman to the door.

- Une foule nombreuse accompagnait le président à sa sortie de l'Elysée.
  A large crowd surrounded the president as he left the Elysée Palace.

- Des légumes verts accompagnaient le rôti.
  Assorted green vegetables were served with the roast.

- Le chanteur était accompagné par un orchestre de jazz.
  The singer was accompanied by a jazz band.

accompagner de qch/qn   to accompany by/with sth/sb

- Elle a accompagné ses dernières remarques d'un geste de la main.
  She gestured as she made her last points.

- Le prof accompagne toujours son cours de diapositives.
  The professor always supplements his lecture with slides.

- Le député était accompagné de ses supporters.
  The representative was accompanied by his fans.

s'accompagner à   to accompany on, sing to

■   Bob Dylan s'accompagne à la guitare et à l'harmonica.
Bob Dylan sings with guitar and harmonica accompaniment.

s'accompagner de qch   to go with, to be followed by sth

■   Le repas s'accompagnait d'un excellent bordeaux.
The meal came with an excellent Bordeaux wine.

accorder qch/qn   to reconcile, grant, concede sth/sb, tune (an instrument)

■   Ce piano n'est pas accordé.
The piano needs to be tuned.

■   Il faut accorder le nom et l'adjectif.
You have to make adjectives agree with nouns.

■   L'ambassadeur de l'ONU est parvenu à accorder les deux parties en présence.
The United Nations Ambassador was able to get the two sides to reach an agreement.

accorder qch à qn   to give, grant sb sth

■   Il a généreusement accordé un jour de congé à ses employés.
He generously gave his employees a day's leave.

■   Le ministre vous accordera une entrevue la semaine prochaine.
The minister will grant you an interview next week.

■   Patrick accorde beaucoup d'importance (/de valeur) à votre opinion.
Patrick places a lot of importance (/weight/value) on your opinion.

■   Je vous accorderai bien volontiers que le moment était mal choisi.
I will grant you that the moment was poorly chosen.

accorder avec qch   to match with sth

■   Elle a voulu accorder le papier peint avec le mobilier.
She wanted the wallpaper to go with the furnishings.

■   Vous devez accorder le verbe avec son sujet.
You have to make the verb agree with its subject.

s'accorder   to get on/along, be in tune

■   Les voisins ne s'accordent pas très bien.
Our neighbors don't get along very well.

s'accorder qch   to allow oneself sth

■   Cet été, notre fille s'est accordé un repos bien mérité.
This summer our daughter allowed herself a much-deserved break.

s'accorder à/pour + *inf*   to agree to + *inf*

■   Nos amis se sont accordés pour ne pas payer l'addition.
Our friends agreed not to pay the bill.

- Tous les spécialistes s'accordent pour prédire une récession.
  All the experts agree that a recession is in the offing.

s'accorder avec qch/qn   to agree, go with, fit in with sth/sb; to get along with sb

- En français le verbe s'accorde avec le sujet.
  In French the verb agrees with the subject.

- Les coussins ne s'accordent pas du tout avec le tapis.
  The cushions do not go with the rug at all.

- Je m'accorde très bien avec mon beau-père, vous savez!
  You know, I get along quite well with my father-in-law!

s'accorder sur qch   to agree on sth

- Ils n'ont pas pu s'accorder sur un endroit où passer leurs vacances.
  They could not agree on where to spend their vacation.

accoucher (de qch/qn)   to give birth (to sth/sb)

- Quand est-ce que Madeleine doit accoucher?
  When is Madeleine's baby due?

- Françoise a accouché d'un beau bébé de trois kilos.
  Françoise gave birth to a beautiful seven pound baby.

- Ce genre d'écrivain à succès accouche d'un nouveau livre tous les trois ans.
  This kind of best selling writer produces a new book every three years.

accoutumer qn à qch   to get sb used to sth

- Tu nous avais accoutumés à plus de gentillesse.
  You got us used to more kindness and consideration.

- Il a accoutumé ses enfants à une discipline très stricte.
  He got his children used to very strict discipline.

accoutumer qn à + *inf*   to get sb used to + *ger* (/*inf*)

- Je ne suis pas accoutumé à être traité de cette façon.
  I am not used to being treated in this manner.

- Elle n'a pas été accoutumée à vivre à la dure.
  She was not brought up to live the hard life.

s'accoutumer à qch   to get used to sth

- Patrick a du mal à s'accoutumer à sa nouvelle vie.
  Patrick is having a hard time getting used to his new life.

- Le chat a mis longtemps à s'accoutumer à notre présence.
  The cat took a long time to get used to our presence.

s'accoutumer à + *inf*   to get used to + *ger*

- Il faudra vous accoutumer à le voir plus souvent.
  You will have to get used to seeing him more often.

accrocher qch/qn   to catch, pull sth/sb

- Elle a accroché son bas.
  Her stocking got caught.

- Voilà une publicité qui accroche le regard (/les clients).
  Here's an ad that catches your attention (/attracts consumers).

- Il a fini par accrocher le contrat avec les Japonais.
  He finally closed the contract with the Japanese.

- J'ai pu accrocher quelques idées au vol, mais il parlait trop vite.
  I managed to catch a few ideas, but he was speaking too fast.

- Il m'a accroché à la sortie du cinéma et m'a raconté ses malheurs pendant une heure.
  He caught me outside the movie theatre and told me all his problems for an hour.

accrocher qch à   to hook, hang, catch sth on

- Le plus dur, c'est d'accrocher le ver à l'hameçon.
  The trickiest part is to get the worm on the hook.

- On a dû accrocher deux wagons supplémentaires au train Paris-Lyon.
  They had to attach two extra cars to the Paris-Lyon train.

- Tu devrais accrocher cette affiche au mur de ta chambre.
  You should hang up this poster on the wall in your bedroom.

s'accrocher   to buckle down

- Il s'est accroché et il est passé en deuxième année.
  He really buckled down, worked hard, and passed into the second year of the program.

s'accrocher à qch/qn   to cling to, hang on to sth/sb

- L'aristocratie s'accrochait à ses privilèges.
  The aristocracy was clinging to its privileges.

- Il s'accroche à elle malgré leurs disputes.
  He clings to her in spite of their arguments.

s'accrocher avec qn sur qch   to disagree with sb on sth

- Ils se sont accrochés sur la question du salaire.
  They disagreed on the salary issue.

acculer qn à/dans qch   to back sb into sth

- Les deux malfaiteurs ont acculé leur victime dans un coin.
  The two criminals backed their victim into a corner.

- Le voilà acculé au pied du mur, il va falloir qu'il fasse quelque chose.
  There he is with his back to the wall; he is going to have to do something.

- Ses dettes de jeu l'ont acculé au désespoir (/au suicide).
  His gambling debts drove him to the brink of despair (/to suicide).

■ En 1929, de nombreuses entreprises furent acculées à la faillite.
In 1929 numerous companies were driven to bankruptcy.

accuser qch/qn   to confess sth; to bring out sth; to accuse sth/sb

■ Il ne faut pas accuser la malchance.
You should not blame bad luck.

■ Son costume noir accusait encore sa pâleur (/sa maigreur).
His black suit accentuated how pale he was (/how skinny he was).

■ Le champion accuse la fatigue de son dernier match.
The champion was showing the strain of his last match.

■ L'activité économique a accusé un net ralentissement depuis le mois dernier.
Economic activity has shown a sharp decline since last month.

■ Il m'a accusé en pleine réunion du conseil d'administration.
He accused me in the middle of the board of directors' meeting.

accuser qn de qch   to accuse sb of sth

■ Il est accusé de vol à main armée (/de négligence).
He is accused of armed robbery (/of negligence).

■ Le général a été accusé de haute trahison pour avoir fourni des secrets à l'ennemi.
The general was accused of high treason for having handed over secrets to the enemy.

accuser qn de + *inf*   to accuse sb of + *ger*

■ On l'accuse d'avoir menti.
He is accused of having lied.

■ Socrate fut accusé de corrompre la jeunesse d'Athènes.
Socrates was charged with corrupting the youth of Athens.

s'accuser   to become more pronounced

■ La violence de son caractère s'accuse avec les années.
His violent personality is becoming more apparent with time.

■ La hausse des prix s'est accusée depuis janvier dernier.
Inflation has been on the rise since last January.

s'accuser de qch   to confess to sth

■ Les enfants se sont accusés du vol.
The children confessed to the theft.

■ Il s'est accusé du meurtre de l'industriel italien.
He confessed to the murder of the Italian businessman.

s'accuser de + *inf*   to blame oneself for + *ger*

■ Elle s'accuse de n'avoir pas assez insisté.
She blames herself for not having insisted enough.

■ Edouard s'accuse de n'avoir pas cru en notre projet.
Edward blames himself for not having believed in our proposal.

s'acharner   to work away at, pursue intently

- Il a beau s'acharner, il n'y arrivera pas.
  Try as he may, he will never be able to do it.

s'acharner à qch   to pursue sth intently

- Après avoir raté son examen, Roland s'est acharné au travail.
  After having failed his exam, Roland worked extremely hard.
- Roberta s'acharne à son nouveau roman.
  Roberta is completely engrossed with her new novel.

s'acharner à + *inf*   to persist in + *ger*

- Je ne comprends pas pourquoi il s'acharne à te faire souffrir.
  I do not understand why he is bent on hurting you.
- Je me suis acharné en vain à leur expliquer la situation.
  I tried in vain to explain the situation to them.
- L'inspecteur s'acharne à prouver la culpabilité du suspect.
  The detective is trying desperately to prove the suspect's guilt.

s'acharner sur/contre/après qn   to be dead set against sb; to hound sb

- Le tigre s'acharnait sur sa proie.
  The tiger relentlessly hounded its prey.
- Tout s'acharne contre toi (/ta réussite).
  Everything is against you (/your success).
- Pourquoi vous acharnez-vous contre cet enfant?
  Why are you hounding this child?
- Le malheur (/le destin) s'est acharné sur Oedipe.
  Oedipus was pursued relentlessly by misfortune (/destiny).

acheter qch/qn   buy sth; to bribe, buy sb off

- Qu'est-ce que vous avez acheté de beau?
  Let's see what you bought!
- J'ai acheté ma voiture d'occasion.
  I purchased my car secondhand.
- Ils ont acheté le juge (/les électeurs/deux députés/de faux témoins/des suffrages).
  They paid off the judge (/the electorate/two representatives/false witnesses/votes).
- Lucien a refusé de se laisser acheter.
  Lucien refused to be bribed.
- Elle a acheté très cher sa tranquillité (/son indépendance).
  She paid a high price for her peace of mind (/her independence).

acheter qch à/chez qn   buy something at/from sb

- Va acheter du lait à l'épicerie (/chez l'épicier).
  Go and buy some milk at the grocery store.
- J'ai acheté ce livre à la librairie de la gare.
  I purchased this book at the train station bookstand.

acheter qch à, pour qn   to buy sb sth, buy sth for sb

∎ Ils viennent d'acheter à leur fils une moto toute neuve.
They just bought their son a brand-new motorcycle.

∎ Elle a acheté cet immense appartement pour elle toute seule?
Has she bought this huge apartment all for herself?

achever   to end, to conclude, finish

∎ Il vous reste deux minutes pour achever.
You have two minutes to finish.

∎ Ils ne m'ont pas laissé le temps d'achever.
They did not let me finish.

achever qch/qn   to finish sth, finish off sb

∎ Je vous en prie, achevez votre repas.
Please finish your meal.

∎ Les soldats ont reçu l'ordre d'achever tous les blessés.
The soldiers received orders to finish off all the wounded.

∎ On achève bien les chevaux.
They shoot horses, don't they?

∎ Cette longue promenade m'a achevé.
This long walk did me in.

achever de + *inf*   to finish + *ger*

∎ Ses dernières notes ont achevé de le décourager.
His last grades put the finishing touch on his discouragement.

∎ Achevez de vous préparer, je vous en prie.
Please finish getting ready.

s'achever par/sur qch   to end on/with sth

∎ La réunion s'est achevée à minuit.
The meeting got out at midnight.

∎ La pièce s'achève sur (par) la réconciliation générale de tous les personnages.
At the end of the play there is a general reconciliation.

acquiescer   to accept, to acquiesce

∎ Elle a acquiescé d'un signe de tête.
She acquiesced with a nod of her head.

acquiescer à qch   to accept sth

∎ Je vous remercie d'avoir acquiescé à ma demande (/requête).
Thank you for having accepted my demand (/request).

∎ Tu as acquiescé à des conditions pareilles!
You agreed to such conditions!

acquitter qch/qn   to acquit sth/sb; to discharge sth/sb

- Est-ce que tu as acquitté la note d'hôtel (/la facture du bijoutier)?
  Did you take care of the hotel bill (/the jeweler's bill)?
- Le jury a acquitté l'accusé après une longue délibération.
  The jury acquitted the accused after a long deliberation.

acquitter qn de qch   to release sb from sth

- Le tribunal les a acquittés de toutes leurs dettes.
  The court released them from all of their debts.

s'acquitter de qch (envers qn)   to fulfil, carry out sth for sb

- Je n'ai fait que m'acquitter de mon devoir (/ma promesse) envers vous.
  I was only doing my duty toward you (/keeping my promise to you).
- Lise s'acquitte très bien de sa tâche (/de ses nouvelles fonctions).
  Lise is carrying out her job (/her new responsibilities) very well.

adapter à qch   to adapt to, fit to, adjust to sth

- Est-ce que je peux adapter cette imprimante à mon nouvel ordinateur?
  Can I adapt this printer to my new computer?
- Le roman de Bill va être adapté à la scène.
  Bill's novel is to be adapted for the stage.
- Debussy adaptait sa musique à la poésie de Mallarmé.
  Debussy adjusted his music to Mallarmé's poetry.
- Sa conduite n'est pas très adaptée à la nouvelle situation (/aux circonstances).
  His behavior does not fit into the new situation (/the circumstances).

s'adapter à qch   to adjust to sth; to fit onto sth

- Cette pièce s'adapte au carburateur.
  This part fits onto the carburetor.
- Elle s'est très bien adaptée à la vie parisienne.
  She adjusted to Parisian life very well.
- Ce romancier a su s'adapter aux goûts du public.
  This novelist knew how to adapt to public taste.

adhérer à qch   to adhere, stick to sth; to join sth

- La nouvelle Renault adhère bien dans les virages.
  The new Renault holds the road well in curves.
- Avec des pneus neige, votre véhicule adhérera mieux à la route.
  With snow tires your vehicle will hold the road better.
- Mon frère vient d'adhérer au Parti Socialiste.
  My brother just joined the Socialist party.
- J'adhère tout à fait à votre point de vue (/à ce que vous venez de dire).
  I agree totally with your point of view (/with what you just said).

admettre qch/qn   to admit, accept, allow sth/sb

- Le prof de français n'admet pas beaucoup la critique.
  My French teacher does not take criticism too well.

- Le jury a admis une cinquantaine de candidats.
  The jury accepted about fifty applicants.

- Cette règle n'admet aucune exception.
  This rule allows for no exceptions.

- Je n'admets pas que vous me parliez sur ce ton.
  I will not allow you to speak to me in that tone of voice.

admettre qn à/dans/en qch   to allow, let sb in/into sth

- Patricia vient d'être admise à l'Ecole Polytechnique.
  Patricia has just been accepted to the Ecole Polytechnique.

- Il vient d'être admis au concours (/à l'examen/dans le cercle des intimes du maître).
  He just passed the competitive examination (/exam/he has been accepted into the intimate entourage of the master).

- Les animaux ne sont pas admis dans le magasin.
  Animals are not allowed in the store.

- Eric n'a pas été admis en deuxième année de médecine.
  Eric wasn't admitted to the second year of medical school.

être admis à + *inf*   to be allowed to + *inf*

- Je suis admis à passer l'oral.
  I have been allowed to take the orals.

admirer qch/qn   to admire sth/sb

- J'admire la façon dont il s'est tiré d'affaire.
  I admire the way he handled the situation.

- Elle admire énormément son professeur de piano.
  She has a lot of admiration for her piano teacher.

admirer qn de + *inf*   to admire sb for + *ger*

- Je vous admire de recommencer des études à votre âge.
  I admire you for going back to school at your age.

- Brigitte t'admire d'avoir osé prendre la parole en public.
  Bridget admires you for having dared speak up in public.

s'adonner à qch   to give oneself up to, devote oneself to, indulge in sth

- En ce moment, il s'adonne à son sport favori, la planche à voile.
  These days he indulges in his favorite sport, windsurfing.

- Il s'adonne tout entier à son métier (/il s'adonne à la boisson/au jeu).
  He is totally dedicated to his work (/he has given himself up to drink/to gambling).

adosser à/contre qch   to stand, lean against sth

- C'est une maison bleue, adossée à la colline.
  It is a blue house that backs up to the hill.
- Est-ce que tu peux m'aider à adosser l'armoire contre le mur?
  Can you help me to back the wardrobe against the wall?
- Il était adossé à la barrière et il me souriait.
  He was leaning up against the gate and was smiling at me.

s'adosser à qch   to lean on sth

- Ne vous adossez pas à la clôture, la peinture est encore fraîche.
  Do not lean on the fence; the paint is still wet.
- La ville s'adosse à la montagne.
  The town is nestled into the mountain.

adresser qch à qn   to aim, direct, address sth at sb

- A qui dois-je adresser le colis?
  To whom must I address the package?
- Il ne m'a pas adressé la parole depuis des mois.
  He has not spoken to me in months.
- Elle ne m'a même pas adressé un regard (/un sourire/un signe de tête).
  She did not even look at me (/smile at me/nod to me).

adresser qn à qch/qn   to refer sb to sth/sb

- Son médecin l'a adressée à un spécialiste.
  Her doctor referred her to a specialist.
- On m'a adressé à un bureau au deuxième étage.
  I was sent to an office on the second floor.

s'adresser à qch/qn   to speak to sth/sb, appeal to sth

- Ce genre de poésie s'adresse à l'imagination (/au cœur).
  This type of poetry speaks to the imagination (/to the heart).
- Les philosophes s'adressent à notre raison.
  Philosophers address themselves to our capacity to reason.
- Adressez-vous à mon adjoint.
  See my assistant.
- Il s'est adressé à la foule en espagnol.
  He addressed the crowd in Spanish.
- On m'a conseillé de m'adresser à vous.
  I have been referred to you.

s'affairer à + inf   to busy oneself + *ger*

- Les sauveteurs s'affairent à dégager les décombres de l'immeuble.
  The rescue workers are busy clearing away the debris from the building.

s'affairer auprès de/autour de qn   to busy oneself, bustle about sb

▉ Les infirmières s'affairaient autour du malade.
The nurses were busying themselves about the patient.

affecter qch/qn   to affect sth/sb; to feign sth

■ Les derniers événements vont affecter les relations entre les deux pays.
The latest events will have consequences on the relations between the two countries.

■ Il affecte une grande satisfaction, mais au fond il est déçu.
He is pretending to be satisfied but, in reality, he is disappointed.

■ Elle affecte de la tendresse pour toi, mais c'est pure hypocrisie.
She feigns tenderness towards you, but it's pure hypocrisy.

■ La mort de son frère l'a beaucoup affecté.
His brother's death deeply moved him.

■ Elle a été très affectée par la nouvelle.
She was deeply affected by the news.

affecter qch/qn à qch   to appropriate, select, assign sth/sb to sth

■ La municipalité affecte une partie de ses revenus à l'élargissement du musée.
The city allocates part of its funds to the enlargement of the museum.

■ Le ministre a promis d'affecter davantage de crédits à la recherche scientifique.
The minister promised to earmark more funds to scientific research.

■ Pierre a été affecté au bureau de Lyon.
Pierre was appointed to the Lyon office.

affecter de +*inf*   to affect, pretend to + *inf*

■ Il affecte de connaître le Premier ministre personnellement.
He pretends he knows the Prime Minister on a personal basis.

■ Elle affectait de ne pas se souvenir de mon nom.
She pretended not to remember my name.

affilier à qch   to affiliate with sth

■ Ce club est affilié à la Fédération Française de Football.
This club is affiliated with the French Soccer Organization.

■ Il voulait nous affilier de force à son organisation.
He wanted to force us to join his organization.

s'affilier à qch   to join sth, associate with sth

■ Il s'est affilié au syndicat le mois dernier.
He joined the trade union last month.

■ Tom s'est affilié à une bande de coquins.
Tom has gotten involved with a bunch of crooks.

affliger qn   to pain, distress sb

- La nouvelle a affligé tous ses amis.
  The news distressed all his friends.

- Son attitude nous afflige profondément.
  His attitude pains us deeply.

s'affliger de qch   to be grieved *or* upset at/about/over sth

- Je suis très affligé de la mort de votre frère.
  I am deeply grieved by your brother's death.

s'affliger de +*inf*   to be distressed at + *ger*

- Je m'afflige de vous voir dans un tel état.
  I am so sorry to see you in this situation.

affranchir qch (une lettre, un paquet)   to stamp sth (a letter, a package)

- N'oublie pas d'affranchir la lettre avant de la poster.
  Don't forget to stamp the letter before mailing it.

affranchir qn de qch   to free sb from sth

- Vous voilà désormais affranchie de tout souci (/de vos obligations).
  You are free from all concerns (/obligations) now.

- Les nationalistes veulent affranchir leur pays de la domination étrangère.
  The nationalists want to free their country from foreign domination.

s'affranchir de qch/qn   to rid oneself of, break free from sth/sb

- Il est temps qu'elle s'affranchisse de la tutelle de sa mère.
  It is high time she gets out from under her mother's thumb.

- Elle veut s'affranchir de toute contrainte (/des conventions sociales).
  She wants to free herself from any restraints (/from social conventions).

agir   to act, take effect

- La situation est grave, il est temps d'agir.
  The situation is serious; it is time to act.

- Il a agi comme un imbécile.
  He acted like an idiot.

- Ce poison (ce médicament) agit très vite.
  This poison (this medicine) works very fast.

agir sur qch/qn   to have an effect, have an impact on sth/sb

- Ces mesures sont censées agir sur le marché de l'emploi.
  These measures are supposed to have an effect on the labor market.

- Ce sirop agit sur les voies respiratoires.
  This syrup acts on the respiratory system.

■   L'opposition est déterminée à agir sur le gouvernement.
The opposition is determined to influence the government.

il s'agit de qch/qn   it concerns sth/sb, it is about sth/sb

■   Dans ce roman, il s'agit d'un jeune soldat qui part pour la guerre.
This novel is about a young soldier who leaves for war.

■   Il s'agit de ton avenir, pas du mien.
It is your future that is in question, not mine.

■   Il s'est beaucoup agi de vous au cours de l'entretien.
We talked a lot about you during most of the interview.

il s'agit (pour qn) de + *inf*   it is a matter of sb + *ger*

■   Il s'agit de savoir si vous acceptez mes conditions (/ma proposition).
The question is: Do you accept my conditions (/my offer)?

■   Il ne s'agit plus de plaisanter.
This is not a joking matter.

■   Il s'agit pour elle de réussir à son examen.
At this point, it is a matter of her passing her exam.

agripper qch/qn   to seize, grasp sth/sb

■   Le malade a agrippé la main du médecin et l'a longuement remercié.
The patient grasped the doctor's hand and thanked him profusely.

■   Un voleur a agrippé son sac à la sortie de la bouche de métro.
A thief grabbed her purse at the subway's exit.

s'agripper à qch/qn   to clutch at, cling to sth/sb

■   Agrippez-vous à moi, l'escalier est glissant!
Hold on to me; the stairs are slippery!

■   Il s'est agrippé aux branchages pour amortir sa chute.
He held on to the branches to soften his fall.

aider qn   to help sb

■   Est-ce que quelqu'un pourrait m'aider?
Could someone help me?

■   Il a besoin d'être aidé en mathématiques.
He needs help in math.

aider à qch   to help with sth

■   Son appui aidera à la réussite de notre projet.
His support will help the success of our project.

■   Il a bien voulu aider à la préparation de la fête de fin d'année.
He willingly accepted to help with the preparations for the end of the year party.

aider qn à + *inf*   to help sb to + *inf*

■   Hélène va vous aider à nettoyer le garage.
Helen will help you clean the garage.

■ Ta présence aidera à les convaincre.
Your presence will help convince them.

■ Ses explications m'ont aidé à comprendre la philosophie de Spinoza.
His explanations helped me to understand Spinoza's philosophy.

aider qn de qch to help sb with sth

■ Il m'a demandé si tu pourrais l'aider de tes conseils.
He asked me if you could help by giving him your advice.

s'aider to help oneself

■ Aide-toi, le ciel t'aidera.
God helps those who help themselves.

■ Entre amis, nous devons nous aider.
Friends have to help each other.

s'aider de qch to make use of sth

■ Sur le glacier, vous devrez vous aider de votre piolet.
Once on the glacier, you'll need to use your ice ax.

■ Depuis son accident, il doit s'aider d'une canne pour marcher.
He has had to use a cane to walk since his accident.

aimer qch/qn to like, love, be fond of sth/sb

■ J'aime beaucoup la côte basque.
I love the coastline in the Basque Country.

■ Est-ce que vous aimez Mozart?
Do you like Mozart?

■ Ces fleurs aiment l'ombre.
These flowers flourish in the shade.

■ Elle n'aime pas qu'on lui fasse la cour.
She does not like to be courted.

■ J'aimerais mieux que tu viennes la semaine prochaine.
I would rather have you come next week.

aimer + *inf* to love, like + *inf*

■ Elle aime beaucoup lire.
She loves to read.

■ Nous aimerions mieux vous rencontrer après les cours.
We would rather meet with you after classes.

aimer à + *inf* (*lit*) to like + *inf*

■ J'aime à croire que vous avez confiance en moi.
I like to believe that you trust me.

■ Lamartine aimait à rêver au clair de lune.
Lamartine enjoyed dreaming in the moonlight.

ajouter qch/qn   to add sth/sb

- Ils ont ajouté 300 francs à la note d'hôtel.
  They added 300 francs to the hotel bill.

- Il faut ajouter un peu de farine, la pâte est trop liquide.
  You have to add a little flour; the batter is too runny.

- J'ajoute (je dois ajouter) que le moment me paraît mal choisi.
  I have to say that this is a bad time.

ajouter à qch   to add to sth

- La cheminée ajoute à la valeur de la maison.
  The fireplace adds to the value of the house.

- J'ai exigé que l'on ajoute ton nom à la liste des invités.
  I insisted that they add your name to the guest list.

- On m'a demandé d'ajouter deux chapitres à mon livre.
  They have asked me to add two chapters to my book.

- L'arrivée de Christine a ajouté à la confusion.
  Christine's arrival added to the confusion.

alarmer qn   to alarm, scare sb

- Nous sommes vraiment alarmés par toutes ces nouvelles.
  We are really scared by all this information.

- La rumeur d'un coup d'Etat alarmait la population.
  The rumored coup d'état alarmed the population.

s'alarmer de/pour qch   to be alarmed about sth

- Ne vous alarmez pas trop de la situation, les choses vont s'arranger.
  Don't be too alarmed about the situation; things will get better.

- Elle ne s'est pas alarmée de son absence.
  She was not worried by his absence.

aller   to go

- Comment allez-vous? —Je vais très bien, merci.
  How are you? —I am fine, thank you.

- L'économie va mal en ce moment.
  The economy is not doing well at this time.

- Il allait trop vite et il a raté un virage.
  He was going too fast, and he missed a turn in the road.

- La situation ira en s'améliorant.
  The situation will get better with time.

- Ils ne vont pas ensemble du tout.
  They do not go together at all.

aller à/dans/chez qch/qn   to go to/into sth/sb

- Elle va au travail en bicyclette.
  She rides her bicycle to work.

- Va dans le jardin me chercher du persil.
  Go into the garden and get me some parsley.

- Il est allé chez le coiffeur.
  He went to get his hair cut.

- Ton père est allé à la pêche (/à la chasse/au ski/à la piscine/au golfe).
  Your father has gone fishing (/hunting/skiing/swimming/golfing).

aller + *inf*   to be going to, be about to, go + *inf*

- Il est allé chercher ses parents à l'aéroport.
  He went to pick up his parents at the airport.

- Je suis allé me faire enlever une dent de sagesse.
  I went to have one of my wisdom teeth removed.

- Elle allait quitter la salle quand tu es arrivé.
  She was going to leave the room when you arrived.

- N'allez surtout pas croire que nous étions au courant!
  Do not go believing that we knew about this!

aller à qn   to fit, suit sb

- Ce costume vous va à merveille.
  The suit fits you perfectly.

- Nous partirons à quatre heures du matin. Est-ce que ça vous va?
  We will leave at four o'clock in the morning. Is that all right with you?

se laisser aller à qch   to let oneself go, give oneself up to sth

- Je trouve que Gérard se laisse aller.
  I think that Gerard is letting himself go.

- Le vainqueur s'est laissé aller à sa joie.
  The winner let loose all of his joy.

se laisser aller à + *inf*   to stoop to + *inf/ger*

- Je me suis laissé aller à lui donner quelques conseils.
  I went so far as to give him some advice.

- Ils se sont laissés aller à formuler quelques objections (/critiques).
  They dared voice a few objections (/criticisms).

- Je ne peux pas croire que tu te sois laissé aller à nous mentir.
  I can't believe you stooped to lying to us.

aller avec qch/qn   to go well with sth/sb

- Son chapeau ne va pas très bien avec sa robe.
  Her hat does not go well with her dress.

- La moquette va avec la tapisserie.
  The carpet goes well with the wallpaper.
- Je trouve qu'elle ne va pas du tout avec lui.
  I do not think they go well together at all.

aller jusqu'à + *inf*   to go as far as + *inf*

- Elle est allée jusqu'à demander une entrevue au PDG.
  She went so far as to demand to see the CEO.
- Je n'irais pas jusqu'à dire que son travail est excellent.
  I would not go so far as to say that his work is excellent.

il en va de qch   the same goes for sth

- Il en va de même pour ce qui concerne le bilan du mois de juillet.
  It is the same for the July balance sheet.
- Il en va de cette question comme des précédentes.
  It is the same thing for this question as for the preceeding ones.

s'en aller   to go, leave

- Quand est-ce que tu t'en vas?
  When are you leaving?
- Ils s'en iront pour le Brésil (/sur la côte normande) la semaine prochaine.
  They are leaving for Brazil (/for the Normandy coast) next week.
- Ces taches s'en iront au lavage.
  These stains will go away in the wash.
- Tout ton salaire s'en va en voyages autour du monde.
  Your whole salary is spent on world travels.

s'en aller + *inf*   to be going to + *inf*

- Je m'en vais vous montrer de quoi je suis capable (/de quel bois je me chauffe).
  I am off to show you what I am capable of (/what I am made of).

s'en aller de   to leave from

- Irène s'en va définitivement de la région.
  Irene is definitively leaving the area.
- La police s'en ira du quartier lorsque le calme sera revenu.
  The police will leave the neighborhood when all is quiet again.

allier qch/qn à qch/qn   to match, unite sth/sb with sth/sb

- Un mariage de raison a allié les deux familles.
  An arranged marriage united the two families.
- Il est difficile d'allier ces deux couleurs en un ensemble harmonieux.
  It is difficult to mix these two colors into a harmonious whole.
- Ce pianiste allie une grande sensibilité à une technique parfaite.
  This pianist marries a heightened sensibility with perfect technique.

- Il paraît qu'ils sont alliés à la famille royale.
  Apparently they are allied with the royal family.

s'allier à qn   to ally oneself with sb

- En 1939, Hitler s'est allié aux Soviétiques.
  In 1939 Hitler formed an alliance with the Soviets.
- Il s'est allié avec Lebrun pour racheter la société.
  He formed an alliance with Lebrun to buy the company.

ambitionner qch   to desire, covet sth

- Il ambitionne la place de directeur général.
  He has his eyes on the CEO's position.
- Le docteur Lenoir ambitionne une nomination à l'Académie des Sciences.
  Doctor Lenoir's ambition is to be nominated for the Academy of Science.

ambitionner de + *inf*   to aspire to + *inf*

- Julien ambitionne de devenir célèbre un jour.
  Julien aspires to be famous some day.
- Elle ambitionne de battre le record olympique.
  Her ambition is to break the Olympic record.

amener qch/qn à qch/qn   to bring sth/sb to sth/sb

- Elle vous amènera à la maison vers 19 heures.
  She will bring you to the house at about 7 P.M.
- Qu'est-ce qui vous amène à San Francisco?
  What brings you to San Francisco?
- Amenez-nous les enfants après l'école.
  Bring the children to us after school.
- Amenez-le moi que j'examine sa jambe.
  Bring him to me so I can examine his leg.
- J'ai été amené à cette conclusion (/position) par les événements de l'été dernier.
  I was brought to this conclusion (/position) by last summer's events.
- Ceci nous amène à la question du chômage.
  This brings us to the question of unemployment.

amener qn + *inf*   to bring sb to + *inf*

- Elle a amené son bébé au concert écouter du Mozart!
  She brought her baby to listen to the Mozart concert!

amener qn à + *inf*   to lead, induce sb to + *inf*

- Ces quelques remarques m'amènent à commenter le troisième chapitre.
  These few remarks lead me to comment upon the third chapter.
- Petit à petit, Richard a été amené à changer d'avis.
  Little by little, Richard was led to change his mind.

- Espérons que cela amènera le gouvernement à prendre des mesures.
  Let's hope this will get the government to take some measures.

amuser qn   to amuse, entertain sb

- "1 rue Sésame" amuse beaucoup les enfants.
  "Sesame Street" entertains children a great deal.
- La visite des musées ne l'amuse guère.
  He doesn't enjoy visiting museums.
- Tu nous amuses avec tes grands airs.
  You are making us laugh, acting so high and mighty.
- Est-ce que ça t'amuserait de passer tes vacances avec nous?
  Would you like to spend your vacation with us?

s'amuser   to play, have a good time

- Nous sommes allés à la plage et nous nous sommes bien amusés.
  We went to the beach, and we had a good time.
- On voulait juste s'amuser un peu, alors on a fait un feu.
  We just wanted to have a little fun, so we lit a fire.

s'amuser à + *inf*   to take pleasure in + *ger*

- Il s'amusait à dégonfler les pneus de ma voiture.
  He had a great time letting the air out of my car's tires.
- Les enfants s'amusent à grimper sur le toit.
  The children are having fun climbing on the roof.

s'amuser de qch/qn   to make fun of sth/sb

- Ils s'amusaient de sa petite taille.
  They were making fun of his small size.
- David s'amuse d'un rien.
  David finds humor in anything and everything.
- J'ai l'impression qu'elle s'est amusée de nous.
  I have the feeling that she made fun of us.

annoncer qch/qn   to announce, herald, forecast sth/sb

- Ces nuages annoncent de la neige.
  These clouds are the harbingers of snow.
- On vous a annoncé la nouvelle?
  Did someone tell you the news?
- La télé vient d'annoncer que les postiers sont en grève.
  The television has just announced that post office employees are on strike.
- Qui dois-je annoncer?
  Whom shall I announce?

annoncer qch à qn   to announce sth to sb

- Elle vient d'annoncer ses fiançailles à son pauvre père.
  She just told her poor father of her engagement.

- Dans sa dernière lettre, Antoine nous annonce sa visite pour juillet.
  In his last letter Antoine announced that he would visit us in July.

s'annoncer   to announce oneself

- L'hiver s'annonce précoce cette année.
  Winter will be early this year.
- Les vacances s'annoncent bien! On annonce de la pluie pour toute la semaine.
  Our vacation is off to a good start! The weather forecast says that it will rain for the whole week.
- Annoncez-vous à la réceptionniste en arrivant.
  Check in with the receptionist upon arrival.

apercevoir qch/qn   to catch a glimpse of sth/sb

- On aperçoit le village, à gauche de la cascade.
  You can get a glimpse of the village to the left of the waterfall.
- De ma chambre, j'apercevais la Corse par temps clair.
  From my bedroom I could just see Corsica when the sky was clear.
- Les experts aperçoivent des problèmes (/des difficultés) avant la fin de l'année.
  The experts pick up problems (/impending hardship) before the end of the year.
- Je l'ai aperçue au supermarché ce matin.
  I got a glimpse of her this morning at the supermarket.

s'apercevoir de qch   to notice, realize sth

- Je ne m'étais jamais aperçu de son sens de l'humour.
  I had never noticed his sense of humor.
- Elle a mis longtemps à s'apercevoir de notre présence.
  She took a long time to notice us.
- Il s'est aperçu trop tard que le restaurant était fermé le mardi.
  It was too late when he realized that the restaurant was closed on Tuesdays.

apparaître à/sur qch/qn   to appear on/to sth/sb

- Des nuages menaçants sont apparus à l'horizon.
  Threatening clouds appeared on the horizon.
- Tôt ou tard, la vérité apparaîtra.
  Sooner or later the truth will come out.
- Le jeune couple est apparu un instant au balcon du palais présidentiel.
  The young couple appeared for an instant on the balcony of the presidential palace.
- Des marques rouges sont apparues sur tout le corps de l'enfant.
  Red marks appeared over the child's entire body.
- Le candidat est enfin apparu à la foule impatiente.
  The candidate finally appeared before the impatient crowd.
- Il apparaît à tout le monde que cette solution est la meilleure.
  Apparently everyone finds this solution to be the best one.

■ Les romans de Balzac apparaissent démodés à certains lecteurs.
Balzac's novels seem out of date to some readers.

■ Vincent m'apparaît comme un type très honnête.
Vincent seems to me to be a very honest fellow.

s'apparenter à   to look like, be similar to

■ Par son mariage, il s'est apparenté à la haute bourgeoisie bordelaise.
He is related to the Bordeaux high society by his marriage.

■ Son style s'apparente à celui des auteurs de romans policiers.
His style is similar to that of murder mystery writers.

■ Ce tableau s'apparente à ceux de Marc Chagall.
This painting is similiar to Marc Chagall's style.

appartenir à qn   to belong to sb

■ A qui appartient ce blouson?
Whose jacket is this?

■ La Jaguar ne m'appartient pas, je l'ai louée pour la journée.
The Jaguar does not belong to me; I rented it for the day.

■ Chateaubriand appartenait à une vieille famille de la noblesse bretonne.
Chateaubriand belonged to an old family of Breton aristocrats.

il appartient à qn de + *inf*   it is sb's job *or* duty *or* responsibility to + *inf*

■ Il ne vous appartient pas de décider à sa place.
It is not up to you to decide for her.

■ Il appartiendra à la police de faire la lumière sur cette affaire.
It is up to the police to get to the bottom of this matter.

appeler qch/qn   to call, name sth/sb

■ On appelle cette région la Suisse normande.
This area is called Swiss Normandy.

■ La situation appelle des mesures d'urgence.
This situation calls for emergency measures.

■ J'ai bien essayé de l'appeler mais il ne m'a pas entendu.
I tried to call him but he did not hear me.

■ Il a décidé de nous appeler au téléphone à deux heures du matin.
He decided to call us on the telephone at two o'clock in the morning.

■ Richard a été appelé auprès de sa mère souffrante.
Richard was called to his sick mother's bedside.

appeler qn à qch/à + *inf*   to call (on) sb to sth/to + *inf*

■ Paul Revere a appelé les colons américains à la révolte (/à se soulever contre les Tuniques Rouges/aux armes).
Paul Revere called the colonists to rebel (/to rise against the Red Coats/called the colonists to arms).

■ Les religieux appellent les fidèles à la guerre sainte.
The clergy is calling the faithful to a holy war.

■ Elle est appelée aux plus hautes destinées (/à une brillante carrière politique).
She is destined for great things (/a brilliant political career).

■ Ses nouvelles responsabilités l'appellent à voyager beaucoup.
Her new responsibilities require her to travel a lot.

appeler qch sur qch/qn   to call sth upon sth/sb

■ Le sorcier appela la colère (/la punition) des dieux sur ses ennemis.
The wizard called up the anger (/the wrath) of the gods on his enemies.

■ J'appelle votre attention sur la gravité des accusations portées contre le gouvernement.
I would like to call your attention to the serious nature of the accusations brought against the government.

en appeler à/de qch   to appeal to/against sth

■ J'en appelle à votre clémence (/compréhension/bon sens).
I appeal to your clemency (/understanding/common sense).

■ Il a décidé d'en appeler de la décision du tribunal.
He decided to appeal the court's decision.

applaudir qn/(à) qch   to applaud sb/sth

■ La pièce a été applaudie en province ainsi qu'à Paris.
The play was applauded in the provinces as well as in Paris.

■ Le public a applaudi les musiciens pendant un quart d'heure.
The public applauded the musicians for fifteen minutes.

■ Même l'opposition applaudit aux décisions du Premier ministre.
Even the opposition applauds the Prime Minister's decisions.

■ Toute la presse a applaudi au projet de réforme du calendrier scolaire.
The press applauded the proposal to reorganize the school calendar.

applaudir qn de + *inf*   to commend, congratulate sb for + *ger*

■ Je vous applaudis de lui avoir tenu tête.
I congratulate you for having stood up to him.

s'applaudir de + *inf*   to congratulate oneself for + *ger*

■ Je me suis applaudi de ne pas avoir accepté son invitation.
I congratulated myself for not having accepted his invitation.

appliquer qch (à qch)   to apply sth (to sth)

■ Il faut appliquer rigoureusement la loi.
The law must be rigorously applied.

■ Est-ce que tu crois qu'il faut appliquer une deuxième couche de peinture?
Do you think we have to put on a second coat of paint?

■ Il vous reste à appliquer ce que vous avez appris à votre travail.
All that is left is for you to apply what you have learned to your work.

■ Bernard applique toute son énergie à son nouveau travail.
Bernard applies all his energy to his new job.

■ Le jury lui a appliqué la peine maximale.
The jury gave him the maximum sentence.

appliquer qch à + *inf*   to apply sth to + *inf*

■ Elle a appliqué tous ses soins à prouver que j'avais tort.
She tried in every possible way to prove that I was wrong.

appliquer qch contre/sur qch   to apply sth on/to sth

■ Appliquez soigneusement la compresse sur la blessure.
Carefully apply the bandage to the wound.

■ Le médecin a appliqué son oreille contre la poitrine du malade.
The physician put his ear to the patient's chest.

s'appliquer à qch/qn   to apply oneself to sth; to apply to sb

■ Valérie s'applique très sérieusement à son travail (/ses études).
Valery is applying herself to her work (/to her studies) very seriously.

■ Ces remarques ne s'appliquent pas à vous (/à votre cas), bien entendu.
These remarks do not apply to you (/to your case), of course.

s'appliquer à + *inf*   to apply oneself to + *ger*/to work hard at + *ger*

■ Bob s'est appliqué à nous démontrer qu'il avait raison.
Bob worked hard at proving to us that he was right.

■ Les Stoïciens s'appliquaient à rester calme en toutes circonstances.
The Stoics applied themselves to staying calm under any circumstances.

apporter qch   to bring sth

■ Le facteur vient juste d'apporter le courrier.
The mailman has just brought in the mail.

■ Le vent apportait les bruits de la ville.
The noises of the city were carried by the wind.

■ Ces recherches n'apportent rien de nouveau.
This research has revealed nothing new.

apporter qch à qch/qn   to bring sth to sth/sb

■ Il apporte beaucoup de soin (/d'attention) à son travail (/à faire son travail).
He brings a lot of care to his work (/he does his work very carefully).

■ Nous avons dû apporter quelques modifications à votre plan.
We have had to make some changes in your plan.

■ Ces vacances nous ont apporté un repos bien mérité.
This vacation brought us a well-deserved rest.

- La voisine nous a apporté des légumes de son jardin.
  The neighbor brought us some vegetables from her garden.
- Le fils Lenoir apporte de nombreuses satisfactions à ses parents.
  The Lenoirs' son has been a source of great satisfaction to his parents.
- Pouvez-vous m'apporter la preuve de ce que vous avancez?
  Can you bring me proof of what you are claiming?

appréhender qch/qn   to dread sth; to arrest sb

- J'appréhende son arrivée: qui sait dans quel état d'esprit il est?
  I am apprehensive about his arrival: Who knows in what state of mind he will be?
- Les étudiants appréhendent la période des examens.
  The students are apprehensive about exam time.
- Les policiers l'ont appréhendé peu après l'attaque de la banque.
  The police officers arrested him shortly after the hold-up.

appréhender de + *inf*   to be apprehensive about + *ger*

- Elle appréhende de le rencontrer dans la rue après ce qui s'est passé.
  She is apprehensive about meeting him in the street after what happened.
- Jean-Louis appréhende de devoir passer son permis de conduire.
  Jean-Louis is apprehensive about having to take his driver's license test.
- Est-ce que tu appréhendes de les revoir après toutes ces années?
  Are you worried about seeing them again after all these years?

apprendre   to learn

- Où avez-vous appris le sanscrit?
  Where did you learn Sanskrit?
- Il n'a pas eu le temps d'apprendre ses leçons.
  He did not have time to learn his lessons.
- J'ai appris que vous alliez déménager.
  I learned that you were going to move.

apprendre qch à qn   to teach sb sth

- Il apprend à son fils le métier d'ébéniste.
  He is teaching his son to be a woodworker.
- Qui vous a appris qu'ils avaient divorcé?
  Who told you that they had gotten a divorce?
- Je viens d'apprendre la nouvelle de son arrivée.
  I just learned of his arrival.

apprendre (à qn) à + *inf*   to learn to + *inf*; to teach sb to + *inf*

- Frédéric a appris à skier à l'âge de cinq ans.
  Frederic learned to ski when he was five years old.
- Elle a appris à lire à tous ses enfants.
  She taught all of her children how to read.

s'apprêter à + *inf*   to get ready, prepare oneself to + *inf*

- Nous nous apprêtions à sortir quand le téléphone à sonné.
  We were getting ready to go out when the telephone rang.
- Elsa s'apprête à partir pour l'Argentine.
  Elsa is getting ready to leave for Argentina.
- Je m'apprêtais justement à vous annoncer la nouvelle.
  I was just about to tell you the news.

approcher   to come closer, approach

- Approchez que je vous voie mieux.
  Come closer so that I can see you better.
- L'hiver (/La date de notre départ) approche.
  Winter (/Our departure date) is approaching.

approcher qch/qn   to bring sth/sb closer; to approximate sth

- Approchez votre chaise, vous verrez mieux.
  Bring your chair over here; you will see better.
- Le Mont-Blanc approche les cinq mille mètres.
  Mount Blanc is almost 15,000 feet high.
- J'ai pu approcher le conférencier et lui parler quelques minutes.
  I was able to get close to the speaker and talk to him for a few minutes.

(s')approcher de qch/qn   to come closer to sth/sb

- Nous approchons enfin de notre but (/de la frontière).
  Finally, we are getting closer to our goal (/to the border).
- Roger approche de la soixantaine.
  Roger is close to sixty years old.
- Ne vous approchez pas trop du bord de l'eau, vous pourriez tomber.
  Do not get too close to the edge of the water, or you could fall in.
- Les enfants n'osaient pas s'approcher de moi.
  The children did not dare come near me.

appuyer   to back up, support

- N'appuie pas tes coudes sur la table.
  Take your elbows off the table.
- Il a fortement appuyé ma demande de bourse.
  He strongly supported my application for a grant.

appuyer contre/sur qch   to press on/upon sth

- Pour démarrer la machine, appuyez sur ce bouton.
  To start the machine, push this button.
- Il a appuyé l'échelle contre le mur.
  He leaned the ladder against the wall.

s'appuyer contre/sur qch/qn   to lean against sth/sb; rely on sth/sb

- Ne vous appuyez pas contre le mur, s'il vous plaît.
  Don't lean against the wall, please.
- Le malade s'appuyait sur une canne et marchait péniblement.
  The patient was leaning on a cane and walking painfully.
- Christine sait s'appuyer sur ses subordonnés.
  Christine knows how to rely on her subordinates.
- Mon analyse s'appuie sur des données très précises.
  My analysis relies on very precise data.

armer qn (contre qch/qn)   to arm sb (against sth/sb)

- Vous n'allez tout de même pas armer toute la population?
  You are not going to provide weapons to the entire population, are you?
- Le chasseur arma son fusil et le mit en joue.
  The hunter cocked his rifle and took aim.
- On dit qu'il est en train d'armer le peuple contre le gouvernement.
  Apparently, he is in the process of arming the people against the government.
- Pénélope n'est pas très bien armée contre les déceptions.
  Penelope is not very well-armed against disappointments.

armer qn de qch   to arm sb with sth

- Il était armé d'une carabine à répétition.
  He was armed with a repeating rifle.
- Le général de Gaulle a voulu armer la France de la force nucléaire.
  General de Gaulle wanted France to arm itself with nuclear weapons.
- Elle était armée de la seule volonté de faire toute la vérité.
  Her only weapon was her will to do justice to the truth.

s'armer contre qch/qn   to arm oneself against sth/sb

- Des milices civiles se sont armées contre les troupes régulières.
  Civil militia have taken up arms against regular troops.

s'armer de qch   to arm oneself with sth

- Il va falloir vous armer de courage et de détermination.
  You are going to have to arm yourself with courage and determination.
- Armez-vous de patience, il y a une longue file d'attente.
  Arm yourself with patience; there is a long waiting line.

arracher qch (à qn)   to tear, rip out, extract sth; to wrest sth from sb

- Elle a passé sa journée à arracher des mauvaises herbes.
  She spent her day tearing out weeds.
- Je me suis fait arracher deux dents de sagesse.
  I had two of my wisdom teeth pulled out.
- Nous avons eu du mal à lui arracher la vérité.
  We had a hard time getting the truth out of him.

arracher qn à qch   to tear sb (away) from sth

- Impossible de l'arracher à son travail (/à ses habitudes).
  It was impossible to tear him away from his work (/his old habits).

arracher qch de qch   to tear sth from sth

- Qui a arraché trois pages de mon nouveau passeport?
  Who tore three pages out of my new passport?
- Elle a essayé de lui arracher le couteau des mains.
  She tried to rip the knife out of his hands.

s'arracher qch/qn   to tear sth; to fight over sb

- Il est tombé de vélo et s'est arraché la joue.
  He fell off his bike and tore his cheek open.
- Les Américains s'arrachent son nouveau disque.
  The Americans are fighting over copies of his new recording.
- Depuis qu'il est devenu célèbre, tous les éditeurs se l'arrachent.
  Since he has become famous, all the editors are fighting over him.

s'arracher à/de qch   to tear oneself away from sth

- Il est difficile de s'arracher à un tel spectacle.
  It is hard to tear oneself away from such a view.
- Elle a dû s'arracher à sa famille et chercher fortune à la ville.
  She had to tear herself away from her family and seek her fortune in the city.

arranger qch/qn   to arrange, organize sth; to accommodate sb

- Il a arrangé sa cravate avant d'entrer dans le bureau.
  He adjusted his tie before entering into the office.
- Pauline a bien arrangé son appartement.
  Pauline has done a good job of arranging her apartment.
- Nous ferons de notre mieux pour vous arranger.
  We will do our best to accomodate you.
- Je vais essayer de vous arranger un rendez-vous.
  I will try to arrange an appointment for you.

s'arranger (de qch)   to manage, get better; to make do with sth

- Ne vous inquiétez pas, on va s'arranger.
  Do not worry about it; we will work something out.
- Le temps devrait s'arranger après Pâques.
  The weather should get better after Easter.
- Essaie de t'arranger un peu les cheveux!
  Can you try to do something to your hair!
- Il va bien falloir s'arranger de cette situation.
  We will have to put up with this situation.

s'arranger pour + *inf* to arrange to + *inf*

- Arrange-toi pour arriver à l'heure.
  Do what you have to do to get there on time.
- On s'est arrangé avec la concierge pour te laisser les clefs.
  We made arrangements with the concierge to leave the keys with her.
- Elle s'arrange toujours pour provoquer une dispute (/un scandale).
  She always manages to start an argument (/a scandal).

arrêter qch/qn to stop sth/sb

- Il a été obligé d'arrêter ses études (/son travail) pour des raisons de santé.
  He had to drop out of school (/to quit his job) for health reasons.
- Luc m'a arrêté dans l'escalier pour me demander mon avis.
  Luc stopped me on the stairs to ask my opinion.
- La police vient d'arrêter les faux-monnayeurs.
  The police just arrested the counterfeiters.

arrêter de + *inf* to stop + *ger*

- Arrête de me raconter des histoires!
  Stop telling me lies!
- Il n'a pas arrêté de pleuvoir pendant toute la semaine.
  It has not stopped raining all week.

s'arrêter to stop

- Le bus s'arrête juste devant la poste.
  The bus stops right in front of the post office.
- Ma montre s'est arrêtée et je suis arrivé en retard.
  My watch stopped, and I arrived late.

s'arrêter à/sur qch to dwell on sth

- Il ne faut pas s'arrêter à (/sur) ces détails (/aux apparences)
  Do not dwell on those details (/on appearances).

s'arrêter de + *inf* to stop + *ger*

- Arrêtez-vous de dire des bêtises.
  Stop saying silly things.
- Claudine ne s'est pas arrêtée de pleurer de toute la nuit.
  Claudine did not stop crying all night long.

arriver à qch to succeed; to arrive at sth, come up to sth

- Il veut arriver par tous les moyens.
  He wants to succeed by any means.
- Nous sommes arrivés à Madagascar le 8 juillet.
  We arrived in Madagascar on July 8.

- L'eau nous arrivait au genou (/jusqu'au genou).
  The water came up to our knees.

- Comment êtes-vous arrivée à cette conclusion?
  How did you arrive at that conclusion?

arriver (à qn)   to happen (to sb)

- Il arrive très rarement que le TGV soit en retard.
  It is very rare that the bullet train is late.

- Qu'est-ce qui vous est arrivé?
  What happened to you?

- Il arrive à Pinocchio toutes sortes de malheurs.
  All sorts of bad things happen to Pinocchio.

arriver à + *inf*   to manage to + *inf*, succeed in + *ger*

- Nous ne sommes pas arrivés à trouver une chambre libre.
  We were not able to find an available room.

- Claude espère qu'il arrivera à escalader les tours de Notre Dame.
  Claude hopes to succeed in climbing the towers of Notre Dame.

en arriver à + *inf*   to be at the point + *ger*

- J'en arrive à me demander s'il a toute sa raison.
  I am at the point of asking myself if he is all there.

il arrive à qn de + *inf*   to happen to sb to + *inf*

- Est-ce qu'il vous est déjà arrivé d'être coincé dans l'ascenseur?
  Have you ever been stuck in an elevator?

- Il m'arrive d'oublier où j'ai garé ma voiture.
  I sometimes forget where I have parked my car.

aspirer   to inhale; to vacuum

- Aspirez à fond!
  Breathe in all the way!

- Pourriez-vous aspirer les chambre du deuxième étage?
  Could you vacuum the bedrooms on the third floor?

aspirer à qch   to aspire to sth

- Il aspire à la magistrature suprême (/au titre de champion olympique).
  He aspires to the Presidency (/he covets the Olympic title).

- Renée aspire à la retraite (/au calme/à la tranquillité/à une vie réglée).
  Renee hopes to retire (/longs for peace and quiet/a settled life).

aspirer à + *inf*   to long to + *inf*

- Mon frère aspire à devenir acteur.
  My brother longs to become an actor.

■ Il aspire à se retirer à la campagne.
He wants to retire in the country.

asservir qn (à qch)   to subject sb (to sth)

■ Il a asservi son peuple pendant des années.
He enslaved his people for years.

■ Vous voulez asservir notre nation à des intérêts étrangers.
You want our nation to be subservient to foreign interests.

■ La justice ne peut être plus longtemps asservie à l'Etat.
Justice can no longer be subservient to the state.

s'asservir à qch/qn   to become a slave to sth/sb

■ Elle s'est peu à peu asservie aux caprices de son mari.
She gradually became a slave to her husband's whims.

assimiler qch/qn (à qch/qn)   to assimilate sth; to compare, liken sth/sb to sth/sb

■ Il a assimilé beaucoup de connaissances pendant ses études.
He assimilated a lot of information during his studies.

■ Dans son dernier livre, il assimile Napoléon à Hitler.
In his latest book he compares Napoleon to Hitler.

■ Les employés de cette banque sont assimilés à des fonctionnaires.
The employees of this bank have the same status as state employees.

s'assimiler à qch/qn   to adapt to sth/sb; to compare oneself with sb

■ Il s'est très bien assimilé à son nouveau milieu.
He adapted very well to his new environment.

■ Je ne me permettrais pas de m'assimiler à lui.
I would not dream of comparing myself to him.

assister qn   to help sb

■ Je l'ai assisté dans cette épreuve difficile.
I helped him through this time of hardship.

■ Elle s'est fait assister par deux policiers.
She was helped by two police officers.

assister à qch   to attend sth

■ Le président de la République assistait au match France-Argentine.
The President of the Republic attended the France-Argentina soccer game.

■ Avez-vous assisté à la représentation de Cyrano de Bergerac?
Did you see the performance of Cyrano de Bergerac?

associer   to associate, include

■ La manifestation associait toutes les organisations de gauche.
The demonstration included all the leftist organizations.

- Les surréalistes aimaient associer des images sans rapport logique.
  The surrealists liked to associate images that had no logical relationship.

associer qch/qn à qch/qn   to bring sth/sb together with sth/sb

- Elle associe une grande honnêteté à un sens aigu de la justice.
  She brings together honesty and an acute sense of justice.
- Henri veut m'associer à sa prochaine campagne électorale (/aux profits de l'entreprise)
  Henry wants to get me involved in his next electoral campaign (/in the company's profit sharing program)

s'associer à/avec qch/qn   to associate with sth/sb

- Il a refusé de s'associer à nous (/à nos projets).
  He refused to associate with us (/with our projects).
- Jean s'est associé à son frère pour développer l'entreprise familiale.
  Jean went into business with his brother to expand the family business.
- Son cousin s'est associé avec une bande d'escrocs.
  His cousin got involved with a group of crooks.

assurer qch (à qn)   to insure, ensure, assure sth; to secure sth for sb

- Tu devrais assurer ton nouvel ordinateur.
  You should insure your new computer.
- La bibliothèque assure une permanence le dimanche matin.
  The library has somebody on duty on Sunday mornings.
- Elle veut assurer à ses enfants un avenir brillant (/une vie sans souci).
  She wants to ensure that her children have a brilliant future (/a life free of worry).
- Notre politique vise à assurer à notre pays une place de premier rang.
  Our political program aims to ensure that our country remains number one.

assurer qn que/de qch   to assure sb that/of sth

- Elle m'a assuré que je serais bientôt remboursé.
  She assured me that I would be reimbursed soon.
- Je vous assure de mon soutien (/de ma protection).
  I assure you of my support (/of my protection).

s'assurer que/de qch   to make sure that/of sth

- Assure-toi que tu as toujours ton portefeuille.
  Make sure you still have your wallet.
- Avant de prendre une décision, elle s'est assurée de notre accord (/de notre aide).
  Before making a decision, she made sure that she had our agreement (/could rely on our help).

s'assurer contre qch   to insure against sth

- Je vous conseille de vous assurer contre l'incendie (/le dégât des eaux).
  I advise you to buy fire insurance (/flood insurance).

astreindre qn à qch   to compel, oblige sb to do sth

- Le médecin m'a astreint à un régime très strict.
  The physician made me follow a very strict diet.
- Son travail l'astreint à des voyages fréquents.
  His work requires him to travel often.

s'astreindre à qch   to submit oneself to sth

- Il s'astreint à une discipline sévère.
  He submits himself to a strict personal discipline.

être astreint/s'astreindre à + *inf*   to be forced/to force oneself to + *inf*

- Nous sommes astreints à respecter la loi.
  We are compelled (/forced) to respect the law.

attacher qch/qn (à qch/qn)   to attach, tie sth/sb (to sth/sb)

- Attachez vos ceintures, l'avion va décoller!
  Fasten your seatbelts; the plane is going to take off!
- Le chien est attaché, il ne vous fera pas de mal.
  The dog is tied up; he will not hurt you.
- Attachez votre cheval à la barrière.
  Tie your horse to the fence.
- Pasteur a attaché son nom à la lutte contre la rage.
  Pasteur linked his name to the fight against rabies.
- Elle attache beaucoup d'importance (/de prix/de valeur) à notre visite.
  She places a lot of importance (/a high price/a lot of value) on our visit.
- Mes souvenirs d'enfance m'attachent à ce pays.
  My childhood memories link me to this country.

s'attacher qn   to endear sb to oneself

- Viviane a su s'attacher ses collègues par sa gentillesse.
  Viviane knew how to befriend her colleagues with her kindness.

s'attacher à qch/qn   to become attached to sth/sb

- Ne vous attachez pas trop aux détails.
  Do not get too caught up in the details.
- Je ne croyais pas qu'il s'attacherait tant à moi (/à l'argent).
  I did not think that he would become so attached to me (/to money).

s'attacher à + *inf*   to be committed to + *ger*

- L'avocat s'est attaché à démontrer l'innocence de son client.
  The attorney was committed to showing his client's innocence.

attaquer qch/qn   to attack sth/sb

- Nous attaquerons les positions ennemies à l'aube.
  We will attack the enemy positions at dawn.

- La maladie a attaqué les poumons.
  The disease attacked the lungs.
- La foule a attaqué les forces de l'ordre avec des pierres et des bâtons.
  The crowd attacked the police with rocks and sticks.
- Voltaire a passé sa vie à attaquer les institutions de l'ancien régime.
  Voltaire spent his life attacking the old regime's institutions.

s'attaquer à qch/qn   to attack, tackle, take on sth/sb

- Ils ont promis de s'attaquer au problème (/aux causes du mal).
  They promised to take on the problem (/the causes of evil).
- Dans son discours, il s'est violemment attaqué au gouvernement.
  In his speech he violently attacked the government.
- Vous vous êtes attaqué à plus fort que vous.
  You have taken on something bigger than you.

atteler qch (à qch)   to attach, hook up, hitch up sth (to sth)

- Ils ont acheté une nouvelle voiture pour atteler leur caravane.
  They bought a new car to pull their trailer.
- Peux-tu m'aider à atteler la remorque?
  Can you help me to attach the trailer?
- Dans les westerns, les cow-boys attellent toujours leurs chevaux à l'entrée du saloon.
  In westerns the cowboys always hitch up their horses at the entrance of the saloon.
- Il a fallu atteler des wagons supplémentaires au train Bordeaux-Paris.
  It was necessary to add extra cars to the Bordeaux-Paris train.

s'atteler à qch   to buckle down, tackle sth

- Elles se sont attelées au travail (/à la tâche) avec enthousiasme.
  They buckled down to the job at hand with enthusiasm.
- Il a fini par s'atteler à son roman.
  He finally got down to starting his novel.

attendre qch/qn   to wait for sth/sb

- Attendez-moi devant l'Hôtel de Ville à quatre heures.
  Wait for me in front of City Hall at four o'clock.
- J'attends qu'il me fasse des excuses.
  I am waiting for him to present his apology to me.
- Il ne sait pas ce qui l'attend.
  He does not know what is in store for him.
- En attendant que le docteur arrive, vous pouvez feuilleter ces magazines.
  While you are waiting for the doctor to come in, you can leaf through these magazines.

attendre de + *inf*   to wait to + *inf*

- A votre place, j'attendrais d'avoir assez d'argent pour payer comptant.
  In your place, I would wait to have enough money to pay cash.

- Attendons de savoir quel temps il fera avant de décider.
  Let's wait to see what the weather will be like before deciding.

attendre qch de qn   to expect sth from sb

- Elle attend beaucoup trop de ses amies.
  She is expecting too much of her friends.

- J'attendais d'eux qu'ils me montrent la ville, mais ils ne l'ont pas fait.
  I was expecting them to show me around town, but they did not do it.

s'attendre à qch   to expect sth

- On s'attend à un orage en fin d'après-midi.
  We are expecting a storm at the end of the afternoon.

- Le gouvernement s'attendait à une diminution du chômage.
  The government was expecting a decrease in unemployment.

- Tu t'attendais vraiment à ce qu'il se souvienne de toi?
  Did you really expect that he would remember you?

s'attendre à + *inf*   to expect to + *inf*

- Joseph ne s'attend pas vraiment à être élu.
  Joseph does not really expect to be elected.

- On s'attend à le voir arriver d'une minute à l'autre.
  We are expecting to see him arrive any minute now.

attendrir qch/qn   to tenderize, soften, move sth/sb

- Cette viande a besoin d'être attendrie.
  This meat needs to be tenderized.

- Le juge ne s'est pas laissé attendrir.
  The judge did not let himself be moved.

- Elle a bien essayé d'attendrir son examinateur, mais ça n'a pas marché.
  She tried her best to move her examiner, but it did not work.

s'attendrir sur qch/qn   to be moved by sth/sb

- Ne vous attendrissez pas trop sur son sort, il n'a que ce qu'il mérite.
  Do not be moved by his fate; he got what he deserves.

- Elle a tendance à trop s'attendrir sur elle-même.
  She has a tendency to be a little too soft on herself.

attenter à qch   to make an attempt at sth, violate sth

- On a attenté plusieurs fois à la vie du président.
  Several attempts have been made on the president's life.

- Elle a essayé deux fois d'attenter à ses jours.
  She tried twice to put an end to her days.

- Je ne permettrais pas au gouvernement d'attenter à nos libertés fondamentales.
  I will not allow the government to attack our basic liberties.

- Vous attentez aux droits les plus élémentaires de l'être humain.
  You are attacking the most basic rights of the human being.

attirer qch/qn (à/sur qch/qn)   to catch, attract sth/sb (to sth/sb)

- La lampe attire les moustiques.
  The light attracts mosquitoes.

- Heureusement que ce détail a attiré mes regards (/mon attention).
  Luckily, this detail caught my eye (/my attention).

- Les accidents de la route attirent les curieux.
  Car accidents attract curious people.

- Barbara n'a reculé devant rien pour l'attirer à elle.
  Barbara stopped at nothing to attract him to her.

- Sa conduite (/son discours) lui a attiré beaucoup d'ennuis.
  His behavior (/his speech) brought him a lot of trouble.

- Phèdre attira sur elle la colère des dieux.
  Phaedra attracted the anger of the gods.

attribuer qch à qn   to attribute sth to sb

- Cette pièce est attribuée à William Shakespeare.
  This play is attributed to William Shakespeare.

- La police attribue la responsabilité de l'accident au chauffeur du poids lourd.
  The police attribute the responsibility for the accident to the truck driver.

- On lui attribue toutes les qualités.
  He has all the best qualities attributed to him.

- Je n'attribue pas beaucoup d'importance à ce qu'il dit.
  I do not attach much importance to what he says.

- Le jury a attribué à Hélène l'Oscar de la meilleure actrice.
  The jury awarded Helen the Oscar for "Best Actress."

autoriser qch   to allow, entitle sth

- Le maire va-t-il autoriser la réunion (/la manifestation)?
  Will the mayor allow the meeting (/the demonstration)?

- La censure n'a pas autorisé la publication du livre.
  The censors did not authorize the book's publication.

autoriser qn à + *inf*   to allow sb to + *inf*

- Je ne vous autorise pas à me parler sur ce ton.
  I will not allow you to talk to me in this tone of voice.

- On a autorisé les élèves à partir avant la fin des cours.
  We gave the students permission to leave before the end of classes.

- La situation ne vous autorisait pas à prendre une telle décision.
  The situation did not entitle you to make such a decision.

s'autoriser de qch pour + *inf*   to feel entitled to + *inf* because of sth

- Il s'est autorisé de son ancienneté dans l'entreprise pour imposer ses vues.
  Because of his seniority in the company, he felt entitled to impose his ideas.

- Tu peux t'autoriser de votre ancienne amitié pour lui demander de l'aide.
  Your long-term friendship grants you the right to ask for his help.

avancer qch   to move sth forward, put forth

- Avance un peu la tête, tu verras mieux.
  Lean your head forward a bit; you will see better.

- Le carosse de Monsieur le Marquis est avancé.
  Monsieur le Marquis' carriage is ready.

- Séverine avance des choses qu'elle ne peut pas prouver.
  Severine says things that she cannot prove.

avancer qch à qn   to advance sb/sth

- Il a refusé de m'avancer les cinq cents francs dont j'avais besoin.
  He refused to advance me the five hundred francs that I needed.

- Pourriez-vous m'avancer le prix du voyage?
  Can you lend me the cost of the trip in advance?

avancer qn à qch   to get sb somewhere

- Cela m'avancerait si tu occupais les enfants pendant une heure.
  It would be a big help if you could keep the children busy for an hour.

- A quoi cela l'avance-t-il de cacher la vérité?
  What good will come of hiding the truth?

- Son aide ne nous avance à rien.
  His help does not do us any good.

avancer de qch   to be ahead by sth

- Ta montre avance de dix minutes.
  Your watch is ten minutes fast.

- Jules Verne avançait de plusieurs années sur son temps.
  Jules Verne was ahead of his time by several years.

s'avancer (de qch)   to move forward

- Le cortège s'avance lentement.
  The cortege moves forward slowly.

- Le patron de l'hôtel s'est avancé vers nous et nous a tendu la main.
  The hotel owner came towards us and held out his hand.

- Avancez-vous de quelques pas, s'il vous plaît.
  Move forward several steps, please.

s'avancer sur qch   to venture an opinion on sth

- Je trouve que tu t'avances beaucoup sur ce sujet!
  I find that you are sticking your neck out on this issue!

aventurer qch   to risk sth, put sth at stake

- Claude vient d'aventurer sa réputation dans une affaire compromettante.
  Claude just put his reputation at stake in a compromising affair.

s'aventurer dans/en/sur qch   to venture into/onto sth

- Tu vas t'aventurer tout seul sur la route par un temps pareil?
  You are going to risk going out alone on the road in this kind of weather?

- Vous vous aventurez en terrain glissant (/sur un terrain glissant).
  You are treading on dangerous ground (/on slippery ground).

s'aventurer à + *inf*   to risk + *ger*, venture to + *inf*

▮ Puis-je m'aventurer à vous faire une remarque?
  May I risk making a remark?

- Vous n'auriez pas dû vous aventurer à la critiquer.
  You never should have risked criticizing her.

avertir qn (de qch)   to warn sb (of sth)

- Vous m'avertirez quand il sera temps de partir, n'est-ce pas?
  You will let me know when it is time to go, won't you?

- Je vous avertis que je ne me laisserai pas faire.
  I want you to know that I will not be taken advantage of.

- Les gardiens furent avertis par un bruit suspect.
  The guards were alerted by a suspicious noise.

- Hélène vous a averti de ses projets juste à temps.
  Helen warned you about her plans just in time.

- Pourquoi ne pas nous avoir avertis de votre départ?
  Why didn't you let us know about your departure?

avertir qn de + *inf*   to warn sb to + *inf*

- Avertis-la de ne pas arriver trop en avance.
  Tell her not to arrive too early.

- Je t'avais averti de ne pas te mêler de leurs affaires.
  I warned you to stay out of their business.

aveugler qn   to blind sb

- Le soleil l'a aveuglé et il a perdu le contrôle de sa voiture.
  The sun blinded him, and he lost control of his car.

- Il était aveuglé par la passion (/par ses préjugés).
  He was blinded by passion (/by his prejudice).

s'aveugler sur qch/qn   to be blind to sth/sb

- Ils s'aveuglent totalement sur le compte de leur fille.
  They are totally blind when it comes to their daughter.

- A mon avis, elle s'aveugle sur la sincérité de ce garçon.
  In my opinion, she is fooling herself about this guy's true motivation.

aviser   to work sth out, assess the situation

- En cas de pluie (/s'il n'est pas au rendez-vous), nous aviserons.
  In case of rain (/if he is not at the meeting place), we'll work something out.

aviser qch/qn (*lit*)   to see, spot sth/sb

- Si je n'avais pas avisé ce petit chemin sur ma droite, je me serais perdu.
  If I had not found this little lane on my right, I would have gotten lost.

aviser à qch   to see to sth

- Avisons au plus pressé.
  Let's take care of the most urgent.

- Il faudra aviser au nécessaire.
  We will have to do what is necessary.

aviser qn de qch   to inform sb of sth

- Pourquoi ne m'a-t-on pas avisé de son arrivée?
  Why wasn't I informed about his arrival?

- Elle n'a été avisée de la date du mariage qu'au dernier moment.
  She was informed of the wedding date at the last minute.

s'aviser de qch   to notice, find out sth

- Je me suis avisé trop tard de sa présence.
  I noticed his presence too late.

- Nous nous sommes avisés de son petit stratagème juste à temps.
  We found out about his little strategy just in time.

s'aviser que/de + *inf*   to realize that, to think of/about + *ger*

- Elle s'est avisée trop tard que son sac avait disparu.
  She realized too late that her purse had disappeared.

- Ne t'avise pas de recommencer (/de lui répéter ce que je viens de te dire).
  Do not even think about doing that again (/of repeating to him what I just told you).

avoir qch/qn   to have sth/sb

- Elle vient d'avoir vingt ans.
  She just turned twenty.

- Ils ont un appartement au bord du lac de Genève.
  They have an apartment on the shore of Lake Geneva.

- Jacques a eu de la peine mais il a aussi beaucoup de courage.
  Jacques has had sorrow, but he also has a lot of courage.

- Il a les cheveux blancs.
  He has white hair.

- Je t'aurai à moi seul pendant une semaine.
  I will have you all to myself for a week.

- Vous nous avez bien eus!
  You really got us!

- Je venais juste d'avoir Paul au téléphone quand on nous a coupés.
  I had just gotten Paul on the telephone when we were cut off.

avoir à + *inf*   to have + *inf*

- Laisse-moi tranquille! J'ai à travailler.
  Leave me alone. I have work to do.

- Tu n'as pas à t'inquiéter pour si peu.
  You do not have to worry about anything so little.

avoir qch à + *inf*   to have sth to + *inf*

- Julie a cinquante examens à corriger avant la fin de la semaine.
  Julie has fifty exams to correct before the end of the week.

- Nous avons encore toutes les fenêtres du premier à peindre.
  We still have all the first floor windows to paint.

avoir qch contre qn, en avoir après qn   to have sth against sb

- Qu'est-ce que vous pouvez bien avoir contre moi?
  What can you seriously have against me?

- Pierre en a après ses parents.
  Pierre is mad at his parents.

en avoir pour qch   to need sth; to get sth for sth

- Elle en a pour un an à se rétablir.
  It'll take a year before she gets better.

- Nous en avons eu pour notre argent.
  We got our money's worth.

avouer qch à qn   to confess, admit sth to sb

- Il finira bien par avouer la vérité (/son crime/son amour pour elle).
  He will end up admitting the truth (/his crime/his love for her).

- Je dois avouer mon ignorance en ce domaine.
  I have to admit my ignorance in this area.

- Tu as tout avoué à ton père?
  You admitted all of this to your father?

- Je vous avouerai que je n'ai rien compris à ce qu'il m'a raconté.
  I will admit to you that I did not understand anything of what he told me.

- Il a tout avoué au juge d'instruction.
  He confessed everything to the judge.

B

baigner qch/qn   to bathe, wash sth/sb

- Lorsque nous avons fini de baigner les enfants, il est déjà plus de sept heures.
  When we have finished bathing the children, it is usually after seven o'clock.

baigner dans qch   to bathe, swim in sth

- Quelques champignons baignaient dans une sauce blanchâtre; pas très appétissant!
  A few mushrooms were swimming in a whitish sauce; (it was) not very appetizing!

- Le paysage baignait dans une lueur crépusculaire.
  The landscape was bathed in the radiance of sunset.

- Depuis sa réussite à l'examen, il baigne dans la joie.
  Since he passed the exam, he has been overjoyed.

baigner de qch   to soak with sth

- Son visage était baigné de larmes (/de sueur).
  His face was covered with tears (/with sweat).

- Ses vêtements étaient baignés de sang.
  His clothes were soaked with blood.

bannir de qch   to banish, exclude from sth

- Le docteur lui a recommandé de bannir l'alcool et les graisses de son régime.
  The doctor advised him to exclude alcohol and fats from his diet.

- Le projet de loi propose de bannir tous les étrangers en situation illégale du territoire national.
  The bill proposes to banish all illegal aliens from the country.

- Tu devrais bannir ce mot de ton vocabulaire.
  You should exclude this word from your vocabulary.

- Elle ne peut pas bannir cette pensée de son esprit.
  She cannot banish this thought from her mind.

barrer qch/qn   to block sth/sb

- Les manifestants ont barré la route avec leurs tracteurs.
  The demonstrators blocked the road with their tractors.

- La circulation est barrée du boulevard Jean Jaurès à l'avenue Victor Hugo.
  The traffic is blocked from Boulevard Jean Jaures to Avenue Victor Hugo.

barrer qch à qn   to bar sb from sth

- La foule des curieux barrait le passage aux sauveteurs.
  The crowd of onlookers was blocking the emergency workers' path.

- Des barricades barrent la route de la police.
  Barricades are blocking the police's path.

- Il fera tout pour te barrer le chemin.
  He will do anything to keep you from moving forward.

baser qch sur qch   to base sth on sth

- Ce film est basé sur une histoire vraie.
  This film is based on a true story.

- Sur quoi basez-vous votre opinion (/votre théorie)?
  On what are you basing your opinion (/your theory)?
- La richesse du pays est basée sur l'exportation du pétrole.
  The wealth of the country comes from petroleum exports.

se baser sur qch   to base on sth

- Ne vous basez pas sur ce qu'il vous a dit.
  Do not go on what he said to you.
- Sur quoi se base-t-il pour prendre sa décision?
  On what is he basing his decision?

battre qch/qn   to beat sth/sb

- Napoléon a battu les Autrichiens à Austerlitz.
  Napoleon beat the Austrians at Austerlitz.
- La pluie battait les vitres.
  The rain was beating on the windows.

se battre avec/contre qch/qn   to fight with/against sth/sb

- L'équipe de foot s'est bien battue.
  The soccer team fought well.
- Je connais Michel, il se battra jusqu'au bout.
  I know Michael; he will fight to the finish.
- Il s'est battu avec Thomas à la récréation.
  He had a fight with Thomas at recess.
- Denise s'est battue toute sa vie contre l'injustice.
  Denise fought injustice all her life.

bénéficier de qch   to benefit from sth

- Il bénéficie du soutien (/de l'appui) du directeur.
  He benefits from the director's support.
- L'accusé a bénéficié d'un non-lieu (/d'une remise de peine).
  The accused was discharged (/was granted a sentence reduction).
- Les salariés bénéficieront de la réforme de la fiscalité.
  The salaried workers will benefit from the fiscal reform.

bercer qch/qn   to rock, lull sth/sb

- Le voilier est bercé par les vagues.
  The sailboat is rocked by the waves.
- Je l'ai bercé dans mes bras toute la nuit.
  I rocked him in my arms all night.

se bercer de qch   to delude oneself with sth

- Si j'étais vous, je ne me bercerais pas d'illusions à son sujet.
  If I were you, I would not entertain any illusions about him.

- Il se berce de fausses promesses.
  He deludes himself with false promises.

blâmer qch/qn (de qch)   to blame sth/sb (for sth)

- Vous avez raison de blâmer sa conduite.
  You are right to condemn his behavior.
- Si quelqu'un est à blâmer de ce qui est arrivé, c'est bien moi.
  If anyone is to blame for what happened, it is me.
- Christophe blâme toujours les autres de ses échecs.
  Christopher always blames others for his own failures.

blâmer qn de + *inf*   to blame sb for + *ger*

- Je ne te blâme pas d'avoir cherché du travail ailleurs.
  I do not blame you for having looked for work elsewhere.

blesser qn à/dans qch   to hurt, wound sb in sth

- Ses remarques m'ont beaucoup blessée.
  Her remarks hurt me deeply.
- Le coup de feu l'a blessé à la jambe.
  The gunshot wounded him in the leg.
- Evelyne est surtout blessée dans son amour-propre.
  Evelyne's pride was hurt more than anything else.
- Il a été gravement blessé dans un accident de chasse.
  He was severely injured in a hunting accident.

blesser de qch   to hurt with sth

- Il a blessé son frère d'un coup de fusil.
  He wounded his brother with a rifle shot.

se blesser (à qch)   to hurt oneself (somewhere)

- Ne touche pas ce couteau, tu vas te blesser.
  Do not touch this knife. You are going to hurt yourself.
- Eric se blesse facilement.
  Eric hurts himself easily.
- Paul s'est blessé au menton en se rasant.
  Paul cut his chin while shaving.

se blesser avec qch   to hurt oneself with sth

- Elle s'est blessée avec une lame de rasoir.
  She hurt herself with a razor blade.

border   to line, edge

- Sa propriété borde l'autoroute.
  His property is on the highway.

- C'est lui qui borde les enfants chaque soir.
  He is the one who tucks in the children every evening.

border de qch   to edge, line with sth

- Le sentier était bordé de fleurs des champs.
  The path was edged with wildflowers.

- Elle a bordé sa robe d'un fil d'or.
  She trimmed her dress with gold thread.

borner qch à/par qch   to restrict sth to sth; to block sth by sth

- Sa propriété est bornée au nord par une haie de peupliers.
  His property is bordered on the north by a hedge of poplars.

- L'horizon est borné par les Montagnes Rocheuses.
  The horizon is blocked by the Rocky Mountains.

- Vous allez devoir borner un peu vos ambitions.
  You are going to have to lower your ambitions a little.

- Je bornerai mon exposé à quelques remarques générales.
  I will limit myself to a few general remarks.

- Pour l'instant, la police borne son enquête au milieu des trafiquants de drogue.
  For the moment the police are focusing their investigation on the drug dealers' world.

se borner à + *inf*   to be content to do sth, limit oneself to sth/content oneself with
  + *ger*

- Elle s'est bornée à nous donner quelques conseils.
  She contented herself with giving us some advice.

- Je me bornerai à exposer les grandes lignes de mon projet.
  I will limit myself to the broad outline of my project.

- Le maire s'est borné à offrir quelques paroles de bienvenue.
  The mayor only gave a few words of welcome.

bourrer qch/qn de qch   to stuff sth/sb with sth

- Ses poches étaient bourrées de bonbons et de chocolats.
  His pockets were stuffed with candy and chocolates.

- Quand nous étions enfants, sa mère nous bourrait de gâteaux à la crème.
  When we were children, her mother stuffed us full of cream puffs.

- Ses devoirs sont bourrés de fautes d'orthographe.
  His homework is full of spelling mistakes.

se bourrer de qch   to stuff oneself with sth

- Inutile de vous bourrer de médicaments; un peu de repos suffira.
  It is useless to stuff yourself with medicine; a little rest would be sufficient.

briser qch/qn   to break sth/sb

- Ils ont brisé la vitrine du bijoutier à coups de barre de fer.
  They broke the jeweler's shop window with an iron bar.

- Ce scandale risque de briser sa carrière.
  This scandal may ruin her career.

- La nouvelle l'a complètement brisé (/lui a brisé le cœur).
  He completely broke down at the news. (/The news broke his heart.)

- La direction n'est pas parvenue à briser la grève.
  The management was not able to break the strike.

se briser en/contre/sur qch   to break into/against/on sth

- Le chandelier s'est brisé en mille morceaux.
  The chandelier broke into a thousand pieces.

- Les vagues se brisent contre la digue.
  The waves are breaking against the dike.

- Tous nos efforts se sont brisés sur sa résistance.
  All our efforts were broken by her resistance.

- Les attaques ennemies se sont brisées sur nos lignes de défense.
  The enemy attacks were broken by our defense.

brouiller qch/qn   to blur, mix up, confuse sth/sb

- Le vent et la neige nous brouillaient la vue.
  The wind and the snow blurred our vision.

- Des parasites brouillent les émissions de radio.
  Static is causing interference to radio broadcasts.

- Le cours sur Platon m'a un peu brouillé les idées.
  The course on Plato somewhat confused my ideas.

- Cette dispute nous a définitivement brouillés.
  This argument broke off our relationship forever.

- Raymond est brouillé avec les mathématiques.
  Raymond does not like math.

se brouiller   to become unclear; to feud

- Le temps se brouille.
  It's getting cloudy.

- Tout s'est brouillé dans son esprit et il s'est évanoui.
  Everything got confused in his mind, and he fainted.

- Ils se sont brouillés l'année dernière.
  They got into a feud last year.

se brouiller avec qn pour qch   to break up with sb for sth

- Il s'est brouillé avec son frère pour une question d'héritage.
  He stopped speaking to his brother over a question of inheritance.

brûler qch/qn   to burn sth/sb

- La moitié de la forêt a brûlé l'été dernier.
  Half of the forest burned down last summer.

- Les lèvres me brûlent.
  My lips are burning.

- L'incendie a brûlé une partie de la vieille ville.
  The fire burned down part of the old town.

- Jeanne d'Arc fut brûlée vive par les Anglais à Rouen.
  Joan of Arc was burned alive by the English in Rouen.

brûler de qch/de + *inf*   to burn with sth; to be dying to + *inf*

- Elle brûle d'impatience de vous rencontrer.
  She is burning with impatience to meet you.

- Orphée brûlait du désir de revoir Eurydice.
  Orpheus was burning with the desire to see Eurydice again.

- Georges brûle de faire votre connaissance.
  George cannot wait to meet you.

buter   to score a goal; to antagonize sb

- Où est-ce qu'il a appris à buter comme ça?
  Where did he learn to shoot like that?

- Faites attention à ne pas le buter dès le début des négociations.
  Watch out that you do not antagonize him in the beginning of the negotiations.

buter contre/sur qch   to stumble over sth, come up against sth

- Elle a buté contre le bord du trottoir et a perdu l'équilibre.
  She stumbled over the edge of the sidewalk and lost her balance.

- Ma tête a buté contre la table et j'ai perdu connaissance.
  My head hit the table, and I lost consciousness.

- Nous butons sur des difficultés considérables.
  We have come up against major difficulties.

se buter contre qch/qn   to bump into sb/sth; to be dead set against sb

- Gérard se bute très facilement.
  Gerard becomes obstinate easily.

- Il s'est buté contre la vieille dame et l'a renversée.
  He bumped into the elderly lady and knocked her over.

- Qu'est ce que tu as à la jambe? —Je me suis buté contre un meuble.
  What happened to your leg? —I bumped into a piece of furniture.

- Vous avez tort de vous butez contre lui; il ne cherche qu'à vous aider.
  You are wrong to fight him; he is only trying to help you.

C

cacher qch/qn (à qn)   to hide sth/sb from sb

- Où as-tu caché mon journal?
  Where did you hide my newspaper?

- Cet immeuble nous cache le front de mer.
  This building blocks our view of the seaside.

- Les complices de l'évadé l'ont caché dans la cave pendant des semaines.
  The escaped prisoner's accomplices hid him in a cellar for weeks.

- Je ne vous cache(rai) pas que j'ai l'intention de chercher un autre emploi.
  I will not hide from you the fact that I am planning to look for another job.

- On ne peut rien te cacher.
  Nothing can be hidden from you.

- Elle n'a pas pu cacher plus longtemps la vérité à son mari.
  She could not hide the truth from her husband any longer.

se cacher de qch/qn   to hide from sth/sb

- Claude se cache mal de son hostilité envers moi.
  Claude has a hard time hiding his hostility toward me.

- Elle ne se cache pas de ses sympathies pour les conservateurs.
  She does not hide her support for the conservatives.

- Nous fumions des cigarettes au fond du jardin en nous cachant de nos parents.
  We used to smoke cigarettes in the far end of the garden, hiding from our parents.

calquer de qch   to copy, trace from sth

- Est-ce que tu peux calquer ce dessin?
  Can you trace this design?

- Ce document est calqué directement du japonais.
  This document is copied directly from the Japanese.

calquer sur qch   to copy sth from sth/to model sth on sth

- Le film est calqué sur un roman de Tolstoy.
  The film is copied from one of Tolstoy's novels.

- Il calque toujours son attitude sur celle de ses supérieurs.
  He always copies his superiors' attitudes.

- Tu devrais calquer ton comportement sur le sien.
  You should model your behavior on his.

causer qch (à qn)   to cause (sb) sth

■   Les inondations ont causé beaucoup de dégâts.
The floods caused a lot of damage.

■   Il a causé une certaine surprise en se présentant aux élections.
His candidacy in the elections was somewhat surprising.

■   Je regrette de vous avoir causé tous ces ennuis (/ces désagréments).
I am sorry to have caused you so many problems (/troubles).

■   Tout ceci va encore causer aux Lebrun des dépenses (/frais) supplémentaires.
All this is going to cause the Lebruns extra expenses.

causer de, sur qch/qn à, avec qn   to talk, gossip about sth/sb with sb

■   De quoi avez-vous bien pu causer pendant une heure au téléphone?
What could you have been talking about for an hour on the phone?

■   J'ai longuement causé avec Jean-Pierre de ses projets d'avenir (/de politique internationale).
I talked at length with Jean-Pierre about his future projects (/about international politics).

■   Il a causé de toi à tous les invités.
He talked about you with all his guests.

■   On a beaucoup causé sur lui (/sur son compte).
We talked about him a lot.

céder (à qch)   to give, give in (to sth)

■   J'ai donné un coup d'épaule dans la porte et la serrure a fini par céder.
I knocked into the door with my shoulder, and the lock finally gave.

■   Il est si têtu! Il ne cèdera jamais.
He is stubborn! He will never give in.

■   Tu n'as tout de même pas l'intention de céder à ses prières (/caprices/à un chantage pareil)?
You do not have any intention of giving in to her demands (/tantrums/such blackmail), do you?

■   J'ai cédé à la tentation de lui jouer un bon tour.
I gave in to the temptation to play a trick on him.

céder qch à qn   to give sb sth

■   J'ai terminé, je vous cède la place.
I am done; you can have my seat.

■   Il se dit prêt à me céder la moitié de ses actions.
He says he is ready to let me have half of his shares (/stocks).

ne le céder en rien à qch/qn   to be equal to sth/sb

■   Sa sensibilité ne le cède en rien à son intelligence.
His intelligence takes nothing away from his sensibility.

■   Il ne le cède à personne en matière d'hypocrisie.
He gives in to no one in matters of hypocrisy.

centrer (sur qch/qn)   to center, to focus (on sth/sb)

■   Tu aurais dû mieux centrer ta photo.
You should have centered the photo better.

■   Bernard a centré et a marqué le but.
Bernard centered the ball and scored the goal.

■   Les illustrations ne sont pas bien centrées sur la page.
The illustrations are not well-centered on the page.

■   Il a centré toutes ses critiques sur toi.
He focused all his criticism on you.

■   Son dernier film est centré sur le problème des immigrés.
His last film focuses on the problems of immigrants.

se centrer sur qch   to focus on sth

■   La discussion s'est centrée sur la réforme de l'orthographe.
The discussion focused on spelling reform.

certifier qch (à qn)   to certify, to attest sth; to prove sth to sb

■   Tu as besoin de faire certifier ces documents (/tes diplômes).
You need to have these documents (/your diplomas) notarized.

■   Elle m'a certifié que nous allons recevoir une lettre avant la fin de la semaine.
She assured me that we would receive a letter before the end of the week.

■   Comment pouvez-vous nous certifier l'exactitude de votre calcul?
How can you prove the exactness of your calculation?

cesser   to stop

■   La pluie a cessé, vous pouvez sortir!
The rain has stopped. You can go out!

■   A quelle heure cessez-vous le travail?
What time do you stop working?

■   Elle cessera officiellement ses fonctions le 1er avril.
She officially leaves her position on the first of April.

cesser de + *inf*   to stop + *ger*

■   Jacques n'a pas cessé de lui tenir la main pendant tout le concert.
Jacques has not stopped holding her hand during the entire concert.

■   Ils n'ont pas cessé de bavarder pendant tout le cours.
They have not stopped chatting for the whole class.

changer qch/qn   to change sth/sb

■   La température a changé pendant la nuit.
The temperature changed during the night.

- Vous n'avez pas changé depuis toutes ces années.
  You have not changed after all these years.
- Ça nous changera de manger au restaurant.
  It will be a nice change for us to eat out at a restaurant.
- Je vous en prie, ne changez pas les assiettes.
  Please, do not use clean plates.
- Ta participation au projet change tout!
  Your participation in the project changes everything!
- Son séjour à l'étranger l'a beaucoup changée.
  Her stay abroad changed her a great deal.

changer qch/qn contre   to exchange sth for (/into) sth

- Avant de partir, n'oublie pas de changer tes francs contre des lires.
  Before leaving, do not forget to change your francs into liras.
- Je ne changerais pas ma place contre la sienne.
  I would not change places with her.

changer de qch/qn   to change sth/sb

- Finalement, elle a dû changer de coiffeur.
  Finally, she had to change hairdressers.
- Est-ce que tu as changé de voiture?
  Have you bought a new car?
- Accepteriez-vous de changer de place avec moi?
  Would you switch places with me?
- Le restaurant de la gare vient de changer de propriétaire.
  The train station restaurant has just gotten a new owner.

changer qch en qch   to change sth into sth

- La bonne fée a changé la citrouille en carrosse.
  The good fairy turned the pumpkin into a carriage.
- Les alchimistes voulaient changer le plomb en or.
  Alchemists wanted to change lead into gold.

se changer   to change

- Je vais me changer, j'en ai pour une minute.
  I am going to change; it will only take me a minute.

se changer en qch   to turn into sth

- Un coup de baguette magique et la grenouille s'est changée en Prince Charmant.
  One touch of the magic wand and the frog was changed into Prince Charming.

charger qch/qn   to charge, load sth/sb

- Au moment où j'allais prendre la photo, le rhinocéros a chargé.
  The very instant I was going to take the picture, the rhinoceros charged.

- L'Empereur fit charger la cavalerie.
  The Emperor had the cavalry charge.

- Le camion était beaucoup trop chargé et le chauffeur en a perdu le contrôle.
  The truck was overloaded and the driver lost control of it.

- Aide-moi à charger les bagages dans la voiture.
  Help me put the luggage in the car.

- Après avoir pris les photos, je me suis aperçu que l'appareil n'était pas chargé.
  After having taken the photos, I noticed that the camera was not loaded.

charger qn de qch/de + *inf*   to put sb in charge of sth/+ *ger*

- Puis-je te charger d'une mission délicate?
  May I entrust you with a sensitive mission?

- Qui est chargé de l'enquête?
  Who is in charge of the investigation?

- Vous êtes chargé de me faire un rapport détaillé sur la question.
  You are in charge of preparing a detailed report on the issue.

se charger de qch/qn   to take on sth/sb

- Soyez tranquilles! Je me charge des derniers préparatifs.
  Don't worry! I'll take care of the last minute arrangements.

- Est-ce que tu peux te charger de la maison (/du chien/des enfants) pendant notre absence?
  Can you take care of the house (/the dog/the children) while we are away?

se charger de + *inf*   to take care of + *ger*

- Est-ce que quelqu'un s'est chargé de prévenir les pompiers?
  Has someone taken care of calling the firefighters?

- Anne s'est chargée de faire les réservations.
  Anne took care of making the reservations.

charmer qn   to enchant sb

- Le spectacle nous a vraiment charmés.
  The show really enchanted us.

- Elle a charmé toute l'assistance par sa grâce et son élégance.
  She enchanted everyone present with her grace and her elegance.

être charmé de qch/+ *inf*   to be enchanted by sth, enjoy + *ger*

- Nous sommes charmés de l'accueil qui nous a été réservé.
  We were enchanted by the welcome that you gave us.

- J'ai été charmé de faire votre connaissance.
  It was a pleasure to meet you.

chasser qch/qn (de qch)   to hunt sth/sb; to chase, drive sth/sb from sth

- Il va chasser en Sologne tous les week-ends.
  He goes hunting in Sologne every weekend.

- La tempête chassera tous les nuages.
  The storm will chase away all the clouds.

- Son arrivée a chassé tous les invités.
  His arrival chased away all the guests.

- Elles ont été chassées de leur pays par la guerre.
  They were driven out of their country by the war.

chercher qch/qn   to look for sb/sth

- Son fils cherche du travail dans l'informatique.
  His son is looking for work in computers.

- Il a vainement cherché une solution à ce problème.
  He searched in vain for a solution to this problem.

- Tu cherches toujours la dispute.
  You are always looking for trouble.

- J'ai cherché Christine dans la foule plus d'une heure.
  I have been looking for Christine in the crowd for over an hour.

- Allez (me) chercher le chef de rayon (/une livre de beurre).
  Go get the manager for me. (/Go and fetch me a pound of butter.)

chercher à + *inf*   to try to + *inf*

- Andrée cherche à louer une petite maison à la campagne.
  Andrea wants to rent a small house in the country.

- Il cherchait visiblement à nous impressionner.
  He was obviously trying to impress us.

choisir qch/qn   to choose sth/sb

- Boire ou conduire, il faut choisir.
  Drinking or driving—you have to choose one or the other.

- Choisissez le menu que vous préférez.
  Choose the meal that you prefer.

- Ils ont choisi Antoine pour être le trésorier du club.
  They chose Antoine as treasurer of the club.

- Elle n'a toujours pas choisi où elle va passer Noël.
  She still has not decided where she will spend Christmas.

choisir de + *inf*   to choose to + *inf*

- Hélène a choisi de faire des études d'architecture.
  Helen has chosen to study architecture.

- Nous avons choisi de rester dans cet appartement pour une année encore.
  We have decided to stay in this apartment for another year.

coïncider avec qch/qn   to coincide with sth/sb

- Est-ce que les dates de vos congés coïncident?
  Do your vacation dates coincide?
- Mon voyage à Hong Kong coïncidait avec le nouvel an chinois.
  My trip to Hong Kong coincided with the Chinese New Year.
- Ses congés coïncident avec le carnaval de Rio.
  His vacation coincides with the Carnival in Rio.

collaborer à qch   to take part in sth

- Au lieu de vous disputer, vous feriez mieux de collaborer.
  It would be better to work together instead of arguing.
- As-tu collaboré à ce projet?
  Did you take part in this project?
- Jean a collaboré à cette émission de télé.
  Jean worked on this program for television.

collaborer avec qn   to collaborate with sb

- Scotland Yard a collaboré à l'enquête avec la police française.
  Scotland Yard collaborated with the French police in this investigation.

combler qch   to fill sth

- Les ouvriers ont comblé le trou en moins d'une heure.
  The construction workers filled in the hole in less than an hour.
- Il te reste une semaine pour combler ton retard.
  You have one week to catch up.
- Le succès de son roman comble tous ses désirs (/toutes ses espérances/toutes ses attentes).
  His novel's success fulfills all his desires (/all his hopes/all his expectations).

combler qn de qch   to fill sb with sth

- Depuis qu'il sait que je vais hériter de la maison, il me comble de cadeaux (/d'attentions).
  Ever since he found out that I am going to inherit the house, he showers me with gifts (/attention).

commander qch/qn   to order sth/sb

- C'est le général qui commandait les forces alliées en Europe.
  He is the general who commanded the allied forces in Europe.
- Est-ce que vous avez commandé une nouvelle imprimante à laser?
  Have you ordered a new laser printer?
- Je commanderai une pièce montée pour son anniversaire.
  I will order a three-layer cake for her birthday.

commander à qch/qn   to command sth/sb

■ Il commande à tout un bataillon.
He is in command of a whole batallion.

commencer (qch par qch)   to start (sth with sth)

■ Le semestre commence le 9 janvier.
The semester starts on January 9.

■ Pourquoi avez-vous commencé par la fin?
Why did you start at the end?

■ Henri vient de commencer ses leçons de violon.
Henry just started his violin lessons.

■ Elle commence toujours sa journée par une promenade.
She always starts her day with a walk.

■ Nous commencerons la visite par une projection de diapositives.
We will start the tour with a slide show.

commencer à + *inf*   to start to + *inf*

■ Je commence à comprendre ce qui s'est passé.
I am beginning to understand what happened.

■ Vous commencez à sérieusement me taper sur les nerfs!
You are really starting to get on my nerves!

commencer par + *inf*   to start by/with + *ger*

■ Il a commencé par me dire du mal de tous ses collègues.
He started by saying bad things about all of his colleagues.

■ Commencez par faire attention à ce qu'on vous dit!
Start by paying attention to what is being said to you!

commercer avec qch/qn   to trade with, do business with, deal with sth/sb

■ Son entreprise commerce avec le monde entier.
His company does business throughout the entire world.

■ Ils commercent de plus en plus avec les Japonais.
They do more and more business with the Japanese.

communiquer (qch à qn)   to communicate (sth to sb)

■ Est-ce que les deux pièces communiquent?
Are these adjoining rooms?

■ Paul ne communique que par téléphone.
Paul only communicates by telephone.

■ Il m'a communiqué ses impressions par lettre.
He communicated his impressions to me by letter.

■ Avez-vous communiqué ma demande à Monsieur Duval?
Have you communicated my demand to Monsieur Duval?

se communiquer à qch   to spread to sth

- L'incendie s'est communiqué à tout l'immeuble.
  The fire spread to the entire building.

comparer (qch/qn à/avec qch/qn)   to compare (sth/sb to sth/sb)

- On ne peut pas comparer les deux équipes, voyons!
  Oh, come on, the two teams cannot be compared!
- Vous osez comparer son travail avec le mien!
  How dare you compare his work to mine!
- Tu ne peux pas comparer Borg aux autres joueurs de sa génération.
  You cannot compare Borg with the other players of his generation.
- On l'a souvent comparé à Matisse.
  He has often been compared to Matisse.

se comparer (à qn)   to compare (oneself with sb)

- Les deux écrivains ne se comparent pas.
  The two writers cannot be compared.
- Il se compare à James Joyce!
  He compares himself to James Joyce!

compatir à qch   to sympathize with sth

- Croyez bien que nous compatissons à votre douleur.
  Please believe that we sympathize with your pain.
- Il prétend compatir à nos malheurs.
  He pretends to sympathize with our bad luck.

se complaire dans qch   to be content with sth

- Il se complaît dans la médiocrité.
  He is content with mediocrity.
- Ne vous complaisez jamais dans votre ignorance.
  Never be content with your ignorance.

se complaire à + *inf*   to take pleasure in + *ger*

- Nicole se complaît à gacher ses chances d'avenir.
  Nicole takes pleasure in ruining her chances for the future.

complimenter qn de/pour/sur qch   to compliment sb on/for sth

- Permettez-moi de vous complimenter.
  Please allow me to compliment you.
- Le doyen a complimenté les étudiants de leurs progrès.
  The dean complimented the students on their progress.
- Il voulait te complimenter sur ta récente promotion.
  He wanted to compliment you on your recent promotion.

- Elle nous a complimentés pour un travail bien fait.
  She complimented us on a job well done.

comploter (contre qch/qn)   to plot (against sth/sb)

- Qu'est-ce que vous complotez, tous les deux?
  What are the two of you plotting?
- Il paraît que l'opposition complote un coup d'Etat.
  Apparently the opposition is plotting a coup.
- Danton fut accusé de comploter contre la République.
  Danton was accused of plotting against the Republic.
- Il affirme que nous complotons contre lui pour avoir sa place.
  He believes that we are plotting against him to take his place.

comploter de + *inf*   to plot to + *inf*

- Certains généraux complotaient de renverser le gouvernement.
  Some generals were plotting to overthrow the government.

composer qch   to compose, make up sth

- Il a composé un opéra pour synthétiseur.
  He composed an opera for the synthesizer.
- J'ai composé ce petit poème à votre intention.
  I wrote this little poem for you.
- Tous les joueurs qui composent l'équipe ont moins de 25 ans.
  All the team's players are under 25 years old.
- Composez ce numéro et une opératrice vous répondra.
  Dial this number, and an operator will answer you.

composer avec qch/qn   to make do with sth/sb; to compromise with sth/sb

- Il a fallu composer avec le mauvais temps.
  We had to make do with the bad weather.
- Elisabeth a dû composer avec la direction de l'agence.
  Elizabeth had to deal with the head of the agency.
- Il a eu tort de ne pas composer avec ses adversaires.
  He was wrong not to compromise with his opponents.

composer en   to take a test in

- Quand est-ce que les candidats au baccalauréat composent en philosophie?
  When do the baccalaureate candidates take their philosophy exam?

se composer de qch   to consist in/of sth

- L'équipage se compose du pilote, du co-pilote et de deux hôtesses.
  The crew is made up of a pilot, a co-pilot, and two flight attendants.
- Le village se composait de quelques huttes de terre battue.
  The village was made up of a few mud huts.

compromettre qch/qn   to compromise, jeopardize sth/sb

- Cette affaire va compromettre toute sa carrière.
  This affair will jeopardize her entire career.

- Ne va surtout pas compromettre ta réputation.
  Do not go compromising your reputation.

- L'orage risque de compromettre notre baignade.
  The storm may jeopardize our swim.

- Il a été compromis dans de nombreux scandales.
  He was compromised in numerous scandals.

- J'hésite à vous demander une faveur de peur de vous compromettre.
  I hesitate to ask a favor of you for fear of compromising you.

se compromettre dans qch, avec qn   to compromise oneself in sth, with sb

- Elle s'est compromise dans une affaire douteuse.
  She compromised herself in a questionable affair.

- Vous vous êtes compromis avec des gens peu recommandables.
  You have compromised yourself with undesirable people.

compter qch/qn   to count sth/sb

- Ma fille sait déjà compter jusqu'à dix.
  My daughter already knows how to count up to ten.

- C'est un roman qui a beaucoup compté à l'époque.
  This novel had a lot of influence at the time.

- La France compte 55 millions d'habitants.
  France has 55 million inhabitants.

- Lorsque l'horloge comptera les douze coups de minuit, tu devras quitter le bal.
  As soon as the clock strikes midnight, you will have to leave the ball.

- Nous serons quinze à table, sans compter les enfants.
  There will be fifteen of us at the table, without counting the children.

- On le compte parmi les futurs prix nobel.
  They count him to be among the future Nobel Prize winners.

- Sa famille compte trois anciens ministres.
  His family includes three past ministers.

compter que/ + *inf*   to count that/ + *inf*

- Je ne compte pas qu'ils viennent nous voir bientôt.
  I would not count on their coming to see us soon.

- Elle ne compte pas les voir arriver avant midi.
  She is not counting on seeing them arrive before noon.

- Nous comptons avoir fini avant la fin de la semaine.
  We are expecting to be finished before the end of the week.

compter qch à qn   to charge sb sth

- Le plombier nous a compté la réparation cinq cents francs.
  The plumber charged us five hundred francs for the repair.

- La serveuse ne nous a rien compté pour les apéritifs.
  The waitress did not charge us anything for the cocktails.

compter avec qch/qn   to count, deal with sth/sb

- Il va falloir compter avec le froid (/la fatigue/la hausse des prix).
  We are going to have to take the cold (/fatigue/inflation) into account.

- Désormais, nous allons devoir compter avec lui.
  From now on, we are going to have to deal with him.

compter parmi   to count among

- Béatrice compte de nombreux amis parmi nous.
  Beatrice has many friends among us.

compter pour qch   to count for sth

- Un repas comme celui-là compte pour deux.
  A meal like this one counts for two.

- Et moi, je compte pour du beurre?
  What about me? Don't I count?

compter sur qch/qn   to count on sth/sb

- Ne comptez pas trop sur une reprise des cours de la Bourse.
  Do not count on the stock market going up.

- Je compte sur toi pour mon anniversaire.
  I am counting on you for my birthday party.

- Nous comptons sur vous pour lui faire changer d'avis.
  We are counting on you to make him change his mind.

concéder qch à qn   to grant sth to sb

- Je vous concède bien volontiers que l'examen était difficile.
  I am quite ready to grant you that the exam was difficult.

- Elle a concédé que la situation économique n'est pas brillante.
  She admitted that the economic situation is not too good.

- Le champion a dû concéder trois sets à son adversaire.
  The champion had to concede three sets to his opponent.

- Je dois vous concéder ce point, je l'admets.
  You got me on this one, I admit.

concentrer qch/qn   to concentrate sth/sb

- Il est arrivé à concentrer tous les pouvoirs.
  He was able to regroup all the power.

- Le général concentra ses troupes au nord de la ville.
  The general concentrated his troops north of town.
- Je n'arrivais pas à concentrer mon attention.
  I could not focus my attention.

concentrer sur qch   to concentrate, focus on sth

- Vous devez concentrer vos efforts sur les mathématiques.
  You should concentrate your energy on math.
- Il a concentré toutes ses recherches sur la mécanique des fluides.
  He concentrated all his research on fluid mechanics.

se concentrer (sur qch/qn)   to concentrate (on sth/sb)

- Il est impossible de se concentrer avec un bruit pareil!
  It is impossible to concentrate with so much noise!
- L'essentiel de son argumentation se concentre dans le premier chapitre.
  The major part of her argument comes in the first chapter.
- Je vous conseille de vous concentrer sur l'œuvre de Camus.
  I advise you to focus on Camus's works.
- Tous les regards se sont concentrés sur moi.
  All eyes were on me.

concorder (avec qch)   to agree, match (with sth)

- Tous les témoignages concordent: il était chez elle la nuit du crime.
  All the testimonies agree: He was at her house the night of the crime.
- Tous les chiffres concordent, nous allons vers une récession.
  All the numbers agree that we are heading for a recession.
- Les dates d'examen ne concordent pas.
  The exam dates do not agree.
- Ses idées ne concordent pas avec celles de ses collègues.
  Her ideas do not agree with those of her colleagues.
- Désolé, vos prévisions ne concordent pas avec les nôtres.
  Sorry, your predictions do not agree with ours.
- Il faudrait que ses actes concordent avec ses paroles.
  His behavior should be in accordance with his words.

concorder sur qch   to agree on sth

- Tous les documents d'archives concordent sur ce point.
  All the archival documents agree on this point.

concourir à/pour qch/à + *inf*   to compete for sth, take part in sth; to contribute to sth/to + *inf*

- Cette année, il n'a pas pu concourir pour la Transatlantique, car il n'avait pas de sponsor.
  This year he was not able to compete in the Transatlantic race because he did not have a sponsor.

- Nous serions très heureux de concourir à votre réussite.
  We will be very happy to contribute to your success.
- Le spectacle son et lumière a concouru à donner à la manifestation tout son éclat.
  The sound and light show contributed to give the event all its brilliance.

condamner qch/qn   to condemn sth/sb

- Ne le condamnez pas sur de simples apparences.
  Do not condemn him on mere appearances.
- Sa fuite l'a condamné.
  His escape condemned him.
- Il faut condamner toute violence d'où qu'elle vienne.
  All violence must be condemned, regardless of its origin.

condamner qn à qch   to condemn sb to sth

- Paul a été condamné à cinq cent francs d'amende (/à dix ans de prison/à la peine capitale).
  Paul was sentenced to a five hundred franc fine (/to a ten-year prison term/to death).
- Sa chute l'a condamné à deux mois d'hôpital.
  His fall condemned him to two months in the hospital.

condamner qn à + *inf*   to condemn sb to + *inf*

- Nous sommes condamnés à passer l'été en ville.
  We are condemned to spend the summer in the city.
- Sisyphe fut condamné à rouler sans fin le même rocher.
  Sisyphus was condemned to roll the same rock forever.

condamner qn de + *inf*   to condemn sb for + *ger*

- Je ne peux pas vous condamner d'avoir essayé.
  I cannot condemn you for trying.

condescendre à + *inf*   to condescend, deign + *inf*

- Il ne condescendra jamais à vous offrir son aide.
  He will never condescend to offer you his help.
- Elle a condescendu à me répondre.
  She condescended to give me an answer.

conduire (à qch)   to drive, lead (to sth)

- Edouard ne conduit plus depuis son accident.
  Edward has not driven since his accident.
- Est-ce que tu as déjà conduit une Porsche?
  Have you ever driven a Porsche?
- Cette route conduit à la mer.
  This road leads to the sea.

- Sa politique conduira à la catastrophe (/à la guerre).
  His politics will lead to catastrophe (/to war).

conduire qn à qch   to drive sb to sth

- Merci d'avoir accepté de me conduire à la maison.
  Thank you for accepting to drive me home.

- Son amour du jeu conduira André à la ruine.
  His love of gambling will drive André to disaster.

- L'actuel dirigeant a conduit son peuple à l'indépendance.
  The current leader led his people to independence.

- Qu'est-ce qui vous a conduit à cette conclusion?
  What brought you to this conclusion?

conduire qn à + *inf*   to lead sb to + *inf*

- Ceci me conduit à croire (/penser) qu'elle a changé d'avis.
  This leads me to believe (/to think) that she has changed opinions.

- Les derniers événements l'ont conduit à modifier ses projets.
  The latest events have led him to change his plans.

se conduire comme   to act like

- Louis s'est conduit comme un imbécile.
  Louis acted like an idiot.

- Cette voiture se conduit comme une bicyclette.
  This car drives like a bicycle.

confesser qch (à qn)   to confess sth (to sb)

- L'accusé a confessé tous ses crimes.
  The suspect confessed all his crimes.

- Je confesse que mes soupçons n'étaient pas fondés.
  I admit that my suspicions were unfounded.

- Je vous confesserai que je n'y avais pas pensé.
  I will admit to you that I had not thought about it.

- Myriam a confessé toute la vérité à sa mère.
  Myriam confessed the whole truth to her mother.

se confesser de qch à qn   to confess sth to sb

- Antoine s'est confessé à moi, ce qui m'a beaucoup surpris.
  Antoine confessed to me, which surprised me a lot.

- J'aimerais avoir un ami à qui me confesser.
  I would like to have a friend in whom I could confide.

- Il s'est confessé de ses fautes.
  He confessed his faults.

■ Les paroissiens se confessent au curé de leurs péchés.
The parishioners confess their sins to the pastor.

confier qch à qn   to entrust sb with sth

■ Le tribunal lui a confié la garde des enfants.
The court entrusted him with the custody of the children.

■ Il paraît qu'Emilie t'a confié tous ses petits secrets.
Apparently, Emily confided all her little secrets to you.

■ Je te confie la maison pendant mon absence.
I am leaving the house in your care during my absence.

■ Elle m'a confié qu'elle voulait quitter la ville.
She confided in me that she wanted to leave the town.

se confier à qn   to confide in sb

■ En cas de problème, vous pouvez vous confier à moi!
If you have a problem, you can confide in me!

■ Ne te confie à personne.
Do not confide in anyone.

confirmer qch à qn   to confirm sth to sb

■ Le cabinet dentaire a confirmé ton rendez-vous.
The dentist's office confirmed your appointment.

■ Denis nous a confirmé son intention de poser sa candidature.
Dennis confirmed his intention to be a candidate.

■ Je vous confirme que la réception est à sept heures.
I am confirming that the reception is at seven o'clock.

■ Ils nous ont confirmé qu'ils arriveront dans la soirée.
They confirmed that they would be arriving sometime in the evening.

confisquer qch à qn   to confiscate sth from sb

■ Si vous continuez de vous disputer, je vais confisquer le ballon.
If the two of you keep fighting, I am going to take the ball away from you.

■ Après la révolution, les biens des aristocrates émigrés ont été confisqués par l'Etat.
After the French Revolution the estates of the émigré aristocracy were seized by the state.

■ L'instituteur nous a confisqué nos bandes dessinées.
The teacher confiscated our comic books.

■ J'ai été obligé de leur confisquer les jeux électroniques, car ils ne faisaient plus leurs devoirs.
I had to take away their electronic games because they were no longer doing their homework.

confondre qch/qn (avec qch/qn)   to confuse sth/sb (for/with sth/sb); to confound sb

- Ils sont jumeaux et on les confond souvent.
  They are twins, and people often mix them up.

- Vous avez dû confondre votre valise avec la mienne.
  You must have mistaken my suitcase for yours.

- J'ai confondu la date d'Austerlitz avec celle du sacre de Napoléon.
  I mixed up the date of the battle of Austerlitz with that of Napoleon's coronation.

- Il arrive souvent qu'on le confonde avec son frère aîné.
  He is often taken for his older brother.

- Irène a confondu tous ses adversaires.
  Irene confounded all her opponents.

se confondre (en qch)   to merge; to be effusive in sth

- Les deux événements se confondent dans ma mémoire.
  The two events merge in my memory.

- Après la réunion, Paul s'est confondu en excuses.
  After the meeting Paul apologized profusely.

- Je me suis confondu en remerciements.
  I offered profuse thanks.

conformer qch à qch   to model sth on, match sth to sth

- J'ai dû conformer les plans de ma nouvelle maison aux exigences de la mairie.
  The plans for my new house had to conform to the city's building code.

- Il est bon de conformer vos attentes à la situation du marché de l'emploi.
  It is a good idea to match your hopes to the employment situation.

se conformer à qch   to conform to sth

- Nous n'avons pas pu nous conformer au programme initial (/à nos projets).
  We have not been able to stick to the initial program (/to our plans).

- Je vous conseille de vous conformer à vos principes (/intentions).
  I would advise you to stick to your principles (/intentions).

- Vous ne vous êtes pas comformés à ce qui était convenu.
  You did not respect our agreement.

confronter qch   to confront sth

- Pierre et moi, nous avons souvent confronté nos interprétations de la Guerre de Sécession.
  Pierre and I have often compared our interpretations of the Civil War.

- Les deux orateurs vont confronter leurs opinions sur des sujets divers.
  The two speakers are going to debate on diverse subjects.

confronter qn à, avec qn   to confront sb with sb

- On doit le confronter aux témoins de l'accident demain matin.
  He is to confront the witnesses of the accident tomorrow morning.

■   La victime a été confrontée avec ses bourreaux.
The victim confronted his torturers.

connaître qch/qn   to know sth/sb

■   Connaissez-vous le nouveau restaurant de la place des Vosges?
Are you familiar with the new restaurant of the Place des Vosges?

■   Je connais Patrice depuis plus de dix ans.
I have known Patrice for over ten years.

■   Voilà un homme qui connaît son métier.
Now here is a man who knows his work.

■   Connaissez-vous le latin?
Do you know Latin?

■   Depuis qu'elle est née, elle ne connaît que la violence et la misère.
Since she was born, she has known nothing but violence and misery.

connaître à   to know sth about

■   Je ne connais rien à la mécanique (/à l'astronomie).
I do not know anything about mechanics (/about astronomy).

connaître qn de vue, de nom, de réputation   to know sb by sight, by name, by reputation

■   Je la connais de vue, mais je ne l'ai jamais rencontrée.
I have seen her often, but we have never met.

faire connaître qch à qn   to introduce sth to sb

■   C'est elle qui m'a fait connaître la peinture contemporaine.
She introduced me to contemporary painting.

■   Il a bien voulu me faire connaître son opinion là-dessus.
He was willing to share his opinions on the subject with me.

se connaître   to know oneself

■   Socrate souhaitait que nous nous connaissions nous-mêmes.
Socrates wished that we would know ourselves.

■   Ils se sont connus à une soirée chez les Legras.
They met at a party at the Legras'.

s'y connaître en   to know one's way around; to be good at sth

■   Martin s'y connaît en planche à voile.
Martin is really good at windsurfing.

■   Vous vous y connaissez en littérature scandinave?
Do you know your way around Scandinavian literature?

consacrer qch à qn   to devote sth to sb

■   Elle lui a consacré les meilleurs années de sa vie.
She gave him the best years of her life.

- A quoi consacrez-vous vos loisirs?
  To what do you dedicate your leisure time?
- Peux-tu me consacrer un moment?
  Can you give me a minute of your time?

consacrer à + *inf* to dedicate to, spend + *ger*

- Il consacre tout son temps libre à jardiner.
  He spends his free time gardening.
- Bernard a consacré dix ans de sa vie à devenir président directeur général.
  Bernard dedicated ten years of his life to becoming a CEO.

se consacrer à qch to dedicate oneself to sth

- Edouard se consacre entièrement à sa carrière (/à son métier).
  Edward is totally dedicated to his career (/to his profession).

conseiller qch à qn to advise, recommend sth to sb

- Qui vous a conseillé?
  Who advised you?
- Quel menu me conseillez-vous?
  Which meal do you recommend?
- Je vous conseille le Restaurant de la Poste, c'est le meilleur de la ville.
  I recommend Restaurant de la Poste; it is the best one in town.

conseiller à qn de + *inf* to advise sb to + *inf*

- Je te conseille de lui en parler avant de prendre une décision.
  I advise you to talk to him about it before making a decision.
- On m'a conseillé d'aller voir le docteur Leblanc.
  I was advised to go and consult Doctor Leblanc.
- Il est conseillé aux clients de ne rien laisser dans leur voiture.
  Patrons are advised not to leave anything in their vehicles.

consentir à qch/+ *inf* to agree, consent to sth/+ *inf*

- Son père n'a jamais consenti à ce mariage.
  Her father never agreed to this marriage.
- Consentez-vous à ce qu'il vous fasse des excuses?
  Will you allow him to apologize to you?
- Il ne consentira jamais à te prêter sa nouvelle moto.
  He will never agree to loan you his new motorcycle.

considérer qch/qn to consider sth/sb

- Le patron du café me considéra d'un air soupçonneux.
  The café owner was checking me out with a suspicious eye.

- Avez-vous bien considéré le pour et le contre avant de vous décider?
  Have you weighed the pros and the cons carefully before making your decision?
- Tout bien considéré, je préfère rester à la maison.
  All things considered, I would rather stay home.

considérer qch/qn comme   to consider sth/sb as

- On considère sa victoire aux élections comme acquise.
  Everyone thinks his victory in the election is in the bag.
- Vous pouvez me considérer comme démissionnaire.
  You may consider me as having resigned.
- Il est considéré comme un futur champion olympique.
  He is considered to be a future Olympic champion.

consister à + *inf*   to consist in + *ger*

- Mon travail consistait à tondre les pelouses du quartier.
  My work involved mowing the lawns in the neighborhood.

consister en qch   to consist of; to be made up of sth

- La propriété consiste en un château, des dépendances, un parc, et un étang.
  The property is made up of a castle, outbuildings, a park, and a pond.
- Notre rencontre a consisté en un échange de banalités.
  Our meeting was made up of an exchange of banalities.

consoler qn (de qch)   to console sb (from sth)

- Nous avons été incapables de consoler cet enfant.
  We were unable to console this child.
- Rien ne pourra la consoler d'une telle perte (/de sa peine/de sa douleur).
  Nothing could console her from such a loss (/her pain/her suffering).

se consoler de qch   to comfort oneself; to get over sth

- Thomas s'est vite consolé du départ de sa femme.
  Thomas quickly got over his wife's departure.

conspirer à qch/ + *inf*   to conspire to sth/ + *inf*

- Qu'est-ce que vous conspirez tous les deux?
  What are the two of you conspiring?
- Tout conspire à sa perte (/à la réussite de son projet).
  Everything was working toward his failure (/the success of his project).
- Tout a conspiré à faire échouer notre plan.
  Everything converged to make our project fail.

conspirer contre qch/qn   to plot against sth/sb

- Desmoulins fut accusé de conspirer contre la République.
  Desmoulins was accused of conspiring against the Republic.

constituer qch   to constitute sth

- Votre soutien constitue notre dernière chance de réussite.
  Your support is our last chance of winning.

- Ceci constitue une infraction grave au code de la route.
  This is a serious violation of traffic laws.

- Ils ont constitué une association pour la défense de l'environnement.
  They formed an association to save the environment.

se constituer (en qch)   to form oneself into sth

- Les fugitifs se sont constitués prisonniers hier matin.
  The fugitives turned themselves in yesterday morning.

- Gérard s'est constitué une petite bibliothèque de livres anciens.
  Gerard has put together for himself a little library of antique books.

- Nous allons nous constituer en société anonyme.
  We are going to form ourselves into a limited company.

être constitué de qch   to be made up of sth

- La collection est constituée de tableaux et de sculptures de la Renaissance.
  The collection is made up of Renaissance paintings and sculptures.

consulter qch/qn   to consult sth/sb

- Le docteur Lenoir consulte tous les jours sauf le jeudi.
  Doctor Lenoir sees patients every day except Thursday.

- Vous devriez consulter un dermatologue.
  You should see a dermatologist.

- Elle n'a même pas pensé à consulter l'annuaire téléphonique.
  She did not even think about looking in the phone book.

- Ne consultant que son courage, il s'est jeté à l'eau pour sauver l'enfant.
  Armed only with his courage, he threw himself into the water to save the child.

consulter avec qn   to consult, confer with sb

- Le chirurgien consulta un instant avec ses collègues.
  The surgeon conferred a moment with his colleagues.

consulter qn sur qch   to consult with sb about sth

- Je l'ai consultée sur le choix de ma robe pour la soirée.
  I asked for her advice on the choice of my dress for the evening gala.

- Sur les questions financières, je consulte toujours Jean-François.
  On financial questions I always seek Jean-François's advice.

contenter qch/qn   to satisfy sth/sb

- Il a contenté son envie (/son caprice).
  He gave in to his desire (/his tantrum).

■ J'espère que ma réponse vous contentera.
I hope my answer will make you happy.

se contenter de qch   to be satisfied, make do with sth

■ Brigitte se contente d'un salaire médiocre.
Brigitte makes do with a mediocre salary.

■ J'ai dû me contenter d'une chambre sans salle de bains.
I had to make do with a room without a private bath.

se contenter de + *inf*   to make do with + *ger*

■ Vous vous contentez de me regarder travailler!
You are happy just watching me work!

■ Il s'est contenté de sourire sans dire un mot.
He stood there smiling without saying anything.

continuer (qch)   to continue, go on (with sth)

■ Continuez jusqu'aux feux et puis tournez à gauche.
Keep going to the stoplight, and then turn left.

■ Si vous continuez, j'appelle la police.
If you keep it up, I am going to call the police.

■ Les bombardements ont continué toute la nuit.
The bombings continued all night long.

■ Continuez votre explication, je vous en prie.
Please go on with your explanation.

■ On pense qu'elle continuera la politique de son prédécesseur.
People think that she will continue the same politics as her predecessor.

continuer à + *inf*   to keep + *ger*

■ Il va continuer à pleuvoir comme cela toute la semaine.
It is going to keep raining like that all week long.

■ Je continue à penser que tout va s'arranger.
I keep thinking that everything will work out.

contraindre qn à qch/ + *inf*   to force, compel sb to sth/ + *inf*

■ Le médecin a contraint Valérie à un régime très strict.
The physician made Valery stick to a very strict diet.

■ Le mauvais temps a contraint le pilote à se poser à Zurich.
Because of the bad weather, the pilot was forced to land in Zurich.

se contraindre à + *inf*   to make oneself + *inf*

■ Ken se contraint à se lever à quatre heures du matin.
Ken makes himself get up at four o'clock in the morning.

■ Il se contraignait à sourire, mais on voyait bien qu'il était irrité.
He was forcing himself to smile, but you could see he was irritated.

contraster avec qch to contrast with sth

- Son chapeau jaune contrastait avec les tons neutres de sa robe.
  Her yellow hat contrasted with the neutral tones in her dress.

- Le ton mesuré de sa voix contrastait avec la violence de ses propos.
  The controlled tone of his voice was in complete contrast to the violence of his words.

contribuer à qch/à + *inf* to contribute to sth/ + *inf*

- Ce pingre d'Etienne a contribué cinquante francs au cadeau de mariage de sa sœur.
  That tightwad Etienne only chipped in fifty francs for his sister's wedding gift.

- Les guerres de Louis XIV ont beaucoup contribué à vider les caisses de l'Etat.
  Louis XIV's wars contributed toward impoverishing the French state.

converger (sur/vers qch) to converge (on/towards sth)

- Les deux fleuves convergent au centre de la ville.
  The two rivers converge in the center of the city.

- Je suis heureux de constater que nos interprétations convergent.
  I am happy to note that our interpretations agree.

- Toutes les routes convergent vers la capitale.
  All the roads meet in the capital city.

- Les idées des deux philosophes convergeaient sur ce point.
  The two philosophers' ideas were similar on this point.

- Leurs analyses convergent sur la nécessité d'améliorer l'éducation secondaire.
  Their analyses converge on the need to better secondary education.

convertir qch/qn à/en qch to convert sth *or* sb to/into sth

- Mes parents ont converti ma chambre en salle de jeu.
  My parents converted my bedroom into a playroom.

- La banque acceptera de convertir tes francs en dollars.
  The bank will convert your francs into dollars.

- Ils voulaient convertir les indigènes au christianisme.
  They wanted to convert the natives to Christianity.

- Yves a essayé de me convertir à la pêche sous-marine.
  Yves tried to get me to take up underwater fishing.

se convertir à qch to convert to sth

- Il paraît que Christiane veut se convertir au bouddhisme zen.
  Apparently, Christiane wants to convert to Zen Buddhism.

- Le Premier ministre s'est soudain converti à l'économie de marché.
  The Prime Minister suddenly converted to market economics.

convier qn à qch/qn à + *inf* to invite sb to sth; to invite sb to + *inf*

- Nous avons été conviés à leur repas de fiançailles.
  We have been invited to their engagement party.

- Pierre a été convié à prendre la direction de la nouvelle agence.
  Pierre was called upon to take on the management of the new agency.

- On a convié les visiteurs à donner leur avis sur le musée.
  The visitors were invited to give their opinions on the museum.

coopérer à qch/avec qn to cooperate with sth/sb in/on sth

- Vous a-t-il demandé de coopérer à son nouveau projet?
  Did he ask you to cooperate with him on his new project?

- De nombreux philosophes ont coopéré à la rédaction de l'Encyclopédie.
  Many philosophers contributed to the writing of Diderot's encyclopedia.

- Nos services coopèrent étroitement avec la police espagnole.
  Our department cooperates closely with the Spanish police.

- Il a refusé de coopérer avec moi.
  He refused to cooperate with me.

copier qch/qn to copy, imitate sth/sb

- Il gagne sa vie en copiant des toiles de maître.
  He earns his living by copying masterpiece paintings.

- Elle copie Marilyn Monroe.
  She copies Marilyn Monroe.

copier sur qch/qn to copy from sth/sb

- Tu dois copier la liste des verbes sur ton cahier.
  You have to copy the list of verbs in your notebook.

- Il est interdit de copier sur le voisin!
  Copying from your neighbor is forbidden!

- Elle a copié tout son devoir sur un livre.
  She copied all her homework from a book.

correspondre (à qch) to correspond (to sth)

- Françoise et lui correspondent depuis des années.
  Françoise and he have written to each other for years.

- Est-ce que la maison correspond à ce que vous attendiez?
  Does the house meet your expectations?

- Mon nouveau travail correspond mieux à mes qualifications.
  My new position corresponds better to my training.

- Son signalement correspond au portrait robot établi par la police.
  His description corresponds to the one provided by the police.

correspondre avec qn   to correspond with sb

- Nous correspondons régulièrement avec nos amis australiens.
  We regularly correspond with our Australian friends.

- Il correspond avec des savants italiens.
  He corresponds with Italian scientists.

corriger qch/qn   to correct sth/sb, rectify sth

- Il me reste cinquante copies à corriger avant demain.
  I have fifty papers to correct before tomorrow.

- Il va falloir corriger votre erreur (/votre jugement).
  You are going to have to correct your mistake (/your opinion).

- Corrigez-moi si je me trompe.
  Correct me if I am wrong.

- Mon père ne nous a jamais corrigés.
  My father never gave us a thrashing.

corriger qn de qch   to cure sb of sth

- J'espère que ça le corrigera de son insouciance.
  I hope that this will teach him to be less carefree.

se corriger de qch   to cure oneself of sth

- Elle a eu du mal à se corriger de cette mauvaise habitude.
  She had a hard time breaking that bad habit.

- Tu vas devoir te corriger de ce défaut.
  You are going to have to overcome this fault.

courir (à qch)   to run; to be headed (for sth)

- Il court le cent mètres en onze secondes.
  He runs one hundred yards in eleven seconds.

- Le bruit court que son dernier film est un désastre.
  The grapevine has it that his last film is a disaster.

- S'il continue comme cela, il court à la catastrophe.
  If he keeps on like that, he is headed for a catastrophe.

courir après qch/qn   to chase after sth/sb

- Je crois que vous courez après un mirage.
  I think you are chasing rainbows.

couronner qch/qn (de qch)   to crown sth/sb (with sth)

- Napoléon s'est couronné lui-même empereur des Français.
  Napoleon crowned himself Emperor of the French.

- Son élection à la présidence a couronné une carrière politique bien remplie.
  Her election to the presidency crowned a well-rounded political career.

- Le dernier roman de Lebrun a été couronné par un prix littéraire.
  Lebrun's last novel was recognized by a literary prize.

- Le sommet du Mont-Blanc est couronné de neiges éternelles.
  Mount Blanc's summit is covered with a crown of eternal snow.

- La colline est couronnée de pins.
  The hill has a crown of pines.

- Notre dernière campagne d'affiches a été couronnée de succès.
  Our last poster campaign was a success.

coûter qch à qn   to cost sb sth

- Combien coûte ce blouson?
  How much does this jacket cost?

- Le voyage m'a coûté cinq mille francs aller-retour.
  It cost me five thousand francs round-trip.

- Son imprudence lui a coûté la vie (/la santé).
  His carelessness cost him his life (/his health).

- Elle a dû faire des excuses à Barbara, et ça lui a coûté.
  She had to apologize to Barbara, and it took a lot for her to do it.

en coûter à qn de + *inf*   to be painful for sb to + *inf*

- Il vous en coûtera de vous attaquer à lui.
  You will pay dearly for attacking him.

- Il m'en coûte de ne pas pouvoir vous rendre ce service.
  It is really hard for me not to be able to help you with this.

couvrir qch/qn (de qch)   to cover sth/sb (with sth)

- Une longue jupe lui couvrait les jambes.
  A long skirt covered her legs.

- Tu devrais couvrir tes livres.
  You should cover your books.

- Si c'est nécessaire, le patron te couvrira.
  If it is necessary, the boss will cover for you.

- Elle a couvert les murs de sa chambre d'affiches et de photos.
  She covered the walls of his bedroom with posters and pictures.

- Il paraît que Bertrand t'a couvert d'éloges (/de compliments/d'injures).
  Apparently Bertrand was showering you with praise (/compliments/insults).

se couvrir (de qch)   to cover oneself, become covered (in/with sth)

- Le ciel s'est couvert dans l'après-midi.
  The sky clouded over during the afternoon.

- Couvrez-vous, vous allez prendre froid.
  Cover yourself, or you are going to catch cold.

- Au matin, la prairie se couvre de rosée.
  In the morning the prairie is covered with dew.

- Roger s'est couvert de ridicule pendant la réunion.
  Roger brought ridicule upon himself during the meeting.

craindre qch/+ *inf*   to be afraid of sth/+ *ger*; to be sensitive to sth

- Je crains que ne m'ayez pas bien compris.
  I am afraid that you have not really understood me.

- Tu crains le froid (/les coups de soleil)?
  Are you sensitive to cold (/sunburns)?

- Elle ne craint pas le ridicule (/les reproches).
  She is not afraid of ridicule (/reprimands).

- Vous ne craignez pas de la déranger?
  You are not afraid of bothering her?

- Je crains de ne pas m'être bien fait comprendre.
  I am afraid I did not make myself understood.

craindre pour qch/qn   to be afraid for sth/sb

- Nous craignons pour sa santé.
  We worry about her health.

- Le gouvernement craint pour la vie de nos ressortissants à l'étranger.
  The government is concerned about the lives of our citizens abroad.

- Il craint pour l'avenir de la société.
  He is afraid for the future of the company.

crever (qch)   to die; to blow up; to pop (sth)

- Le nuage a crevé juste au moment où nous plantions la tente.
  The cloud broke right when we were pitching the tent.

- Toutes ses bêtes ont crevé à cause de la sécheresse.
  All his cattle died because of the drought.

- Paul a crevé à la sortie du village.
  Paul got a flat tire on the outskirts of the village.

- Quelqu'un a crevé les pneus de sa voiture.
  Someone slashed the tires of his car.

- Attention de ne pas vous crever un œil.
  Be careful not to poke your eye out.

crever de qch   to die of sth

- Je crève de faim (/de soif/d'ennui).
  I am dying of hunger (/of thirst/of boredom).

- Elle crève d'envie de rencontrer Mick Jagger.
  She is dying to meet Mick Jagger.

crier (à qch)   to shout; to call it sth

- J'ai eu beau crier, personne ne m'a entendu.
  Cry as I may have, no one heard me.
- On entendait les enfants crier dans la cour.
  We could hear children shouting in the courtyard.
- Toute la presse a crié au scandale (/à la trahison/à la corruption).
  The press called it scandal (/treason/corruption).
- La foule a crié au miracle.
  The crowd called it a miracle.

crier à qn de + *inf*   to call to sb to + *inf*

- Nous avons crié au guide de nous attendre.
  We called to the guide and asked him to wait for us.
- J'ai crié au chauffeur de ralentir.
  I yelled to the chauffeur to slow down.

crier après qn   to yell at sb

- Mon voisin crie après ses enfants toute la journée.
  My neighbor yells at his children all day long.

crier de qch   to cry out in/with sth

- Luc a crié de douleur quand ils ont essayé de le déplacer.
  Luc cried out in pain when they tried to move him.
- Les prisonniers criaient de terreur.
  The prisoners cried out in terror.

croire (à, en) qch/qn   to believe (in) sth/sb

- Est-ce que vous croyez vraiment toute cette histoire?
  Do you really believe the whole story?
- Suzanne croit que tu plaisantes.
  Suzanne thinks that you are kidding.
- J'ai de la peine à vous croire.
  I have a hard time believing you.
- Ils te croient fou (/capable de mieux faire).
  They think you are crazy (/capable of doing better).
- Est-ce que tu crois à la réincarnation?
  Do you believe in reincarnation?
- On a cru à un suicide (/un accident).
  We thought it was a suicide (/an accident).
- Est-ce que Voltaire croyait en Dieu?
  Did Voltaire believe in God?
- Le succès de Frédéric ne me surprend pas; j'ai toujours cru en lui.
  Frederic's success does not surprise me; I have always believed in him.

croire + *inf*   to believe, think that

■   Je croyais vous avoir dit que je ne viendrais pas.
I thought that I had told you I would not be coming.

■   Elle croit pouvoir nous aider.
She thinks she can help us.

D

dater (de qch)   to date (from sth)

■   Ce film commence à dater un peu.
This film is becoming out of date.

■   L'invention de l'imprimerie a daté dans l'histoire européenne.
The invention of the printing press is a crucial date in European history.

■   La plus vieille maison de la ville date du quatorzième siècle.
The oldest house in the city dates back to the fourteenth century.

■   Le document est daté du quatriéme siècle de notre ère.
The document dates from the fourth century AD.

■   A dater d'aujourd'hui (/de ce jour), tout courrier devra être signé par le directeur.
Starting from today, all mail must be signed by the director.

■   On date de 1957 le début de ses recherches sur l'atome.
The beginning of his research on the atom dates back to 1957.

débattre qch (avec qn)   to discuss, debate sth (with sb)

■   La question d'une alliance électorale a été longtemps débattue.
The question of an electoral alliance was discussed in detail.

■   Désolé, le prix n'est pas à débattre.
Sorry, the price is not to be discussed.

■   Il a débattu avec ses adversaires pendant près de deux heures.
He debated with his opponents for almost two hours.

■   Je vous invite à venir débattre le problème avec nous.
I invite you to come discuss the problem with us.

se débattre (contre qch/qn)   to struggle, wrestle (against sth/sb)

■   Le poisson se débattait violemment.
The fish was struggling violently.

■   Le nageur se débat contre le courant.
The swimmer is fighting against the current.

- Nous nous sommes débattus contre de nombreuses difficultés.
  We struggled against numerous difficulties.

- Il se débattait contre les soldats qui tentaient de le maîtriser.
  He struggled against the soldiers who were trying to overcome him.

déborder qch/qn   to overflow; to go over, overwhelm sth/sb

- La rivière déborde à peu près tous les deux ans.
  The river overflows just about every two years.

- Ne débordez pas votre temps de parole.
  Do not go over your allotted time.

- Les défenseurs se sont laissés déborder sur leur gauche.
  The defenders let themselves be overcome from the left.

déborder de qch   to be overflowing, bursting with sth

- On ne peut pas dire qu'il déborde de joie (/d'enthousiasme) à l'idée de passer ses vacances avec ses parents.
  You cannot say that he is overcome with joy (/enthusiasm) over the idea of spending his vacation with his parents.

- Cet enfant déborde de santé (/de vitalité).
  This child is bursting with good health (/vitality).

être débordé de qch   to be overwhelmed, overloaded with sth

- En ce moment, Irène est débordée (/de travail).
  Irene is overloaded (/with work) these days.

débrouiller qch   to sort sth out

- Peux-tu m'aider à débrouiller cette pelote de ficelle?
  Can you help me untangle this ball of string?

- Difficile de débrouiller fiction et réalité dans son récit.
  It is hard to sort out the fiction from the reality in his story.

se débrouiller (avec qch/qn)   to cope, deal with sth/sb

- Il n'a pas fait beaucoup d'études, mais il s'est bien débrouillé.
  He is not very educated but he has done well for himself.

- Nous n'avions pas assez d'argent, mais nous nous sommes débrouillés quand même.
  We did not have enough money, but we made it nevertheless.

- Il va falloir se débrouiller avec ce qu'on a.
  We are going to have to make do with what we have.

- Ce client est impossible, débrouille-toi avec lui.
  This customer is impossible. You deal with him.

se débrouiller pour + *inf*   to manage to + *inf*

- Eric se débrouille toujours pour partir au moment de la vaisselle.
  Eric always manages to leave when it is time to do the dishes.

■ Elle va se débrouiller pour nous trouver une chambre à l'hôtel.
She is going to take care of finding us a hotel room.

débuter (dans qch)   to start (in sth)

■ Les auditions débuteront le 1er mars.
The auditions will start on March 1.

■ L'équipe d'Auxerre a bien débuté la saison.
The Auxerre team started the season well.

■ Il a débuté dans la restauration en lavant la vaisselle.
He got his start in the restaurant business as a dishwasher.

■ Quand elle a débuté dans ce métier, il n'y avait que des hommes.
When she got her start in this profession, there were only men.

■ Elle a débuté dans un film de Godard.
She made her debut in one of Godard's movies.

débuter par qch   to start with sth

■ Ses romans débutent toujours par la description d'un paysage.
Her novels always start with the description of the countryside.

■ Nous débuterons par des coquilles Saint-Jacques.
We will start with scallops.

décerner qch à qn   to award sb sth

■ Quelle récompense va-t-on vous décerner?
What reward will you be given?

■ La Palme d'Or a été décernée à un réalisateur tchécoslovaque.
The Palme d'Or was awarded to a Czechoslovakian director.

■ On a décerné à cette jeune romancière le prix de l'Académie Française.
The French Academy's prize was awarded to this young novelist.

déchaîner qch/qn   to unchain, unleash sth/sb

■ La parution de son dernier livre a déchaîné les passions.
The publication of his last book unleashed passionate responses.

■ L'assassinat de l'archiduc d'Autriche a déchaîné une guerre mondiale.
The assassination of the Austrian archduke unleashed a world war.

■ Le dernier match de coupe d'Europe a déchaîné la violence parmi les spectateurs.
The last game in the European Cup unleashed violence in the audience.

se déchaîner contre qch/qn   to let loose on sth/sb

■ Les critiques se sont déchaînés contre son nouveau roman.
The critics let loose on her last novel.

■ Je ne comprends pas pourquoi il s'est déchaîné contre moi.
I do not understand why he flew into a rage against me.

décharger qch/qn   to unload sth, unburden sb

- Ils déchargent leurs camions sous ma fenêtre tous les matins à cinq heures.
  They unload their trucks under my window every morning at five o'clock.

décharger qn de qch   to free/release sb from sth

- Demande-lui de te décharger du dossier Lemercier.
  Ask him to take over Lemercier's file for you.
- Il a été déchargé de toute responsabilité dans cette enquête.
  He was freed from any responsibility in this investigation.

décharger qch sur/contre qn   to vent, discharge sth at/upon sb

- Persée a déchargé sa colère sur son fils.
  Perseus vented his anger upon his son.
- Le forcené menaçait de décharger son fusil sur ses enfants.
  The maniac threatened to fire his gun at his children.

se décharger de qch sur qn   to delegate, unload sth onto sb

- Vous voulez vous décharger de la responsabilité sur moi, n'est-ce pas?
  You want to hand over your responsibilities to me, don't you?
- Tu peux te décharger sur lui du soin de faire les réservations.
  You can delegate the job of making the reservations to him.

décider qch/qn   to decide sth/sb

- C'est décidé, nous déménagerons en juillet.
  It is decided. We will move in July.
- Renée a décidé que nous partirions vers cinq heures.
  Renée decided that we would leave at about five o'clock.
- On a décidé l'arrêt des hostilités.
  The cease-fire has been agreed upon.
- C'est l'intervention de Gilbert qui nous a décidés.
  It was Gilbert's intervention that made up our minds.

décider qn à + *inf*   to make sb decide to + *inf*

- Le mauvais temps nous a décidés à partir plus tôt que prévu.
  Bad weather made us decide to leave earlier than planned.

être décidé à + *inf*   to be determined to + *inf*

- Martine est bien décidée à reprendre ses études.
  Martine has made up her mind to return to school.

décider de qch/de + *inf*   to decide on sth/to decide to + *inf*

- Les parents n'ont pas encore décidé de la date du baptême.
  The parents have not yet decided on a date for the christening.

■ Avez-vous décidé d'un prénom pour l'enfant?
Have you decided on a name for the baby?

■ L'évolution du chômage décidera de la politique du gouvernement.
The evolution of unemployment will be the deciding factor in the government's political choices.

■ Vous avez décidé de tout lui dire?
You have decided to tell him everything?

■ Karine a décidé d'apprendre le chinois.
Karine decided to learn Chinese.

se décider (à + *inf*)   to decide, make up one's mind (to + *inf*)

■ Décidez-vous, le temps presse!
Make up your mind. Time is short!

■ La rencontre s'est décidée dans le plus grand secret.
The meeting was set up in the utmost secrecy.

■ Vous vous êtes finalement décidés à repeindre votre cuisine!
You finally decided to repaint your kitchen!

■ Quand est-ce qu'il va se décider à te proposer le mariage?
When is he going to decide to propose to you?

se décider contre/pour qch   to decide against/on/in favor of sth

■ Après bien des hésitations, nous nous sommes décidés pour le canapé en cuir noir.
After much hesitation, we decided on the black leather couch.

■ Après réflexion, Jean s'est décidé contre l'achat d'un magnétoscope.
After thinking about it, Jean decided against buying a video cassette recorder.

déclarer qch (à qn)   to declare sth (to sb)

■ Rien à déclarer, messieurs dames?
Nothing to declare, ladies and gentlemen?

■ Elle a déclaré devant tout le monde qu'elle allait porter plainte.
She declared in front of everyone that she was going to register an official complaint.

■ Qu'est-ce qu'il attend pour lui déclarer son amour?
What is he waiting for to declare his love to her?

■ Vincent a déclaré la guerre au monde entier.
Vincent declared war against the whole world.

se déclarer (contre/en faveur de/pour qch/qn)   to declare oneself, come out against /for sth/sb

■ L'incendie s'est déclaré au troisième étage de l'immeuble.
The fire broke out on the fourth floor of the building.

■ On craint qu'une épidémie ne se déclare.
People are afraid an epidemic will break out.

- Le premier ministre s'est déclaré en faveur de l'augmentation des impôts directs.
  The prime minister declared himself in favor of raising direct taxes.
- Le ministre des finances, lui, s'est déclaré contre.
  As for the finance minister, he declared he was against it.

déconseiller qch à qn   to advise sb against sth

- Ce médicament est déconseillé aux enfants de moins de dix ans.
  This medicine is not recommended for children under ten years of age.
- Louis a déconseillé à tous ses amis la visite du Mont-Saint-Michel au mois d'août.
  Louis advised all his friends not to visit Mont-Saint-Michel during August.
- Le médecin lui a déconseillé l'alcool et le tabac.
  The physician advised him against alcohol and tobacco.

déconseiller à qn de + *inf*   to advise sb against + *ger*

- Tu devrais lui déconseiller de fréquenter un type comme Fabien.
  You should advise him against associating with someone like Fabien.
- Je te déconseille de lui téléphoner en ce moment.
  I advise you against calling him these days.

décourager qch/qn (de qch)   to discourage sth/sb (from sth)

- On a pris des mesures pour décourager la fraude fiscale.
  Measures have been taken to discourage tax evasion.
- Le gouvernement s'efforce de décourager la fuite des capitaux.
  The government is making an effort to discourage the flight of capital.
- Je ne voudrais pas vous décourager, mais le sommet est à trois heures de marche.
  I do not want to discourage you, but the summit is a three hour walk from here.
- Le subjonctif l'a découragé du français.
  The subjunctive tense discouraged him from studying French.

décourager qn de + *inf*   to discourage sb from + *ger*

- L'orage nous a découragés d'aller faire un tour.
  The storm discouraged us from going out for a walk.
- La situation économique l'a découragée d'ouvrir sa propre boutique.
  The economic situation discouraged her from opening her own boutique.
- C'est à vous décourager de rendre service!
  It is enough to discourage you from helping anybody!

découvrir qch (à qn)   to discover sth; to reveal sth to sb

- J'ai su qu'il n'avait pas couché dans sa chambre: le lit n'avait pas été découvert.
  I knew that he had not slept in his bedroom; the bed had not been turned down.
- Qui a découvert les sources du Nil?
  Who discovered the source of the Nile?
- Du haut de la colline, on découvre toute la ville.
  You can discover the entire city from the top of the hill.

- La nouvelle robe de Virginie lui découvrait largement les épaules.
  Virginia's new dress revealed most of her shoulders.
- Elle a découvert à Emile tous les secrets du jeu d'échecs.
  She taught Emile all the secrets of the game of chess.

se découvrir   to undress; to uncover oneself

- En avril, ne te découvre pas d'un fil! *(French proverb)*
  In April do not take off any winter clothes.
- Les passants se sont découverts au passage de l'enterrement.
  The passers-by took off their hats as the funeral procession passed them.
- Patrice se découvre de plus en plus, surtout sur les tempes.
  Patrice's hairline is receding more and more, especially off his temples.
- Ma sœur s'est découvert des talents pour la peinture sur soie.
  My sister discovered in herself hidden talents for silk painting.

dédaigner qch/qn   to look down upon, despise sth/sb

- Henri ne dédaigne pas les honneurs.
  Henry does not look down upon honors.
- Elle souffre d'être dédaignée par la bonne société.
  She suffers from being looked down upon by high society.

dédaigner de + *inf*   not to deign to + *inf*

- Ne dédaignez pas de lui envoyer vos vœux, cela peut servir!
  Do not neglect to send him your best wishes; it could be useful!
- Il ne dédaigne pas de boire un petit verre à l'occasion.
  He is not above having a drink when the occasion presents itself.
- Catherine a dédaigné de répondre à ma lettre.
  Catherine did not deign to answer my letter.

dédier qch à qn   to devote, dedicate sth to sb

- Son roman est dédié à tous les gens du village.
  Her novel is dedicated to all the people in the village.
- Le nouveau stade est dédié à la mémoire de l'ancien maire.
  The new stadium is dedicated to the memory of the ex-mayor.
- Il a dédié plusieurs chapitres de son livre à la période révolutionnaire.
  He dedicated several chapters of his book to the revolutionary period.
- La cathédrale fut dédiée à Saint Martin.
  The cathedral was dedicated to Saint Martin.

déduire qch de qch   to deduct, infer sth from sth

- Qu'est-ce que vous déduisez de tout cela?
  What do you make of all this?
- Vous pouvez déduire les revenus de ces actions de vos impôts.
  You can deduct the income generated by these stocks from your taxes.

- On peut déduire de son discours qu'il a déjà changé de camp.
  You can tell from his speech that he has already changed sides.

défaire qch/qn   to defeat sb, undo sth

- Aide-moi à défaire ce nœud.
  Help me undo this knot.

- L'armée ennemie fut défaite en six jours.
  The enemy army was defeated in six days.

se défaire de qch/qn   to get rid of sth/sb

- Quand il commence à vous raconter sa vie, on ne peut pas se défaire de lui.
  Once he starts telling you the story of his life, you cannot get away from him.

- Je ne peux pas me défaire de l'impression que les négociations ont échoué.
  I cannot get beyond the impression that the negotiations failed.

- Elle a eu du mal à se défaire de cette habitude (/de son vieil ours en peluche).
  She had a hard time getting rid of this habit (/detaching herself from her old teddy bear).

défendre qch/qn (contre qch/qn)   to defend sth/sb (against sth/sb)

- Au moyen-âge, on défendait les places fortes avec de la poix bouillante.
  During the Middle Ages strongholds were defended with boiling pitch.

- Maître Leroux a très bien défendu sa cliente.
  Mr. Leroux did a good job defending his client.

- Ils ont dû défendre leur fils contre les accusations (/calomnies) de ses prétendus amis.
  They had to defend their son against the accusations (/defamations) of his supposed friends.

- Le fort défendait la vallée contre toute attaque.
  The fort provided the valley's defense against any attacks.

défendre à qn de + *inf*   to forbid sb to + *inf*

- Je vous défends de me parler sur ce ton!
  I forbid you to speak to me in that tone of voice!

se défendre (contre/de qch/qn)   to defend, protect oneself (from sth/sb)

- Si elle est mise en cause, elle saura se défendre.
  If she is questioned, she will know how to defend herself.

- Thierry se défend bien pour son âge.
  Thierry wears his age quite well.

- Avec un tel médicament, vous pourrez vous défendre contre la grippe.
  With medicine like this, you can protect yourself against the flu.

- Je n'ai pas pu me défendre d'un sentiment d'impuissance totale.
  I could not keep myself from having a feeling of total powerlessness.

se défendre de + *inf*   to refrain from + *ger*/to deny + *ger*

- Nous n'avons pas pu nous défendre de sourire.
  We could not refrain from smiling.

- Annette se défend d'avoir commis une erreur.
  Annette denies having made a mistake.

il est défendu de + *inf*   it is forbidden to + *inf*

- Il est défendu de marcher sur les pelouses.
  It is forbidden to walk on the grass.

- Il est défendu de descendre du train en marche.
  It is forbidden to get off the train before it stops.

se défendre en qch   to be knowledgeable about sth

- Elle se défend bien en musique.
  She is very knowledgeable about music.

défier qch/qn   to defy sth/sb

- Ted défie la mort tous les jours.
  Ted defies death every day.

- Ce sont des prix qui défient toute concurrence.
  These prices cannot be beaten.

- L'enfant défia son père du regard.
  The child defied his father with a look.

défier qn à qch/qn de + *inf*   to challenge/dare sb to sth/to challenge sb to + *inf*

- Je vous défie au tennis demain matin.
  I challenge you to a game of tennis tomorrow morning.

- Je vous défie de trouver un magnétoscope meilleur marché dans cette ville.
  I challenge you to find a less expensive VCR in this town.

- Il défie quiconque de le prendre en défaut.
  He challenges anyone to catch him at fault.

- Je t'en défie!
  I dare you (to)!

se défier (de qch/qn)   to challenge one another; to distrust sth/sb

- Les chevaliers médiévaux se défiaient souvent en combat singulier.
  Medieval knights often challenged one another to single combat.

- Les deux adversaires se sont défiés du regard.
  The two opponents challenged each other with looks.

- Je me défie de ce genre de preuve.
  I distrust this kind of evidence.

- Sophie se défie de moi.
  Sophia does not trust me.

dégager qch/qn de qch   to clear, free sth/sb from sth

- Il a fallu dégager la route au chasse-neige.
  The road had to be cleared by snow plow.
- Il paraît que les égouts dégagent un gaz toxique.
  Apparently the sewers give off a toxic gas.
- Ces pastilles vont vous dégager la gorge.
  These tablets will clear your throat.
- Je dégage toute responsabilité dans cette affaire.
  I wash my hands of any responsibility in this affair.
- Ce qui va être difficile, c'est de dégager la voiture des décombres.
  The trick will be to get the car out of the rubble.
- On dégage de ce livre une impression d'irréalité.
  You come away from this book with a feeling of unreality.
- Elle te dégage de ta promesse.
  She releases you from your promise.

se dégager (de qch)   to clear; to free oneself (from sth)

- Vers deux heures, le ciel s'est dégagé et nous avons pu décoller.
  The sky cleared, and we were able to take off at about two o'clock.
- Espérons que la circulation va se dégager un peu.
  Let's hope that the traffic is going to thin out a bit.
- Le sommet s'est dégagé des nuages.
  The summit loomed up out of the clouds.
- Il espère pouvoir se dégager de ses obligations en début de soirée.
  He hopes to free himself from his commitments at the beginning of the evening.
- J'ai eu du mal à me dégager de cette situation plutôt embarrassante.
  I had a hard time getting out of this rather embarrassing situation.

dégénérer (en qch)   to degenerate (into sth)

- Il accuse l'humanité d'avoir dégénéré.
  He accuses humankind of having degenerated.
- Au bout d'une heure, la discussion a totalement dégénéré.
  At the end of an hour the discussion had totally fallen apart.
- Le débat a dégénéré en bataille rangée.
  The debate degenerated into an organized battle.
- Sa bronchite a dégénéré en pleurésie.
  Her bronchitis degenerated and turned into pleurisy.

dégoûter qn de qch   to make sb feel disgusted with sth

- Vraiment, son comportement me dégoûte.
  His behavior really disgusts me.
- La nourriture nous a dégoûtés.
  The food disgusted us.

- Les conditions de travail ont dégoûté Michèle de l'enseignement.
  The work conditions turned Michèle away from teaching.
- Ce film finit par vous dégoûter des milieux sportifs.
  This movie leaves you with a feeling of disgust about the world of sports.
- Françoise est dégoûtée de la politique.
  Françoise is disgusted with politics.

dégoûter qn de + *inf* to turn sb away from + *ger*

- C'est à vous dégoûter d'être honnête (/de rendre service).
  It is enough to turn you away from honesty (/from helping others).

se dégoûter de qch to become disgusted with sth

- Qui peut se dégoûter de ses tartes aux fraises?
  Who can ever have too much of her strawberry pies?
- Il a fini par se dégoûter du rugby.
  He ended up being sick of rugby.

déguiser qch to disguise sth

- Ils ont sciemment déguisé la vérité.
  They camouflaged the truth on purpose.
- William déguise souvent sa voix au téléphone.
  William often disguises his voice on the telephone.
- Jennifer a bien déguisé ses sentiments.
  Jennifer did a good job of hiding her feelings.

se déguiser (en qch/qn) to disguise oneself, dress up (as sth/sb)

- Est-ce que vous allez vous déguiser pour le carnaval?
  Are you going to wear a costume for the carnival?
- Oui, je vais me déguiser en officier de la garde impériale.
  Yes, I am going to dress up as an officer of the Imperial Guard.

délivrer qch/qn to deliver sth; to free sb

- Quel est le service qui délivre les passeports (/les cartes de travail)?
  Which department delivers passports (/work permits)?
- Leurs complices ont délivré les prisonniers pendant la nuit.
  Their accomplices freed the prisoners during the night.

délivrer qch à qn to deliver sth to sb

- Le médecin va vous délivrer une ordonnance.
  The physician will give you a prescription.
- Le facteur nous a délivré un paquet (/une lettre recommandée).
  The mailman delivered a package (/a certified letter) to us.

délivrer qn de qch   to relieve sb of sth

- Vous voilà délivrée de tout souci financier.
  Now you are relieved of all financial worry.

- La nouvelle nous a délivrés d'un grand poids.
  The news took a big weight off our shoulders.

- Rien n'a pu la délivrer de ses obsessions.
  Nothing could free her from her obsessions.

se délivrer de qch   to free oneself from sth

- Le prisonnier a réussi à se délivrer.
  The prisoner succeeded in freeing himself.

- Il a fini par se délivrer de ses angoisses.
  He finally freed himself from his anguish.

- Elle essaie de se délivrer de son influence.
  She is trying to free herself from his influence.

déloger qn (de qch)   to throw sb out, dislodge sb from sth

- Je vous conseille de déloger au plus vite.
  I advise you to move out as quickly as possible.

- Le propriétaire veut reprendre l'appartement: nous allons devoir déloger sous peu.
  The owner wants the apartment; we are going to have to move soon.

- Désolé de vous déloger de votre siège, mais c'est ma place.
  Sorry to make you move, but that is my seat.

- Christophe va avoir du mal à déloger ses locataires de son appartement.
  Christopher is going to have a hard time throwing his tenants out of his apartment.

- L'état-major voulait déloger l'ennemi de ses positions avant l'hiver.
  The military wanted to have the enemy dislodged from their positions before the winter.

demander qch (à qn)   to ask (sb) sth

- Monsieur le Président, je demande la parole.
  Mr. President, I would like the floor.

- Il demande que nous le réveillions à cinq heures.
  He asks that we wake him up at five o'clock.

- Est-ce que ça t'a demandé du temps?
  Did that take you a lot of time?

- Les tomates demandent beaucoup d'eau.
  Tomatoes need a lot of water.

- Vous devriez demander des excuses à Anne.
  You should ask Anne to apologize to you.

- Henri veut te demander quelques conseils.
  Henry wants to ask you for some advice.

■ Demande-lui s'il a l'intention de rester plusieurs jours.
  Ask him if he is planning on staying several days.

demander à + *inf*/à qn de + *inf*   to ask (sb) to + *inf*

■ André a demandé à faire son service militaire à Tahiti.
  Andre requested that he do his military service in Tahiti.

■ Elle demande à être reçue immédiatement.
  She demands to be received immediately.

■ Eric ne demande qu'à se rendre utile.
  Eric is only trying to be helpful.

■ Elle n'ose pas demander à ses parents de lui prêter cinq cents francs.
  She does not dare ask her parents to lend her five hundred francs.

■ Demande-lui de t'emmener au cinéma samedi prochain.
  Ask him to take you to the movies next Saturday.

démettre qch (à qn)   to dislocate sth, put sth out (in sb)

■ Son adversaire lui a démis le poignet.
  His opponent put his wrist out of joint.

démettre qn de qch   to dismiss sb from sth

■ A la suite de l'affaire, le maire a démis son adjoint de toutes ses fonctions.
  Following the scandal, the mayor dismissed his assistant from all of his duties.

■ Henri a été démis de ses responsabilités.
  Henry was dismissed from all his responsibilities.

se démettre qch   to dislocate one's (body part)

■ Il s'est démis une épaule en jouant au rugby.
  He dislocated his shoulder playing rugby.

se démettre de qch   to resign from sth

■ Elle songe à se démettre de sa charge.
  She is thinking of getting out of her duties.

■ Grégoire s'est démis de son poste de trésorier.
  Gregory resigned from his position as treasurer.

démontrer qch (à qn)   to prove, demonstrate sth (to sb)

■ Ceci reste à démontrer.
  This remains to be seen.

■ Qu'est-ce que vous voulez démontrer?
  What are you trying to prove?

■ Excusez-moi, monsieur, pourriez-vous démontrer ce problème encore une fois?
  Excuse me, sir, could you demonstrate this problem one more time?

■ Sa participation à l'attentat n'a jamais été démontrée.
  His involvement in the murder attempt has never been proven.

- Hélène a essayé de démontrer à son frère la troisième loi de la thermodynamique.
  Helen tried to prove to her brother the third law of thermodynamics.
- En tant qu'avocat, vous devez démontrer au jury l'innocence de votre client.
  As a lawyer, you have to prove the innocence of your client to the jury.

démunir qch/qn de qch   to deprive sth/sb of sth

- Il a démuni ses adversaires de toute possibilité de riposte.
  He stripped his opponents of any hope of retort.
- L'inflation a démuni notre pays de toute compétitivité à l'étranger.
  Inflation has deprived our country of all competitiveness abroad.

être démuni de qch   to be deprived of sth; to be without, lacking sth

- La pièce était démunie de toute décoration.
  The room was unadorned.
- Ces derniers temps, il est démuni d'argent.
  Recently he has been without money (/penniless).
- Elle trouve Christian démuni de tout talent.
  She finds Christian without talent (/untalented).
- Cette émission n'est pas démunie d'intérêt.
  This program is not without interest.

se démunir de qch   to part with sth, give up sth

- Les Dupont se sont finalement démunis de leur vieille voiture.
  The Duponts finally parted with their old car.
- Il a dû se démunir d'une partie de son personnel.
  He had to give up part of his staff.

dénier qch à qn/+ *inf*   to deny sb sth; to deny + *ger*

- Il dénie toute responsabilité dans ce qui s'est passé.
  He denies any responsibility for what happened.
- On a dénié à Paul le droit d'examiner les livres de comptes.
  They denied Paul the right to examine the account books.
- Ils m'ont dénié l'accès à la salle des coffres.
  They denied me access to the safe.
- Les accusés dénient avoir pris part au complot.
  The accused deny taking part in the plot.
- Il dénie t'avoir jamais rencontré.
  He denies having ever met you.

dénoncer qch/qn (à qn)   to expose sth, denounce sb (to sb), turn sb in

- C'est un de ses voisins qui l'a dénoncé.
  One of his neighbors turned him in.
- Oserez-vous dénoncer la corruption de la municipalité?
  Will you dare expose the corruption in city hall?

■ Elle est décidée à dénoncer ces abus au parlement.
She is determined to denounce the abuses in parliament.

■ Un coup de téléphone anonyme a dénoncé le cambrioleur.
An anonymous phone call gave the burglar away.

se dénoncer à qn   turn oneself in to sb

■ Après trois jours d'hésitation, il s'est dénoncé aux autorités.
After three days of hesitation, he turned himself in to the authorities.

être dénué de qch   to be devoid of sth, be without sth

■ Ce chanteur est dénué de tout talent.
This singer is without talent (/untalented).

■ Son dernier film est dénué d'intérêt.
Her last film is uninteresting.

se dépêcher de + *inf*   to hurry (up) to + *inf*

■ Dépêchez-vous, il nous reste vingt minutes.
Hurry up; we have only twenty minutes left.

■ Dépêche-toi de mettre ton manteau, le taxi vient d'arriver!
Hurry and put your coat on; the taxi just arrived!

■ Il se dépêche de finir son travail, puis il viendra nous rejoindre.
He is hurrying to finish his work, and then he will come and join us.

■ Je ne me suis pas dépêché de répondre à son invitation.
I took my time in answering his invitation.

dépendre de qch/qn   to depend on sth/sb

■ Venez-vous à la soirée des Leclerc? —Ça dépendra de l'emploi du temps d'Etienne.
Are you coming to the Leclercs' party? —It will depend on Etienne's schedule.

■ La réussite du projet dépend de vous.
The success of the project depends on you.

■ Ces territoires dépendent toujours de la France.
These territories are still under French rule.

il dépend de qn que/de + *inf*   it is up to sb to + *inf*

■ Il dépend de toi d'améliorer vos rapports (/que vos rapports s'améliorent).
It is up to you to improve your relationship (/to make your relationship better).

dépenser qch   to spend sth

■ Nous allons dépenser plus de trois mille francs pour ce voyage.
We are going to spend more than three thousand francs for this trip.

■ Il fait beaucoup de sport parce qu'il a besoin de dépenser son trop-plein d'énergie.
He gets a lot of exercise because he needs to get rid of his excess energy.

se dépenser (pour qch)   to exert oneself (for sth); to put energy into + *ger*

- Les enfants se sont dépensés cet après-midi à la plage.
  The children tired themselves out this afternoon at the beach.
- Elisabeth s'est énormément dépensée pour l'organisation du colloque.
  Elizabeth put a lot of effort into organizing the conference.
- Il s'est beaucoup dépensé pour la conclusion d'un accord entre nos deux pays.
  He put a lot of energy into bringing our two countries to an agreement.

se dépenser pour que/pour + *inf*   to exert onseself so that/to + *inf*

- Tu crois que je vais me dépenser pour trouver une solution?
  Do you believe that I am going to spend my time and energy to come up with a solution?
- Etes-vous prêt à vous dépenser pour que le projet aboutisse?
  Are you ready to really apply yourself so that the project amounts to something?

déplaire à qn   to dislike sth, to displease sb, be unpleasant to sb

- La couleur du papier peint déplaisait beaucoup à Simone.
  Simone really disliked the color of the wallpaper.
- Mes enfants font tout pour déplaire à leurs grandparents.
  My children do all they can to displease their grandparents.
- Le ton de la conversation m'a déplu.
  I did not like the tone of the conversation.
- Il déplaît à tout le monde.
  He is disliked by everyone.

n'en déplaise à qn   whether sb likes it or not

- N'en déplaise à tes parents, je gagne bien ma vie.
  Whether your parents like it or not, I earn a good living.

il déplaît à qn de + *inf*   it is unpleasant for sb to + *inf*

- Ça vous déplairait de travailler pour moi?
  Wouldn't you like to work for me?
- Il me déplairait d'avoir à me séparer de lui.
  It would be most unpleasant for me to have to let him go.

déplorer qch   to deplore sth

- Nous déplorons les incidents qui sont survenus cette nuit.
  We deplore the incidents that took place during the night.
- Après l'accident de chemin de fer, on déplore de nombreuses victimes.
  We are sorry to report that the train crash claimed many victims.

déplorer que + *subj*/de + *inf*   to regret + *ger*

- Elle déplore de lui avoir prêté son livre préféré.
  She regrets having lent him her favorite book.

■ Je déplore que vous n'ayez pas été prévenu.
I find it deplorable that you were not contacted.

déposséder qn de qch   to deprive sb of sth

■ On l'a dépossédée de tout ce qui lui appartenait.
She was deprived of everything she owned.

■ Michel a été dépossédé d'une partie de son héritage.
Michael was deprived of part of his inheritance.

dépouiller qch   to strip, denude sth

■ La tempête a dépouillé tous les arbres du jardin.
The storm stripped all the trees in the garden.

dépouiller qn de qch   to strip, deprive sb of sth

■ Des brigands l'avait dépouillé de tous ses vêtements.
The bandits stripped him of all of his clothes.

■ Cette femme prétend avoir été dépouillée de tout son argent.
This woman claims to have been stripped of all her money.

se dépouiller de qch   to divest oneself of sth

■ Il s'est dépouillé de ses vêtements et a couru dans les vagues.
He stripped off his clothes and ran into the waves.

■ En entrant dans les ordres, Donald s'est dépouillé de tous ses biens.
Upon entering the order, Donald gave up everything he owned.

être dépourvu de qch   to be wanting in sth; to be without sth

■ Ce roman est dépourvu d'intérêt.
This novel is without interest.

■ Elle est dépourvue de ressources depuis presque six mois.
She has been without resources for about six months.

■ La pièce était dépourvue de toute décoration.
The room was undecorated.

déranger qch/qn   to bother, upset sth/sb

■ Qui est-ce qui a dérangé mes affaires?
Who upset my things?

■ Son arrivée a dérangé nos projets.
His arrival has upset our plans.

■ Les sauces à la crème lui dérangent l'estomac.
Heavy cream sauces upset his stomach.

■ Il prétend que le bruit de ma machine à écrire le dérange dans son sommeil.
He pretends that the sound of my typewriter is bothering him in his sleep.

se déranger (pour qn)   to move, to bother; to go out of one's way for sb

- Ne te dérange pas, je vais me servir moi-même.
  Don't bother. I can help myself.

- Vous auriez quand même pu vous déranger et aller le voir à l'hôpital.
  Surely you could have taken the trouble to go and see him in the hospital.

- Ne vous dérangez pas pour moi, je connais le chemin.
  You don't have to get up. I know the way.

se déranger pour + *inf*   to move to + *inf*

- Je me dérange toujours pour le laisser passer.
  I always move (aside) to let him pass.

- Elle ne s'est même pas dérangée pour nous dire bonjour.
  She did not even take the trouble to say hello to us.

dériver (de qch)   to drift; to derive (from sth); to wander away (from sth)

- Le voilier dérivait au fil de l'eau.
  The sailboat was drifting in the water's currents.

- Le français dérive du latin.
  French derives from Latin.

- La candidate a trop dérivé de son sujet.
  The candidate wandered off her subject.

dérober qch (à qn)   to steal sth (from sb)

- Les voleurs ont dérobé plusieurs milliers de francs de bijoux.
  The thieves stole several thousand francs worth of jewels.

- Est-ce qu'on vous a dérobé des objets de valeur?
  Did they take any valuable items?

- La foule l'a dérobée à mes regards (/à ma vue).
  The crowd carried her from my sight (/my view).

se dérober (à qch/qn)   to shy away, hide oneself (from sth/sb)

- Ne vous dérobez pas! Répondez-moi franchement!
  Do not change the subject! Answer me truthfully!

- Si j'étais toi, je ne me déroberais pas à mon devoir (/mes responsabilités).
  If I were you, I would not shirk my duty (/my responsibilities).

- Il s'est dérobé à la justice en quittant le pays.
  He escaped from justice by leaving the country.

descendre (qch)   to go down; to take sth down

- Attendez-moi, je descends tout de suite!
  Wait for me. I am coming down right away!

- La température va descendre en dessous de zéro.
  The temperature is going to go below freezing.

- Pourrais-tu descendre la valise qui est en haut du placard?
  Could you take the suitcase down from the top of the closet?
- Il a descendu les escaliers quatre à quatre.
  He went down the stairs four at a time.

descendre qn *(fam)*   to kill, shoot sb

- C'est Pat Garrett qui a descendu Billy the Kid.
  It is Pat Garrett who shot Billy the Kid.

descendre à/dans qch   to get off at sth; to stay in sth

- Je descends au prochain arrêt.
  I am getting off at the next stop.
- Elle est descendue dans le plus bel hôtel de la ville.
  She stayed in the best hotel in town.

descendre de qch/qn   to get off sth; to be descended from sb

- L'oiseau est descendu de son perchoir et s'est posé sur ma main.
  The bird got off its perch and sat on my hand.
- L'homme ne descend pas du singe.
  Man is not descended from the monkey.
- Il prétend descendre de Louis XV par la branche maternelle.
  He claims to be a descendant of Louis XV on the maternal side.

désespérer qn   to drive sb to despair

- Son comportement me désespère.
  His behavior drives me to despair.
- Valérie nous désespère par son insouciance.
  We despair over Valery's carelessness.

désespérer de qch/qn   to despair over, about, of sth/sb

- Il ne faut pas désespérer de lui, c'est un bon garçon au fond.
  Do not despair over him; he is a good boy at heart.
- Croyez-vous qu'on doive désespérer de la situation?
  Do you think the situation is hopeless?

désespérer de + *inf*   to lose hope of + *ger*

- Je ne désespère pas de pouvoir terminer mon livre à temps.
  I have not given up all hope of finishing my book on time.
- Elle désespérait de vous revoir avant son départ.
  She had lost all hope of seeing you again before she leaves.

désigner qch/qn (à qn)   to designate; to point sth/sb out (to sb)

- Dans ce mythe, la couleur rouge désigne les forces du mal.
  In this myth the color red points to the forces of evil.

■ Les électeurs vont désigner un nouveau député.
   The voters are going to name a new representative.

■ Il m'a désigné du doigt sur la carte l'endroit où nous devons nous retrouver.
   He pointed out on the map the place where we are to meet.

■ Je voudrais désigner ce point à votre attention.
   I would like to draw this point to your attention.

désigner qn pour qch/pour + *inf*   to designate sb for sth/to + *inf*

■ Vous me semblez tout à fait désigné pour cette mission délicate.
   You seem perfectly suited for this delicate mission.

■ Qui allez-vous désigner pour prendre la succession de Leclair?
   Whom are you going to designate to succeed Leclair?

se désintéresser de qch/qn   to lose interest in sth/sb; to be disinterested in sth/sb

■ Eric se désintéresse de tout ce qui l'entoure.
   Eric has no interest in anything around him.

■ Elle se désintéresse un peu trop de son avenir.
   She is a little too disinterested in her future.

■ Vous semblez vous désintéresser de la question.
   You seem to have lost interest in the issue.

■ L'hôtesse se désintéressait totalement de nous.
   The flight attendant was totally uninterested in us.

désoler qn   to distress sb

■ Ton attitude me désole.
   Your attitude distresses me.

■ Le climat de ce pays la désole.
   This country's climate depresses her.

être désolé(e) de qch/de + *inf*   to be sorry about sth/sb; to be sorry to + *inf*

■ Eve prétend être désolée de ce qui nous arrive.
   Eve pretends to be sorry about what is happening to us.

■ Nous avons été désolés d'apprendre cette mauvaise nouvelle.
   We were sorry to learn this bad news.

■ Je suis désolé d'être en retard.
   I am sorry I am late.

destiner qch à qn   to intend sth for sb, aim sth at sb

■ Ce livre est destiné aux enfants.
   This book was intended for children.

■ Cette lettre ne m'était pas destinée.
   This letter was not intended for me.

■ Christian m'a destiné ses critiques les plus violentes.
   Christian aimed his most violent criticism at me.

destiner qn à qch/à + *inf*   to destine sb for sth/to + *inf*

- Il destine son fils aîné à la médecine.
  He has always meant for his eldest son to become a doctor.

- Le patron destine Julien à lui succéder.
  The boss intends that Julien replace him.

se destiner à qch   to intend to go into sth

- Les nobles se destinaient à la carrière des armes.
  The nobility was destined to a military career.

- Emilie se destine à l'enseignement.
  Emily intends to become a teacher.

être destiné(e) à qch/à + *inf*   to be destined, doomed to sth/to + *inf*

- Elle est destinée à une brillante carrière.
  She is destined to have a brilliant career.

- Ces mesures étaient destinées à limiter l'immigration.
  These measures were intended to limit immigration.

- Il est malheureusement destiné à échouer.
  Unfortunately, he is bound to fail.

- Paule est destinée à souffrir pour ses convictions.
  Paula is doomed to suffer for her beliefs.

détacher qch/qn (de qch/qn)   to untie, undo sth; to remove, separate sth/sb from sth/sb

- Si tu détaches le chien, il va encore se sauver.
  If you let the dog loose, he is going to run away again.

- Elle a détaché une à une les pages du livre que je lui ai offert.
  One by one, she tore out all of the pages of the book I gave her.

- Robert vient d'être détaché auprès du ministère de la Culture.
  Robert has just been assigned to the Ministry of Culture.

- Qui a détaché le bateau du quai (/du rivage)?
  Who untied the boat from the dock (/from the riverbank)?

- Il ne pouvait détacher ses yeux (/son regard) de l'écran.
  He could not take his eyes off (/his attention away from) the screen.

se détacher (de qch/qn)   to break away, free oneself (from sb/sth)

- Fais attention, ton lacet s'est détaché!
  Watch out! Your shoelace is untied.

- Le prisonnier s'est détaché et s'est enfui sans un bruit.
  The prisoner freed himself and ran away without a sound.

- Un énorme rocher s'était détaché de la montagne.
  An enormous rock had broken away from the mountain.

■ Quelques coureurs se sont détachés du peloton.
   A few racers broke away from the pack.
■ L'ermite s'est détaché des biens de ce monde.
   The hermit gave up his worldly belongings.

se détacher sur qch   to stand out against sth

■ Les montagnes se détachaient sur le ciel clair.
   The mountains stood out against the clear sky.

déteindre (à qch)   to run, fade (in sth)

■ Sa nouvelle robe a déteint au lavage.
   Her new dress ran in the wash.
■ Ce pantalon risque de déteindre au soleil.
   These pants may fade in the sun.

déteindre sur qch/qn   to run into sth, rub off on sth/sb

■ Le col risque de déteindre sur le reste de la chemise.
   The dye in the collar may run into the rest of the shirt.
■ La mauvaise influence de son frère a déteint sur lui.
   His brother's bad influence rubbed off on him.
■ Ses mauvais conseils risquent de déteindre sur vous.
   His bad advice may rub off on you.

déterminer qch   to determine sth

■ Peut-on déterminer la position exacte de la navette spatiale?
   Can the exact position of the space shuttle be determined?
■ On n'a pas encore déterminé les causes de l'incendie.
   The exact causes of the fire have yet to be determined.
■ Qu'est-ce qui a déterminé votre choix (/décision/action)?
   What determined your choice (/decision/course of action)?

déterminer qn à + *inf*   to convince sb to + *inf*

■ Ils nous ont déterminés à partir pour deux semaines.
   They convinced us to leave for a couple of weeks.
■ Son coup de téléphone a déterminé Patricia à agir.
   His telephone call made Patricia decide to act.

se déterminer à + *inf*   to decide, make up one's mind to + *(inf)*

■ Quand est-ce que vous allez vous déterminer?
   When are you going to make up your mind?
■ Il serait temps que tu te détermines à lui dire la vérité.
   It's high time you made up your mind to tell her the truth.
■ Les autorités se sont finalement déterminées à agir.
   The authorities finally decided to act.

détourner qch   to divert sth, turn sth away

- Ils ont décidé de détourner la rivière par un barrage.
  They decided to change the course of the river with a dam.

- Quand elle m'a vu arriver, Christine a détourné la tête.
  When she saw me arrive, Christine turned her head the other way.

- L'enfant a détourné les yeux (/son regard).
  The child looked away.

- Il a détourné des sommes très importantes.
  He embezzled huge sums of money.

détourner qn de qch/de + *inf*   to divert, dissuade sb from sth/from + *ger*

- Ses amis l'ont détourné du droit chemin (/de son devoir).
  His friends led him astray (/away from his duty).

- Rien ne la détournera de son projet (/de poursuivre son enquête).
  Nothing will dissuade her from her project (/from pursuing her investigation).

détourner qch sur qch/qn   to turn, divert sth on to sth/sb

- Ils cherchent à détourner les soupçons sur les domestiques.
  They are trying to divert suspicion onto the servants.

- Les pirates de l'air ont détourné l'avion sur la Libye.
  The highjackers have rerouted the plane to Libya.

se détourner de qch/qn   to turn away from sth/sb

- Il s'est peu à peu détourné de sa famille (/de ses amis).
  He gradually turned away from his family (/his friends).

- L'inondation nous a forcés à nous détourner de notre route.
  The flood forced us to make a detour.

devoir + *inf*   to have to, be supposed to + *inf*

- Luc doit m'écrire la semaine prochaine.
  Luc is supposed to write to me next week.

- Tu devras faire ton lit tous les matins.
  You'll have to make your bed every morning.

- Alphonse doit être parti en vacances, je ne l'ai pas vu depuis une semaine.
  Alphonse must be away on vacation. I have not seen him for a week.

- Cela devait arriver!
  That was bound to happen!

devoir qch à qn   to owe sb sth

- Je dois huit cents francs au percepteur.
  I owe eight hundred francs to the IRS.

- Elle vous doit des excuses, après ce qu'elle vous a dit.
  She owes you an apology, after what she said to you.

- A qui doit-on l'invention du phonographe?
  To whom do we owe the invention of the phonograph?

devoir à qn de + *inf* to be indebted to sb for + *ger*

- Brigitte doit à son professeur de lettres d'avoir publié ses premiers poèmes.
  Brigitte is indebted to her literature professor for having published her first poems.

se devoir à qch/qn to have to devote oneself to sth/sb

- Il a finalement compris qu'il se devait à sa famille avant tout.
  He finally understood that he had to devote himself to his family above all.

se devoir de + *inf* to have the duty to + *inf,* owe it to oneself to + *inf*

- Nous nous devions de les prévenir.
  It was our duty to warn them.

- Un artiste se doit de passer une partie de l'année sur la Côte d'Azur.
  An artist simply owes it to him/herself to spend part of each year on the French Riviera.

être dévoué à qch/qn to be dedicated to sth/sb

- Ses employés sont totalement dévoués à l'entreprise.
  His employees are totally dedicated to the firm.

- Sancho Panza était complètement dévoué à son maître.
  Sancho Panza was completely dedicated to his master.

se dévouer (à/pour qch/qn) to devote, dedicate oneself (to sth/sb)

- Comme personne n'était volontaire, il a dû se dévouer.
  Since no one volunteered, he had to do it.

- Ce n'est pas le genre à se dévouer.
  He is not the type to put himself out for something.

- Marie Curie s'est dévouée au progrès de la connaissance.
  Marie Curie devoted herself to advancing scientific knowledge.

- William se dévoue corps et âme à sa nouvelle carrière.
  William devotes himself body and soul to his new career.

- Elle s'est toujours dévouée pour les autres.
  She has always devoted herself to others.

dicter qch à qn to dictate sth to sb

- Elle doit dicter la lettre à sa secrétaire demain matin.
  She is supposed to dictate the letter to her secretary tomorrow morning.

- Il voulait dicter sa volonté (/ses conditions) à toute l'Europe.
  He wanted to impose his will (/his conditions) on all of Europe.

- Je n'apprécie pas qu'on me dicte ce que je dois penser.
  I do not appreciate someone dictating to me what I should think.

différer (de) qch   to differ (from) sth; to put off, postpone sth

- La mode diffère d'une année sur l'autre.
  Fashion changes from one year to the next.

- Je regrette que nos opinions diffèrent à ce point.
  I am sorry that our opinions are so different.

- Le mauvais temps nous a obligés à différer le concert dans le parc.
  Inclement weather forced us to put off the concert in the park.

- Il est impossible de différer l'émission plus longtemps.
  It is impossible to postpone the program any longer.

- Permettez-moi de différer totalement de votre interprétation.
  Allow me to disagree completely with your interpretation.

- Ma traduction diffère de la vôtre.
  My translation is different from yours.

- Sa théorie ne diffère pas sensiblement de celle d'Einstein.
  His theory is not that different from Einstein's.

différer de + *inf*   to defer, delay + *ger*

- Il a différé de répondre à ma lettre le plus longtemps possible.
  He delayed answering my letter as long as possible.

différer en/sur qch   to differ in/on sth

- Sa sœur et lui diffèrent en tout.
  His sister and he differ about everything.

- Je suis heureux que nos analyses ne diffèrent pas sur ce point.
  I am glad that our analyses do not differ on this point.

dire   to say, tell

- La pauvre, elle ne savait pas trop quoi dire.
  Poor thing, she did not know what to say.

- On dit qu'il a l'intention de divorcer.
  I have heard that he intends to get a divorce.

- On dirait du velours (/qu'il va pleuvoir).
  It looks like velvet (/like it is going to rain).

dire qch à qn   to tell sb sth

- Pourriez-vous nous dire ce qui s'est passé?
  Can you tell us what happened?

- Est-ce que tu m'as dit la vérité?
  Did you tell me the truth?

- Il n'a pas voulu dire son nom à la réceptionniste.
  He did not want to give his name to the receptionist.

- Le visage de la malade disait sa souffrance.
  The patient's face told of her suffering.

- Ce nom-là ne me dit rien.
  That name does not ring a bell.

dire qch de/sur qch/qn   to say sth about sth/sb

- Qu'est-ce que tu dis de ma nouvelle voiture?
  What do you think of my new car?
- Elle m'a dit beaucoup de mal de son premier mari.
  She told me lots of bad things about her first husband.
- Qu'avez-vous à dire sur son exposé?
  What do you have to say about his talk?
- Elle avait beaucoup de choses à nous dire sur son nouveau travail.
  She had much to tell us about her new job.

dire à qn de + *inf*   to tell sb to + *inf*

- Dites au garçon de nous apporter une autre bouteille de bourgogne.
  Ask the waiter to bring us another bottle of Burgundy wine.
- Elle m'a dit de ne pas faire attention à lui.
  She told me not to pay attention to him.
- Est-ce que ça vous dirait d'aller au cinéma?
  What would you say about going to the movies?

diriger qch   to lead, manage sth

- Au début, j'ai eu du mal à diriger mes skis.
  In the beginning I had a hard time controlling my skis.
- Il a dirigé le pays pendant un quart de siècle.
  He was in charge of the country for a quarter of a century.
- Qui est-ce qui dirige l'orchestre symphonique?
  Who conducts the symphony orchestra?

diriger qch/qn dans, vers qch   to lead, direct sth/sb (in)to sth

- Elle a dirigé son regard dans notre direction (/vers nous).
  She looked in our direction (/toward us).
- Pourriez-vous me diriger vers la sortie, s'il vous plaît?
  Could you please direct me to the exit?
- Nous essayons de diriger nos étudiants vers les études professionnelles.
  We are trying to guide our students towards professional studies.

diriger qch contre qn   to aim, direct sth at sb

- Je n'ai pas compris pourquoi il a dirigé tous ses reproches contre toi.
  I did not understand why he directed all his reprimands at you.
- La presse dirige toutes ses critiques contre lui.
  The press directs all its criticism at him.

diriger qch/qn sur qch/qn   to direct sth/sb at sth/sb

- C'est à ce moment-là qu'il a dirigé son fusil sur moi.
  At that precise moment he aimed his rifle at me.

- La police a dirigé son attention sur les activités de M. X.
  The police focused their attention on Mr. X's activities.

se diriger   to find one's way

- Pas facile de se diriger sans boussole par un temps pareil.
  It is not easy to find one's way without a compass in such weather.

se diriger sur/vers qch/qn   to be headed for/toward sth/sb

- Aux dernières nouvelles, ils se dirigeraient vers la côte africaine.
  According to the last news bulletin, they are headed for the African coast.

- Le camion se dirigeait droit sur nous.
  The truck was headed straight for us.

- Les navigateurs anciens se dirigeaient sur le soleil ou bien sur les étoiles.
  Ancient sailors navigated according to the sun or the stars.

- Leur fille se dirige vers des études d'infirmières.
  Their daughter is heading toward the nursing program.

discourir (de sur qch)   to discourse (upon sth)

- Il discourait devant ses étudiants admiratifs.
  He was expatiating in front of admiring students.

- Il ne s'agit pas de discourir, mais d'agir!
  It is not time to go on and on talking. It is time to act!

- Au lieu de discourir de philosophie, tu ferais mieux de me donner un coup de main.
  Instead of discoursing about philosophy, you would do better to lend me a hand.

- Il discourait prétentieusement sur l'avenir de la planète.
  He was pretentiously expatiating about the future of the planet.

discuter (qch)   to talk, discuss (sth)

- Viens chez moi après les cours, nous discuterons un moment.
  Come to my house after classes. We will have some time to talk.

- C'est comme ça, il n'y a pas à discuter!
  That is the way it is. There is nothing to discuss!

- Nous avons longuement discuté ce problème (/cette question).
  We have discussed this problem (/this question) at length.

- Le capitaine n'admet pas que l'on discute ses ordres.
  The captain does not allow anyone to discuss his orders.

discuter de/sur qch avec qn   to talk about sth with sb

- Fabrice discutait sur des points de détail.
  Fabrice was discussing the fine print.

■ Avez-vous discuté du mode de paiement?
Have you discussed how you will pay?

■ Elle aime bien discuter de philosophie avec le prof après la classe.
She likes to talk philosophy with the professor after class.

disparaître (à qch/de qch)   to disappear (before sth/from sth)

■ Tout à coup, la lune a disparu derrière un nuage.
All of a sudden, the moon disappeared behind a cloud.

■ Toute trace de la maladie avait disparu.
All signs of the disease had disappeared.

■ Il disparaît souvent sans laisser d'adresse.
He often disappears without leaving a forwarding address.

■ Le navire a disparu aux yeux de l'équipage terrifié.
The ship disappeared before the eyes of the terrified crew.

■ Régulièrement, des papiers importants disparaissent du coffre-fort.
Important papers regularly disappear from the safe.

■ Elle a disparu du quartier il y a environ une semaine.
She disappeared from the neighborhood about a week ago.

dispenser qch à qn   to dispense, give sth to sb

■ Le gouvernement a dispensé des soins d'urgence aux populations sinistrées.
The government dispensed emergency care to the devastated populations.

■ Merci de m'avoir dispensé vos encouragements.
Thank you for sending me your encouragement.

dispenser qn de qch/de + *inf*   to excuse, exempt sb from sth/from + *ger*

■ Le capitaine nous a dispensés de corvée la semaine prochaine.
The captain excused us from duty next week.

■ Je vous dispense de vos commentaires (/réflexions).
I will do without your comments (/remarks).

■ S'il espère qu'on va le dispenser de passer l'examen, il se trompe lourdement.
If he hopes that he will be exempted from taking the exam, he is really mistaken.

se dispenser de qch/de + *inf*   to do without sth/to keep from + *ger*

■ Je me dispenserais bien de ce voyage.
I could really do without this trip.

■ Elle ne peut se dispenser de lui envoyer un petit mot.
She cannot keep from sending him a little note.

disposer (qch)   to leave; to place, arrange sth

■ Je n'ai plus besoin de vous, vous pouvez disposer.
I do not need you anymore. You may go.

■ Vous aimez la manière dont j'ai disposé les meubles?
Do you like the way I have arranged the furniture?

- Elle disposait avec soin les roses dans le vase.
  She was carefully placing the roses in the vase.

disposer qn à qch/à + *inf***   to incline sb to sth/to + *inf***

- Son introduction disposa le jury à l'indulgence.
  His introduction inclined the jury to leniency.
- Ce n'était pas le meilleur moyen de les disposer à t'écouter.
  That was not the best way to get them to listen to you.

disposer de qch/qn   to have sth/sb at one's disposal

- Nous disposerons de la voiture pendant le week-end.
  We will have the use of the car for the weekend.
- Si vous disposez d'un moment, je vous expliquerai la situation.
  If you have a minute, I will explain the situation to you.
- Il ne peut tout de même pas disposer de toi (/de ton temps) comme il l'entend!
  He cannot use you (/your time) any way he pleases!

se disposer à + *inf***   to be about to + *inf***

- Il se disposait à partir quand tu as téléphoné.
  He was about to leave when you called.

disputer qch/qn (à qn)   to fight sth; to scold sb; to fight with sb over sth

- Il doit disputer son prochain combat le mois prochain.
  He is scheduled to fight his next match next month.
- Son père l'a disputée devant moi.
  Her father scolded her in front of me.
- Qui peut te disputer la victoire (/la première place)?
  Who can challenge your victory (/first place)?
- Les Anglais ont longtemps disputé la Guyenne aux rois de France.
  The English fought with the kings of France over Guyenne for a long time.

se disputer (avec qn)   to fight, quarrel (with sb)

- Vous n'allez pas recommencer à vous disputer!
  You are not going to start arguing again!
- La coupe du monde se disputera en Italie.
  The World Cup will be played out in Italy.
- La France et l'Allemagne se disputaient l'Alsace-Lorraine.
  France and Germany both laid claim to Alsace-Lorraine.
- Je crois qu'il s'est disputé avec Christine.
  I think he had an argument with Christine.
- Elle se dispute avec ses amies pour un oui pour un non.
  She fights with her friends over nothing.

dissimuler qch (à qn)   to hide, conceal sth (from sb)

- Il est incapable de dissimuler.
  He is incapable of deception.

- Le policier dissimula son visage derrière son journal.
  The police officer hid his face behind his newspaper.

- Elle dissimule habilement les raisons de sa visite.
  She cleverly conceals the reason for her visit.

- Boris a eu du mal à dissimuler sa déception.
  Boris had a hard time hiding his disappointment.

- Je ne vous dissimulerai pas plus longtemps mes sentiments.
  I won't hide my feelings from you any longer.

- Corinne ne m'a pas dissimulé que son travail ne la passionnait plus beaucoup.
  Corinne did not hide from me (the fact) that her work was no longer very exciting for her.

- Ils n'ont pas dissimulé aux journalistes les risques d'une telle opération.
  They did not hide the risks of such an action from the journalists.

se dissimuler (à qch)   to conceal oneself (from sth)

- Le renard essayait de se dissimuler derrière un buisson.
  The fox was trying to hide behind a bush.

- Combien de temps encore va-t-il se dissimuler la vérité?
  How much longer is he going to hide from the truth?

- Il était impossible à l'animal de se dissimuler aux regards des chasseurs.
  It was impossible for the animal to conceal itself from the hunters.

dissuader qn de qch/de + *inf*   to dissuade sb from sth/from + *ger*

- Elle a réussi à le dissuader de son projet.
  She was successful at dissuading him from his plans.

- Rien ne pourra le dissuader de ce voyage.
  Nothing will be able to dissuade him from this trip.

- Je ferai tout pour la dissuader de partir.
  I will do everything to dissuade her from leaving.

- Maryline a tenté de me dissuader d'être candidat.
  Maryline tried to talk me out of being a candidate.

distinguer qch/qn (de qch/qn)   to make out, distinguish sth/sb (from sth/sb)

- Tu distingues quelque chose avec tout ce brouillard?
  Can you make anything out with all this fog?

- Vous le distinguerez à son accent français (/à son air étranger).
  You will recognize him by his French accent (/by his foreign look).

- L'Académie française l'a distingué pour son dernier roman.
  The French Academy honored him for his last novel.

- J'ai de la peine à distinguer ton écriture de (/d'avec) la sienne.
  I have a hard time telling his handwriting from yours.

■ Difficile de distinguer les deux sœurs l'une de l'autre.
It is hard to tell the two sisters apart.

distinguer entre qch/qn   to distinguish between sth/sb

■ Impossible de distinguer entre son jumeau et lui.
It is impossible to distinguish between his twin and him.

■ Comment peut-on distinguer entre les deux prépositions?
How can we distinguish between the two prepositions?

se distinguer de/d'avec qch/qn   to stand out, to be distinguished from sth/sb

■ Dans ce tableau, les personnages se distinguent nettement de l'arrière-plan.
In this painting the people clearly stand out from the background.

■ Bernard se distingue de ses camarades au niveau de l'expression orale.
Bernard sets himself apart from his classmates by his level of oral competency.

se distinguer par qch   to distinguish oneself by sth

■ Ces deux sciences se distinguent plus par leur méthode que par leur objet.
These two sciences are distinguished more by their methodology than by their goals.

■ Le professeur Lebrun s'est distingué par ses recherches en histoire économique.
Professor Lebrun has distinguished himself by his research in economic history.

distraire qch/qn (de qch)   to distract sth/sb (from sth)

■ Allez au cinéma, ça vous distraira.
Go to the movies. It will get your mind off your work.

■ Essaye de distraire son attention pendant que je m'éclipse.
Try and distract him while I sneak out.

■ Je t'invite au restaurant pour te distraire de tes soucis (/de ton travail).
I invite you to a restaurant to take your mind off your worries (/your work).

distribuer qch (à qn)   to distribute, give out sth (to sb)

■ Auriez-vous l'obligeance de distribuer ces photocopies?
Would you be so kind as to pass out these photocopies?

■ L'appartement est-il bien distribué?
Is the apartment well organized?

■ Cette centrale distribue de l'électricité dans toute la moitié sud du pays.
This power plant distributes electricity to the whole southern half of the country.

■ Je pense que vous distribuez mal votre temps.
I think that you organize your time poorly.

■ L'institutrice a distribué des images à tous les enfants.
The schoolteacher handed out pictures to all the children.

■ Le gouvernement distribua de la nourriture et des couvertures aux victimes du tremblement de terre.
The government had food and blankets distributed to the earthquake victims.

diverger (de qch)   to diverge, differ (from sth)

- Les deux routes divergent à la sortie du village.
  The two roads go in different directions at the end of the village.

- Après la guerre, nos chemins ont divergé et je ne l'ai jamais revu.
  After the war our paths went in different directions, and I never saw him again.

- Leurs pensées divergent sur plusieurs points capitaux.
  Their thoughts differ on several major points.

- Permettez-moi de diverger de votre analyse.
  Allow me to differ from your analysis.

- Son interprétation diverge sensiblement de la mienne.
  Her interpretation differs considerably from mine.

divertir qn   to entertain sb, to amuse sb

- La dernière pièce de Jean-Jacques nous a beaucoup divertis.
  Jean-Jacques' latest play amused us a lot.

- Le spectacle son et lumière a diverti les touristes.
  The sound and light show entertained the tourists.

se divertir à + *inf*   to amuse oneself by + *ger*

- Les Romains se divertissaient à voir mourir les gladiateurs.
  The Romans amused themselves by watching the gladiators die.

se divertir de qch/qn   to laugh at sth/sb, make fun of sth/sb

- Elles se sont diverties de nos difficultés.
  They made fun of our hardships.

diviser qch (en/entre qch)   to divide sth (into/between sth)

- Les derniers événements ont divisé le gouvernement.
  The latest events have divided the government.

- Cette question divise profondément l'opinion.
  Opinions are deeply divided on this issue.

- Qui peut diviser la tarte en cinq?
  Who can divide the pie into five pieces?

- Nous avons divisé l'héritage en quatre parts égales.
  We divided the inheritance in four equal parts.

- Il faut diviser le gâteau entre tous les enfants.
  You have to divide the cake among all the children.

diviser par qch   to divide sth by sth

- La frontière linguistique divise le pays par le milieu.
  The linguistic barrier divides the country in the middle.

- Il nous a demandé de diviser mentalement 4568 par 4!
  He asked us to divide 4568 by 4 in our heads!

se diviser en qch   to divide into sth

- Après la cascade, la rivière se divise en plusieurs bras.
  After the waterfall the river divides into several branches.

divorcer (d'avec qn)   to divorce (sb)

- A-t-elle l'intention de divorcer?
  Is she going to get a divorce?

- Robert a divorcé d'avec sa femme il y a deux ans.
  Robert divorced his wife two years ago.

donner qch à qn   to give sb sth

- Louise a donné cinq mille francs à la Croix-Rouge internationale.
  Louise gave five thousand francs to the International Red Cross.

- Il te donnera ses instructions par téléphone.
  He will give you his instructions by telephone.

- Les gratte-ciel lui donnaient le vertige.
  Skyscrapers made him dizzy.

- On lui donnerait au moins quarante ans.
  One would think he is at least forty.

- Cela va te donner mal à la tête.
  That is going to give you a headache.

- Il a donné sa vie à la politique.
  He gave his life to politics.

- L'éloquence n'est pas donnée à tout le monde!
  Not everyone is gifted with eloquence!

donner à qn à + *inf*   to make sb + *inf*

- Ce livre donne à réfléchir.
  This book makes you think.

- Sa réponse me donne à penser qu'elle a changé d'avis.
  Her answer leads me to think that she has changed her mind.

donner qch à + *inf*   to give sth to + *inf*

- Est-ce que tu as donné la voiture à réviser?
  Have you taken in your car for the checkup?

- Regarde tout ce que le prof nous a donné à lire pour la semaine prochaine.
  Look at the reading the professor gave us for next week.

il est donné à qn de + *inf*   it is given to sb to + *inf*

- Il n'est pas donné a tout le monde d'être bon en langues.'
  Not everyone is lucky enough to be good at languages.

- Il n'est pas donné à tout le monde de visiter la Chine.
  Not everyone has the chance to visit China.

donner à qn l'envie, le temps, l'occasion de + *inf*   to give sb the time, desire, opportunity to + *inf*

- Donne-moi le temps de me préparer.
  Give me time to get ready.

- Son voyage lui a donné envie d'apprendre le japonais.
  His trip made him want to learn Japanese.

- Ça vous donnera l'occasion de le rencontrer.
  This will give you a chance to meet him.

donner dans qch   to fall into sth, indulge in sth

- J'aime moins les films de ce metteur en scène depuis qu'il donne dans le macabre.
  I like this director's movies less since he has started indulging in the macabre.

donner en qch   to give as/in sth

- Elle m'a donné cette montre en cadeau.
  She gave me this watch as a gift.

- Le père refuse de donner sa fille en mariage à un roturier.
  The father is refusing to give his daughter in marriage to a commoner.

donner qch pour/contre qch   to give sth for/in exchange for sth

- Est-ce qu'ils t'ont donné un reçu pour tes achats?
  Did they give you a receipt for your purchases?

- Il donnerait tout ce qu'il a contre un seul des ses sourires.
  He would give everything he has for one of her smiles.

donner qch/qn pour + *adj*   to present sth/sb as + *adj*

- On donne ce fait pour certain.
  This fact is given as certain.

- Les journaux donnent déjà sa victoire pour acquise.
  The newspapers are already presenting his victory as a given.

donner cher pour + *inf*   to give anything to + *inf*

- Je donnerai cher pour connaître le nom de son fiancé.
  I would give anything to know the name of her fiancé.

donner sur qch   to overlook sth

- Votre chambre donne sur la Place de l'Etoile.
  Your bedroom overlooks the Place de l'Etoile.

- Ma fenêtre donne sur la mer.
  My window overlooks the sea.

se donner à qch/qn   to give oneself to sth/sb

- Christiane se donne à sa nouvelle tâche avec enthousiasme.
  Christiane is putting herself into her new project with enthusiasm.

■   Elle s'est donnée à lui pour la vie.
She gave herself to him for life.

se donner pour qch   to present oneself as sth, pose as sth

■   Le nouvel ambassadeur se donne pour un vieil ami de la France.
The new ambassador poses as an old friend of France.

doter qch/qn de qch   to endow, equip sth/sb with sth

■   Il a doté son service de la technologie la plus moderne.
He equipped his office with state of the art technology.

■   La nature a doté Marie-Pierre d'une grande intelligence.
Nature has endowed Marie-Pierre with a superior intelligence.

se doter de qch   to equip oneself with sth, acquire sth

■   La ville s'est dotée d'une piscine olympique.
The city acquired an Olympic swimming pool.

■   La France s'est dotée de l'arme atomique.
France equipped itself with atomic weapons.

douer qn de qch   to bless sb with sth

■   La nature l'a douée d'une forte personnalité.
Nature has blessed her with a strong personality.

■   Bernard est doué d'une mémoire prodigieuse.
Bernard has a prodigious memory.

être doué pour qch   to be good at sth

■   Tu n'es pas très doué pour la pêche en haute mer.
You are not very good at deep-sea fishing.

■   Robert est très doué pour les mathématiques.
Robert is very good at math.

douter de qch/qn   to have doubts about sth/sb

■   Je doute que vous puissiez prouver quoi que ce soit.
I doubt that you can prove anything at all.

■   Descartes a commencé par douter de tout.
Descartes started by doubting everything.

■   Je doute parfois de sa sincérité (/de son honnêteté).
I sometimes wonder about his sincerity (/about his honesty).

■   Elle n'a jamais douté de toi.
She has never doubted you.

se douter que/de qch   to suspect that/sth

■   Je m'en doutais!
I thought so!

- Thomas ne se doutait pas que nous avions enregistré toute la conversation.
  Thomas had no idea that we had recorded the entire conversation.

- Visiblement, elle se doute de quelque chose.
  It is obvious that she knows something.

dresser qch/qn   to raise, set up sth/sb/to train, teach sb

- Nous avions dressé la tente au milieu d'une clairière.
  We set up the tent in the middle of a clearing.

- C'est à vous (faire) dresser les cheveux sur la tête.
  It's enough to make your hair stand on end!

- Il gagne sa vie à dresser des chevaux.
  He earns his living training horses.

- La vie se chargera de le dresser.
  Life will teach him.

dresser qch/qn à + *inf*   to train sth/sb to + *inf*

- Tu devrais dresser le chien à rapporter le journal.
  You should train the dog to bring in the newspaper.

dresser qn contre qch/qn   to set sb against sth/sb

- Il a fini par dresser toute sa famille contre lui.
  He ended up setting the whole family against him.

- Elle a réussi à dresser le conseil municipal contre nos projets.
  She succeeded in getting the city council to take a stand against our proposals.

- Tu vas dresser les autres contre ta politique.
  You are going to set the others against your policy.

se dresser (contre qch/qn)   to stand, rise up (against sth/sb)

- Le Mont-Saint-Michel se dressait à l'horizon.
  Mont-Saint-Michel stood above the horizon.

- En 1848, le peuple français s'est dressé contre la monarchie.
  In 1848 the French population rose up against the monarchy.

- Elle se dresse de plus en plus contre l'autorité de sa mère.
  She is rising up against her mother's authority more and more.

se dresser sur qch   to stand up on sth

- L'ours s'est dressé sur ses pattes de derrière et a montré les dents.
  The bear rose up on its hind legs and bared its teeth.

- Elle s'est dressée sur la pointe des pieds pour attraper la boîte de gâteaux.
  She stood up on tiptoe to get the box of cookies.

E

écarter qch/qn (de qch/qn)   to move sth/sb (apart/away from sth/sb)

- Vous verrez mieux en écartant les rideaux.
  You will see better if you pull the drapes back.

- Nous préférons écarter tout de suite cette solution.
  We prefer to reject that solution right away.

- Les gardes du corps écartèrent la foule de la voiture présidentielle.
  The bodyguards pushed the crowd away from the presidential car.

- Pourquoi ai-je été écarté de la liste des candidats (/de la direction du service)?
  Why have I been taken off the list of candidates (/dismissed from management)?

s'écarter de qch   to move away from sth

- Attention à ne pas vous écarter du chemin, il y a beaucoup de brouillard ce soir.
  Be careful not to go off the road. There is a lot of fog this evening.

- Je crois que vous vous écartez de votre projet.
  I think that you are getting too far from your proposal.

- Il s'est trop écarté de son propos.
  He strayed too far from his topic.

échanger qch (contre qch)   to exchange, trade (sth for sth)

- Les enfants aiment échanger leurs jouets.
  Children like to trade their toys.

- Nous avons échangé des banalités (/des sourires/des idées/des compliments) pendant tout le repas.
  We exchanged banalities (/smiles/ideas/compliments) throughout the whole meal.

- Les deux hommes ont échangé des remerciements et se sont séparés.
  The two men exchanged thank yous, and went their separate ways.

- Je t'échange mes billes contre ton nouveau pistolet à eau, d'accord?
  I will trade you my marbles for your new water pistol, okay?

- Echangerais appartement parisien contre chalet à la montagne.
  Will exchange apartment in Paris for chalet in the mountains [want ad].

échapper à qch/qn   to escape from sth/sb

- Jusqu'à maintenant, les enfants ont échappé à la grippe.
  Up until now, the children have avoided the flu.

- Tu ne pourras pas échapper à son influence.
  You will not be able to get away from his influence.

- Le prisonnier a échappé à (/la surveillance de) ses gardiens.
  The prisoner escaped (/the supervision of) his guards.

- Jean-Luc a admis que le sens de la phrase lui avait échappé.
  Jean-Luc admitted that the meaning of the sentence escaped him.
- Excusez-moi, cette remarque m'a échappé.
  I'm sorry; that remark just slipped out.
- Votre nom m'échappe.
  I cannot remember your name.

s'échapper (de qch)   to escape (from sth)

- Les aggresseurs ont réussi à s'échapper.
  The attackers managed to get away.
- Des cris s'échappaient de la maison en flamme.
  Screams were coming from the burning house.
- Une fumée noire s'échappait des fenêtres du deuxième étage.
  Black smoke was coming from the second-story windows.
- Personne ne s'est jamais échappé de cette prison.
  No one has ever escaped from this prison.

éclater (de qch)   to explode, burst (out)(with sth)

- Une bombe a éclaté à quelques mètres de chez elle.
  A bomb exploded a few yards from her house.
- Des coups de feu (/des applaudissements/des hurlements) ont éclaté.
  Shots (/applause/cries) burst out.
- La guerre a éclaté en août 1914.
  The war broke out in August of 1914.
- La fierté éclatait sur son visage.
  Her face was bursting with pride.
- En me voyant entrer, ils ont éclaté de rire.
  When they saw me enter, they burst out laughing.
- J'ai bien cru qu'il allait éclater de rage (/de colère).
  I really thought that he was going to explode with rage (/with anger).

éclater en qch   to explode, burst into sth

- L'appareil a éclaté en plusieurs morceaux.
  The machine exploded into many pieces.
- Sous l'effet de la douleur, le malade a éclaté en larmes (/en sanglots).
  Because of the intensity of the pain, the patient burst into tears (/into sobs).
- Elle a éclaté en reproches.
  She exploded with reprimands.

écraser   to crush, run over

- L'immeuble s'est effondré en écrasant plusieurs maisons voisines.
  The building collapsed, crushing several neighboring houses.
- Autrefois, on écrasait le raisin avec les pieds.
  In the old days they crushed the grapes with their feet.

- Antoine a failli écraser le chat du voisin.
  Antoine almost ran over the neighbor's cat.
- La rébellion a été écrasée dans le sang.
  The rebellion was crushed in a bloody manner.

écraser qn de qch   to crush sb with sth

- Il écrase tout le monde de sa supériorité.
  He scorns everybody.
- Depuis quelque temps, Anne nous écrase de son mépris.
  For some time Anne has crushed us with her scorn.
- Le peuple était écrasé d'impôts.
  The people were crushed under the weight of their taxes.
- Maurice ne pourra pas venir nous rejoindre, il est écrasé de travail.
  Maurice will not be able to come and join us; he is overwhelmed with work.

écrire (qch à qn)   to write (sb sth)

- Votre fille sait déjà écrire?
  Does your daughter know how to write already?
- Elle écrit surtout des poèmes.
  She writes mostly poems.
- Tu trouves que Flaubert écrit bien?
  Do you think that Flaubert writes well?
- N'oublie pas d'écrire un petit mot à Eléonore.
  Do not forget to send a little note to Eleanor.
- Evelyne m'a écrit que vous alliez déménager.
  Evelyne wrote to me that you are going to move.

écrire à la main/au crayon/à la machine/à l'encre rouge   to write by hand/with a pencil/on a typewriter/with red ink

- Elle n'aime pas les ordinateurs; elle écrit toujours ses romans à la machine à écrire.
  She does not like computers; she still writes her novels on a typewriter.

écrire sur qch/qn   to write about sth/sb

- On a écrit beaucoup de bêtises sur cette question.
  A lot of stupid things have been written about this.
- Elle est en train d'écrire un nouveau livre sur Colette.
  She is in the process of writing a new book about Colette.

effacer qch (de qch)   to erase sth (from sth)

- Pourriez-vous effacer le tableau noir?
  Would you mind erasing the blackboard?
- Le cambrioleur a effacé toute trace de son passage.
  The burglar erased all traces of his visit.

- Elle a effacé l'enregistrement par erreur.
  She erased the recording by mistake.

- Je ne pourrai jamais effacer cette scène de ma mémoire.
  I will never be able to erase this scene from my memory.

- Il vaut mieux effacer ce passage de la bande magnétique.
  It would be better to erase this part of the tape.

s'effacer   to fade, wear off

- Les marques au stylo encre ne s'effacent pas.
  Marks from an ink pen are not erasable.

- Les souvenirs de cette époque ne s'effaceront jamais de mon esprit.
  The memories from this time of my life will never be erased from my mind.

s'effacer derrière/devant qch/qn   to hide behind, withdraw before sth/sb

- Il attend que tout le monde s'efface devant son passage (/devant lui).
  He expects everyone to get out of his way.

- Elle s'est toujours effacée devant son mari.
  She has always been a self-effacing wife.

effrayer qn   to scare, frighten sb

- Les vibrations ont effrayé les enfants.
  The vibrations scared the children.

- L'ampleur de la tâche les effraie.
  The dimension of the job overwhelms them.

- Le travail ne m'effraie pas.
  Work does not frighten me.

s'effrayer de qch   to be afraid of sth

- La petite s'effraie du moindre bruit.
  The little one is afraid of the least little noise.

- Il s'effraie d'un rien.
  He gets scared by anything.

s'efforcer de + *inf*   to strive to, endeavor to + *inf*

- Je m'efforce de comprendre de quoi il s'agit.
  I am doing my best to understand what it is all about.

- Aline s'efforçait de garder son sang-froid.
  Aline was trying as hard as possible to keep her cool.

- Nous nous efforçons de réparer les dégâts au plus vite.
  We are working as fast as we can to repair the damage.

s'élancer à qch   to rush to, throw oneself into sth

- Les chiens se sont élancés à la poursuite du cerf.
  The dogs rushed to chase the deer.

■ Les troupes s'élancèrent à l'assaut des fortifications ennemies.
The troops launched an attack on the enemy fortifications.

■ Je me suis élancé à son secours.
I rushed to his aid.

■ Les enfants se sont élancés à notre rencontre.
The children dashed towards us.

s'élancer de, du haut de   to take off from sth

■ Le planeur s'est élancé (du haut) de la montagne.
The glider took off from the top of the mountain.

élever qch/qn   to raise, bring up sth/sb

■ Les manifestants ont élevé des barricades au centre de la capitale.
The demonstrators built barricades in the center of the capital.

■ Ils essaient d'élever les bas salaires.
They are trying to bring up the lowest salaries.

■ Il n'est pas facile d'élever des enfants aujourd'hui.
It is not easy to raise children today.

■ Il n'élève jamais la voix (/le ton).
He never raises his voice.

élever qn à qch   to promote sb to sth

■ Il vient d'être élevé au grade de colonel.
He has just been promoted to the rank of colonel.

s'élever (à qch)   to go up, rise up (to sth)

■ Au milieu de la ville s'élève une tour de cinquante étages.
A fifty-story tower stands tall in the middle of the city.

■ Le niveau de vie de la population s'est considérablement élevé.
The standard of living of the population has gone up considerably.

■ Pas une voix ne s'est élevée pour le défendre.
Not one voice was heard defending him.

■ Pour les gens de la Belle Epoque, la tour Eiffel s'élevait à une hauteur impres-
sionnante.
For the people of the Belle Epoque, the Eiffel Tower was an impressive height.

■ Les réparations s'élèvent à un million de francs.
The cost of the repairs is going up to a million francs.

■ Il faudra bien qu'il s'élève à ton niveau.
He is just going to have to rise up to your level.

s'élever contre qch   to rise up against sth

■ Victor Hugo s'est élevé contre le coup d'Etat de Louis-Napoléon.
Victor Hugo stood up against Louis-Napoleon's coup d'etat.

- Je m'élève vivement contre de telles méthodes.
  I protest strongly against such methods.

éliminer qch/qn de qch   to eliminate sth/sb from sth

- Don Corleone voulait éliminer un à un tous ses adversaires.
  Don Corleone wanted to eliminate all his opponents, one by one.

- Ils essaient d'éliminer les risques de contagion.
  They are trying to eliminate the risks of contagion.

- Virginie a été éliminée à l'oral.
  Virginia flunked the oral.

- L'opposition voudrait éliminer le gouvernement de la négociation.
  The opposition would like to exclude the government from the negotiations.

- Elle cherche à t'éliminer de la liste des candidats.
  She is trying to eliminate you from the list of candidates.

éloigner qch/qn (de qch/qn)   to move away, take away sth/sb (from sth/sb)

- La frontière est trop éloignée pour qu'on y arrive avant la nuit.
  The border is too far for us to reach before nightfall.

- Est-ce que tu peux éloigner les enfants, je vais allumer le feu.
  Can you move the children away? I am going to light the fire.

- Les policiers cherchaient à éloigner les curieux.
  The police were trying to move away the onlookers.

- Cette route nous éloigne de la côte.
  This road is taking us away from the coast.

- Ceci nous éloigne de notre sujet.
  This is getting us off our subject.

- Il a fini par éloigner de lui tous ses amis.
  He ended up chasing away all his friends.

s'éloigner (de qch/qn)   to move away (from sth/sb)

- L'orage s'est éloigné.
  The storm moved away.

- Le risque d'une crise économique semble s'éloigner.
  The risk of an economic crisis seems to be fading away.

- Le navire s'éloigna lentement du quai.
  The ship moved slowly away from the dock.

- Il s'est peu à peu éloigné de ses anciens camarades.
  He has drifted away from his old friends.

- Vous vous éloignez de votre propos.
  You are getting off your topic.

- Si tu t'éloignes trop de la maison, tu vas te perdre.
  If you go too far from the house, you are going to get lost.

émerveiller qn   to fill sb with wonder

- Le sapin illuminé émerveilla les enfants.
  The lighted Christmas tree filled the children with wonder.

- Nous étions émerveillés par la splendeur des costumes.
  We marveled at the magnificence of the costumes.

- Il a émerveillé tout le monde par sa maîtrise du piano.
  Everyone marveled at his mastery of the piano.

s'émerveiller (de qch)   to marvel, be filled with wonder (at sth)

- C'est beau de s'émerveiller encore à son âge.
  It is beautiful to be able to marvel at things at his age.

- Donald s'émerveille d'un rien.
  Donald is filled with wonder at nothing.

- Nous nous sommes émerveillés de la richesse de sa collection de tableaux.
  We marveled at the richness of her painting collection.

- Je m'émerveille d'un tel savoir chez un enfant de dix ans.
  I am amazed at such knowledge in a ten year old child.

émouvoir qn   to move sb

- Son dernier film m'a beaucoup ému.
  His last film was very moving to me.

- Le témoignage de sa vie a ému tout l'auditoire.
  The story of his life moved everyone present.

s'émouvoir de qch   to be moved by sth

- Le président s'est ému du sort des sans-abri.
  The president was moved by the lot of the homeless.

- Personne ne semble s'émouvoir de la situation.
  No one seems moved by the situation.

s'emparer de qch/qn   to seize, grab, take over sth/sb

- Il s'est emparé d'un couteau et nous a menacés.
  He seized a knife and threatened us.

- Les soldats s'empareront de la ville à l'aube.
  The soldiers will take over the city at dawn.

- Ils se sont emparés de leur gardien et s'en sont servis d'otage.
  They overpowered their guard and used him as a hostage.

- La colère s'est emparée de lui.
  Anger overtook him.

- La paranoïa s'est emparée de son esprit.
  Paranoia took over his mind.

empêcher qch   to prevent sth

- Le mauvais temps n'a pas empêché le départ de la course transatlantique.
  Bad weather did not stop the start of the transatlantic race.
- Tu ne pourras pas empêcher les critiques.
  You will not be able to stop criticism.
- Qu'est-ce qui empêche que nous allions au cinéma?
  What is stopping us from going to the movies?

empêcher qch/qn de + *inf*   to keep, prevent sth/sb from + *ger*

- Rien n'empêchera la rencontre d'avoir lieu à la date convenue.
  Nothing will keep the meeting from taking place on the agreed upon date.
- La grippe ne l'empêchera pas de passer l'examen.
  The flu will not keep him from taking the exam.

s'empêcher de + *inf*   to keep (oneself) from + *ger*

- Je n'ai pas pu m'empêcher de lui dire qu'il avait tort.
  I could not keep from telling him that he was wrong.
- En nous voyant, Christiane n'a pas pu s'empêcher de sourire.
  Seeing us, Christiane could not keep from smiling.
- Elle ne peut pas s'empêcher de faire des remarques.
  She cannot keep herself from making remarks.

employer qch/qn   to use sth/sb

- Si vous employez un tournevis, vous aurez fini plus vite.
  If you use a screwdriver, you will get finished quicker.
- Qui va-t-on employer pour faire ce genre de travail?
  Who are you going to hire to do this kind of a job?
- Vous pouvez employer mon nom comme référence.
  You may use my name as a reference.
- Valérie a réussi à se faire employer comme traductrice.
  Valery was able to get a job as a translator.

employer qch/qn à + *inf*   to use sth/sb to + *inf*

- Il va employer son congé à écrire un livre.
  He is going to use his time off to write a book.
- Je vais employer cet argent à faire réparer le toit.
  I am going to use this money to fix the roof.
- En 1848, on employait les chômeurs à creuser des trous.
  In 1848 the unemployed were hired to dig holes.
- Ils veulent t'employer à nettoyer les machines.
  They want to hire you to clean the machines.

s'employer à + *inf*   work on + *ger*

- Depuis deux ans, nous nous employons à améliorer la situation.
  For the last two years we have been working on improving the situation.

- Je me suis employé à les convaincre du contraire.
  I went to great lengths to change their minds.

emporter qch/qn   to bring, take sth/sb

- N'oubliez pas d'emporter des sandwichs et des boissons.
  Do not forget to take sandwiches and drinks.

- L'ouragan a emporté le clocher de l'église.
  The storm swept away the church's bell tower.

- La maladie a emporté grand-père en quelques jours.
  The disease took grandfather in a few days.

- Il s'est laissé emporter par sa colère.
  He let himself be overcome by his anger.

l'emporter sur qn   to prevail over sb

- Corinne l'a emporté sur son adversaire en trois sets.
  Corinne prevailed over her opponent in three sets.

s'emporter contre qn   to flare up, blow up at sb

- Il s'emporte très facilement contre ses collègues.
  He blows up at his colleagues very easily.

- Pourquoi vous emportez-vous contre moi?
  Why are you so mad at me?

s'empresser auprès de qn   to bustle around sb

- Les hommes se sont empressés autour d'elle pendant toute la soirée.
  The men were pressing around her all evening long.

- Regarde comme Lebrun s'empresse auprès du directeur-général!
  Look how Lebrun is hurrying around the CEO!

s'empresser de + *inf*   to hurry to + *inf*

- Empressez-vous d'aller lui annoncer la bonne nouvelle.
  Hurry and go tell him the good news.

- Elle s'est empressée de nous ouvrir la porte.
  She hurried to open the door for us.

- Je m'empresse de vous dire que je n'y suis pour rien.
  Let me tell you right away that I have nothing to do with it.

emprunter qch (à qn)   to take, borrow sth (from sb)

- Elle a dû emprunter plusieurs millions pour sauver son entreprise.
  She had to borrow several million to save her company.

- Voilà la route que nous allons emprunter.
  There is the road that we are going to take.
- Va emprunter la tondeuse du voisin.
  Go borrow the neighbor's lawn mower.
- Il m'a emprunté de l'argent qu'il ne m'a jamais rendu.
  He borrowed money from me that he never paid back.
- Cette citation est empruntée à Corneille.
  This quotation is borrowed from Corneille.

enchanter qn   to enchant, delight sb

- L'annonce de sa visite nous enchante.
  The news of his visit delights us.
- Ce voyage ne l'enchante pas beaucoup.
  She is not looking forward to this trip.

être enchanté(e) de qch/de + *inf*   to be enchanted by sth/to + *inf*

- Elle paraissait enchantée de la nouvelle.
  She seemed enchanted by the news.
- Je suis enchanté de notre accord.
  I am very happy about our agreement.
- Les Lenoir sont revenus enchantés de leur voyage au Canada.
  The Lenoirs came back enthusiastic about their trip to Canada.
- Ils sont enchantés de faire votre connaissance.
  They are very glad to meet you.
- Sa femme semblait enchantée de nous recevoir à dîner.
  His wife seemed enchanted to welcome us for dinner.

encourager qn (à + *inf*)   to encourage sb (to + *inf*)

- Le public encourageait les coureurs.
  The crowd was cheering the runners.
- Il sait encourager ses élèves.
  He knows how to encourage his pupils.
- Yvette encourage sa fille à terminer ses études de droit.
  Yvette encourages her daughter to finish her law studies.
- Je vous encourage à poser votre candidature.
  I urge you to apply.

s'enfuir (de qch)   to run away (from sth)

- Les prisonniers sont parvenus à s'enfuir.
  The prisoners managed to escape.
- Ma jeunesse s'est enfuie.
  My youth just flew by.

■ Deux détenus se sont enfuis de la prison pendant la nuit.
Two inmates ran away from jail during the night.

■ Le tigre s'est enfui de sa cage.
The tiger escaped from its cage.

engager qch/qn   to involve sth/sb; to hire sb

■ Nous avons essayé d'engager la conversation en anglais.
We tried to start the conversation in English.

■ Ils veulent engager leur pays dans une politique de modernisation.
They want to involve their country in a modernization campaign.

■ Elle a engagé beaucoup d'argent dans ce projet.
She invested a lot of money in this project.

■ Ils vont engager des étudiants pendant l'été.
They are going to hire students for the summer.

■ Je crois qu'il t'a engagé dans une affaire louche.
I think that he has gotten you involved in a sordid affair.

■ On a engagé un certain Lebrun comme chef du personnel.
They hired someone named Lebrun as head of personnel.

engager qn à qch/à + *inf*   to urge, encourage sb to sth/to + *inf*

■ Elle m'a engagé à la patience.
She urged me to be patient.

■ Je vous engage à lui parler très rapidement.
I ask that you speak to him very soon.

s'engager (à + *inf*)   to commit oneself (to + *inf*)

■ Au bout de quelques minutes de silence, la conversation s'est engagée.
After a few minutes of silence, the conversation started up.

■ Jean-Paul Sartre souhaitait que les écrivains s'engagent.
Jean-Paul Sartre wanted writers to commit themselves politically.

■ Le fournisseur s'est engagé à nous livrer avant Noël.
The supplier committed himself to make our delivery before Christmas.

■ Paul s'engage à rembourser toutes ses dettes.
Paul has committed himself to paying all his debts.

s'engager dans qch   to enter into sth; to get involved in sth

■ La péniche s'est engagée dans le canal.
The barge entered into the canal.

■ Michèle s'est engagée à fond dans la politique.
Michelle is deeply committed to politics.

enlever qch (de qch)   to take sth away, remove sth (from/out of sth)

■ Vous pouvez enlever votre manteau, j'ai mis le chauffage.
You can take off your coat; I turned on the heat.

- Pourrais-tu enlever ta bicyclette de la chambre à coucher?
  Would you take your bicycle out of the bedroom?
- Enlève les mains de tes poches!
  Take your hands out of your pockets!

enlever qch à qn   to take sth (away) from sb

- Ils ont enlevé à Jacques tous les comptes étrangers.
  They took away all of Jacques's foreign accounts.
- Quand est-ce qu'on va vous enlever les points de suture?
  When are they going to remove your stitches?

ennuyer qn   to bother, bore sb

- Je pensais bien que ce film vous ennuierait.
  I thought that this film would bore you.
- Vous m'ennuyez avec vos disputes continuelles.
  You are bothering me with your constant arguments.

s'ennuyer   to be bored

- Baudelaire avait tendance à beaucoup s'ennuyer.
  Baudelaire had a tendency to get bored often.
- Elle s'ennuie pendant les vacances.
  She gets bored during vacation.

s'ennuyer de qch/qn   to miss sth/sb

- Maria s'ennuie terriblement de son pays.
  Maria misses her country terribly.
- Il s'ennuie de ses parents.
  He misses his parents.

s'ennuyer à + *inf*   to get bored + *ger*

- Il a plu presque tout l'été, alors je me suis ennuyé à rester à la maison.
  It rained almost all summer, so I got bored just staying home.

enrager qn   to enrage sb

- Arrête de faire enrager ta sœur.
  Stop teasing your sister.
- Il a fini par enrager tous ses collaborateurs.
  He ended up enraging all his colleagues.

enrager (de + *inf*)   to be enraged over + *ger*

- Elle enrage de ne pouvoir résoudre ce problème.
  She is enraged over not being able to solve this problem.

- J'enrageais d'avoir manqué mon train.
  I was fuming over having missed my train.

enrouler qch autour de qch/qn   to roll, wind sth around sth/sb

- Tu as oublié d'enrouler le tuyau d'arrosage.
  You forgot to roll the hose.
- Quand vous aurez fini, enroulez le fil autour de la bobine.
  When you are finished, wind the thread around the bobbin.

s'enrouler autour de/sur qch   to wrap (oneself) around/over sth

- Les vipères s'enroulent pour dormir.
  Vipers roll themselves up to sleep.
- Le chat s'enroule devant la cheminée.
  The cat is all rolled up in front of the fireplace.
- Il dormait enroulé dans ses draps.
  He slept all rolled up in his sheets.
- La chaîne doit s'enrouler sur le pédalier.
  The chain has to be wound around the gear.

enseigner qch (à qn)   to teach sth (to sb)

- Guy est parti enseigner en Côte d'Ivoire.
  Guy has left to teach in the Ivory Coast.
- Elle enseigne la musique à mi-temps.
  She teaches music half-time.
- Chloé enseigne la planche à voile au club Méditerrannée.
  Chloé teaches windsurfing at Club Med.
- C'est facile d'enseigner le français aux Américains?
  Is it easy to teach French to Americans?
- Cette expérience devrait vous enseigner la prudence!
  This experience should teach you prudence!

enseigner à qn à + *inf*   to teach sb to + *inf*

- La vie m'a enseigné à me méfier des évidences.
  Life has taught me to be cautious about the obvious.

entendre qch/qn   to hear sth/sb; to mean sth

- De ma chambre, j'entendais le bruit de la cascade.
  I could hear the waterfall from my bedroom.
- Qu'est-ce que vous entendez par là?
  What do you mean by that?

s'entendre (avec qn)   to get along (with sb)

- Jean-Louis et moi, nous nous entendons à merveille.
  Jean-Louis and I get along beautifully.

- Elle ne s'entend pas avec sa belle-mère.
  She does not get along with her mother-in-law.

s'entendre à + *inf*   to be very good at + *ger*

- Vous vous entendez très bien à me faire porter le chapeau.
  You are both doing a good job of letting me take the blame.

s'entendre pour + *inf*   to make an agreement to + *inf*

- Ils se sont entendus avec la propriétaire pour diminuer le loyer.
  They agreed with the owner to lower the rent.

- Les deux pays se sont entendus pour supprimer les barrières douanières.
  The two countries agreed to end the trade barriers.

ne rien entendre à qch   not to understand anything about sth

- Quel dommage! Il n'entend absolument rien à la musique classique.
  Isn't it too bad! He knows absolutely nothing about classical music.

- Je n'entends rien à tout ce charabia!
  I do not understand any of this gibberish!

s'entêter à + *inf*   to persist in + *ger*

- Pourquoi s'entêter à vouloir le convaincre?
  Why are you so determined to convince him?

- Il s'entête à vouloir trouver la vérité.
  He has gotten it into his head to find the truth.

s'entêter dans qch   to persist in sth

- Il s'entête dans son attitude.
  He is being bullheaded.

- Vous vous entêtez dans l'erreur.
  You persist in your error.

entourer qch/qn (de qch)   to surround sth/sb (with sth)

- Les courtisans entouraient Louis XIV avec empressement.
  The courtisans assiduously surrounded Louis XIV.

- Depuis l'accident, toute la famille l'entoure de son affection.
  The whole family has surrounded him with affection since the accident.

- Les Loiseau ont entouré leur jardin d'une palissade.
  The Loiseaus have put a fence around their garden.

s'entourer de qch/qn   to surround oneself with sth/sb

- Le roi a su s'entourer de conseillers fidèles.
  The king knew how to surround himself with loyal advisors.

- Elle s'entoure d'un luxe inimaginable.
  She has surrounded herself with unimaginable luxury.

entraîner qch/qn   to pull, carry along sth/sb; to coach

- Son obstination entraînera sa perte.
  Her obstinacy will bring her to perdition.

- Il s'est laissé entraîner par ses copains.
  He has let himself be taken in by his friends.

- Lucien entraîne l'équipe de foot de la ville depuis 1955.
  Lucien has coached the city's soccer team since 1955.

entraîner qn à qch   to bring sb to sth

- Une série de revers l'a entraîné à la faillite.
  A string of bad luck brought him to bankruptcy.

- Les réparations vont nous entraîner à des frais considérables.
  The repairs are going to cost us a considerable amount of money.

entraîner qn à + *inf*   to get sb to + *inf*

- Il prétend que ce sont ses copains qui l'ont entraîné à agir de cette manière.
  He claims that it was his friends who got him to act this way.

s'entraîner (à qch)   to train for, to work on (sth)

- Christine s'entraîne tous les matins à la piscine municipale.
  Christine works out every morning in the public pool.

- Il s'entraîne à l'escrime deux fois par semaine.
  He works on his fencing twice a week.

s'entraîner à + *inf*   to train oneself to + *inf*

- Toute l'équipe s'entraîne à battre le record du 200 mètres.
  The whole team is working at breaking the record for the 200 meter event.

entreprendre qch   to undertake sth

- L'Etat a entrepris la création de cinq mille logements neufs.
  The state has undertaken the creation of five thousand new lodgings.

entreprendre de + *inf*   to undertake to + *inf*

- Depuis qu'il a entrepris de repeindre la maison, on ne le voit plus.
  Since he has undertaken to repaint the house, we never see him anymore.

entrer (à/en qch)   to enter, go in (/into sth)

- Entrez! La porte est ouverte.
  Come in! The door is open.

- Comment êtes-vous entrés dans la maison? Nous sommes entrés par la fenêtre.
  How did you get into the house? We came in through the window.

- C'est la première femme qui soit entrée à l'Académie française.
  She is the first woman to enter the French Academy.

■ Il est entré en politique comme on entre en religion.
He went into politics the way some people enter the religious life.

entretenir qch   to maintain, support sth

■ Les petits cadeaux entretiennent l'amitié.
Little gifts maintain friendship.

■ On a appris que le chef d'état-major entretenait des rapports secrets avec l'ennemi.
We learned that the chief of staff was in cahoots with the enemy.

■ Ils n'entretiennent pas très bien leur propriété.
They do not keep up their property very well.

entretenir qn de qch   to talk to sb about sth

■ Je souhaiterais vous entretenir d'un problème délicat.
I would like to talk to you about a delicate problem.

■ Elle m'a entretenu de ses problèmes pendant une heure.
She talked to me about her problems for a whole hour.

s'entretenir (avec qn)   to have a discussion (with sb)

■ Les ministres de l'économie vont s'entretenir pendant toute la journée.
The Finance Ministers are going to be in discussions all day long.

■ Je me suis entretenu avec Jacques par téléphone.
I had a discussion with Jacques over the phone.

s'entretenir de qch   to discuss sth

■ Le proviseur voulait s'entretenir avec moi de ton avenir dans son établissement.
The principal wanted to meet with me about your future in his school.

■ Nous nous sommes entretenus de choses et d'autres et puis il est parti.
We discussed this and that, and then he left.

envier qch (à qn)   to envy (sb) sth

■ Les voisins ont toujours envié la qualité de notre pelouse.
The neighbors always envied the quality of our lawn.

■ J'envie votre sang-froid.
I admire your nerve.

■ Tu n'as absolument rien à lui envier.
You have no reason to envy her.

envier qn de + *inf*   to envy sb + *ger*

■ Elle vous envie de pouvoir voyager si souvent.
She envies you, being able to travel so often.

■ Je vous envie d'aller habiter sur la Côte d'Azur.
I envy you, going to live on the French Riviera.

épargner (qch/qn)   to save; to spare sth/sb

- Au dix-neuvième siècle, les Français épargnaient beaucoup.
  In the nineteenth century the French saved a lot of money.

- A sa mort, elle avait épargné des sommes considérables.
  When she died, it was found that she had saved large sums of money.

- Denise épargne une grande partie de son salaire. ·
  Denise saves a large part of her salary.

- L'ONU a demandé qu'on épargne les populations civiles.
  The United Nations requested that the civilian population be spared.

épargner qch à qn   to spare sb sth

- Je vous épargne les détails inutiles.
  I will spare you the unnecessary details.

s'éprendre de qn   to fall in love with sb

- Jean-Louis s'est épris d'elle au cours d'une croisière.
  Jean-Louis fell in love with her during a cruise.

épuiser qch/qn   to exhaust, use up sth/sb

- Dans cette région, l'agriculture intensive a épuisé les terres.
  In this area intensive agriculture has depleted the soil.

- On aura bientôt épuisé toutes les réserves de pétrole.
  We will soon have used up all the oil reserves.

- Rien que d'y penser, ça m'épuise!
  I get tired just thinking about it!

s'épuiser (à + *inf*)   to wear oneself out (+ *ger*)

- A force de gaspillage, l'eau s'est épuisée.
  Because of waste, the water was all used up.

- Vous allez vous épuiser à travailler si dur.
  You are going to wear yourself out working so hard.

- Catherine s'est épuisée à faire le voyage toutes les semaines.
  Catherine wore herself out driving back and forth every week.

- Il s'est épuisé à charrier des pierres dans sa brouette.
  He exhausted himself lugging rocks in his wheelbarrow.

- Je m'épuise à vous dire que ça ne marchera pas!
  I am wearing myself out trying to tell you that it will not work!

espérer que/+ *inf*   to hope that/to + *inf*

- Nous espérons que votre voyage s'est bien terminé.
  We hope that your trip ended well.

- J'espère que tu pourras rester quelques jours.
  I hope that you will be able to stay a few days.

- Il espère la revoir bientôt.
  He hopes to see her again soon.

- Grégoire espère avoir terminé la semaine prochaine.
  Gregory hopes to have finished next week.

espérer en qch   to hope for, trust in sth

- Tout le monde espère en un règlement rapide du conflit.
  Everyone is hoping for a speedy resolution of the conflict.

essayer (qch)   to try (sth)

- Si tu veux essayer, je te prêterai mes patins.
  If you would like to try, I will lend you my skates.

- Robert a essayé ma voiture, mais il l'a trouvée trop nerveuse.
  Robert tried my car, but he found it to be too spirited.

- Est-ce que tu as essayé son numéro au bureau?
  Did you try his office?

essayer de + *inf*   to try to + *inf*

- Il a bien essayé de m'expliquer la théorie de la relativité, mais je n'ai rien compris.
  He really tried to explain the theory of relativity to me, but I did not understand anything.

- Essaie de la rappeler après minuit.
  Try to call her back after midnight.

s'essayer à qch   to try one's hand at sth

- L'été prochain, je vais m'essayer au deltaplane. Advienne que pourra!
  Next summer I am having a go at handgliding. Come what may!

- Depuis quelque temps, Noëlle s'essaie à la peinture abstraite.
  For some time now Noelle has been trying her hand at abstract painting.

étendre qch/qn   to spread, enlarge sth; to stretch out sb

- S'il fait beau, on pourra étendre le linge dehors.
  If the weather is nice, we can hang the laundry outside.

- C'est le meilleur moyen d'étendre vos connaissances.
  It is the best way to expand your knowledge.

- On a étendu la victime sur le bord de la route.
  They stretched out the victim on the side of the road.

s'étendre (sur qch)   to spread, stretch (over sth)

- La ville s'étend jusqu'à la frontière.
  The city spreads all the way to the border.

- Il avait mal à la tête, alors il est allé s'étendre un peu.
  He had a headache, so he went to lie down a bit.

■ Va t'étendre sur le canapé pendant une heure, ça te reposera.
Go lie down on the couch for an hour; it will give you a rest.

■ Le conférencier n'a pas voulu s'étendre sur les conséquences d'une telle politique.
The speaker did not want to go into the consequences of such political action.

■ Je ne m'étendrai pas sur les résultats de l'examen.
I will not go into the exam results.

étonner qn   to surprise, amaze sb

■ Sa réaction nous a beaucoup étonnés.
Her reaction surprised us a lot.

■ Ne sois pas étonnée si elle refuse de te parler.
Do not be surprised if she refuses to talk to you.

s'étonner de qch   to be surprised at sth/at + *ger*

■ Comment peux-tu t'étonner de sa réponse?
How can you be surprised at his answer?

■ Je m'étonne de votre manque d'enthousiasme.
I am surprised at your lack of enthusiasm.

s'étonner de + *inf*   to be surprised to + *inf*/at + *ger*

■ Le prof s'étonne toujours de nous voir arriver à l'heure.
The professor is always surprised to see us arrive on time.

■ Gisèle s'étonne de n'avoir pas reçu de vos nouvelles.
Gisele is surprised at not having received any news from you.

s'étonner que + *subj*   to be suprised that

■ Je m'étonne qu'ils ne nous aient rien dit.
I am surprised that they did not say anything about it to us.

être à qch   to be at/into sth

■ Etienne n'est pas là; il est au travail.
Etienne is not here; he is at work.

■ La maison est à dix kilomètres de Bordeaux.
The house is six miles away from Bordeaux.

■ Elle est toute à ses nouveaux projets.
She is really into her new projects.

■ Il n'est pas à l'aise dans ce rôle.
His is not comfortable with this role.

■ Louis n'est pas à son travail ces temps-ci.
Louis's mind is not on his work these days.

■ Ce livre est à moi.
This book belongs to me.

■ Je suis à vous dans un instant!
I'll be right with you!

être à + *inf*   to be to + *inf*

- C'est une région à voir.
  It is an area that is worth seeing.

- Ce produit est à consommer avant le 1er juillet.
  This product is to be used before July first.

- Ton costume est à nettoyer.
  Your suit needs to be cleaned.

- Thierry est toujours à se plaindre.
  Thierry is always complaining.

être à qn de + *inf*   to be up to sb to + *inf*

- C'était à elle de donner son avis.
  It was up to her to give her opinion.

- C'est à toi de jouer.
  It's your turn to play.

être contre/pour qch/qn   to be against/for sth/sb

- Etes-vous contre la nouvelle loi?
  Are you against the new law?

être + *adj* + de + *inf*/que + *subj*   to be + *adj* + *inf*/to be + *adj* + that

- Il est interdit de marcher sur les pelouses.
  It is forbidden to walk on the grass.

- Il était intéressant de connaître son avis.
  It was interesting to know his opinion.

- Il est indispensable que vous sachiez l'espagnol.
  You have to know Spanish.

être de qch/sb   to take part in sth/with sb

- Etes-vous du voyage en Grèce l'année prochaine?
  Will you take part in the trip to Greece next year?

- Serez-vous des nôtres samedi soir?
  Will you join us on Saturday night?

être en qch   to be in sth/as sth

- Il n'est même pas huit heures et tu es déjà en pyjama?
  It's not even 8 o'clock, and you are already in your pajamas?

- Je ne l'ai jamais vue être autant en colère.
  I have never seen her angry like that.

- Tu me reconnaîtras malgré mon masque; je serai en pirate.
  You'll recognize me despite my mask; I'll be dressed as a pirate.

être pour + *inf*   to be for/in favor of + *ger*

- Je suis pour lui dire la vérité.
  I am all for telling her the truth.

en être à qch   to be in/on sth

- Olivier en est à sa troisième année de droit.
  Olivier is in his third year of law school.

- Tu en es à quelle page?
  Which page are you on?

en être à + *inf*   to be beginning to + *inf,* have come to + *inf*

- J'en suis à me demander s'il viendra ce soir.
  I am beginning to wonder if he will show up tonight.

- Bientôt il en sera à faire les poubelles.
  Soon he will be scavenging through the garbage cans.

en être pour qch   to get nothing for sth

- Elle en a été pour ses frais.
  She got nothing for her trouble.

s'évader (de qch)   to escape (from sth)

- Ils se sont évadés en creusant un tunnel sous la prison.
  They escaped by digging a tunnel under the prison.

- Les Lenoir s'évadent à la montagne trois fois par an.
  The Lenoirs get away to the mountains three times a year.

- Papillon s'est évadé plusieurs fois du pénitencier.
  Papillon escaped from the penitentiary several times.

- Liliane est allée au cinéma pour s'évader un moment de ses soucis.
  Liliane went to the movies to escape from her worries for a few minutes.

éviter qch/qn   to avoid sth/sb

- J'ai évité l'accident (/la collision) au dernier moment.
  I avoided the accident (/the collision) at the last minute.

- Comment peut-on éviter ce problème?
  How can you avoid this problem?

- Elle a changé de trottoir pour m'éviter.
  She switched sidewalks to avoid me.

- Je vous conseille d'éviter le centre ville aux heures de pointe.
  I advise you to avoid the center of town during rush hour.

éviter qch à qn   to spare sb sth

- Elle veut nous éviter une dépense supplémentaire.
  She wants to spare us another expense.

- J'ai voulu vous éviter de nouveaux soucis.
  I wanted to spare you new worries.

éviter à qn de + *inf*   to save sth the trouble of + *ger*

- J'irai vous chercher à la gare, ça vous évitera de prendre un taxi.
  I will go pick you up at the train station; that way you will not have to take a taxi.

éviter de + *inf*   to avoid + *ger*

- Evitez de lui téléphoner après neuf heures.
  Avoid calling him after nine o'clock.

- Elle évite de parler de Christian à ses parents.
  She avoids talking about Christian to her parents.

s'éviter de + *inf* (*fam.*)   to avoid + *ger,* to save oneself from + *ger*

- Il a tout fait pour s'éviter de venir (/de répondre).
  He did everything to avoid coming (/answering).

exceller à + *inf*   to excel at + *ger*

- Le chef excelle à préparer le poisson.
  The chef excels at his fish preparations.

- Elle excelle à décrire les paysages.
  She excels at describing landscapes.

exceller dans/en qch   to excel in sth

- Cette étudiante excelle en sciences naturelles.
  This student is brilliant in natural sciences.

exciter qch/qn   to excite, to stimulate sth/sb

- Les films de science-fiction excitent leur imagination.
  Science fiction movies excite their imagination.

- Son air mystérieux excitait ma curiosité.
  Her mysterious air excited my curiosity.

- La physique-chimie ne l'excite pas beaucoup.
  Physics and chemistry are not very exciting for him.

exciter qn à qch/à + *inf*   to urge, incite sb to sth/to + *inf*

- Il excitait la foule à la violence.
  He incited the crowd to violence.

- Les meneurs excitaient le peuple à prendre d'assaut le Parlement.
  The leaders incited the people to take over the Parliament.

exciter qn contre qn   to set sb against sb

- Il excitait son chien contre les passants.
  He was working up his dog against the passers-by.

- L'orateur excitait les manifestants contre les forces de l'ordre.
  The speaker got the demonstrators all worked up against the police.

exclure qch/qn (qn de qch)   to exclude sth/sb; to exclude, expel sb from sth

- De nombreux membres de l'association ont décidé de l'exclure.
  Many members of the association decided to exclude him.

- Tout compromis est exclu pour l'instant.
  Any compromise is excluded for the moment.

- Les enquêteurs n'excluent pas l'hypothèse d'un incendie criminel.
  The investigators do not exclude the hypothesis of a criminal origin to the fire.

- Raymonde va bientôt être exclue du parti.
  Soon Raymonde will be excluded from the party.

- Son fils vient d'être exclu du lycée.
  His son was just expelled from the high school.

- Pourquoi l'avoir exclue de la liste des invités?
  Why did you exclude her from the guest list?

excuser qch/qn (de qch/de + *inf*)   to excuse sth/sb (for + *ger*)

- On ne peut pas excuser une telle attitude.
  Such an attitude cannot be excused.

- M. Lebrun vous prie de l'excuser, mais il ne pourra pas se rendre à votre réception.
  Mr. Lebrun requests that you forgive him, but he will not be able to make it to your reception.

- Je vous prie de m'excuser de mon retard (/mon absence).
  Please excuse me for being late (/my absence).

- Excusez-moi de vous avoir prévenu si tard.
  Excuse me for having let you know so late.

s'excuser de qch/de + *inf*   to apologize for sth/for + *ger*

- Elle s'est excusée de son oubli.
  She apologized for having forgotten.

- Je m'excuse d'avoir oublié de vous téléphoner.
  I apologize for having forgotten to call you.

exercer (qn à qch/à + *inf*)   to exercise; to have sb practice sth, train sb to + *inf*

- Je n'ai fait qu'exercer mes droits civiques.
  I was simply exercising my civil rights.

- Jacqueline exerce la médecine depuis trois ans.
  Jacqueline has been practicing medicine for three years.

- Apprendre par cœur exerce la mémoire.
  Learning by heart exercises the memory.

- L'institutrice exerce sa classe à lire (/à la lecture).
  The schoolteacher is having her class practice their reading.

- Il exerce son chat à rapporter le journal.
  He is training his cat to bring the newspaper.

s'exercer à qch/à + *inf*   to practice sth/ + *ger*

- Il s'exerce tous les jours au tir à l'arc.
  He practices archery every day.

- François s'exerce à suivre scrupuleusement son régime.
  François is working on scrupulously following his diet.

exhorter qn à qch/à + *inf*   to exhort, urge sb to sth/to + *inf*

- Il nous a exhortés à la plus grande vigilance.
  He urged us to be extremely vigilant.

- Le général exhortait ses soldats à la bravoure.
  The general exhorted his soldiers to act bravely.

- Je vous exhorte à lui pardonner (/à être patient).
  I urge you to pardon him (/to be patient).

exiger qch (de qn)   to demand, require sth (from sb)

- Elle a exigé des excuses immédiates.
  She demanded immediate apologies.

- Il a exigé le silence d'un geste de la main.
  He motioned for silence with his hand.

- Cet enfant exige une attention de chaque instant.
  This child requires constant attention.

- J'exige que vous me remboursiez la totalité de mon billet.
  I demand that you reimburse the whole price of my ticket.

- Il exige de ses élèves un travail régulier.
  He demands regular work from his students.

- Ce livre exige du lecteur des connaissances approfondies.
  This book requires of its readers a certain depth of knowledge.

expliquer qch (à qn)   to explain sth (to sb)

- Comment expliquez-vous son échec (/son refus/sa colère)?
  How do you explain his failure (/his refusal/his anger)?

- Le mauvais temps explique leur retard.
  The bad weather explains their lateness.

- Cela explique qu'il ait refusé.
  That explains why he refused.

- Il a expliqué à Antoine qu'il n'avait pas compris la question.
  He explained to Antoine that he had not understood the question.

- Je voudrais bien qu'on m'explique comment nous en sommes arrivés là.
  I would really like someone to explain to me how we got into this situation.

- Est-ce que le prof vous a expliqué les deux derniers paragraphes?
  Did the professor explain the last two paragraphs to you?

s'expliquer (avec qn)   to explain oneself; to discuss, fight it out (with sb)

- Ils lui ont donné dix minutes pour s'expliquer.
  They gave him ten minutes to explain himself.

- Ils se sont expliqués à coups de poing.
  They fought it out with their fists.

- La police ne s'explique pas sa disparition (/qu'elle ait disparu).
  The police cannot explain her disappearance (/the fact that she disappeared).

- Tu devrais t'expliquer avec lui pour dissiper le malentendu.
  You should have a talk with him to clear up the misunderstanding.

s'expliquer sur qch   to explain sth, make sth clear

- Vincent a accepté de s'expliquer sur ses intentions.
  Vincent agreed to make his intentions clear.

- Il ne s'est jamais vraiment expliqué sur ses activités pendant la guerre.
  He never really explained his activities during the war.

exposer qch/qn (à qch)   to expose, display sth/sb (to sth)

- Irène expose à la galerie d'art moderne.
  Irene is showing her works in the modern art gallery.

- Cet été, le musée exposera des toiles de Monet.
  This summer the museum will have an exhibition of Monet's paintings.

- Il a exposé l'essentiel de sa théorie dans ses premiers livres.
  He presented the major part of his theory in his first books.

- Un bon officier ne doit pas exposer inutilement ses soldats.
  A good officer must not expose his soldiers without a good reason.

- Qui a exposé ce négatif à la lumière?
  Who exposed this negative to the light?

- La candidate a exposé son programme à la presse.
  The candidate revealed her program to the press.

- Je ne veux pas t'exposer à leurs attaques.
  I don't want you to be open to their attacks.

s'exposer à qch/à + *inf*   to expose oneself to sth/to + *inf*

- Ne t'expose pas trop longtemps au soleil!
  Don't stay in the sun too long!

- En prenant une telle position, tu t'exposes à des critiques (/à des reproches).
  By taking such a position, you lay yourself open to criticism (/to reprimands).

- Quand on enfreint la loi, on s'expose à des poursuites.
  When you break the law, you expose yourself to prosecution.

- Michèle s'expose à perdre le soutien de ses électeurs.
  Michele is running the risk of losing her electors' support.

exprimer qch (à qn) to express sth (to sb)

- Ses poèmes expriment toute la souffrance de sa vie passée.
  Her poems express all the suffering from her past life.

- Le candidat n'a pas clairement exprimé ses intentions.
  The candidate did not express his intentions clearly.

- Elle n'a aucun mal à exprimer sa pensée.
  She has no trouble at all expressing her thoughts.

- Je ne sais comment vous exprimer ma reconnaissance (/ma confiance).
  I do not know how to express my gratitude to you (/my confidence).

- Il a tenu à nous exprimer publiquement sa gratitude.
  He wanted to express his gratitude publicly.

s'exprimer (en qch) to express oneself (in sth)

- Elle a le droit de s'exprimer comme tout le monde.
  She has the right to express herself like everybody else.

- Excusez-moi, je n'ai pas très bien su m'exprimer.
  Excuse me, I did not do a very good job of expressing myself.

- Le soulagement s'est exprimé sur son visage.
  Relief was written all over his face.

- Lucien s'exprime très couramment en japonais.
  Lucien expresses himself fluently in Japanese.

expulser qn (de qch) to expel, evict sb (from sth)

- Les autorités ont décidé d'expulser tous les ressortissants étrangers.
  The authorities decided to expel all the foreigners.

- Le propriétaire veut nous expulser avant la fin du mois.
  The owner wants to evict us before the end of the month.

- On menace de les expulser du pays.
  They are threatening to expel him from the country.

- Leur fille vient d'être expulsée de son collège.
  Their daughter has just been expelled from her junior high school.

extraire qch (de qch) to extract sth (from sth)

- Dans certaines régions, extraire le charbon n'est plus rentable.
  In certain areas it is no longer profitable to extract coal.

- Les secouristes ont eu de la peine à extraire les passagers du bus accidenté.
  The emergency workers had difficulty removing the passengers from the crashed bus.

- Le dentiste veut lui extraire ses dents de sagesse.
  The dentist wants to pull his wisdom teeth out.

- On extrait chaque année des tonnes de minerai du sous-sol de la province.
  Every year they extract tons of minerals from the provincal mines.

■   Ce passage est extrait d'un roman de Balzac.
    This passage is an excerpt from one of Balzac's novels.

s'extraire de qch   to extricate oneself from sth

■   Le blessé n'a pas pu s'extraire de son véhicule.
    The injured person could not climb out of his car.

F

fâcher qn   to anger sb

■   Ils ont réussi à fâcher tout le reste de la famille.
    They succeeded in angering all the rest of the family.

■   Je n'avais pas l'intention de vous fâcher.
    I had no intention of making you angry.

se fâcher (avec/contre qn)   to get angry (with/against sb)

■   Louise se fâche très rarement.
    Louise rarely gets angry.

■   Ne te fâche pas comme ça, les choses vont s'arranger.
    Do not get angry like that; things will work out.

■   Inutile de se fâcher contre lui, il ne sait pas ce qu'il fait.
    It is no use getting angry at him; he does not know what he is doing.

■   Le patron s'est fâché tout rouge contre ses subordonnés.
    The boss lost his temper with his employees.

■   Elle est arrivée à se fâcher avec la moitié du village.
    She ended up in a feud with half the village.

être fâché (de qch/contre qn)   to be angry, upset (about sth/at sb)

■   Ne leur téléphone pas, ils sont très fâchés.
    Do not call them; they are very angry.

■   Nous sommes très fâchés de ce contretemps.
    We are very upset about this change in plans.

■   Alice est fâchée contre l'humanité toute entière.
    Alice is mad at the whole human race.

être fâché de + *inf*   to mind + *ger*

■   Je ne serais pas fâché de pouvoir prendre quelques jours de vacances.
    I wouldn't mind taking a few days of vacation.

faciliter qch à qn   to facilitate, make sth easy for sb

- Ceci devrait vous faciliter la tâche.
  This should make the job easier for you.

- Le refus des syndicats n'a pas facilité les négociations aux représentants du gouvernement.
  The trade unions' refusal did not facilitate the negotiations for the government's representatives.

faire (+ *inf*)   to make, do; to have + *inf*

- Qu'est-ce que vous faites pour Noël?
  What are you doing for Christmas?

- Est-ce que tu as fait ton lit?
  Did you make your bed?

- Faites monter une bouteille de champagne!
  Have a bottle of champagne sent in! (/Have them send in a bottle of champagne!)

- Essaie de lui faire comprendre notre point de vue.
  Try to get him to understand our point of view.

- Cela me fait penser à un tableau de Matisse.
  This reminds me of one of Matisse's paintings.

- Tu devrais faire lire ton manuscrit à Ruth.
  You should have Ruth read your manuscript.

faire qch à qn   to do sth to sb

- Il a fait beaucoup de peine à ses parents.
  He has hurt his parents terribly.

- Quand je suis rentré, elle m'a fait une véritable scène.
  When I got home, she had a real fit.

faire qch avec/de qch   to make sth with/of sth

- Les Indiens faisaient des vêtements et des chaussures avec la peau des bisons.
  The Indians made clothing and shoes from buffalo hides.

- Tu veux faire des chiffons de mes chemises préférées?
  You want to use my favorite shirts to make rags?

être fait pour qch/pour + *inf*   to be made for sth/to + inf

- Je ne suis vraiment pas fait pour ce genre de travail.
  I am not cut out for this kind of work.

- Christophe n'est pas fait pour vivre à Paris.
  Christopher is not made to live in Paris.

se faire + *inf*   to have sth done

- Il était temps qu'Alain se fasse couper les cheveux.
  It was time for Alan to get a haircut.

se faire à qch   to get used to sth

■ Est-ce que vous vous faites à la vie américaine?
Have you gotten used to the American way of life?

se familiariser avec qch   to familiarize oneself with sth

■ On m'a à peine donné le temps de me familiariser avec le nouvel ordinateur.
They hardly gave me enough time to familiarize myself with the new computer.

■ Cela vous donnera l'occasion de vous familiariser avec la langue anglaise.
This will give you the chance to familiarize yourself with the English language.

■ Est-ce que vous vous êtes un peu familiarisé avec les coutumes locales?
Were you able to get to know something of the local customs?

fatiguer qn   to tire, wear sb out

■ Tous ces voyages le fatiguent énormément.
All these trips wear him out.

■ Ses bavardages commencent à me fatiguer.
His rantings and ravings are starting to get on my nerves.

être fatigué de qch/de + *inf*   to be tired of sth/of + *ger*

■ Anne est fatiguée de toutes vos critiques.
Anne is tired of all your criticism.

■ Je suis fatiguée de vos disputes perpétuelles.
I am tired of your eternal arguments.

■ Nous sommes fatigués de l'entendre se plaindre.
We are tired of hearing him complain.

■ Tu n'es pas fatigué de faire tous les jours le trajet en métro?
Aren't you worn out making that trip on the subway every day?

se fatiguer (de qch/qn)   to get tired (of sth/sb)

■ Depuis son opération, elle se fatigue très rapidement.
She tires easily since her operation.

■ Il ne risque pas de se fatiguer!
There is no way he will get tired!

■ Vous ne vous fatiguez pas des romans de science-fiction?
Don't you get sick of science fiction novels?

■ Il paraît que Nicole commence à se fatiguer de lui (/de ses airs prétentieux).
Apparently Nicole is starting to get tired of him (/of his pretentious attitude).

se fatiguer de + *inf*   to get tired of + *ger*

■ Il m'a dit qu'il se fatiguait de manger au restaurant.
He told me that he is getting sick and tired of eating out.

■ Je commence à me fatiguer de vous répéter tous les jours la même chose.
I am getting tired of repeating the same thing to you day in and day out.

feindre qch   to feign, pretend sth

■ Il a feint la douleur pour mieux tromper son adversaire.
He faked being in pain to better trick his opponent.

■ J'ai du mal à feindre mes sentiments.
I have a hard time concealing my feelings.

feindre de + *inf*   to pretend to + *inf*

■ Elle feignait de ne pas comprendre pour éviter de répondre à la question.
She pretended not to understand (in order) to avoid having to answer the question.

■ Il feint d'être d'accord pour mieux endormir tes soupçons.
He feigns agreement to better calm your suspicions.

féliciter qn (de/pour/sur qch)   to congratulate sb (on sth)

■ Permettez-moi de vous féliciter!
Please allow me to congratulate you!

■ Est-ce que tu as félicité Denise pour sa nouvelle promotion?
Have you congratulated Denise on her new promotion?

■ Je vous félicite de votre nouveau succès.
I congratulate you on your new accomplishment.

féliciter qn de/pour + *inf*   to congratulate sb for/on + *ger*

■ Ils ne l'ont même pas félicitée d'avoir décroché le premier prix.
They did not even congratulate her for winning first prize.

se féliciter de qch/de + *inf*   to congratulate oneself on sth/for + *ger*

■ Nous nous félicitons de ces excellents résultats.
We are congratulating ourselves on these excellent achievements.

■ Je me félicite de notre première place au niveau national.
I am proud of our first place on the national level.

■ Vous ne pouvez que vous féliciter de lui avoir fait confiance.
You can only congratulate yourself for having placed your trust in him.

■ Après coup, je me suis félicité d'avoir refusé son invitation.
After the fact, I congratulated myself for declining his invitation.

fiancer qn à qn   to betroth sb to sb

■ Ils sont très fiers d'avoir fiancé leur fille à un ambassadeur.
They are very proud that their daughter is engaged to an ambassador.

se fiancer à/avec qn   to become engaged to sb

■ Tu connais la dernière? Paul vient de se fiancer à une comtesse espagnole.
Have you heard the latest? Paul just got engaged to a Spanish countess.

se fier à qch/qn   to place your trust in sth/sb

- A votre place, je ne me fierais pas à ce qu'il raconte.
  If I were you, I would not trust what he says.

- Il ne faut jamais se fier aux apparences.
  Never trust appearances.

- Tu peux te fier à lui, c'est un type honnête.
  You can trust him; he is an honest fellow.

finir   to finish, be over

- Les vacances finissent le 21 août.
  Vacation is over on August 21.

- Il aura fini son manuscrit dans trois semaines.
  He will have finished his manuscript in three weeks.

finir de + *inf*   to finish + *ger*

- Vous pourriez nous laisser le temps de finir de déjeuner!
  You could give us enough time to finish eating lunch!

- Quand est-ce que tu auras fini de repeindre la cuisine?
  When will you be done repainting the kitchen?

finir par + *inf*   to end up + *ger*

- Elizabeth a fini par s'habituer à New York.
  Elizabeth ended up getting used to New York.

- Je vais finir par croire que vous vous moquez de moi!
  I am going to end up believing that you are making fun of me!

en finir avec qch/qn   to be finished with sth/sb

- Il faut en finir au plus vite avec la pollution des océans.
  We have to do something to stop polluting the oceans as quickly as possible.

- Le docteur vous verra quand il en aura fini avec ce patient.
  The doctor will see you when he is finished with this patient.

fixer qch (à qn)   to attach, set sth (with sb)

- Tu peux le fixer au mur avec un clou.
  You can put it up on the wall with this nail.

- Avez-vous fixé la date du mariage?
  Have you set a date for the wedding?

- Il a fixé un rendez-vous à Marie-Hélène au Bar du Vieux Port.
  He made an appointment with Marie-Helene at the Bar du Vieux Port.

- La réunion est fixée à vingt heures trente.
  The meeting time is set for eight thirty.

fixer qch/qn sur qch   to fix sth on sth; to inform sb about sth

- Le secret du tennis, c'est de fixer les yeux sur la balle.
  The secret of tennis is to keep your eye on the ball.

- Gabrielle a fixé son choix sur un manteau de vison.
  Gabrielle chose the mink coat.

- J'aimerais bien être fixé sur ses intentions.
  I'd like to know what he intends to do.

se fixer à (un endroit)   to settle (somewhere)

- Il s'est fixé à Rome à la fin des années soixante.
  He settled in Rome at the end of the sixties.

se fixer sur qch   to focus, decide on sth

- Tous les regards se fixèrent sur moi.
  Everyone was staring at me.

- Ils se sont finalement fixés sur un coupé Mercédès.
  They finally decided on a Mercedes coupe.

flatter qn   to flatter sb

- Le renard de la fable a su habilement flatter le corbeau.
  The fox in the fable knew how to flatter the crow.

- En le flattant, on fait de lui tout ce qu'on veut.
  With flattery you can do whatever you want with him.

être flatté de qch   to be flattered by sth

- Elle est très flattée de l'attention que vous lui accordez.
  She is very flattered by the attention that you are showing her.

- Je suis flatté de l'honneur que vous me faites.
  I am flattered by the way you are honoring me.

se flatter de qch/de + *inf*   to pride oneself on sth/on + *ger*

- Ne te flatte pas trop vite de ton succès.
  Do not let your success go to your head.

- Eric se flatte de pouvoir nager deux kilomètres en une heure.
  Eric boasts that he can swim two kilometers in one hour.

- Je me flatte de lui faire très facilement changer d'avis.
  I flatter myself that I can get him to change his mind very easily.

foncer (dans/sur qch/qn)   to charge (sth/sb); to darken (sth)

- Son problème, c'est qu'il fonce toujours tête baissée, sans réfléchir.
  His problem is that he always charges full speed ahead without thinking.

- Tout à coup, le rhinocéros a foncé sur nous.
  All of a sudden the rhinoceros charged us.

■ Il a perdu le contrôle de sa voiture et a foncé sur les spectateurs (/dans la foule).
He lost control of his car and charged into the crowd.

■ Ils ont foncé tête la première dans le piège que nous leur avions tendu.
They walked right into the trap we set for them.

■ Tu ne trouves pas que ces rideaux foncent la pièce?
Don't you think that these curtains darken the room?

fonder qch (sur qch)   to found sth; to base sth on sth

■ La légende veut que Remus et Romulus aient fondé la ville de Rome.
The legend says that Remus and Romulus founded the city of Rome.

■ C'est son grand-père qui a fondé la société à la fin du siècle dernier.
His grandfather founded the company at the end of the last century.

■ Sur quoi fondez-vous toutes vos accusations?
What are you basing your charges on?

■ Elle a fondé toute sa plaidoirie sur l'absence de témoins crédibles.
She based her entire defense on the absence of credible witnesses.

■ Ils fondent tous leurs espoirs sur la nouvelle génération de mathématiciens.
They are basing all their hopes on the next generation of mathematicians.

être fondé à + *inf*   to be entitled to + *ger*

■ Il n'est pas fondé à prendre une décision en ce domaine.
He does not have any grounds for making a decision in this area.

■ Je suis fondé à croire qu'on a caché la vérité à l'opinion publique.
I have good reason to believe that the truth has been hidden from the public's view.

se fonder sur qch   to base oneself on sth

■ L'inspecteur se fonde sur des indices très précis.
The inspector is basing his investigation on very precise information.

fondre (de/en qch)   to melt (of/in sth)

■ La neige a fondu en quelques heures.
The snow melted in several hours.

■ Faire fondre le sucre à petit feu.
Melt the sugar over low heat.

■ L'argent lui fond dans les mains.
Money melts in his hands.

■ Cette cloche a été fondue à Varsovie au XVè siècle.
This bell was cast in Warsaw in the 15th century.

■ Jean a fondu de vingt-cinq kilos depuis notre dernière rencontre.
Jean has taken off fifty pounds since we last met.

■ Je fonds en larmes chaque fois que je revois ce film.
I break into tears each time I see this film.

fondre qch en qch   to combine, merge sth into sth

- Ils ont décidé de fondre les deux partis en une seule organisation.
  They decided to merge the two organizations into one.

- Cet artiste sait fondre ses couleurs en un ensemble harmonieux.
  This artist knows how to blend his colors into a harmonious whole.

fondre sur qch/qn   to swoop, sweep down on sth/sb

- L'aigle a fondu sur sa proie.
  The eagle swooped down on its prey.

- La colère des dieux a fondu sur le pauvre Oedipe.
  The anger of the gods swept down upon poor Oedipus.

se fondre dans qch   to melt into sth

- Elle aime l'anonymat des grandes villes: on peut facilement se fondre dans la foule.
  She likes the anonymity of big cities; you can easily melt into the crowd.

- Ses agresseurs se sont fondus dans la nuit.
  Her aggressors disappeared into the night.

forcer qch/qn   to force, compel sth/sb

- Si vous forcez, vous allez casser la serrure.
  If you force it, you are going to break the lock.

- Comme personne ne répondait, il a fallu forcer la porte.
  Since no one answered, we had to break the door open.

- Je ne veux pas vous forcer, mais il me reste deux places à vendre pour le concert de samedi.
  I do not want to push you, but I have two tickets left to sell for Saturday's concert.

- Son courage a forcé l'admiration (/le respect) de tous ses amis.
  His courage commanded the admiration (/the respect) of all his friends.

forcer qn à + *inf*   to force sb to + *inf*

- Le mauvais temps nous a forcés à rentrer plus tôt que prévu.
  Bad weather forced us to return home earlier than planned.

être forcé de + *inf*   to be forced to + *inf*

- Le maire a été forcé d'évacuer tout le quartier.
  The mayor was forced to evacuate the entire neighborhood.

se forcer à/pour + *inf*   to force oneself to + *inf*

- Il a toujours de très bonnes notes, et pourtant il ne se force pas beaucoup.
  He always gets very good grades, and he does not work very hard.

- Il faut vous forcer à manger, si vous voulez vous rétablir rapidement.
  You have to force yourself to eat if you want to get better quickly.

- J'ai dû me forcer pour regarder la fin du film, tellement c'était mauvais.
  I had to make myself watch the end of the film; that's how bad it was.

se formaliser de qch   to take offense at sth

- Il n'y a vraiment pas de quoi se formaliser!
  There is really nothing to take offense at!
- J'espère que tu ne te formaliseras pas si je conteste ton interprétation.
  I hope that you will not take offense if I question your interpretation.
- Ne vous formalisez pas trop de ses remarques, je suis sûr qu'il exagérait.
  Don't take offense at his remarks; I am sure he was exaggerating.
- A ta place, je ne me formaliserais pas trop de ses commentaires.
  If I were you, I would not get too worked up over his comments.

former qch/qn   to make up, form

- La propriété forme une sorte de V, la pointe tournée vers le sud.
  The property forms a V, with the point on the south side.
- Ces trois livres forment l'essentiel de ce que vous devez savoir.
  These three books make up the major part of what you have to know.
- Je n'ai pas encore formé de jugement (/d'opinion) sur la question.
  I have not yet formed an opinion on the question.
- L'entreprise forme ses employés sur le tas.
  The company trains its employees on the job.

former qn à qch/à + *inf*   to train sb for sth/to + *inf*

- Il n'a pas été formé à ce type de travail.
  He was not trained for this kind of work.
- On forme le personnel aux techniques les plus modernes.
  The personnel are being trained in the most modern techniques.
- Ce programme forme surtout les étudiants à enseigner les langues.
  This program mostly trains students to teach languages.

fournir qch (à qn)   to supply sth to sb

- Depuis deux ans, il a fourni un effort (/un travail) considérable.
  He has put forth a considerable effort in the last two years.
- Pouvez-vous fournir la preuve de ce que vous avancez?
  Can you provide proof of what you are saying?
- Le capitaine a exigé qu'on lui fournisse les moyens nécessaires pour combattre ce genre d'incendie.
  The captain demanded that he be provided with the means necessary to fight this kind of fire.
- Pourriez-vous me fournir un renseignement, s'il vous plaît?
  Could you give me some information, please?
- Ils ont promis de fournir du travail aux chômeurs.
  They promised to provide jobs to the unemployed.

fournir qn en qch   to provide sb with sth

■ Nous fournissons la moitié des habitants de la ville en fruits et légumes.
We supply half the city's population with fruit and vegetables.

se fournir en qch   to provide oneself with sth

■ Il est temps de se fournir en carburant avant l'hiver.
It is time to stock up on fuel before winter.

■ Où est-ce que vous vous fournissez en matériel de bureau?
Where do you buy your office supplies?

frapper qch/qn   to hit, strike sth/sb

■ Ce genre d'événement est fait pour frapper l'imagination.
This kind of event is done to stir the imagination.

■ Le coup l'a frappé juste au dessous de l'œil.
The blow hit him right under the eye.

■ Le témoignage de Christophe a frappé toute l'assemblée.
Christopher's story touched all those present.

frapper à qch   to knock at sth, hit sth in/on sth

■ J'ai frappé à sa porte, mais il n'y avait personne.
I knocked at the door, but there was no one there.

■ La flèche a frappé l'animal au front.
The arrow hit the animal in its forehead.

être frappé de qch/de + *inf*   to be hit, struck by sth/to + *inf*

■ Nous avons été frappés de leur enthousiasme.
We were struck by their enthusiasm.

■ Le public a été frappé de la violence de ses propos.
The public was struck by the violence of what he said.

■ L'opinion publique a été frappée d'apprendre de telles révélations.
Public opinion was hard hit to learn such things.

■ J'ai été frappé de l'entendre parler comme ça.
I was struck to hear him talk like that.

frotter qch   to rub sth

■ Frotte plus fort, la tache n'est pas partie.
Rub harder. The spot is not gone yet.

■ Ne frotte pas ton œil, tu vas l'irriter davantage.
Do not rub your eye, or you are going to irritate it more.

se frotter à qn   to rub shoulders with sb

■ Elle aime se frotter aux gens riches.
She likes to rub shoulders with rich people.

- Je vous conseille de ne pas vous frotter à lui, il a beaucoup de pouvoir.
  I advise you to stand clear of him; he has a lot of power.

- Si vous vous frottez à moi, vous le regretterez!
  If you rub me the wrong way, you will be sorry!

se frotter contre qch   to lean, rub against sth

- Ne te frotte pas contre la voiture, tu vas salir ton nouveau costume.
  Do not lean against the car, or you are going to get your new suit dirty.

- J'ai horreur des chiens qui se frottent contre vous!
  I hate dogs that rub up against you!

frustrer qn (dans qch)   to frustrate, thwart sb (in sth)

- Ils ont frustré cet enfant pendant des années.
  They deprived this child for years.

- Jean-Luc a été frustré dans ses efforts pour s'en sortir.
  Jean-Luc's efforts to make a better life for himself ended up in frustration.

fruster qn de qch   to deprive sb of sth

- Le champion a été frustré de sa victoire.
  The champion was deprived of victory.

- La décision du tribunal l'a frustré de tous ses biens.
  The court's decision deprived him of all his belongings.

G

gagner (qch/qn)   to win; to earn sth; to overcome sb

- L'équipe de basket du lycée a gagné hier soir.
  The high school basketball team won last night.

- La mer gagne sur les terres.
  The sea is gaining on the land.

- Paul a gagné beaucoup d'argent dans le commerce international.
  Paul earned a lot of money in international trade.

- Elle est arrivée à gagner sa confiance.
  She was able to win his confidence.

- Dans une heure, nous aurons gagné la frontière.
  In one hour we will have gotten to the border.

■ Le sommeil m'a gagné un peu après quatre heures du matin.
Sleep overcame me a little after four o'clock in the morning.

■ Peu à peu, la fatigue a gagné les marcheurs.
Little by little, fatigue overcame the walkers.

■ L'incendie va gagner tout le village.
The fire is going to spread to the entire village.

■ Françoise a gagné cinq mille francs à la loterie.
Françoise won five thousand francs playing the lottery.

■ Tu n'as absolument rien à y gagner.
You have absolutely nothing to gain from it.

gagner qch à qn   to earn sb sth

■ Ses exploits lui ont gagné la reconnaissance (/l'admiration) de tout le pays.
His exploits have won him the gratitude (/admiration) of the entire country.

gagner à + *inf*   to improve, gain by + sth/*ger*

■ Il gagne à être connu, vous ne trouvez pas?
He improves upon acquaintance, don't you think?

■ La maison gagnerait à être repeinte.
The house could use a new coat of paint.

gagner en qch   to gain in sth

■ Ses derniers romans ont gagné en profondeur et en clarté.
His last novels gained in depth and clarity.

être gagné par qch   to be overwhelmed by sth

■ La foule a été gagnée par un élan d'enthousiasme.
A wave of enthusiasm surged through the crowd.

■ J'ai été gagné par le fou rire.
I was overwhelmed by laughter.

garantir qch (à qn)   to guarantee (sb) sth

■ Nous garantissons le réfrigérateur deux ans, pièces et main d'œuvre.
We guarantee the refrigerator for two years, parts and labor.

■ Je vous garantis que vous ne le regretterez pas.
I assure you that you will not regret it.

■ Le docteur lui a garanti un résultat d'ici trois semaines.
The doctor promised him results within three weeks.

garantir qn contre/de qch   to protect sb against/from sth

■ Les pneus neige devraient nous garantir de toutes les surprises.
Snow tires should protect us against any surprises.

■ Ce type d'assurance garantit le client contre le dégât des eaux.
This type of insurance policy provides the client with water damage coverage.

se garantir contre/de qch   to insure, protect oneself against sth

■ Est-ce que vous vous êtes garanti contre les tremblements de terre?
Are you covered for earthquake damage?

■ Vous devez vous garantir contre ses attaques.
You should protect yourself against his attacks.

garder qch (à qn)/qn   to guard, protect sth; to save sth (for sb); to look after sth/sb

■ La police garde la maison nuit et jour.
The police are guarding the house night and day.

■ Vincent a gardé la villa sur la côte et sa sœur le chalet en montagne.
Vincent kept the house on the coast, and his sister kept the chalet in the mountains.

■ On garde le prisonnier dans un quartier de haute sécurité.
The prisoner is being kept in the high security part of the prison.

■ Elle a gardé toutes les lettres que je lui ai écrites.
She kept all the letters I wrote to her.

■ Nous avons gardé un morceau de gâteau aux retardataires.
We saved a piece of cake for the latecomers.

■ Je t'ai gardé une place au premier rang.
I saved you a first row seat.

■ Il vous garde toute son amitié.
You still have his friendship.

garder qn de qch   to keep sb from sth

■ Le double vitrage vous gardera du froid.
The double window will keep you from the cold.

■ Il souhaite garder sa famille de toute mauvaise influence.
He hoped to protect his family from any bad influences.

garder qch pour qch/qn   to keep, save sth for sth/sb

■ Il faut toujours garder une poire pour la soif.
Always keep something for a rainy day.

■ Je t'ai gardé du rôti froid pour ton déjeuner de demain.
I saved some cold meat for your lunch tomorrow.

se garder de qch/qn   to protect oneself from sth/sb

■ Gardez-vous de lui, il n'est pas franc du tout.
Stay away from him; he is not honest.

■ Gardez-vous des décisions hâtives.
Beware of making hasty decisions.

se garder de + *inf*   to keep from + *ger,* avoid + *ger*

- Gardons-nous bien de lui reprocher quoi que ce soit.
  Let's try to keep from holding anything against him.

- Je me suis bien gardé de leur dire la vérité.
  I was very careful not to tell them the truth.

garnir qch de qch   to decorate sth with sth

- Ce commerçant sait toujours très bien garnir sa vitrine.
  This shopkeeper always knows how to stock his window display.

- Les murs étaient garnis de tableaux de maître.
  The walls were decorated with masterpiece paintings.

- Elle garnit toujours sa table de fleurs du jardin.
  She always decorates her table with flowers from her garden.

gémir (de qch)   to moan (with sth)

- Le malade a gémi toute la nuit.
  The patient moaned all night long.

- Le skieur gémissait de douleur sur le bord de la piste.
  The skier was moaning with pain on the side of the slope.

gémir sur qch   to complain about sth, bemoan sth

- Lise ne cesse de gémir sur ses malheurs.
  Lise never stops complaining about her troubles.

- Cesse de gémir sur son sort.
  Stop bemoaning your lot.

glisser (qch à qn)   to slide; to slip (sth to sb)

- Attention, ça glisse ce matin, il a gelé pendant la nuit.
  Be careful. It is slippery this morning; it froze during the night.

- Elle a glissé et s'est fait mal à la cheville.
  She slipped and hurt her ankle.

- Edouard glissait des petits mots à Catherine pendant le cours de latin.
  Edward slipped little notes to Catherine during Latin class.

- Elle lui a glissé quelques phrases à l'oreille.
  She slipped a few words in his ear.

glisser de qch   to slip out of/from sth

- Une photo de Corinne a glissé de son portefeuille, et j'ai tout compris.
  A picture of Corinne slipped out of his wallet, and I understood everything.

- Cette feuille de papier a glissé de votre livre.
  This sheet of paper slipped out of your book.

glisser qch dans/sous qch   to slip sth in/under sth

- Il a glissé l'enveloppe dans ma poche sans que je m'en aperçoive.
  He slipped the envelope into my pocket without my being aware of it.

- J'ai glissé la clé sous le paillasson.
  I slid the key under the doormat.

glisser sur qch   to slip, slide on sth

- Jean-Luc a glissé sur une plaque de verglas et s'est cassé le poignet.
  Jean-Luc slipped on a sheet of ice and broke his wrist.

- Le voilier glissait silencieusement sur une mer d'huile.
  The sailboat slid silently on a glassy sea.

se glisser (dans/sous qch)   to slip, slide (in/under sth)

- En se glissant, on doit pouvoir approcher de la scène.
  One should be able to sneak up closer to the stage.

- Glissez-vous le long du mur sans vous faire remarquer.
  Slither along the wall without being noticed.

- Je me suis glissé dans le lit et je me suis endormi tout de suite.
  I slipped into the bed, and I fell asleep immediately.

- C'est à ce moment là que le soupçon s'est glissé dans mon esprit.
  At that precise moment suspicion crept into my mind.

goûter (à) qch   to taste, relish sth

- Les enfants, c'est l'heure de goûter!
  Children, it is snack time!

- N'oubliez pas de goûter la sauce avant de la servir.
  Do not forget to taste the sauce before serving it.

- Gérard goûte un repos bien mérité.
  Gerard is enjoying a well-deserved rest.

- Je ne goûte pas beaucoup ce genre de plaisanterie.
  I don't particularly care for this kind of joke.

- Vous n'avez même pas goûté à mes madeleines.
  You haven't even tasted my madeleine cookies.

- Goûtez-moi à ce petit Bourgogne, vous m'en direz des nouvelles!
  Have a taste of this little Burgundy wine. I am sure you'll like it!

goûter de qch   to get a taste of sth

- Quand j'étais gosse, je goûtais d'une tartine de beurre avec du chocolat.
  When I was a kid, I would snack on buttered bread sprinkled with chocolate.

- Une fois que vous aurez goûté de la planche à voile, vous deviendrez un mordu.
  Once you have tried windsurfing, you will become a fan.

grandir (qch/qn)   to grow, increase (sth), raise sb

- Leur fille a beaucoup grandi depuis notre dernière rencontre.
  Their daughter has grown a lot since we last saw them.
- Nigel a grandi dans le nord de l'Angleterre.
  Nigel grew up in northern England.
- Son inquiétude n'a fait que grandir avec le temps.
  His worry has been increasing with time.
- Mets des chaussures à talon, ça te grandira.
  Put on high-heeled shoes. They will make you taller.
- Ce scandale n'a pas contribué à grandir sa réputation.
  This scandal has not contributed to increasing his reputation.
- Son succès l'a beaucoup grandie aux yeux de ses collègues.
  Her success has raised her in her colleagues' eyes.

grandir de/en qch   to grow in sth

- Emilie a grandi de dix centimètres depuis l'été dernier.
  Emily has grown ten centimeters since last summer.
- L'enfant grandissait en sagesse et en intelligence.
  The child was growing in wisdom and intelligence.

gratifier qn de qch   to grace, favor sb with sth; to grant sb sth

- Le patron m'a gratifié d'une augmentation de mille francs par mois.
  The boss gave me a raise of one thousand francs per month.
- Il n'a même pas daigné me gratifier d'un sourire.
  He did not even grant me a smile.

greffer qch (sur qch/qn)   to graft, transplant sth (on sth/sb)

- Quel travail pour greffer tous ces arbres fruitiers!
  What a job, grafting all these fruit trees!
- On lui a greffé un rein artificiel.
  They did an artificial kidney transplant on him.

se greffer sur qch   to add oneself to sth

- Cette dernière affaire est venue se greffer sur tous ses autres problèmes.
  This last business cropped up and added itself to all of her other problems.
- Là-dessus se sont greffées de nouvelles difficultés.
  On top of that, new problems were added.

grimper (à/sur qch)   to soar; climb (on sth)

- La route qui mène au village grimpe sec.
  The road that goes to the village climbs sharply.
- La cote du chef de l'Etat grimpe à toute vitesse.
  The head of state's popularity is climbing quickly.

■ Je ne peux pas empêcher les gamins du quartier de grimper au tilleul de la cour.
I cannot keep the neighborhood kids from climbing on the linden tree in the courtyard.

■ Il est tombé en grimpant à l'échelle.
He fell while climbing up a ladder.

■ Tu pourras changer l'ampoule en grimpant sur la table.
You will be able to change the bulb by climbing on the table.

griser qn   to intoxicate sb

■ L'alcool me grise facilement.
Alcohol makes me tipsy easily.

■ Sa réussite sociale l'a grisée.
Her social success went to her head.

se griser de qch   to get drunk on sth

■ Paul a tendance à se griser de paroles.
Paul tends to get carried away by his own words.

■ Lorsqu'elle fait du ski, elle se grise de vitesse.
When she is skiing, she is intoxicated with speed.

guérir qn (de qch)   to cure sb (of sth)

■ Le médecin prétend qu'il va guérir dans les semaines qui viennent.
The doctor claims that he will get better in the coming weeks.

■ Ce médicament est supposé guérir la bronchite.
This medicine is supposed to cure bronchitis.

■ Lucien a guéri de son abcès en quelques jours.
Lucien got over his abcess in a few days.

■ C'est lui qui a guéri ma sœur de ses insomnies.
He cured my sister of her insomnia.

■ Rien ne pourra guérir Antoine de sa timidité.
Nothing can cure Antoine of his shyness.

se guérir (de qch)   to get over sth

■ Sa grippe a mis plusieurs semaines à se guérir.
It took him several weeks to get over his flu.

■ Elle voudrait bien qu'il se guérisse de sa passion du jeu.
She would like him to get over his passion for gambling.

■ Hélène ne se guérira jamais de sa jalousie.
Helen will never get over her jealousy.

guider qch/qn   to lead, guide (sth/sb)

■ La tour de contrôle a guidé l'appareil vers un autre aéroport.
The control tower guided the plane toward another airport.

- Ce genre d'ouvrage est fait pour vous guider dans la bonne direction.
  This kind of book is made to guide you in the right direction.
- Personne ne l'a guidé sur le droit chemin lorsqu'il était enfant.
  No one helped him find the straight and narrow path when he was a child.

se guider sur qch to be guided by sth

- Les navigateurs du temps passé se guidaient sur le soleil et les étoiles.
  In the old days the navigators were guided by the sun and the stars.
- Je souhaite que vous vous guidiez sur mes recommandations à l'avenir.
  I hope that you will follow my recommendations in the future.

H

habiliter qn à + *inf* to authorize, entitle sb to + *inf*

- Les infirmières sont-elles habilitées à prescrire des médicaments?
  Are nurses authorized to prescribe medicine?
- Vous n'êtes pas habilité à prendre une telle décision.
  You are not entitled to make such a decision.

habiller qn (de/en qch) to dress sb (in sth)

- Pour une fois, Olivier était très bien habillé.
  For once, Olivier was very well-dressed.
- Tu as huit ans, et il faut toujours que je t'habille.
  You are eight years old, and I still have to dress you.
- Cette nouvelle robe vous habille.
  This new dress looks good on you.
- Bonne idée d'habiller les enfants de vêtements chauds.
  It's a good idea to dress the children in warm clothing.
- La prof d'histoire a fait habiller toute la classe en costumes d'époque.
  The history professor had the whole class dress in costumes of the time.

s'habiller (de/en qch) to get dressed (in/as sth); to dress up

- Il met des heures à s'habiller le matin.
  He takes hours to get dressed in the morning.
- C'est le genre de soirée où il faut s'habiller.
  This is the kind of party where you have to dress up.

- Elle est si belle qu'elle s'habille d'un rien.
  She is so beautiful that she looks good in anything.
- Tu t'habilles en quoi pour le bal costumé chez les Durant?
  What are you coming as to the Durants' costume ball?
- Je m'habille en pirate.
  I'll dress up as a pirate.

habiter (à)   to live (somewhere)

- Où est-ce qu'elles habitaient quand elles vivaient à Lyon?
  What was their address when they lived in Lyon?
- Depuis qu'elle s'est mariée, elle habite Bordeaux.
  She has been living in Bordeaux since she got married.
- Un sentiment d'insécurité l'habite en permanence.
  A feeling of insecurity fills her constantly.
- Claude habite à Toulon, à deux pas de la mer.
  Claude lives in Toulon, right near the sea.

habiter chez qn/dans qch   to live at sb's/in sth

- Vous habitez chez vos parents?
  Do you live with your parents?
- Ils habitent dans un immeuble de grand standing.
  They live in a luxury building.

habituer qn à qch/à + *inf*   to get sb used to sth/to + *ger*

- Elle essaye d'habituer ses amis à la cuisine mexicaine.
  She is trying to get her friends used to Mexican cooking.
- Nous sommes habitués à ses colères.
  We are used to her fits of anger.
- Il faut les habituer à se débrouiller tous seuls.
  You have to let them get used to getting along by themselves.

s'habituer à qch/qn   to get used to sth/sb

- Au début, le régime est difficile, mais on s'(y)habitue assez vite.
  In the beginning the diet is difficult, but one gets used to it rather quickly.
- Georges a de la peine à s'habituer à son nouveau travail.
  George is having a hard time getting used to his new job.
- Je ne m'habituerai jamais à ce genre d'humour.
  I will never get used to this kind of humor.
- Il paraît que les enfants s'habituent très bien à leur nouvelle maîtresse.
  Apparently, the children have grown used to their new schoolteacher.

harceler qn (de qch)   to harass sb (with sth)

- Cessez donc de harceler le pauvre garçon.
  Just stop harassing the poor guy.

- Les rebelles harcèlent les troupes gouvernementales.
  The rebels are harassing the government troops.
- Il n'arrête pas de me harceler pour que je lui achète une nouvelle moto.
  He will not stop harassing me about buying him a new motorcycle.
- Le jury harcelait le candidat de questions.
  The jury was harassing the candidate with questions.

harmoniser qch (avec qch)   to match; to coordinate sth (with sth)

- Vous devriez harmoniser davantage les couleurs.
  You should coordinate the colors more.
- Et si on harmonisait le papier peint avec les fauteuils?
  And what if we coordinated the wallpaper with the armchairs?

s'harmoniser avec qch   to go well with sth

- Les tons rouges s'harmonisent très bien avec votre teint.
  Red tones go very well with your coloring.

hasarder qch   to risk, venture sth

- Je n'osais pas hasarder une seule remarque, tellement il avait l'air en colère.
  I did not dare make one little remark because he seemed to be in such a rage.
- Il a hasardé sa vie dans les aventures les plus folles.
  He risked his life in the craziest adventures.
- Les savants se sont gardés de hasarder la moindre hypothèse.
  The scientists did not risk suggesting the slightest hypothesis.

se hasarder à + *inf*   to risk + *ger*

- Je ne me hasarderais pas à conduire par un temps pareil.
  I would not risk driving in weather like this.
- L'ennemi se hasardait à franchir la frontière de plus en plus souvent.
  The enemy dared to cross the border more and more often.

se hasarder dans qch   to venture into sth

- Ne vous hasardez pas dans le quartier après onze heures du soir.
  Do not venture into the neighborhood after eleven o'clock at night.

hâter qch   to hasten, speed up sth

- Cette vague de chaleur devrait hâter la venue du printemps.
  This heat wave should hasten the arrival of spring.
- Charles a dû hâter son départ.
  Charles had to advance his departure.

se hâter de + *inf*   to hasten to + *inf*

- Ils se sont hâtés de nous apprendre la nouvelle.
  They hurried to tell us the news.

■ Hâte-toi de lui fixer un rendez-vous.
Hurry up and give him an appointment.

■ Elle s'est hâtée de préciser que l'idée ne venait pas d'elle.
She hastened to specify that the idea did not come from her.

hériter (de) qch   to inherit sth

■ Nous avons hérité (de) la maison familiale en 1985.
We inherited the family home in 1985.

■ Antoinette a hérité du caractère de sa mère.
Antoinette inherited her mother's personality.

hériter qch de qn   to inherit sth from sb

■ Il a hérité la propriété de ses grands-parents.
He inherited his grandparents' property.

■ Julie a hérité ses dons musicaux de son grand-père.
Julie inherited her musical talent from her grandfather.

hésiter (à + *inf*)   to hesitate (to + *inf*)

■ Si l'occasion se présente, n'hésite surtout pas!
If you get the chance, do not hesitate!

■ Elle a répondu à la question sans hésiter.
She answered the question without hesitating.

■ Henri a longtemps hésité à prendre sa décision.
Henry hesitated a long time before making his decision.

■ Ils n'hésiteront pas à porter plainte.
They will not hesitate to file an official complaint.

hésiter entre/sur qch   to hesitate over sth, waver between

■ Nous hésitons entre plusieurs possibilités.
We waiver among several possibilities.

■ Le gouvernement hésite sur la politique à suivre.
The government is hesitating over which politics to adopt.

heurter qch/qn   to hit, knock sth/sb; to shock, offend sb

■ Il a perdu le contrôle de son véhicule et a heurté l'accotement.
He lost control of his vehicle and bumped into the shoulder.

■ Je sais que mon comportement à de quoi vous heurter.
I know my behavior is shocking to you.

■ La nouvelle loi va heurter beaucoup de préjugés bien établis.
The new law will offend many well-established prejudices.

se heurter à qch/qn   to knock into, come up against sth/sb

- Jacques s'est heurté à l'hostilité de tout le conseil municipal.
  Jacques came up against the hostility of the entire city council.

- Nous nous sommes heurtés à un refus catégorique de la part de Francis.
  We came up against a staunch refusal on Francis's part.

- L'ivrogne se heurtait en titubant à tous les invités.
  The drunk stumbled around, knocking into all the guests.

honorer qch/qn   to honor, be a credit to sth/sb

- La statue honorera la mémoire du chef d'Etat.
  The statue will honor the memory of the head of state.

- La présidente a tenu à honorer ses hôtes avec éclat.
  The president wanted to honor her guests with class.

honorer qn de qch   to honor sb with sth

- J'espère que vous nous honorerez de votre présence.
  I hope that you will honor us with your presence.

- Le ministre l'honore de sa confiance (/de son amitié).
  The minister honors him with his confidence (/with his friendship).

s'honorer de qch/de + *inf*   to pride oneself upon sth/for + *ger*

- Il s'honore bien à tort de la reprise économique.
  He prides himself wrongly for the economic recovery.

- La ville s'honore d'avoir eu la première université de la région.
  The city credits itself for having had the first university in the area.

I

identifier qch/qn (à/avec qch/qn)   to identify sth/sb (with sth/sb)

- Pouvez-vous identifier cet homme?
  Can you identify this man?

- Elle prétend avoir vu un objet volant non identifié.
  She pretends that she saw an unidentified flying object.

- Il identifie sa personne avec le (au) destin du pays.
  He identifies himself with the destiny of this country.

s'identifier à/avec qch/qn   to identify (oneself) with sth/sb

- On s'identifie aisément avec les personnages de tes romans.
  People easily identify with the characters in your novels.

- Saint-Just s'identifiait à la Révolution.
  Saint-Just identified himself with the French Revolution.

illustrer qch   to illustrate sth

- Les moines passaient leur temps à illustrer des manuscrits.
  Monks spent their time illustrating manuscripts.

- Ce poème illustre le pessimisme baudelairien.
  This poem illustrates Baudelaire's pessimism.

s'illustrer dans/par qch   to distinguish oneself in/by sth

- Son père s'est illustré dans la Résistance.
  His father distinguished himself in the French underground.

- Rachel s'est tout d'abord illustrée dans le roman policier.
  Rachel first showed her talents in mystery writing.

- L'entraîneur de l'équipe locale s'est illustré par ses déclarations fracassantes.
  The local team's coach won fame for his outrageous statements.

imaginer qch/qn   to imagine sth/sb

- Imagine la surprise du voisin quand j'ai garé la Jaguar devant la maison.
  Imagine the neighbor's surprise when I parked the Jaguar in front of the house.

- J'ai du mal à imaginer Victor faisant la vaisselle et passant l'aspirateur.
  I have a hard time imagining Victor doing the dishes and vacuuming.

- Qu'est-ce qu'elle va encore imaginer pour divertir ses invités?
  What is she going to think up next to amuse her guests?

imaginer de + *inf*   to come up with the idea of + *ger*

- Les enfants ont imaginé de transformer le garage en laboratoire de chimie.
  The children came up with the idea of transforming the garage into a chemistry lab.

s'imaginer qch/qn   to imagine sth/sb

- Je m'imaginais le président plus grand et plus solennel.
  I imagined the president to be taller and more impressive.

- Evelyne s'était imaginée que nous irions la chercher à la gare.
  Evelyne somehow got the idea that we would go pick her up at the station.

s'imaginer + *inf*   to imagine that

- Elle s'imagine pouvoir conduire toute seule jusqu'à Varsovie.
  She imagines that she is going to drive to Warsaw all alone.

impatienter qn   to irritate sb

- Ses retards constants impatientaient les clients.
  His constant lateness irritated the clients.

s'impatienter (contre qch/qn)   to grow impatient at sth/with sb

- Après une heure d'attente, elle a commencé à s'impatienter.
  After an hour's wait she started to get impatient.

- L'opinion publique s'impatiente contre la pénurie de viande.
  Public opinion is getting annoyed by the lack of meat.

- Ne vous impatientez pas contre lui, ce n'est pas de sa faute.
  Do not get irritated at him; it is not his fault.

impliquer qch   to imply sth

- Son attitude implique qu'il était au courant de l'affaire.
  His attitude implies that he was aware of the affair.

- Les élections n'impliquent pas nécessairement le retour au calme.
  The elections do not necessarily mean that there will be a return to a peaceful situation.

impliquer qn dans qch   to involve sb in sth

- Il vient d'être impliqué dans une affaire d'espionnage.
  He has just been involved in a spy scandal.

- Croyez-moi, je ne suis pas impliqué dans cette histoire.
  Believe me, I have nothing to do with this story.

importer (à qn)   to import, matter (to sb)

- Toutes ces voitures sont importées.
  All these cars are imported.

- Il a contribué à importer le jazz en Europe entre les deux guerres.
  He helped introduce jazz in Europe between the two wars.

- Peu importe!
  What difference does it make!

- Ce qui m'importe, c'est que tu sois heureux.
  What is important to me is that you be happy.

- Vos excuses nous importent peu.
  Your excuses do not matter very much to us.

il importe (à qn) de + *inf*   it matters (to sb) that, it is important to + *inf*

- Il importe de bien savoir où nous allons.
  It is important to know exactly where we are going.

- Il importe aux contribuables de savoir où va l'argent.
  The taxpayers want to know where the money is going.

importer de   to import from

- Ces raisins sont importés du Chili.
  These grapes are imported from Chile.

imposer qch/qn   to impose sth/sb; to tax sb

- La loi martiale imposait le couvre-feu à huit heures du soir.
  Martial law imposed a blackout at eight o'clock in the evening.

- Les classes moyennes seront moins imposées.
  The middle class will be less heavily taxed.

- Lorsqu'ils ont voulu imposer Leblanc comme chef de bureau, tout le monde a protesté.
  When they tried to make us accept Leblanc as head of the office, everyone protested.

imposer qch à qn   to impose sth on sb

- D'un geste de la main, le pasteur imposa le silence à toute la congrégation.
  With a wave of his hand, the pastor demanded silence from the entire congregation.

- Le médecin lui a imposé un régime très strict.
  The doctor imposed a very strict diet upon him.

- Elle impose le respect à tous ceux qui la rencontrent.
  She commands the respect of all those who meet her.

imposer à qn de + *inf*   to compel, make, force sb to + *inf*

- On a imposé aux étudiants de rendre leurs devoirs avant mercredi.
  The students were forced to turn in their homework before Wednesday.

s'imposer (à qn)   to be necessary; to impose oneself upon sb

- Le recours à l'armée ne s'imposait peut-être pas.
  It may not have been necessary to have recourse to the armed forces.

- Je vous remercie de votre hospitalité, mais je ne voudrais pas m'imposer.
  I thank you for your hospitality, but I would not want to impose (myself on you).

- Joël s'impose une discipline très stricte.
  Joel forces himself to follow a very strict discipline.

- L'idée de son dernier film s'est peu à peu imposée au metteur en scène.
  The idea for his last movie came to the director little by little.

- Dès le premier acte de la pièce, on apprend que Tartuffe a réussi à s'imposer chez Orgon.
  As early as the first act of the play, we learn that Tartuffe has succeeded in imposing himself upon Orgon's household.

en imposer à qn   to impress sb

- Son autorité naturelle en impose.
  He has an imposing natural authority.

- Tartuffe n'est jamais parvenu à en imposer à Dorine.
  Tartuffe never succeeded in impressing Dorine.

imputer qch à qch/qn   to attribute sth to sth/sb

- On a imputé la victoire à notre supériorité aérienne.
  The victory was attributed to our superiority in the air.
- L'incendie fut imputé à des enfants du quartier.
  The fire was blamed on the neighborhood children.
- On a imputé à Armand la responsabilité de l'échec des pourparlers de paix.
  The responsibility for the failure of the peace talks has been attributed to Armand.
- Le chèque n'a jamais été imputé à mon compte.
  The check has not been deposited in my account.

inciter qn à qch   to encourage, incite, push sb to sth

- La publicité incite à la consommation.
  Advertising encourages consumption.
- Les meneurs incitaient les manifestants à la violence.
  The troublemakers incited the demonstrators to violence.
- Ce temps estival n'incite pas au travail.
  This summer-like weather does not make anyone feel like working.

inciter qn à + *inf*   to encourage, incite, urge sb to + *inf*

- L'expérience des Lenoir nous a incités à passer nos vacances en Grèce.
  The Lenoirs' experience enticed us to spend our vacation in Greece.
- Je vous incite vivement à poser votre candidature.
  I strongly encourage you to apply.

incliner qch   to tilt, incline sth

- Si vous inclinez un peu la tête, vous serez mieux.
  If you tilt your head a little, you will be more comfortable.
- A mon avis, le slide n'est pas assez incliné.
  In my opinion the slide is not tilted enough.

incliner à/vers qch/à + *inf*   to incline, tend toward sth; to be inclined to + *inf*

- Par nature, Elisabeth incline à la tolérance.
  Elizabeth is tolerant by nature.
- Les députés des deux partis inclinent vers une solution de compromis.
  The representatives of both parties are leaning toward a compromise solution.
- J'incline à penser (/croire) que nous aurions pu faire mieux.
  I am inclined to think (/believe) that we could have done better.

incliner qn à qch/à + *inf*   to lead sb to sth/to + *inf*

- Sa plaidoirie à incliné le jury à la clémence (/au pardon).
  After his defense speech the jury was inclined toward clemency (/pardon).

- L'exemple des pays voisins a incliné le gouvernement à combattre l'inflation.
  The example of the neighboring countries led the government to fight inflation.

s'incliner (devant qch/qn)   to lean; to bow before sth/sb

- La tour de Pise s'incline de plus en plus.
  The Tower of Pisa is leaning more and more.
- Les cîmes des sapins s'inclinaient dans la tempête.
  The tips of the pine trees were leaning over in the storm.
- Tout le monde s'incline devant sa compétence (/son courage).
  Everyone bows to his competence (/his courage).
- Autrefois, les paysans devaient s'incliner devant leur seigneur.
  In the old days the farmers had to bow down before the lord.

incomber à qn (de + *inf*)   to be sb's responsibility (to + *inf*)

- La responsabilité de l'échec des négociations vous incombe entièrement.
  You are entirely responsible for the failure of the negotiations.
- Il incombe à la direction de l'aéroport de nous présenter des excuses pour ces retards.
  It is up to the airport's management to apologize for these delays.

incorporer qch/qn dans qch   to incorporate sth/sb into sth

- Les volontaires ont été incorporés dans la Marine.
  The volunteers were incorporated into the Navy.
- Tu devrais incorporer ce passage dans ton premier chapitre.
  You should incorporate this passage into your first chapter.

s'incorporer à/dans qch   to integrate into sth

- Denis a eu du mal à s'incorporer dans sa nouvelle équipe.
  Denis had a hard time integrating into his new team.
- Elle s'est très bien incorporée à son nouveau milieu.
  She fits perfectly into her new social environment.

inculper qn (de qch)   to charge sb (with sth)

- On doit l'inculper demain matin.
  He is to be charged tomorrow morning.
- Le tribunal a inculpé l'accusé de vol à main armée.
  The court charged the accused with armed robbery.
- Leblanc a été inculpé d'homicide involontaire.
  Leblanc was charged with involuntary homicide.

inculquer qch à qn   to instill sth into sb, teach sth to sb

- Bernard aurait bien besoin qu'on lui inculque la politesse.
  Bernard could use a dose of politeness.

- On ne vous a jamais inculqué les bonnes manières.
  You were never taught good manners.
- Le professeur a inculqué à ses élèves quelques notions de comptabilité.
  The professor instilled a few notions of accounting in his students.

indemniser qn (de qch)   to compensate, reimburse sb (for sth)

- Les victimes de l'incendie viennent d'être indemnisées.
  The fire victims have just been paid.
- Avez-vous pu vous faire indemniser?
  Were you able to get some compensation for it?
- Le voisin n'a pas été indemnisé de la perte de sa maison.
  The neighbor was not compensated for the loss of his house.
- Irène a demandé que la mairie l'indemnise des dégâts causés par l'inondation.
  Irene asked the city to reimburse her for the damage caused by the flood.

indigner qn   to make sb indignant

- Votre comportement a indigné toute l'assistance.
  Your behavior made the entire assembly indignant.

être indigné de + *inf*   to be indignant about + *ger*

- François était indigné de n'avoir pas été consulté.
  François was indignant about not having been consulted.

s'indigner contre qn/de qch   to become indignant, annoyed, outraged about/at/with sth/sb

- Après la révélation de l'affaire, l'opinion s'est indignée contre lui.
  After the affair came to light, public opinion was outraged against him.
- Elle s'est toujours indignée contre l'injustice.
  She has always been outraged about injustice.
- Inutile de vous indigner de ces pratiques, elles sont malheureusement très courantes.
  It is useless to get indignant about these practices; they are, unfortunately, very common.

s'indigner de + *inf*   to be outraged to + *inf*

- Elle s'est indignée de constater qu'on avait ignoré ses conseils.
  She was outraged to find that they ignored her advice.

indiquer qch (à qn)   to indicate, signal sth (to sb)

- Ce panneau indique la prochaine sortie.
  This billboard indicates the next exit.
- Les chiffres du mois dernier indiquent un ralentissement de l'inflation.
  Last month's results indicate that inflation is slowing down.

- Le portier vous indiquera le plus court chemin jusqu'à la gare.
  The porter will show you the shortest way to the train station.
- Il m'indiqua la porte d'un geste de la main.
  He pointed the door out to me with a wave of his hand.
- Pourriez-vous nous indiquer l'adresse des Lenoir?
  Could you give us the Lenoirs' address?

induire qn à + *inf*   to lead sb into sth, induce sb to + *inf*

- Les événements nous ont induits à prendre davantage de précautions.
  The events led us to take extra precautions.

induire de qch   to induce, conclude from sth

- J'induis de tout cela que vous refusez de m'aider.
  My conclusion from all of this is that you are refusing to help me.
- Qu'induisez-vous de votre hypothèse?
  What do you conclude from your hypothesis?

induire qn en erreur   to mislead sb, lead sb astray

- Ses explications embrouillées ont induit tout le monde en erreur.
  His muddled explanations misled everyone.

s'infiltrer dans qch   to infiltrate, get into sth

- L'eau s'est infiltrée dans les murs de la salle de bains.
  Water seeped into the walls of the bathroom.
- L'air froid s'infiltre dans la maison par ici.
  Cold air is getting into the house over here.
- Quelques-uns de nos soldats se sont infiltrés dans les lignes ennemies.
  A few of our soldiers infiltrated the enemy positions.
- Nous ne laisserons pas des dissensions s'infiltrer dans notre groupe.
  We will not let dissension come into our group.

infliger qch à qn   to inflict sth upon sb

- L'équipe de Saint-Etienne a infligé à Marseille une cuisante défaite.
  St-Etienne's soccer team inflicted a humiliating defeat upon the team from Marseille.
- On nous a infligé une conférence particulièrement ennuyeuse.
  We were forced to endure a particularly boring conference.
- J'ai dû leur infliger une punition.
  I had to inflict a punishment on them.

informer qn de/sur qch   to inform sb of/about sth

- Le rôle de la presse est d'informer le public.
  The media's role is to inform the public.
- Est-ce qu'on vous a informé que les aiguilleurs du ciel sont en grève?
  Have you been informed that the air-traffic controllers are on strike?

- Avez-vous informé nos collègues de votre décision?
  Have you told our colleagues of your decision?

- J'ai été informé par lettre des nouveaux tarifs.
  I received the new rates by letter.

s'informer de qch (auprès de qn)   to inform oneself about sth (from sb), find out sth

- Il va falloir que je m'informe des nouvelles réglementations concernant les visas pour l'étranger.
  I am going to have to find out about the new rules covering visas for foreign countries.

- Il aurait pu s'informer de ton emploi du temps.
  He could have taken the time to find out what your schedule was.

- En cas de doute, informez-vous auprès des services diplomatiques.
  If there is any doubt, get the correct information from the diplomatic services.

s'ingénier à + inf   to try hard to + *inf,* work at + *ger*

- Laurent s'ingénie à rater tous ses examens.
  Laurent works at flunking all his exams.

- Elle s'ingéniait à nous contredire.
  She tried hard to contradict us.

- Ils se sont ingéniés à résoudre le problème, mais sans succès.
  They tried hard to solve the problem, but without success.

initier qn (à qch)   to introduce sb to sth

- Il vient d'être initié dans la Confrérie des Tastevins.
  He has just been initiated into the Brotherhood of Wine Tasters.

- Le professeur Leblond initie les nouveaux étudiants aux mystères de l'archéologie.
  Professor Leblond introduces the new students to the mysteries of archaeology.

- Qui vous a initié au solfège?
  Who taught you music theory?

s'initier à qch   to initiate oneself into sth

- En ce moment, il s'initie aux joies du surfing en Polynésie.
  At this very moment he is learning the joys of surfing in Polynesia.

- Thérèse s'initie au jardinage.
  Therese is starting to learn how to garden.

innocenter qn (de qch)   to clear sb of sth

- L'enquête de police a fini par l'innocenter.
  The police investigation proved him to be innocent.

- Il a tout fait pour innocenter la conduite de son client.
  He did everything to justify his client's behavior.

- Ils viennent d'être innocentés du crime dont on les accusait.
  They have just been cleared of the crime of which they were accused.

inoculer qch à qn/qn contre qch   to infect sb with sth; to inoculate sb against sth

- Il paraît qu'un écureuil lui a inoculé la rage.
  Apparently a squirrel infected him with rabies.

- Avant son voyage aux Tropiques, on a inoculé Valérie contre la malaria.
  Before her trip to the Tropics, Valery was inoculated against malaria.

inonder qch/qn (de qch)   to flood sth/sb (with sth)

- Le Rhône a inondé des milliers d'hectares.
  The Rhone flooded thousands of acres.

- Son visage était inondé de larmes.
  His face was covered with tears.

- Nous avons été inondés de lettres de candidature.
  We were flooded with applications.

- Les Japonais ont inondé le marché de leurs magnétoscopes.
  The Japanese have flooded the market with their VCRs.

inquiéter qn   to worry sb

- Les examens de fin d'année inquiètent beaucoup les étudiants.
  The final exams worry the students a lot.

- Son retard ne vous inquiète pas?
  Doesn't his delay worry you?

s'inquiéter de qch   to worry about sth/about + *ger*

- Louis s'inquiète trop de sa santé.
  Louis worries about his health too much.

- Elle s'inquiétait de ne pas nous voir revenir.
  She was worried about not seeing us come back.

- Richard s'inquiète de savoir si nous allons l'emmener avec nous.
  Richard is worrying about whether or not we are going to take him with us.

s'inquiéter pour qn   to worry about sb

- Ne t'inquiète pas pour lui, il a l'habitude de déjeuner tout seul.
  Do not worry about him; he is used to eating lunch all alone.

inscrire qch (dans/sur qch)   to write down, inscribe sth (in/on sth)

- Pouvez-vous lire ce qui est inscrit en petits caractères?
  Can you read what is written in small letters?

- Le souvenir de cette journée est inscrite dans sa mémoire à jamais.
  The memory of this day is written in her memory forever.

- Je ne suis pas inscrit sur la liste des invités.
  I am not on the guest list.

- Il a fait inscrire un des ses poèmes sur sa tombe.
  He had one of his poems engraved on his tombstone.

inscrire qn à qch   to sign up, register sb for sth

- Elle a inscrit tous ses enfants à un cours de piano.
  She signed up all her children for piano lessons.

s'inscrire à/pour qch   to sign up for sth

- Les étudiants doivent s'inscrire avant le 1er octobre.
  Students must sign up before the first of October.

- Est-ce que tu vas t'inscrire au cours de linguistique comparée?
  Are you going to sign up for the comparative linguistics class?

s'inscrire dans/sur qch   to appear on, be written in/on, be part of sth

- L'employé a tapé un numéro et mon nom s'est inscrit sur l'écran.
  The employee typed a number, and my name appeared on the screen.

- Le nom de la cantatrice s'inscrivait en lettres d'or sur les affiches.
  The name of the opera singer was written in gold letters on the posters.

- Les dernières mesures s'inscrivent dans le cadre de la lutte contre l'inflation.
  The latest measures are part of the whole package in the fight against inflation.

insister pour que/pour + *inf*   to insist upon + (*ger*)

- Insiste pour qu'il te reçoive dans son bureau.
  Make sure he sees you in his office.

- Elle a tellement insisté pour venir que je l'ai invitée.
  She insisted so much that I invited her.

- Le consul insiste pour te rencontrer avant son départ.
  The consul insists upon meeting you before he leaves.

insister sur qch   to insist

- Permettez-moi d'insister, votre présence est indispensable.
  Allow me to insist; your presence is absolutely necessary.

- N'insistez pas, je n'irai pas à la réunion.
  Do not insist; I will not go to the meeting.

- Notre prof d'anglais insiste beaucoup sur la prononciation.
  Our English teacher places a lot of emphasis on pronunciation.

inspirer   to inspire

- Le thème du voyage a beaucoup inspiré Baudelaire.
  Travel themes inspired Baudelaire a great deal.

- L'état de santé du président inspire beaucoup d'inquiétude.
  The president's health causes a lot of worry.

inspirer qch à qn   to inspire sb to do sth

- La guerre d'Espagne a inspiré à Picasso un tableau extraordinaire.
  The Spanish Civil War inspired Picasso to paint an extraordinary painting.

- La passion a inspiré à Lamartine ses plus beaux vers.
  Passion inspired Lamartine to write his most beautiful verses.

s'inspirer de qch   to get, draw inspiration for/from sth

- Yvon s'est inspiré de son enfance pour écrire son premier roman.
  Yvon's childhood inspired him to write his first novel.
- Ses chansons s'inspirent beaucoup de la musique brésilienne.
  He gets (/draws) the inspiration for his songs from Brazilian music.

instruire qn   to teach, inform, instruct

- Cet homme a instruit des générations d'avocats.
  This man taught generations of lawyers.
- L'expérience nous a instruits.
  Experience taught us a lot.

instruire qn à + *inf*   to teach sb to + *inf*

- Jeanne instruit ses élèves à écrire soigneusement.
  Jeanne instructs her students to write carefully.
- Ses parents l'ont instruite à tenir parole.
  Her parents taught her to keep her word.

instruire qn de/dans/sur qch   to inform sb about sth, instruct sb in sth

- Est-ce qu'on vous a instruit des décisions de dernière minute?
  Were you informed of the last minute decisions?
- Mes conversations avec Michel m'ont beaucoup instruit sur sa personnalité.
  My conversations with Michel taught me a lot about his personality.
- Il a instruit tous ses amis américains dans l'art de la pétanque.
  He taught all his American friends how to play bocci balls.

instruire par qch   to teach by/with sth

- Aujourd'hui, on instruit les enfants par ordinateur.
  Today children are taught by computer.

s'instruire de/en qch   to learn sth/about sth

- Certains pédagogues pensent qu'il est préférable de s'instruire en s'amusant.
  Some educators think that it is better to learn while having fun.
- Les immigrants n'ont pas eu le temps de s'instruire des démarches à suivre.
  The immigrants did not have the time to learn about the administrative formalities.
- Je me suis instruit en informatique en suivant des cours du soir.
  I learned about computer science by taking night courses.

s'insurger contre qch/qn   to rebel, rise up, protest against sth/sb

- Le pays tout entier s'est insurgé contre le gouvernement.
  The entire country rebelled against the government.

- Les paysans vont inévitablement s'insurger contre la dictature.
  The farmers inevitably will rise up against the dictatorship.

- Je m'insurge contre de telles méthodes!
  I protest against such methods!

intégrer qch à/dans qch   to integrate, include sth/sb into sth

- Comment intégrer le mobilier à la structure du bâtiment?
  How are you going to match the furniture to the structure of the building?

- Nous intègrerons les anciens cadres dans la nouvelle équipe.
  We will integrate the old managers into the new team.

- Tu devrais intégrer ce passage à ton dernier chapitre.
  You should include this passage in your last chapter.

s'intégrer à   to integrate, settle in/into

- Les immigrants ont eu du mal à s'intégrer à la société d'accueil.
  The immigrants had a hard time fitting into their new society.

- S'est-elle bien intégrée à sa nouvelle famille?
  Has she gotten settled in her new family?

intenter un procès à qn, une action en justice contre qn   to sue sb

- Tu connais la dernière? Les Lenoir intentent un procès à leurs voisins.
  Have you heard the latest? The Lenoirs are suing their neighbors.

intercéder pour/en faveur de qch/qn auprès de qn   to intercede on behalf of sb
with sb

- Son avocat intercèdera pour lui auprès des autorités.
  His attorney will intercede with the authorities on his behalf.

- Ils vont intercéder auprès du ministre pour sa libération.
  They are going to intercede with the minister to have him liberated.

intercéder pour + *inf*   to intercede to + *inf*

- Le député a intercédé pour obtenir la libération des prisonniers (/pour qu'on libère
  les prisonniers politiques).
  The representative interceded to obtain the liberation of the political prisoners.

interdire qch (à qn)   to forbid (sb) sth, ban sth

- Le proviseur a interdit l'usage de la planche à roulettes dans la cour du lycée.
  The principal banned skateboards from the high school courtyard.

- Une circulaire interdit aux infirmières le port du blue-jean.
  A memo forbids nurses from wearing blue jeans.

- Le centre ville est interdit à la circulation pendant le festival.
  During the festival traffic is forbidden downtown.

interdire à qn de + *inf*   to prevent, forbid sb from + *ger*

- Ils viennent d'interdire à leurs ressortissants de quitter le pays.
  They just forbade their nationals from leaving the country.

- Son état de santé lui interdit de voyager.
  His condition prevents him from traveling.

s'interdire qch/de + *inf*   not to allow oneself sth/to + *inf*

- Elle s'est interdit tout commentaire à ce sujet.
  She refrained from making any comment on this subject.

- Noël s'interdit les sucreries.
  Noel does not allow himself to indulge in candy.

- Marie-Paule a bien fait de s'interdire de les critiquer.
  Marie-Paule did the right thing when she decided not to criticize them.

intéresser qn (à qch)   to interest, concern sb (with sth)

- Est-ce que la philosophie t'intéresse?
  Does philosophy interest you?

- La nouvelle loi intéresse tous les contribuables.
  The new law concerns all the taxpayers.

- Elle a tout fait pour intéresser son mari au bridge.
  She did everything to get her husband interested in bridge.

- Tous les salariés sont intéressés aux bénéfices de l'entreprise.
  All the salaried employees are paid a percentage of the company's profits.

s'intéresser à qch/qn   to be interested in sth/sb

- C'est un enfant qui s'intéresse à tout.
  This child is interested in everything.

- Vous intéressez-vous à la parapsychologie?
  Are you interested in parapsychology?

- Il ne s'intéresse pas du tout à son avenir.
  He is not interested in his future at all.

- Jacques s'intéresse beaucoup à ma sœur.
  Jacques is very interested in my sister.

interroger qn (sur qch)   to question, examine sb on sth

- La police a interrogé le suspect pendant des heures.
  The police interrogated the suspect for hours.

- Est-ce qu'ils t'ont interrogé sur la deuxième partie du cours?
  Did they question you on the second part of the course?

- Les services secrets doivent l'interroger sur ses activités pendant la guerre.
  The secret services are to interrogate him about his activities during the war.

s'interroger sur qch   to wonder about sth

- Je m'interroge sur l'intérêt de ses recherches.
  I wonder about the real value of his research.
- Elle s'est longtemps interrogée sur le meilleur moyen de parvenir à ses fins.
  She wondered for a long time about the best way to reach her goals.

intervenir (dans qch)   to occur; to get involved (in sth)

- Vous souhaitez que j'intervienne?
  Do you want me to intervene?
- Sa décision est intervenue trop tard.
  Her decision came too late.
- Edmond a refusé d'intervenir dans nos querelles de famille.
  Edmond refused to get involved in our family arguments.

intervenir pour + *inf*   to get involved in order to + *inf*

- Elle est intervenue auprès du juge d'instruction pour exiger que l'on fasse toute la lumière sur cette affaire.
  She intervened with the judge to demand that everything be done to bring this affair to light.
- Je suis intervenu dans la discussion pour apporter une précision.
  I jumped in the discussion to give some information.

introduire qch/qn dans/en qch   to introduce sb, insert sth into sth

- Elle n'arrivait pas à introduire la clé dans la serrure.
  She couldn't get her key into the keyhole.
- C'est lui qui a introduit la musique cubaine en France.
  He is the one who introduced Cuban music in France.
- Il est très bien introduit dans les milieux d'affaires.
  He is well-received in business circles.

s'introduire dans/en qch   to get, be introduced into sth

- L'eau s'est introduite dans la maison par le sous-sol.
  Water got into the house through the basement.
- Quand est-ce que le crédit s'est introduit en France?
  When was credit introduced in France?

inventer qch   to invent, make up sth

- Je n'invente rien, j'ai des preuves!
  I am not making anything up; I have proof.
- Il a inventé un produit pour tuer les termites.
  He invented a product to kill termites.
- Patrick a inventé toute cette histoire pour se disculper.
  Patrick made up this whole story to exonerate himself.

inventer de + *inf* to imagine + *ger*

- Les enfants ont inventé d'élever des grenouilles dans la baignoire.
  The children came up with the idea of raising frogs in the bathtub.

inviter qn (à qch) to invite sb (to sth)

- Pierre a invité les Leclerc dimanche prochain.
  Pierre invited the Leclercs next Sunday.

- L'ambassadeur nous a invités à une réception pour le 14 juillet.
  The ambassador invited us to a party for Bastille Day.

- Est-ce que tu as été invitée au mariage de Caroline?
  Were you invited to Caroline's wedding?

inviter qn à + *inf* to invite sb to + *inf*

- Il nous invite tous à célébrer son anniversaire.
  He invites us all to celebrate his birthday.

- Je n'ai pas été invité à donner mon avis.
  I was not asked to give my opinion.

- Le préfet de police a invité la presse à modérer ses critiques.
  The police chief invited the press to tone down its criticism.

irriter qch/qn to annoy sb, irritate sth/sb

- Ce tissu irrite la peau.
  This fabric irritates the skin.

- Son comportement m'a beaucoup irrité.
  His behavior really irritated me.

être irrité de qch/+ *inf* to be annoyed by sth/to + *inf*

- Noëlle est très irritée du ton de ta lettre.
  Noelle is very annoyed by the tone of your letter.

- Nos amis seront sûrement irrités d'entendre une chose pareille.
  Our friends will surely be irritated to hear such a thing.

s'irriter (de/contre qch) to be irritated (about/by sth/sb)

- Ces jours-ci, Maxime s'irrite pour un oui pour un non.
  These days Maxime gets upset about anything and everything.

- Beaucoup de gens se sont irrités de/contre l'attitude des pouvoirs publics.
  Many people were irritated by the government's attitude.

isoler qch/qn (de qch/qn) to isolate, cut off sth/sb (from sth/sb)

- Les chercheurs cherchent à isoler le virus.
  The scientists are trying to isolate the virus.

- Le malade est très contagieux et doit être isolé.
  The patient is very infectious and must be isolated (/quarantined).

■ Il n'est pas bon d'isoler ce quartier du reste de la ville.
It is not a good idea to cut off this neighborhood from the rest of the city.

■ Si cet élève cause des problèmes, isolez-le de ses camarades.
If this student causes problems, isolate him from his classmates.

■ Ses opinions politiques l'isolent de ses anciens amis.
His political opinions have set him apart from his old friends.

s'isoler de qch/qn   to isolate, cut off from sth/sb

■ A la fin de sa vie, Rousseau aimait s'isoler.
At the end of his life, Rousseau liked to be alone.

■ Il est parti dans le Pacifique sud pour s'isoler de la civilisation.
He left to live in the South Pacific to get away from civilization.

■ Tu ferais bien de t'isoler un peu de toute cette bande de noceurs.
You would do well to get away from that group of party-goers.

J

jaillir de qch   to shoot up, gush forth from sth

■ Des flammes jaillissaient de la fenêtre du premier étage.
Flames were shooting out of the second floor window.

■ Soudain, un jet de vapeur a jailli de la locomotive.
Suddenly, steam burst from the locomotive.

■ Des cris d'encouragement pour les coureurs jaillissaient de la foule.
Shouts of encouragement for the runners came from the crowd.

jeter (qch à/contre/dans/en/sur qch/qn)   to throw sth (to/against/in/on sth)

■ Après le repas, n'oubliez pas de jeter les restes.
Do not forget to throw out the leftovers after the meal.

■ Didier ne jette jamais rien.
Didier never throws anything away.

■ Il a fallu que nous jettions une partie des bagages à la mer.
We had to throw part of our luggage into the sea.

■ Quoi qu'il arrive, ne jette pas la balle à un adversaire.
Whatever happens, do not throw the ball to an opponent.

■ Elle m'a jeté au visage que j'étais un menteur.
She burst out at me that I was a liar.

- Il a jeté sa voiture contre un arbre.
  He crashed his car against a tree.

- On a jeté les cambrioleurs en prison.
  They threw the burglars into prison.

se jeter contre/dans/par qch   to throw oneself in/against/through sth

- Les grenadiers se jetèrent à corps perdu dans la bataille.
  The grenadiers threw themselves headlong into battle.

- N'allez surtout pas vous jeter par la fenêtre!
  Don't go throwing yourself out the window!

se jeter de/du haut de qch   to throw oneself out of sth

- Il menace de se jeter du deuxième étage si on n'accepte pas ses conditions.
  He is threatening to throw himself out of the third story window if we do not meet his conditions.

se jeter sur qch/qn   to throw oneself on sth/sb

- J'avais à peine franchi la porte que Thomas s'est jeté sur moi.
  I had barely gotten through the door when Thomas threw himself on me.

- Je te garantis que les invités vont se jeter sur tes petits fours.
  The guests are going to attack the petit fours.

joindre qch à qch   to join sth to sth, combine sth with sth

- Le prêtre joignit les mains et se mit à genoux.
  The priest joined his hands and knelt down.

- Joignons nos forces et nous triompherons.
  Let's pool our strengths, and we will win.

- Le nouveau tunnel joint la Grande-Bretagne au continent.
  The new tunnel joins Great Britain to the continent.

- Ceci nous permettra de joindre l'utile à l'agréable.
  This will enable us to combine business with pleasure.

se joindre à qch/qn   to join sth/sb

- Accepteriez-vous de vous joindre à nous pour le dîner?
  Will you accept to join us for dinner?

- Ils ont finalement décidé de se joindre à notre groupe.
  They finally decided to join our group.

jouer qch   to play, gamble sth

- Il s'est mis à jouer l'Arlésienne de Bizet.
  He started playing Bizet's "Arlesienne."

- Elisabeth a joué deux mille francs à la roulette.
  Elizabeth bet two thousand francs at roulette.

- Tu joues les durs, mais tu ne trompes personne.
  You act tough, but you are not fooling anyone.
- Il nous a bien joués avec ses mensonges!
  He really took us in with his lies!
- Christian a joué (le rôle d') Harpagon des dizaines de fois.
  Christian played the role of Harpagon lots of times.

jouer à/avec qch/qn   to play sth/with sth/sb

- Elle joue au tennis tous les mardis matin.
  She plays tennis every Tuesday morning.
- Est-ce que vous jouez au poker?
  Do you play poker?
- Il m'énerve quand il joue à celui qui sait tout.
  He irritates me when he acts as if he knows everything.
- Pourquoi est-ce que tu ne vas pas jouer avec Stéphanie?
  Why don't you go play with Stephanie?
- Olivier joue avec sa santé.
  Olivier is gambling with his health.

jouer à + *inf*   to play at + *inf*

- Patrice joue à impressionner ses amis.
  Patrice plays at impressing his friends.

jouer de qch   to play sth; to make use of, use sth

- Il paraît qu'elle joue admirablement du violon.
  She apparently plays the violin beautifully.
- Nous avons dû jouer des coudes pour voir la tribune.
  We had to elbow our way through the crowd to see the grandstand.
- Elle joue de sa réputation pour arriver à ses fins.
  She is making use of her reputation to achieve her goals.

se jouer de qch/qn   to make light of sth; to deceive sb

- Le canot pneumatique semblait se jouer de la tempête.
  The inflatable raft seemed to be playing in the storm.
- Tu crois que Michel s'est joué de nous?
  Do you think that Michael tricked us?

jouir de qch   to enjoy sth, delight in sth

- De notre chambre, on jouit d'une vue magnifique sur l'océan.
  We enjoy a magnificent view of the ocean from our room.
- Quel privilège de pouvoir jouir de sa compagnie.
  What a privilege to be able to enjoy her company!
- Lucien va pouvoir jouir d'un repos bien mérité.
  Lucien is going to enjoy a well-deserved rest.

■ Elle jouit de l'estime de ses collègues.
She has the respect of her colleagues.

juger (de) qch/qn sur qch   to judge, evaluate sb/sth on sth

■ C'est à vous de juger!
You be the judge!

■ Difficile de juger la hauteur du bâtiment à cette distance.
It is hard to judge the height of the building from this distance.

■ On a jugé Socrate pour avoir corrompu la jeunesse.
Socrates was judged for having corrupted youth.

■ Je le juge incapable de faire une chose pareille.
I think he is incapable of doing such a thing.

■ Pouvez-vous juger de l'ampleur des dégâts?
Can you estimate the importance of the damage?

■ Tu peux juger de ma surprise quand je l'ai vue arriver.
You can imagine my surprise when I saw her arrive.

■ Gardez-vous de juger sur (/d'après) les apparences.
Do not judge by appearances.

■ Nous jugerons sur pièces.
We will judge the finished products.

■ Ne le jugez pas sur son dernier match.
Do not judge him on his last game.

à en juger par qch   judging from sth

■ A en juger par la réaction de la presse, c'est un film dont on va beaucoup parler.
Judging from the media's reaction, we'll hear about this film.

jurer qch à qn   to swear sth to sb

■ Tu ne m'as pas menti? Tu le jures?
You did not lie to me? Do you swear it?

■ Ma grand-mère se fâchait toujours lorsque mon grand-père jurait.
My grandmother always got upset when my grandfather would cuss.

■ Je vous jure que je n'y suis pour rien.
I swear it. I have nothing to do with it.

■ Il a solennellement juré à sa fiancée un amour éternel.
He solemnly swore eternal love to his fiancée.

■ Au moyen-âge, les chevaliers juraient fidélité à leur seigneur.
In the Middle Ages the knights swore faithfulness to their lord.

jurer avec qch   to clash with sth

■ Ses chaussures jaune juraient avec le reste des ses vêtements.
Her yellow shoes clashed with the rest of her clothes.

jurer de qch/de + *inf*   to swear to sth/to + *inf*

- L'accusé jurait de son innocence.
  The accused swore his innocence.

- Jurez-vous de dire la vérité, toute la vérité, et rien que la vérité? Levez la main droite et dites: "Je le jure."
  Do you swear to tell the truth, the whole truth, and nothing but the truth? Raise your right hand and repeat: "I do."

- Lenoir a juré de prendre ta place.
  Lenoir swore he would take your place.

jurer par qn   to swear by sb

- Yvonne ne jure plus que par son nouveau jardinier.
  Yvonne only swears by her new gardener.

jurer sur qch   to swear on sth

- Le tribunal va te demander de jurer sur l'honneur.
  The court will ask you to swear on your honor.

- En Amérique, les témoins doivent jurer sur la bible.
  In America the witnesses must swear on the Bible.

justifier (de) qch/qn   to justify sth/sb, prove sth

- Le ministre de l'Intérieur a eu des difficultés à justifier sa nouvelle politique.
  The Minister of the Interior had problems justifying his new policy.

- Rien ne justifie son hostilité (/son angoisse/la violence de ses propos).
  Nothing justifies his hostility (/his anguish/the violence of what he said).

- Jean-Marc a pris la parole pour justifier son associé devant nous.
  Jean-Marc took the floor to defend his associate before us.

- Tu vas devoir justifier que ces dépenses étaient bien nécessaires.
  You are going to have to prove that these expenses were really necessary.

- Pouvez-vous justifier de vos qualifications?
  Can you provide proof of your qualifications?

se justifier (de qch/de + *inf*)   to clear oneself (of sth)

- Je suis curieux de voir comment elle va se justifier.
  I am curious to see how she is going to justify herself.

- Je n'ai pas à me justifier de ses accusations.
  I do not have to explain myself against his accusations.

se justifier de + *inf*   to justify + *ger*

- Françoise n'a pas besoin de se justifier d'avoir agi de la sorte.
  Françoise does not have to justify having acted this way.

L

laisser qch (à qn)   to let, leave sth (for/to/with sb)

- Est-ce que tu te rappelles où tu as laissé tes clés?
  Do you remember where you left the keys?

- Il a laissé toutes les fenêtres ouvertes pendant l'orage.
  He left all the windows open during the storm.

- Je t'ai laissé un reste de champagne dans le frigo.
  I left you some champagne in the fridge.

- N'oubliez pas de laisser votre adresse au secrétariat avant de partir.
  Do not forget to leave your address with the secretary before leaving.

- Il laisse les négociations difficiles à ses collaborateurs.
  He leaves the difficult negotiations to his colleagues.

- Tous les matins, elle laisse ses enfants à une nourrice.
  Every morning she leaves her children with a nanny.

- On ne peut tout de même pas laisser ces gens à leur misère.
  We cannot leave these people in such misery.

laisser (qn) + *inf*   to let (sb) + *inf*

- Laissez passer, s'il vous plaît!
  Please let us through.

- L'agent de police laissait voir son irritation.
  The police officer let his irritation show.

- Laisse-moi faire, je vais régler le problème en moins de deux.
  Let me do it. I will take care of the problem in a jiffy.

- Leurs parents les ont toujours laissées se débrouiller toutes seules.
  Their parents have always let them take care of themselves.

se laisser + *inf*   to let oneself + *inf*

- Thierry a décidé de se laisser pousser la barbe.
  Thierry decided to let his beard grow.

- Il s'est laissé surprendre par son adversaire.
  He let himself be surprised by his opponent.

- Je trouve que Bérengère se laisse aller depuis quelque temps.
  I think that Bérengère has been letting herself go lately.

lancer qch /qn   to let out, throw sth; to give sb a start

- Essayez de lancer la balle le plus loin possible.
  Try to throw the ball as far as possible.

- La foule lança un cri de colère.
  The crowd let out a cry of anger.

- La Régie Renault lancera un nouveau modèle au prochain Salon de l'Auto.
  The Renault company will have a new car out for the next automobile show.

- C'est une radio locale qui l'a lancée il y a quinze ans.
  A local radio station gave her her start fifteen years ago.

lancer qch à/contre/dans qch/qn   to throw sth at/against/into sth/sb

- Les manifestants lançaient des pierres à la police.
  The demonstrators were throwing stones at the police.

- Il m'a lancé des injures au visage.
  He insulted me to my face.

- Qui a lancé mon porte-feuille dans la piscine?
  Who threw my wallet in the swimming pool?

- Ils lanceront l'offensive contre l'ennemi demain à l'aube.
  They will launch an offensive against the enemy tomorrow at dawn.

- Le chauffeur a lancé sa voiture contre un arbre.
  The driver crashed his car into a tree.

se lancer (dans qch)   to start out (in sth); to go for sth (it)

- Quand tu seras arrivée au bout du plongeoir, n'aie pas peur, lance-toi!
  When you are at the end of the diving board, don't be afraid. Go for it!

- Il aurait dû réfléchir un peu avant de se lancer dans la publicité.
  He should have thought a little before starting out in advertising.

- Gérard s'est lancé dans un long discours sur la décadence des mœurs.
  Gerard launched into a long speech on moral decadence.

lasser qch/qn   to try sth, tire sb

- Michèle finira par lasser la patience de nos invités.
  Michelle will end up trying the patience of our guests.

- Son discours interminable a lassé l'auditoire.
  His endless speech tired (/bored) the audience.

se lasser de qch/de + *inf*   to be tired of sth/of + *ger*

- Vous ne vous lassez pas de ses éternelles plaisanteries?
  Don't you get tired of his endless jokes and tricks?

- On voit bien qu'elle se lasse de devoir toujours répéter la même chose.
  You can see that she is getting sick and tired of always having to repeat the same thing.

- Il prétend qu'il ne se lassera jamais de relire Flaubert.
  He claims that he will never get tired of rereading Flaubert.

laver qch/qn (de qch)   to wash, clean sth/sb (of sth)

- Mon voisin lave sa voiture tous les dimanches.
  My neighbor washes his car every Sunday.

- Igor a finalement été lavé de tout soupçon.
  Igor was finally cleared of any suspicion.

se laver (de qch)   to wash (oneself of sth)

- Ce tissu ne se lave pas en machine.
  This fabric cannot be washed in a (washing) machine.

- Ce type doit se laver une fois par semaine.
  This guy must only wash once a week.

- Allez vous laver les mains avant de passer à table.
  Go and wash your hands before coming to the table.

- Tu vas devoir te laver de ses accusations.
  You are going to have to clear yourself of his accusations.

- Elle s'en lave les mains.
  She washes her hands of it all.

léguer qch à qn   to bequeath sth to sb

- Son grand-père lui a légué sa collection d'objets d'art.
  Her grandfather bequeathed his art collection to her.

- La situation actuelle nous a été léguée par le précédent gouvernement.
  The current situation was left to us by the previous government.

lever qch (de qch)   to lift, raise sth (from sth)

- Levez la main avant de répondre.
  Raise your right hand before answering.

- Sous l'ancien régime, ce sont les fermiers-généraux qui levaient l'impôt.
  The farmer generals levied taxes under the old regime.

- Il n'a même pas levé les yeux de son journal pour nous dire bonjour.
  He did not even lift his eyes from his paper to say hello to us.

lever qch vers/sur qch   to lift sth toward/on sth

- Elle leva son regard vers (/sur) moi.
  She looked up at me.

se lever (de qch)   to get up (from sth)

- Finalement, le jour s'est levé.
  Finally, it was daybreak.

- Quand j'étais dans l'armée, je me levais tous les jours à cinq heures.
  When I was in the army, I used to get up every day at five o'clock in the morning.

- Nous ne nous sommes pas levés de table avant minuit.
  We did not get up from the table before midnight.

- Il ne se lèvera même pas de sa chaise pour vous saluer.
  He will not even get up from his chair to greet you.

libérer qch/qn   to free, liberate sth/sb

- Nos troupes doivent libérer la ville en cinq jours.
  Our troops have to liberate the city in five days.
- Son voyage en Italie a libéré sa créativité.
  His trip to Italy unleashed his creativity.
- On va libérer les prisonniers la semaine prochaine.
  They are going to liberate the prisoners next week.

se libérer (de qch/qn)   to liberate, free oneself (from sth/sb)

- Ces hommes et ces femmes n'ont qu'un seul but: se libérer.
  These men and women have only one goal: To liberate themselves.
- Je vais essayer de me libérer demain après-midi.
  I will try to free myself tomorrow afternoon.
- Edouard n'a pas pu se libérer de ses obligations.
  Edward was not able to get out of his previous engagements.
- Gauguin a mis longtemps à se libérer de l'influence des impressionnistes.
  It took Gauguin a long time to free himself from the impressionists' influence.
- Il n'a pas hésité à se libérer de ses anciens alliés.
  He did not hesitate to free himself from his old allies.

lier qch/qn (à qch/qn)   to bind, tie sth/sb (to/with/by sth/sb)

- Nos deux familles sont très liées.
  Our two families are very close.
- Je crois que les problèmes sont liés.
  I think that the problems are related.
- On a lié le prisonnier à une chaise.
  They tied the prisoner to a chair.
- Les derniers événements l'ont lié plus étroitement à ses enfants.
  These latest events brought him closer to his children.
- Liez-lui les mains avec une corde.
  Tie his hands with a rope.
- Vous êtes très lié avec Lenoir, n'est-ce pas?
  You are very close to Lenoir, aren't you?
- Christine est liée par sa promesse (/son serment).
  Christine is bound by her promise (/her word).
- Vous êtes liés par le sacrement du mariage.
  You are bound by the sacrament of marriage.

se lier   to become close (with sb/by sth)

- Ils se sont liés pendant leurs années de fac.
  They became very close during their college years.

- Maryline s'est liée avec Patricia pendant leur voyage au Pérou.
  Maryline made friends with Patricia during their trip to Peru.
- Nous nous sommes liés d'amitié lorsque nous partagions le même bureau.
  We became friends when we shared the same office.

limiter qch/qn   to limit, confine sth/sb

- Jean voudrait limiter le nombre de participants à la réunion.
  Jean would like to limit the number of participants at the meeting.
- Le budget nous a beaucoup limités.
  The budget was very restrictive.
- Vous devriez limiter vos ambitions.
  You ought to limit your ambitions.

se limiter à qch   to limit oneself to sth

- Les survivants doivent se limiter à deux rations de pain par jour.
  The survivors must limit themselves to two bread rations a day.
- Tu devrais te limiter à deux séances d'entraînement par semaine.
  You should limit yourself to two training sessions per week.

se limiter à + *inf*   to confine oneself to + *inf*

- Le gouvernement s'est limité à augmenter les impôts sur le tabac.
  The government confined itself to raising taxes on tobacco.
- Je me limiterai à quelques remarques préliminaires.
  I will only make a few opening comments.

lire qch (à qn)   to read (sb) sth

- On leur apprend à lire avec des ordinateurs.
  They learn to read with computers.
- Il faut que nous ayons lu trois romans de Balzac avant la fin du semestre.
  We have to have read three of Balzac's novels before the end of the semester.
- Chaque soir, Simon lit une histoire à ses enfants.
  Every evening Simon reads a story to his children.
- Il a passé une heure à nous lire le règlement.
  He spent an hour reading us the rules and regulations.

lire dans/sur qch   to read in/on sth

- Tu as lu ça dans le journal?
  You read that in the newspaper?
- Madame Deborah prétend lire l'avenir dans les lignes de la main.
  Madame Deborah claims she can read the future in the lines of the hand.
- La honte se lisait sur son visage (/dans son regard).
  Shame was written all over his face. (/You could see the shame in his eyes.)

livrer qch (à qn)   to deliver sth (to sb)

- La voisine se fait livrer à domicile.
  The neighbor gets home delivery.

- Quand est-ce qu'ils doivent livrer le papier pour l'imprimante?
  When are they supposed to deliver the paper for the printer?

- Napoléon livra sa dernière bataille à Waterloo.
  Napoleon's last battle was at Waterloo.

- Il a fini par livrer ses complices.
  He ended up turning in his accomplices.

- L'épicier ne nous a toujours pas livrés.
  The grocery store still has not delivered.

- La France a livré des tonnes de vivres et de médicaments aux victimes du tremblement de terre.
  France delivered tons of food and medicine to the earthquake victims.

- Les bourgeois de Calais ont dû livrer leur ville aux Anglais.
  The bourgeois from Calais had to hand over their city to the English.

- La guerre a livré la région au chaos.
  The war turned the area into chaos.

livrer qn en qch   to deliver sth to sb

- Est-ce que vous avez été livrés en tomates?
  Have your tomatoes been delivered?

- Le poissonnier ne sera pas livré en saumon avant la semaine prochaine.
  The salmon delivery will not arrive at the fishmonger's before next week.

se livrer à qch   to give in to, open oneself to sth

- Il paraît que le fils Durand se livrait à la contrebande des cigarettes.
  Apparently, the Durands' son was selling contraband cigarettes.

- Vercingétorix s'est livré à César, qui l'a emmené à Rome.
  Vercingétorix turned himself over to Caesar who took him to Rome.

- Il n'a pas l'habitude de se livrer à qui que ce soit.
  He is not used to being open with anyone.

- Ne vous livrez pas au désespoir.
  Do not give in to despair.

- Nous nous sommes livrés à une étude très poussée de l'économie locale.
  We undertook an in-depth study of the local economy.

loger qn (à/dans qch)   to accommodate, put sb up (at/in sth)

- Le nouvel hôtel peut loger deux mille personnes.
  The new hotel can accommodate two thousand persons.

- Où va-t-on loger les invités?
  Where are we going to put the guests?

- Nous avons logé nos amis à l'étage.
  We put our friends upstairs.

- Ils sont logés à l'Auberge du Cheval Blanc.
  They found lodgings at the White Horse Inn.

- Essaie de loger ces vieux meubles au grenier.
  Try and store this old furniture in the attic.

- Je propose de loger le matériel de camping dans le garage pour l'instant.
  I suggest we put the camping gear in the garage for the time being.

se loger à/dans qch   to live; find accommodation; to get lodged in sth

- Il est difficile de se loger à Nice pendant l'été.
  It is difficult to find a room in Nice during the summer.

- La flèche s'est logée au milieu de la cible.
  The arrow stuck dead center in the target.

- Heureusement, la balle est venue se loger dans l'omoplate et n'a pas touché le cœur.
  Luckily, the bullet lodged itself in the shoulder blade and did not touch the heart.

- Ils ont trouvé à se loger dans cet hôtel pour 100 francs la nuit.
  They found a room in this hotel for one hundred francs a night.

louer qch à qn   to rent sth to sb

- Elle loue son appartement à Cannes pour seulement trois mille francs par mois.
  She is renting her apartment in Cannes for only three thousand francs a month.

- J'ai loué trois places pour le concert de Ray Charles.
  I bought three seats for the Ray Charles concert.

- Etienne loue une partie de ses terres au fermier d'à côté.
  Etienne rents part of his land to the farmer next door.

- Je pourrais vous louer mon chalet pendant le mois de janvier, si ça vous intéresse.
  I could rent you my chalet during the month of January, if you'd like.

louer qch/qn à qn   to praise sth/sb to sb

- Le président du jury a loué le sérieux des candidats.
  The president of the jury praised the seriousness of the applicants.

- L'agent immobilier nous a loué l'emplacement de la maison.
  The real estate agent spoke highly of the location of the home.

- Il a passé une heure à nous louer son prédécesseur.
  He spent an hour singing the praises of his predecessor.

louer qn de/pour qch/de + *inf*   to praise sb for sth/for + *ger*

- Est-ce qu'il t'a loué de ton bon travail, au moins?
  Did he at least praise your good work?

- Le jury a loué le candidat pour ses excellents résultats.
  The jury praised the candidate for his excellent results.

■ Je ne peux que vous louer d'avoir si bien réussi.
I can only praise you for having been so successful.

se louer de qch/de + *inf* to congratulate oneself for sth/for + *ger*

■ Le ministre s'est loué à juste titre de sa politique économique.
The minister praised himself rightly for his economic plan.

■ Je ne sais si je dois me louer de t'avoir fait confiance.
I do not know if I should congratulate myself for having trusted you.

■ Anne peut se louer de l'avoir échappé belle.
Anne can be grateful for such a narrow escape.

lutter avec/contre qch/qn to fight with/against sth/sb

■ Ils ont décidé de lutter jusqu'à la victoire.
They decided to fight to the finish.

■ Christian lutte avec la maladie depuis des mois.
Christian has been fighting his disease for months.

■ Il s'agit avant tout de lutter contre le chômage.
Above all, the fight is against unemployment.

■ Difficile de lutter avec des adversaires aussi puissants.
It is hard to fight against such powerful enemies.

lutter pour qch to fight for sth

■ Les deux champions luttaient pour la médaille d'or.
The two champions were fighting for the gold medal.

M

maigrir (qn/de qch) to lose weight; to make sb look thin

■ Isabelle a beaucoup maigri.
Isabelle has lost a lot of weight.

■ Je trouve que ce costume te maigrit.
I think that this suit makes you look thinner.

■ Depuis notre dernière rencontre, Pierre a maigri de vingt kilos.
Since our last meeting Pierre has lost forty pounds.

maintenir qch/ + *inf* to maintain sth/that; to keep sth

■ Maintenez-vous votre déclaration?
Do you maintain your statement?

- Je maintiens que ma solution aurait été meilleure.
  I maintain that my solution would have been better.

- Vous devez maintenir votre jambe allongée pendant vingt-quatre heures.
  You must keep your leg straight for twenty-four hours.

- Ils essaient de maintenir l'inflation à moins de 5%.
  They are trying to keep inflation under 5%.

- Le témoin maintient vous avoir vu sortir vers 22 heures.
  The witness maintains that he saw you go out at about ten o'clock.

maintenir qch/qn dans/en qch   to keep sth/sb in sth

- Le plâtre maintiendra votre articulation en place.
  The cast will keep your joint in place.

- Il a tout fait pour maintenir son adjoint en poste.
  He did everything to keep his assistant in the position.

- On a maintenu trop longtemps l'opinion dans l'ignorance de la situation.
  The public has been left uninformed for too long.

- Tu peux être sûr qu'il maintiendra sa candidature contre vents et marées.
  You can be sure that he will maintain his candidacy against all odds.

se maintenir dans/en/contre qch   to maintain oneself in/against sth

- Les cours du blé se maintiennent.
  The price of wheat is stable.

- Elise se maintient en forme en allant à la piscine.
  Elise keeps herself in shape by swimming.

- Il se maintient dans la première moitié de la classe.
  He maintains his rank in the top half of the class.

manifester qch à qn   to show, indicate, demonstrate sth to sb

- Les ouvriers des chantiers navals manifestent depuis trois semaines.
  The shipyard workers have been demonstrating for three weeks.

- Elle a manifesté très clairement son mécontentement.
  She clearly showed her discontent.

- Paul a manifesté sa joie à toute l'assemblée.
  Paul showed his joy to the entire assembly.

- Pourquoi manifestez-vous tant d'hostilité à mon égard?
  Why do you demonstrate so much hostility towards me?

se manifester (à qn)   to reveal oneself to sb

- Des troubles se sont manifestés le long de la frontière.
  Trouble arose along the border.

- Les symptômes ont commencé à se manifester au printemps.
  The symptoms revealed themselves in the spring.

- La solution s'est manifestée à lui sous forme de rêve.
  The solution came to him in a dream.

manquer   to lack, miss sth/sb

- Il a toujours peur de manquer.
  He is always afraid of not having enough.
- Si tu croyais l'impressionner, c'est manqué!
  If you think you impressed him, you're wrong!
- Il a manqué le virage et sa voiture a quitté la route.
  He missed the turn, and his car left the road.
- Esther manque une réunion sur deux.
  Esther misses every other meeting.
- Dépêchez-vous, je vais manquer mon avion!
  Hurry up! I am going to miss my plane!
- Nous avons manqué les Rolling Stones à leur dernier passage à Paris.
  We missed the Rolling Stones the last time they were in Paris.

manquer à qch/qn   not to live up to sth; to be missed by sb

- Je considère que vous avez manqué à tous vos devoirs (/à votre parole).
  I contend that you have not lived up to your responsibilities (/kept your word).
- Depuis qu'elle est à la fac, Mélanie nous manque beaucoup.
  We have missed Melanie a lot since she went to college.

manquer de qch   to be lacking in sth

- La soupe manque de sel.
  The soup needs salt.
- Valérie ne manque pas de courage.
  Valery does not lack courage.

manquer + *inf*   to almost do sth

- Henri a manqué s'installer au Québec.
  Henry almost settled in Quebec.
- Elle a manqué échouer à son examen.
  She almost flunked her exam.

ne pas manquer de + *inf*   to be sure to + *inf*

- Si vous allez à Lyon, ne manquez pas de visiter Fourvière.
  If you go to Lyon, do not miss the Fourviere area.
- Je ne manquerai pas de lui rappeler sa promesse.
  I will not forget to remind him of his promise.

marchander qch (à/avec qn)   to spare sth to sb; to bargain over sth with sb

- Dans ce pays, les gens ont l'habitude de marchander.
  In this country people are used to bargaining.

- Les Américains marchandent même pour acheter une voiture neuve.
  Americans even bargain over the price of a new car.

- Il ne nous pardonnera jamais de lui avoir marchandé notre soutien.
  He will never forgive us for not having supported him completely.

- Le prof n'a pas marchandé ses compliments à ton sujet.
  The teacher did not spare his compliments about you.

- J'adore marchander avec les antiquaires.
  I love to bargain with antique dealers.

- Elle a dû marchander avec le vendeur pendant une demi-heure.
  She had to bargain with the salesperson for half an hour.

marier qch/qn à/avec qch/qn   to match, marry sth/sb to/with sth/sb

- Elle a bien réussi à marier toutes ces couleurs.
  She was very successful at matching all the colors.

- On dit que c'est le pape lui-même qui les a mariés.
  I have heard that the Pope himself married them.

- Legris a marié sa fille à un colonel en retraite.
  Legris married his daughter off to a retired colonel.

se marier à/avec qch/qn   to match with sth; to get married to sb

- Quand est-ce qu'ils vont se marier?
  When are they going to get married?

- Rose se marie avec son professeur de yoga.
  Rose is marrying her yoga teacher.

- Les tons clairs se marient bien avec votre teint.
  Light colors go well with your complexion.

marquer qch (à qn)   to mark, show sth (to sb)

- J'ai marqué le restaurant sur la carte.
  I marked the restaurant on the map.

- La ligne blanche marque les limites du terrain.
  The white line shows the edge of the property.

- Le réveil marquait cinq heures du matin.
  The alarm clock showed 5:00 A.M.

- As-tu marqué dans ton agenda que le rendez-vous était repoussé?
  Did you write in your date book that the meeting was postponed?

- Christophe marque beaucoup de respect à ses supérieurs.
  Christopher shows a lot of respect for his superiors.

- Pouvez-vous nous marquer le trajet jusqu'à la gare au crayon rouge?
  Can you mark the road to the train station with a red pencil?

marquer qch de qch/pour qch/qn   to show sth with sth/for sth/sb

■ Il marquait son approbation d'un petit signe de tête.
He showed his approval with a slight nod of his head.

■ Le nouveau maire marquera la ville de son empreinte.
The new mayor will leave his mark on the city.

■ Il a marqué de l'intérêt pour toi (/ta candidature).
He showed some interest in you (/your candidacy).

masquer qch (à qn)   to hide sth (from sb)

■ Un rideau d'arbres masquait la maison.
A line of trees hid the house.

■ Elles s'efforcent de masquer la vérité.
They are trying to hide the truth.

■ Le nouvel immeuble nous masque la vue sur la mer.
The new building is blocking our view of the ocean.

■ Le brouillard masqua les nageurs à nos regards.
The fog hid the swimmers from sight.

médire de qn   to speak ill of sb

■ Arrêtez donc de médire de lui!
Stop criticizing him!

■ Il médit toujours des autres.
He is always cutting others down.

méditer qch/sur qch   to meditate on sth

■ Il n'est pas d'humeur à méditer.
He is not in the mood to meditate.

■ Je crois que nos concurrents méditent un coup publicitaire.
I think that our competition is coming up with an advertising coup.

■ Il méditait sa vengeance depuis des années.
He had been thinking about his revenge for years.

■ Vous feriez bien de méditer sur les conséquences de vos actions.
You would do well to meditate on the consequences of your actions.

■ Dans ce texte, le philosophe médite sur l'absurdité de la condition humaine.
In this text the philosopher meditates on the absurdity of the human condition.

méditer de + *inf*   to contemplate + *ger*

■ Irène médite de s'installer en Suisse.
Irene is thinking about moving to Switzerland.

■ Il méditait depuis longtemps de publier ses mémoires.
He had been contemplating publishing his memoirs for some time now.

se méfier de qch/qn   to distrust sth/sb

- Méfiez-vous! Il va vous attirer des ennuis.
  Be careful! He is going to bring you trouble.
- Ils auraient dû se méfier de l'orage.
  They should have been careful of the storm.
- Je me méfie des gens comme lui.
  I do not trust people like him.

mélanger qch/qn (à/avec qch)   to mix, blend sth/sb (with sth/sb)

- A vous de mélanger les cartes.
  It's your turn to shuffle the cards.
- J'ai mélangé plusieurs dates dans l'examen d'histoire.
  I mixed up several dates on the history exam.
- Mélangez la farine au reste de la sauce.
  Mix in the flour with the rest of the sauce.
- Il ne se mélange pas avec les gens comme nous.
  He does not associate with people like us.

se mélanger (à qch/qn)   to mix (with sth/sb)

- L'huile et l'eau ne se mélangent pas.
  Oil and water do not mix.
- Les deux communautés refusent de se mélanger.
  The two communities refuse to mingle.
- Les deux malfaiteurs se sont mélangés aux touristes pour échapper à la police.
  The two criminals mixed in with the tourists to escape from the police.

mêler qch/qn à qch   to mix, blend sth/sb with sth

- La palette sert au peintre à mêler les couleurs.
  The palette is used by the painter to mix colors.
- Des centaines de fruits exotiques mêlaient leurs parfums.
  The aromas of hundreds of exotic fruits blended together.
- Si possible, évitez de me mêler à toute cette affaire.
  If possible, don't get me involved in this whole business.
- Il mêle la tolérance au respect des individus.
  He blends tolerance with respect for individuals.

se mêler à/de qch   to mix with sth, meddle in sth

- New York est une ville cosmopolite où se mêlent toutes les cultures du monde.
  New York is a cosmopolitan city where all the world cultures come together.
- Les journalistes se sont mêlés à la foule qui se pressait autour de l'Assemblée Nationale.
  The journalists mingled with the crowd gathered around the National Assembly.

- Dans ce roman, la fiction se mêle à la réalité historique.
  In this novel fiction is mixed with historical reality.
- Elles se mêlent de ce qui ne les regarde pas.
  They are meddling in other people's business.
- Mêlez-vous de vos affaires!
  Mind your own business!

se mêler de + *inf*   to take it upon oneself to + *inf*

- Ne te mêle pas de prendre parti dans leur dispute.
  Don't get involved in taking sides in their argument.
- Depuis quand vous mêlez-vous de me donner des conseils?
  Since when do you give me advice?

menacer qch/qn (de qch)   to threaten sth/sb (with sth)

- Comme l'orage menaçait, nous sommes rentrés à la maison.
  Since there was a threat of a thunderstorm, we went home.
- Un ouragan menace la région.
  A hurricane is threatening the area.
- S'ils construisent un immeuble en face de chez vous, votre tranquillité est menacée.
  If they build a building across from your house, your peace and quiet will be threatened.
- La mafia menace les juges de représailles.
  The mafia threatens the judges with reprisals.

menacer de + *inf*   to threaten to + *inf*

- La tempête menaçait de faire chavirer le navire.
  The storm was threatening to sink the boat.
- Venise menace d'être engloutie par la mer.
  Venice is in danger of being swallowed by the sea.
- Il menace de tout révéler à la police.
  He is threatening to reveal everything to the police.

mener qch/qn (à qch)   to lead, take sth/sb (to sth)

- L'équipe d'Argentine mène par trois buts à deux.
  The Argentinian team is leading three to two.
- Qui est-ce qui doit mener la discussion (/les débats)?
  Who is going to lead the discussion (/the debate)?
- Peux-tu me mener à l'aéroport?
  Can you take me to the airport?
- Pensez-vous pouvoir mener l'opération de sauvetage à son terme?
  Do you think you will be able to see the rescue operation through?
- Son entêtement le mènera à la catastrophe (/à la ruine).
  His stubbornness will lead him to catastrophe (/to ruin).

■ L'entraîneur a mené l'équipe nationale à la victoire.
The coach led the national team to victory.

■ Toutes les pistes mènent aux terroristes.
All the leads point to the terrorists.

mener qn + *inf* to take sb + *inf*

■ Est-ce que tu as mené nos amis voir le Pont du Gard?
Did you take our friends to see the Pont du Gard?

mentionner qch/qn (à qn) to mention sth/sb (to sb)

■ Je n'ai même pas été mentionné dans la préface.
I was not even mentioned in the preface.

■ Le journal ne mentionne pas l'accident.
The newspaper does not say anything about the accident.

■ Frédérique aurait pu mentionner notre contribution à la préparation du festival.
Frederique could have mentioned our contribution towards the preparations for the festival.

■ Il a oublié de nous mentionner son nom.
He forgot to tell us his name.

■ Est-ce que je vous ai mentionné que nous allons déménager?
Did I tell you that we are going to move?

■ Richard ne nous a rien mentionné dans sa dernière lettre.
Richard did not mention anything about it in his last letter.

mentir (à qn sur qch) to lie (to sb about sth)

■ Sans mentir, il y avait plus de deux cents personnes à la réunion.
I swear there were more than two hundred people at the meeting.

■ Je sens que vous allez me faire mentir.
I can see that you are going to prove me wrong.

■ Elle a l'habitude de mentir à ses parents.
She is used to lying to her parents.

■ Il a menti aux douaniers sur les buts de sa visite.
He lied to the immigration officials about the purpose of his visit.

se mentir à soi-même to lie to oneself

■ Elle se ment à elle-même sur les raisons de son départ.
She is lying to herself about the reasons for his departure.

se méprendre sur/quant à qch/qn to be mistaken about sth/sb

■ Je me suis mépris sur les causes de sa tristesse.
I was mistaken about the cause of her sadness.

■ Ne vous méprenez pas sur les raisons de son refus.
Do not misjudge the reasons for his refusal.

- Beaucoup d'étudiants se sont mépris sur le sens de ce poème.
  Many students misunderstood the meaning of this poem.

mériter qch/de + *inf* to deserve sth/ + *inf*

- C'est elle qui méritait le premier prix.
  She is the one who deserved first prize.
- Vous mériteriez que je porte plainte contre vous.
  You deserve to be sued.
- Tu ne mérites pas l'affection qu'elle te porte.
  You do not deserve the affection she gives you.
- Vous méritez d'être récompensé.
  You deserve to be rewarded.
- Elle ne méritait pas d'être traitée comme ça.
  She did not deserve to be treated like this.
- Cela mérite d'être souligné.
  This deserves to be emphasized.

mesurer qch (à qch)   to measure, assess sth (by sth)

- Les Américains mesurent les longueurs en pieds et en pouces.
  Americans measure length in feet and inches.
- Robert mesure déjà 1,80 m.
  Robert is already six feet tall.
- Je mesure mal l'importance de cette décision.
  I have a hard time judging the importance of this decision.
- Il n'a pas mesuré les conséquences de son acte.
  He did not weigh the consequences of his action.
- On mesurait l'enthousiasme du public à la durée des applaudissements.
  One could see the audience's enthusiasm by the length of the applause.
- On mesure la richesse d'un pays à son produit national brut.
  The wealth of a country is assessed in terms of its GNP.

se mesurer à/avec qch/qn   to confront, pit oneself against sth/sb

- Richelieu osa se mesurer avec la puissante marine brittanique.
  Richelieu dared to take on the powerful British Navy.
- Je vous déconseille de vous mesurer à (/avec) lui.
  I advise you not to try to pit yourself against him.

(se) mesurer des yeux, du regard   to measure sb up visually

- Les deux adversaires se mesurèrent du regard avant de commencer le combat.
  The two opponents measured each other up before beginning the fight.

métamorphoser qch/qn (en qch/qn)   to transform, metamorphose sth/sb (into sth/sb)

- La découverte du pétrole a métamorphosé l'économie de la région.
  The discovery of oil transformed the area's econony.

- Son séjour à l'étranger l'a complètement métamorphosée.
  Her stay abroad completely changed her.

- Dans la mythologie grecque, les dieux métamorphosaient souvent les hommes en bêtes.
  In Greek mythology the gods often transformed men into animals.

se métamorphoser en qch/qn   to turn into sth/sb

- Depuis qu'elle est tombée amoureuse, elle s'est complètement métamorphosée.
  She is totally different since she has fallen in love.

- Tout à coup, son chien s'est métamorphosé en bête furieuse.
  All of a sudden his dog turned into an enraged beast.

- La jeune fille un peu gauche s'était métamorphosée en une ravissante jeune femme.
  The awkward girl was transformed into a ravishing young lady.

- Une cape, un peu de maquillage, et il se métamorphose en Comte Dracula.
  A cape, a little makeup, and he turns into Count Dracula.

mettre qch (à)   to put sth (at/to)

- Où est-ce que tu as mis les clés de la voiture? —Sur la table du salon.
  Where did you put the car keys? —On the living room table.

- Attention de ne pas mettre ta main dans la machine.
  Be careful not to put your hand in the machine.

- Elle a mis sa plus belle robe et nous sommes allés danser.
  She put on her most beautiful dress, and we went out dancing.

- J'ai mis une bouteille de champagne au frais.
  I put a bottle of champagne on ice.

- Je crois qu'il est temps de les mettre au travail.
  I think that it is time to put them to work.

- Avez-vous l'intention de mettre Jean à la tête de l'entreprise?
  Do you plan to put Jean at the head of the company?

- Peux-tu mettre le nouveau au courant?
  Can you fill in the new person on what he has to do?

mettre à + *inf*   to put, take + *inf*

- Il a mis des mois à répondre à notre lettre.
  He took months to answer our letter.

- J'ai mis du temps à admettre que j'avais tort.
  I took my time admitting that I was wrong.

- Mettre la viande à rôtir à petit feu.
  Put the meat in the oven on low heat.

- Il n'est même pas capable de mettre le linge à sécher!
  He is not even capable of hanging the wash to dry!

mettre qch en qch   to put sth into sth

- Pourriez-vous mettre ce texte en espagnol?
  Could you put this text into Spanish?

- Debussy a mis en musique des poèmes de Mallarmé.
  Debussy wrote music for some of Mallarmé's poems.

se mettre à qch/+ *inf*   to get started on sth/to start + *ger*

- Vous avez cinq minutes pour vous mettre à la tâche.
  You have five minutes to get to work.

- Brigitte s'est mise à la guitare.
  Brigitte has taken up the guitar.

- L'oiseau s'est mis à chanter sans raison apparente.
  The bird started singing for no obvious reason.

- Quand ils se sont mis à se disputer, j'ai quitté la salle.
  When they started arguing, I left the room.

militer à/dans qch   to be a militant in sth

- Ils ont longtemps milité au parti socialiste.
  They were militants in the socialist party for a long time.

- Elle milite dans une organisation écologiste.
  She is active in an environmentalist organization.

militer contre/pour/en faveur de qch   to be militant against/for sth; to argue for sth

- Saviez-vous qu'il militait activement pour la protection de l'environnement?
  Did you know that he was actively working for environmental protection?

- Françoise milite contre la torture et les atteintes aux droits de l'homme.
  Françoise campaigns against torture and human rights violations.

- Cet argument milite en faveur du rapprochement entre les deux pays.
  This argues for closer ties between the two countries.

miser sur qch/qn   to bet, count on sth/sb

- Les organisateurs de la course misent sur une amélioration du temps.
  The organizers of the race are counting on the weather getting better.

- Misez-vous sur une victoire de l'équipe dimanche prochain?
  Are you betting on the team winning next Sunday?

- A votre place, je ne miserais pas sur un homme comme lui.
  If I were you, I would not count on a man like him.

- Il a tout misé sur le même cheval et il a perdu.
  He bet everything on the same horse, and he lost.

modeler qch sur qch   to model, fashion sth (on sth)

- Elle nous apprend à modeler la glaise pour en faire des statuettes.
  She is teaching us to model clay into little statues.

- Francis modèle son comportement sur celui de son frère aîné.
  Francis is modeling his behavior on that of his older brother.
- La France essaie de modeler sa politique agricole sur celle des ses partenaires européens.
  France is trying to pattern its agricultural policies on those of its European partners.

se modeler sur qch/qn   to model oneself on sth/sb

- Je regrette qu'ils ne puissent se modeler sur votre exemple.
  I regret that they cannot model themselves on your example.
- Alexandre le Grand était son idole et il s'est modelé sur lui.
  Alexander the Great was his idol, and he modeled himself after him.

monter (à qch)   to go up, to climb, increase, to rise (up to sth)

- Après ce virage, la route monte de plus en plus.
  After this turn the road climbs more and more.
- Sa température n'a pas cessé de monter.
  Her temperature has not stopped going up.
- Evitez de prendre l'ascenseur, monter l'escalier est un excellent exercice.
  Avoid taking the elevator; climbing stairs is excellent exercise.
- Je ne monterai pas cette malle jusqu'au troisième étage.
  I will not take this trunk up to the third floor.
- Il a monté le meuble stéréo tout seul.
  He set up the hi-fi cabinet all by himself.
- Vous n'avez jamais appris à monter à bicyclette (/à cheval)?
  Haven't you ever learned to ride a bicycle (/a horse)?
- J'aimerais que tu arrêtes de monter aux arbres.
  I would like you to stop climbing trees.
- Catherine est montée plusieurs fois au sommet du Mont-Blanc.
  Catherine climbed Mount Blanc's summit several times.

monter qch à qn   to bring sth up to sb

- Il faut monter le courrier à la secrétaire du patron.
  You have to take the mail to the boss's secretary.
- Pourriez-vous me monter un sandwich et une bouteille de bière?
  Could you bring me up a sandwich and a bottle of beer?

monter qn contre qn   to set sb against sb

- Le prof a réussi à monter toute la classe contre lui.
  The teacher managed to get the whole class against him.
- Attention, il a l'air monté contre toi!
  Watch out! He seems to be set against you.

monter en qch   to get in(to) sth

- Essuyez vos pieds avant de monter en voiture.
  Wipe your feet before getting into the car.

monter + *inf*   to go up to + *inf*

- Il avait mal à la tête, alors il est monté s'allonger un peu.
  He had a headache, so he went up to lie down for a while.

- Peux-tu monter chercher le matériel de camping au grenier?
  Can you go up into the attic and get the camping gear?

se monter à qch/en qch   to add up to sth; to stock up on sth

- Les réparations se montent à plus de cinq mille francs.
  The cost of the repairs adds up to more than five thousand francs.

- La bibliothèque municipale s'est montée en ouvrages pour enfants.
  The city library set up a children's collection.

montrer qch/qn à qn   to show sb sth/sb

- Cette boussole ne montre pas le nord.
  This compass does not show north.

- Son roman montre la vie en Sicile avant la guerre.
  Her novel shows life in Sicily before the war.

- Elle n'a pas montré ses véritables intentions.
  She did not show her real intentions.

- Nous montrerons la ville à nos amis.
  We will show the city to our friends.

- Montrez-le-moi quand il descendra du train.
  Show him to me when he gets off the train.

montrer à qn à + *inf*   to show sb to + *inf*

- Il est chargé de montrer aux étudiants à se servir de la bibliothèque.
  He is supposed to show the students how to use the library.

se montrer (à qn)   to show oneself (to sb)

- Les premières tulipes se montrent déjà.
  The first tulips are already showing.

- Le vainqueur s'est finalement montré à la foule assemblée.
  The winner finally showed himself to the assembled crowd.

se montrer + *adj* + de qch/à + *inf*   to appear + *adj* + to/about/at + *inf/ger*

- Elizabeth s'est montrée très contente de notre visite.
  Elizabeth seemed very happy about our visit.

- Elle se montre très habile à éviter les questions gênantes.
  She is very clever at avoiding embarrassing questions.

- Denis ne s'est pas montré prêt à en discuter.
  Dennis did not seem ready to talk about this.

se moquer de qch/qn   to make fun of sth/sb

- L'enfant pleurait parce que les autres se moquaient de ses vêtements.
  The child was crying because the others were making fun of her clothes.

- Ils se moquent de vos menaces.
  They are making light of your threats.

- Le juge n'a pas apprécié qu'on se moque de lui.
  The judge did not like being ridiculed.

mordre (à qch)   to bite (on/into sth)

- Le chien a mordu une bonne partie de la jambe du facteur.
  The dog took a large bite out of the mailman's leg.

- C'est un moustique ou une araignée qui vous a mordu?
  Is it a mosquito or a spider that bit you?

- La bise nous mordait les joues.
  The wind was biting at our cheeks.

- Il est rentré bredouille, aucun poisson n'avait mordu à l'hameçon.
  He came home empty-handed. He hadn't gotten any bites.

- Le serpent l'a mordu à la cheville.
  The snake bit him on the ankle.

- L'enfant mordait à pleines dents dans une tranche de pastèque.
  The child took huge bites out of a slice of watermelon.

mordre sur qch   to go over, overlap sth

- Reculez, vous mordez sur la ligne de départ.
  Back up. You are going over the starting line.

- Cette année, les vacances d'hiver vont mordre un peu sur le mois de mars.
  This year winter vacation is going to go into March.

être mordu de qch (fam)   to be into sth

- C'est un mordu de la planche à roulettes.
  He is really into skateboarding.

mouler qch (dans qch)   to mold, cast sth (in sth)

- Il faut que le gâteau soit bien moulé avant de le retourner.
  The cake has to be well set before you turn it out.

- Il moule d'abord un modèle en plâtre avant de sculpter la statue dans le marbre.
  First, he makes a plaster model, and then he sculpts the statue in the marble.

- Son corps était moulé dans une robe de soie noire.
  A black silk dress clung to her body.

- Le visage de l'empereur est moulé dans la pierre.
  The emperor's face is molded in the rock.

(se) mouler sur qch/qn   to fashion (oneself) on/after sth/sb

- Il essaie de mouler son style sur celui de Hemingway.
  He is trying to fashion his style after Hemingway's.

mourir de qch/de + *inf*   to die of sth/from + *ger*

- Si l'un de nous deux mourait, je garderais la maison.
  If one of us were to die, I would keep the house.

- Cette fois-ci, la batterie est morte.
  This time the battery is dead.

- Vous ne risquez pas de mourir de faim (/de soif).
  There is no chance of dying of hunger (/of thirst).

- Les héros romantiques meurent souvent de désespoir.
  Romantic heroes often die of despair.

- Son imitation était à mourir de rire.
  His imitation was enough to make us die laughing.

- Nous étions morts de fatigue (/de peur).
  We were dead tired (/terrified).

- Il mourra d'avoir trop mangé.
  He will die from having eaten too much.

mourir pour qch   to die for sth

- A nos soldats morts pour la patrie.
  (Here's) to our soldiers who died for the nation.

- Jaurès est mort pour la cause du pacifisme.
  Jaurès died for the cause of pacifism.

munir qch/qn de qch   to provide sth/sb with sth

- Les moniteurs ont muni les enfants de lampes de poche.
  The camp counselors provided the children with flashlights.

- Munis de crampons et de piolets, nous nous sommes lancés à l'assaut du glacier.
  Armed with crampons and ice axes, we took the glacier by storm.

- On espère munir tous les lycées de la ville d'ordinateurs.
  They hope to provide computers to all the high schools in the city.

se munir de qch   to provide oneself with sth

- N'oubliez pas de vous munir de chèques de voyage.
  Do not forget to take travelers' checks.

- Munissez-vous d'un parapluie, on ne sait jamais.
  Take an umbrella. You never know.

murmurer qch (à qn)   to whisper sth (to sb)

- Un petit ruisseau murmurait au fond du vallon.
  A little stream murmured at the bottom of the valley.

- Au fond de l'église déserte, un vieil homme murmurait des prières.
  In the back of the deserted church, an old man whispered his prayers.
- On murmure que Leblanc va donner sa démission.
  Rumor has it that Leblanc is going to submit his resignation.
- Elle s'est penchée et a murmuré quelques mots à son voisin de table.
  She leaned over and whispered a few words to the person sitting next to her at the table.
- Il lui a murmuré quelques phrases à l'oreille.
  He whispered a few phrases into her ear.

murmurer contre qch/qn   to mutter, mumble against sth/sb

- Les recrues murmurent contre la discipline.
  The recruits were muttering against the discipline.
- La foule murmurait contre les autorités.
  The people in the crowd were mumbling against the authorities.

N

naître (à qch)   to be born; to awaken to sth

- L'enfant doit naître en janvier.
  The child should be born in January.
- Un nouvel ordre économique est né après la deuxième guerre mondiale.
  A new economic order came into being after World War II.
- Son style de vie a fait naître des soupçons.
  His life style gave rise to suspicions.
- Elsa est née à la politique pendant la guerre d'Algérie.
  Elsa became politically active during the Algerian War.
- Il affirme que sa conversion l'a fait naître à une nouvelle vie.
  He claims that his conversion was his rebirth into a new life.

naître de qch/qn   to be born of sth/sb

- Notre organisation est née du désir d'aider les pauvres.
  Our organization was born from the desire to help the poor.
- La théorie de la relativité n'est pas née du hasard.
  The theory of relativity was not conceived by chance.
- Il est né d'un père argentin et d'une mère russe.
  He was born of an Argentinian father and a Russian mother.

être né pour qch/pour + *inf*   to be born for sth/to + *inf*

- Il a découvert qu'il n'était pas né pour l'escalade.
  He discovered that he was not a born mountain climber.

- Je ne suis pas né pour vous servir de souffre-douleur.
  I was not born to provide you with a scapegoat.

négliger qch/qn   to neglect sth/sb

- Je trouve que vous avez négligé votre travail ces derniers temps.
  I think that you have neglected your work recently.

- Vous ne devriez pas négliger votre santé.
  You should not neglect your health.

- Tu devrais lui dire qu'il a tort de négliger sa famille.
  You should tell him that he is wrong to neglect his family.

négliger de + *inf*   to neglect to + *inf*

- Ils ont négligé de nous prévenir du changement d'horaire.
  They neglected to warn us of the schedule change.

ne rien négliger pour qch/pour + *inf*   to leave no stone unturned, to leave nothing to chance

- La police n'a rien négligé pour la réussite de l'opération.
  The police did everything to make the operation a success.

- Rien n'a été négligé pour retrouver les coupables.
  No stone was left unturned in the search for the guilty parties.

négocier qch (avec qn)   to negotiate sth (with sb)

- Ils ont mis plusieurs heures à négocier le contrat (/les accords salariaux).
  They took several hours to negotiate the contract (/the salary agreement).

- Il n'a pas pu négocier le virage.
  He was not able to make the turn.

- Ils refusent de négocier avec l'ennemi (/avec la concurrence/leurs adversaires).
  They refuse to negotiate with the enemy (/with the competition/their opponents).

- Vous voulez négocier la libération des otages avec des terroristes?
  Do you want to negotiate the hostages' liberation with terrorists?

nommer qch/qn (qn à qch)   to call, name sth/sb; to name sb to sth

- Ils veulent nommer l'enfant Béatrice.
  They want to name the child Beatrice.

- Comment allez-vous nommer votre nouveau parti?
  What are you going to name your new party?

- Ils ont eu tort de le nommer personnellement pendant la discussion.
  They made the mistake of naming him during the discussion.

- Isabelle vient d'être nommée doyenne de la faculté de médecine.
  Isabelle was just named dean of the medical school.

- Qui proposez-vous de nommer à la tête du service comptabilité?
  Who are you proposing to name head of the accounting department?

- On va le nommer à l'ambassade du Brésil.
  He is going to be appointed to the Brazilian embassy.

- Elle espère être nommée prochainement au poste de Premier ministre.
  She is hoping to be named Prime Minister soon.

nouer qch (avec qn)   to tie sth; to strike up sth with sb

- Il oublie toujours de nouer ses lacets.
  He always forgets to tie his laces.

- Elle avait noué ses cheveux en chignon.
  She tied her hair into a chignon (/bun).

- J'ai noué la corde de manière à ce qu'ils ne puissent pas la défaire.
  I tied the rope so that they could not undo it.

- Nos deux nations ont noué de solides liens d'amitié.
  Our two nations have formed strong ties of friendship.

- Nous espérons nouer d'excellentes relations avec eux.
  We are hoping to establish excellent relations with them.

- Je voyais bien qu'il voulait nouer conversation avec moi.
  I could easily see that he wanted to start a conversation with me.

se nouer   to be made, formed; to start, be started

- Ma gorge se noua.
  A lump formed in my throat.

- Une alliance étroite va se nouer entre les deux pays.
  A strict alliance will be formed between our two countries.

- Cet été-là, une amitié très forte s'est nouée entre nous.
  That summer we struck up a strong friendship.

nourrir qch/qn avec/de qch   to feed sth/sb with sth

- Défense de nourrir les animaux.
  Do not feed the animals.

- Votre seul travail sera de nourrir le feu.
  Your only responsibility will be to feed the fire.

- Des malentendus ont nourri l'hostilité entre les deux pays.
  Misunderstandings have fueled the hostility between the two countries.

- Son travail ne suffit pas à nourrir sa famille.
  His job does not provide enough to feed his family.

- Bernard nourrit son chien avec du bifteck premier choix.
  Bernard feeds his dog top-quality steak.

- Cet écrivain nourrit ses récits d'anecdotes amusantes.
  This writer enriches his stories with amusing anecdotes.
- Jacques est nourri de grec et de latin.
  Jacques knows Greek and Latin.

nourrir qch contre qn   to nourish, harbor sth against sb

- Elles ne nourrissent aucune rancune (/haine) contre toi.
  They don't harbor any resentment (/hatred) against you.

se nourrir de qch   to live on sth

- Les jeunes mariés se nourrissaient d'amour et d'eau fraîche.
  The newlyweds lived on love and water.
- Lucien se nourrit d'illusions.
  Lucien lives on illusions.
- Son chat se nourrit exclusivement de poisson frais.
  His cat eats only fresh fish.

noyer qch/qn (dans qch)   to drown sth/sb (in sth)

- La rivière a noyé une partie du village.
  The river flooded part of the village.
- Attention, vous allez vous noyer!
  Watch out! You are going to drown!
- L'amoureux déçu noyait son chagrin dans l'alcool.
  The jilted lover drowned his sorrow in alcohol.
- La lettre que vous cherchez est probablement noyée dans une masse de documents.
  The letter that you are looking for is probably buried in a pile of documents.

noyer qn de qch   to drown sb in sth

- Les journalistes ont noyé l'orateur de questions.
  The journalists overwhelmed the speaker with questions.
- Je suis noyé de demandes de rendez-vous.
  I am drowning in requests for appointments.

être noyé en qch   to be lost in sth

- Cette année, Jean-Claude est complètement noyé en physique-chimie.
  This year Jean-Claude is completely lost in physics and chemistry.

se noyer dans qch   to drown in sth

- La tempête était si violente que l'équipage a failli se noyer.
  The storm was so violent that the crew was almost drowned.
- Impossible de se noyer dans cette piscine.
  It is impossible to drown in this pool.
- Ne vous noyez pas dans les détails.
  Do not get bogged down in details.

nuire à qch/qn   to harm sth/sb

- Il s'agit de le mettre hors d'état de nuire.
  The point is to prevent him from doing any harm.

- Vous allez nuire à votre santé.
  You are going to ruin your health.

- Son attitude aggressive nuit à nos rapports.
  His aggressive attitude is hurting our relationship.

- Ce scandale a nui à sa réputation et à ses intérêts.
  This scandal hurt his reputation and his interests.

- Je ne crois pas qu'elle cherche à vous nuire.
  I do not believe that she is out to harm you.

obéir à qch/qn   to obey sth/sb

- Il a du mal à se faire obéir.
  He has a hard time getting students to obey him.

- On ne lui a jamais appris à obéir.
  No one has ever taught him to obey.

- La direction n'obéissait plus et j'ai quitté la route.
  The steering did not respond, and I went off the road.

- Vous avez bien fait d'obéir à votre instinct.
  You did the right thing to obey your instincts.

- La courbe du chômage obéit aux variations de l'économie locale.
  The unemployment graph follows the local economic trends.

- Votre premier devoir est d'obéir à vos supérieurs.
  Your foremost task is to obey your superiors.

- Pierre obéit plus à sa mère qu'à moi.
  Pierre obeys his mother better than he obeys me.

objecter qch à qn   to object to sth

- Avez-vous quelque chose à objecter à notre décision?
  Do you have any objections to our decision?

- Au cours de l'entretien, ils ont objecté à Simon son manque d'expérience.
  During the interview they objected to Simon's lack of experience.

- On va t'objecter que le budget ne permet pas d'embaucher du personnel supplémentaire.
  They are going to object that the budget does not allow them to hire extra personnel.

obliger qn (à + *inf*)   to oblige sb; to force, compel sb to + *inf*

- Si vous lui demandez gentiment il fera tout pour vous obliger.
  If you ask him nicely, he will do whatever he can for you.
- Tu ne vas tout de même pas l'obliger?
  You are not really going to force him, are you?
- La situation nous oblige à licencier du personnel.
  The situation compels us to lay off some of the staff.
- Sa mère l'oblige à faire son lit tous les matins.
  His mother forces him to make his bed every morning.

être obligé de + *inf*   to oblige to + *inf*

- Désolé d'interrompre votre conversation, mais nous sommes obligés de fermer à 22 heures.
  Sorry to interrupt your conversation, but we have to close at ten o'clock.

s'obliger   to help one another

- Entre amis, il faut s'obliger.
  Friends have to help each other.

s'obliger à + *inf*   to make oneself + *inf*

- Gilbert s'obligeait à faire de l'exercice trois fois par semaine.
  Gilbert made himself exercise three times a week.
- Elle s'oblige à se lever à cinq heures du matin.
  She makes herself get up at five o'clock in the morning.

s'obstiner à + *inf*   to insist, persist in + *ger*

- Si vous vous obstinez, j'appelle la police.
  If you keep it up, I will call the police.
- Elle s'obstine à vouloir faire médecine.
  She persists in wanting to study medicine.
- Marcel s'obstine à vouloir me prouver qu'il a raison.
  Marcel obstinately wants to prove to me that he is right.

s'obstiner dans/sur qch   to persist in sth

- Il a tort de s'obstiner dans une telle attitude.
  He is wrong to keep acting like that.
- Ne vous obstinez pas trop longtemps sur ce problème, ce n'est pas très important.
  Do not stay on this problem too long; it is not very important.

obtenir qch/qn (de qn)   to get, obtain sth/sb (from sb)

- Robert a obtenu sa licence avec mention très bien.
  Robert got his degree with an honorable mention.
- Je n'arrive pas à obtenir la communication avec l'Espagne.
  I cannot get through to Spain.
- Elle a finalement obtenu les informations qu'elle désirait.
  She finally got the information that she wanted.
- Il a essayé de téléphoner au maire, mais il n'a pas pu l'obtenir.
  He tried to call the mayor, but he was not able to get through to him.
- As-tu obtenu de ton père la permission d'aller au cinéma?
  Did you get your father's permission to go to the movies?
- Inutile d'insister, vous n'obtiendrez rien de lui.
  It is useless to insist. You won't get anything from him.
- J'ai enfin obtenu de Christine qu'elle écrive à ses parents.
  I finally got Christine to write to her parents.

obtenir de + *inf*   to be allowed to + *inf*

- Nous avons obtenu de visiter la centrale nucléaire.
  We were allowed to visit the nuclear power plant.
- Je n'ai pas pu obtenir de le rencontrer.
  I was not able to get to meet him.

occuper qch   to occupy, take up sth

- Une famille de dix personnes occupait l'appartement du deuxième.
  A family of ten was living in the third floor apartment.
- L'ennemi a occupé le pays pendant quatre ans.
  The enemy occupied the country for four years.
- Les résultats sportifs occupent la moitié du journal.
  The sports results take up half of the newspaper.

occuper qn (à + *inf*)   to keep sb busy (+ *ger*)

- Si vous ne savez pas comment les occuper, il y a toujours le magnétoscope.
  If you do not know how to keep them busy, there is always the VCR.
- Son dernier livre a occupé Marie-Pierre pendant trois ans.
  Her last book kept Marie-Pierre busy for three years.
- Il n'a pas de quoi occuper tout son personnel.
  He does not have enough work to keep his entire staff busy.
- Il a occupé toute la famille à repeindre la maison.
  He kept the whole family busy repainting the house.
- Comme il a plu toute la journée, nous avons occupé les enfants à faire des puzzles.
  Since it rained all day long, we kept the children busy doing puzzles.

occuper qch à + *inf*   to spend sth + *ger*

- Elles occupent tout leur temps à faire les magasins.
  They spend their time shopping.

s'occuper (de qch/qn)   to keep busy; to take care of sth/sb

- J'espère que vous trouverez de quoi vous occuper pendant l'hiver.
  I hope that you will find something to keep you busy during the winter.

- Il prétend qu'il n'a même pas le temps de s'occuper de son jardin.
  He claims that he does not even have the time to take care of his garden.

- Occupe-toi un peu des enfants, j'ai une course à faire.
  You take care of the children for a while; I have an errand to run.

s'occuper de + *inf*   to take care of + *ger*

- Pourriez-vous vous occuper de me trouver une chambre pour la durée du congrès?
  Could you take care of finding me a room for the length of the conference?

- Elle va s'occuper de nous retenir des places au concert.
  She is going to take care of reserving our seats for the concert.

offenser qn   to offend sb

- Je ne voulais pas vous offenser, croyez-moi.
  I did not mean to offend you, believe me.

- Faites attention de ne pas offenser vos hôtes en refusant de goûter à certains plats.
  Be careful not to offend your hosts by refusing to taste certain dishes.

s'offenser de qch   to take offense at sth

- Je regrette qu'elle se soit offensée de mes remarques.
  I am sorry that she took offense at my remarks.

- Ne vous offensez pas trop de ses plaisanteries.
  Do not take offense at his jokes.

offrir qch à qn   to offer sth to sb

- Pour fêter sa promotion, il a offert une tournée générale.
  To celebrate his promotion, he offered drinks all around.

- Son nouveau travail offre beaucoup d'avantages.
  Her new position offers many fringe benefits.

- Puis-je vous offrir un verre?
  May I offer you a drink?

- La police offre une récompense de 10.000 francs à qui fournira des renseignements sur les évadés.
  The police are offering a reward of ten thousand francs to whoever provides information about the escaped prisoners.

- Paul offre des fleurs à sa femme toutes les semaines.
  Paul gives flowers to his wife every week.

offrir de + *inf*   to offer to + *inf*

■ Jeanne a offert de vous conduire à l'aéroport.
 Jeanne offered to drive you to the airport.

■ J'offrirais bien de vous aider, mais je dois partir tout de suite.
 I would offer to help you out, but I have to leave right away.

■ Il n'a même pas offert de nous rembourser.
 He did not even offer to pay us back.

s'offrir à qch/à + *inf*   to offer to + *inf*

■ C'est la première remarque qui s'offre à l'esprit quand on visite le musée.
 It is the first thought that comes to mind when you visit the museum.

■ La brume s'est dissipée et un paysage magnifique s'est offert à nos regards.
 The fog lifted, and a breathtaking landscape greeted our eyes.

■ C'est gentil à lui de s'offrir à nous raccompagner à l'hôtel.
 It is kind of him to offer to take us back to the hotel.

■ La compagnie aérienne s'est offerte à nous rembourser les billets.
 The airline offered to reimburse us for the price of the tickets.

omettre qch/de + *inf*   to leave out sth; to omit to + *inf*

■ Le rédacteur en chef a omis tout un paragraphe de mon article.
 The editor-in-chief omitted an entire paragraph of my article.

■ Son nom a été omis par erreur.
 His name was omitted by mistake.

■ Nous avions omis de leur dire que le train avait du retard.
 We had forgotten to tell them that the train was delayed.

■ J'ai omis de vous rappeler votre rendez-vous.
 I forgot to remind you of your appointment.

opérer qn (de qch)   to operate on sb (for sth)

■ Alain va être opéré demain soir.
 Alain is going to have surgery tomorrow evening.

■ Est-ce que vous avez été opéré de l'appendice?
 Have you had your appendix out?

■ Il vient de se faire opérer des amygdales.
 He just had his tonsils out.

opposer qch/qn (à qch/qn)   to oppose, contrast sth/sb (with sth/sb)

■ Le match opposera les deux meilleurs joueurs du monde.
 The world's two best players will be opposed in the competition.

■ Tout oppose ces deux hommes politiques.
 Everything is different about these two politicians.

■ Sa thèse s'efforce d'opposer ces deux traditions philosophiques.
 His thesis tries hard to oppose these two philosophical traditions.

■ Dans son cours, il oppose la poésie moderne à la tradition romantique.
In his course he contrasts modern poetry with the romantic tradition.

■ Elle n'a rien opposé à mes objections.
She did not come up with anything against my objections.

■ Il est ridicule d'opposer Jean à son adjoint; les deux hommes sont parfaitement d'accord.
It is ridiculous to confront Jean with his assistant; the two men are in total agreement.

■ Jean-Luc m'a opposé un refus catégorique.
Jean-Luc opposed me with a categorical "no."

s'opposer à qch/qn   to be opposed to sth/sb

■ Les gens du quartier s'opposent à la destruction du jardin public.
The neighborhood residents are opposed to the destruction of the public garden.

■ La majorité du parti s'opposait à tout compromis.
The majority of the party was against any compromise.

■ Je m'oppose à ce que vous changiez mon emploi du temps.
I am against your changing my work schedule.

■ Depuis qu'il a quinze ans, il s'oppose de plus en plus à sa famille.
Since he was fifteen, he has rebelled more and more against his family.

■ Nicole a été la seule à s'opposer au directeur-général.
Nicole was alone in opposing the CEO.

opter contre/pour qch/qn   to opt against/for sth/sb

■ Opterez-vous pour le crédit ou le paiement comptant?
Will you opt for cash or credit?

■ Il a décidé d'opter pour la nationalité brésilienne.
He decided to choose Brazilian nationality.

■ Il va regretter d'avoir opté contre vous pendant la campagne électorale.
He is going to regret having taken sides against you during the electoral campaign.

opter entre qch   to choose among sth

■ Les étudiants peuvent opter entre trois spécialisations.
The students can choose among three specializations.

ordonner qch (à qn)   to arrange sth; to order (sb) sth

■ Le général a ordonné le débarquement ce matin à l'aube.
The general ordered the landing this morning at dawn.

■ Ta chambre n'est pas très ordonnée.
Your bedroom is not very neat.

■ Vous devez mieux ordonner vos idées.
You should organize your ideas better.

- Il ne sait pas ordonner son emploi du temps.
  He does not know how to arrange his schedule.

- Le docteur lui a ordonné des vitamines et beaucoup de repos.
  The doctor ordered him to take vitamins and get lots of rest.

- Il a fait ce qu'on lui avait ordonné.
  He did what he was ordered to do.

- On a ordonné le couvre-feu à toute la province.
  They ordered a curfew for the entire province.

ordonner un prêtre   to ordain a priest

- L'évêque doit l'ordonner prêtre le mois prochain.
  The bishop is to ordain him as a priest next month.

ordonner à qn de + *inf*   to order sb to + *inf*

- Le juge a décidé d'ordonner à l'accusé de rembourser la totalité de ce qu'il a volé.
  The judge decided to order the accused to repay everything he had stolen.

- La police a ordonné aux automobilistes de rebrousser chemin.
  The police ordered the motorists to turn around and go back.

orner qch avec/de qch   to decorate, adorn sth with sth

- Qui veut m'aider à orner le sapin de Noël?
  Who wants to help me decorate the Christmas tree?

- Pour le carnaval, on a orné la ville de drapeaux multicolores.
  For the carnival the city was decorated with multicolor flags.

- On avait orné le salon avec des fleurs coupées.
  The living room had been decorated with cut flowers.

- Le manuscrit était orné d'enluminures datant du Moyen-Age.
  The manuscript was decorated with illuminations dating from the Middle Ages.

s'orner de qch   to be adorned, decorated with sth

- La proue du navire s'ornait d'une magnifique sculpture.
  The bow of the ship was decorated with a magnificent sculpture.

- La façade de l'hôtel de ville s'orne d'un cadran solaire vieux de mille ans.
  The town hall's facade is adorned with a two-thousand-year-old solar clock.

ôter qch (à qn)   to take sth away (from sb)

- N'oubliez pas d'ôter vos chaussures avant d'entrer.
  Do not forget to take your shoes off before going in.

- Otez cinq, il reste trois.
  Take away five, and there are three left.

- Le dentiste lui a ôté deux dents de sagesse ce matin.
  The dentist took out two of his wisdom teeth this morning.

■ On menace d'ôter à Michèle la garde de ses enfants.
They are threatening to take the custody of her children away from Michele.

■ Cette nouvelle a dû vous ôter bien des soucis.
This news must have taken a lot of worry off you.

ôter qch de qch   to take sth out of sth

■ Tu pourrais ôter tes mains de tes poches!
You could take your hands out of your pockets!

■ Pourriez-vous ôter votre voiture de l'entrée de l'immeuble?
Could you take your car out of the entrance to the building?

■ Je n'arrive pas à lui ôter cette idée de la tête.
I cannot get this idea out of her head.

s'ôter de qch   to get out of sth

■ Otez-vous de là, c'est ma place!
Get out of there. It is my place!

oublier qch/qn   to forget sth/sb

■ En vacances, j'oublie tous mes soucis.
On vacation I forget all my worries.

■ Il a fait construire un palais pour qu'on ne l'oublie jamais.
He had a palace built so he would never be forgotten.

■ Etienne n'a jamais oublié son premier amour.
Etienne has never forgotten his first love.

■ Tu n'as pas oublié que nous allons au théâtre, au moins?
You have not forgotten that we are going to the theater, have you?

oublier de + *inf*   to forget to + *inf*

■ Elle a complètement oublié de me donner son adresse.
She completely forgot to give me the address.

■ N'oublie pas de passer prendre de la viande avant de rentrer.
Do not forget to stop in and pick up some meat before coming home.

■ J'étais sûr que Charles allait oublier de vous prévenir.
I was sure that Charles was going to forget to warn you.

ouvrir qch (à qn)   to open sth (to sb)

■ Ouvrez la grille quand je klaxonnerai.
Open the gate when I honk.

■ Elle s'est coupée en ouvrant une boîte de sardines.
She cut herself opening a can of sardines.

■ On vient d'ouvrir une nouvelle salle de cinéma.
They just opened a new movie theater.

- Son mariage lui a ouvert les portes du monde des affaires.
  Her marriage opened the doors of the business world to her.

- Son comportement vous ouvrira les yeux.
  His behavior will open your eyes.

- Noël a ouvert son coeur à sa fiancée.
  Noel opened his heart to his fiancée.

s'ouvrir (à/sur/par qch)   to open (on/with sth)

- Ma fenêtre s'ouvrait sur les Champs-Elysées.
  My window opened out onto the Champs-Elysées.

- Le congrès s'est ouvert par une réception à l'hôtel de ville.
  The meeting opened with a reception in city hall.

- Le livre s'ouvre par une description de Constantinople.
  The book opens with a description of Constantinople.

- Joseph a fini par s'ouvrir à l'art moderne (/à la musique contemporaine).
  Joseph finally opened himself up to modern art (/to contemporary music).

- La Chine s'ouvre de plus en plus au monde extérieur.
  China is opening up more and more to the outside world.

s'ouvrir de qch à qn   to open up to sth/sb

- Il s'est finalement ouvert de ses crimes à la police.
  He finally confessed his crimes to the police.

- Elle s'est ouverte à moi de tous ses problèmes.
  She opened up to me about all of her problems.

P

pactiser avec qch/qn   to side, come to terms with sth/sb

- Il n'est pas question de pactiser avec la violence (/avec nos adversaires).
  It is out of the question to give in to violence (/to make a deal with our opponents).

- Ils nous proposent de pactiser avec eux.
  They are offering to make a deal with us.

- Le général fut accusé d'avoir pactisé avec l'ennemi.
  The general was accused of siding with the enemy.

pallier (à) qch   to overcome, make up for sth

- Il va falloir pallier les conséquences de son attitude.
  We are going to have to make up for the consequences of his attitude.

- Jeanne est toujours là pour pallier aux difficultés.
  Jeanne is always there to overcome any difficulties.

- A la suite du tremblement de terre, les autorités essaient de pallier au manque de vivres et de médicaments.
  Following the earthquake the authorities are trying to make up for the lack of food and medicine.

paraître (à qn)   to seem, appear (to sb)

- Le soleil parut enfin à l'horizon.
  The sun finally appeared on the horizon.

- Le président est paru un instant à la tribune puis s'est engouffré dans une voiture.
  The president appeared at the grandstand for a moment and then rushed into a car.

- Julie a laissé paraître sa colère.
  Julie let her rage show.

- Ce livre est paru l'année dernière.
  This book was published last year.

- Christian nous a paru amaigri.
  Christian seemed thinner to us.

- Ce tableau me paraît être un faux.
  This painting appears to be a fake.

- Est-ce que le voyage vous a paru long?
  Did the trip seem long to you?

- Ça me paraît tout à fait impossible.
  That seems totally impossible to me.

il paraît (à qn) que   it seems (to sb) that

- Il paraît que le prix des cigarettes va encore augmenter.
  Apparently, the price of cigarettes is going to go up again.

- Il nous a paru que le moment était mal choisi.
  It seemed to us to be an inopportune moment.

pardonner qch à qn   to forgive sb for sth

- Elle ne pardonne pas facilement.
  She does not forgive easily.

- Comment peut-on pardonner de telles injures?
  How can you excuse such insults?

- A 180 km/h, une faute de conduite ne pardonne pas.
  At 115 miles an hour you cannot make up for a driving mistake.

- Il est difficile de pardonner à ceux qui vous ont blessé.
  It is hard to forgive those who have hurt you.

- Julienne a tout pardonné à son fils.
  Julienne forgave her son for everything.
- Il ne te pardonnera jamais ton succès.
  He will never forgive you for being so successful.

pardonner à qn de + *inf*   to forgive sb for + *ger*

- Croyez-vous qu'ils nous pardonneront de leur avoir menti?
  Do you think they will forgive us for having lied to them?
- Pardonnez-moi de vous avoir fait attendre.
  Excuse me for making you wait.

parer (à) qch   to ward off sth, to deal with sth

- Tu dois apprendre à mieux parer les coups de ton adversaire.
  You have to learn how better to fend off your opponents' attacks.
- Nous sommes parés à toute eventualité.
  We are ready to deal with whatever comes our way.
- Ils se sont unis pour parer à la menace.
  They banded together to fight off the menace.

être paré contre qch   to be prepared for sth

- Ne t'inquiète pas, je suis paré contre ses attaques.
  Do not worry. I am ready to deal with his attacks.
- Avec un manteau comme celui-là, te voilà paré contre le mauvais temps.
  With a coat like that one, you are well-prepared for bad weather.

parier qch (à qn)   to bet (sb) sth

- Je parie que vous ne connaissez pas le nom de la capitale de la Mongolie.
  I bet that you do not know the name of the capital of Mongolia.
- Il a parié deux cents francs que je n'oserais pas inviter Isabelle à danser, et il a perdu.
  He bet two hundred francs that I would not dare invite Isabelle to dance, and he lost.
- Il y a gros à parier qu'elle n'osera pas venir.
  I would bet a lot that she will not dare come.
- Je vous parie un dîner à la Tour d'Argent que Marseille va gagner la coupe de France.
  I bet you a dinner at the Tour d'Argent restaurant that Marseille will win the French Soccer Cup.

parier avec qn   to bet with sb

- Tu n'as tout de même pas parié avec une crapule comme lui?
  You didn't really bet with a crook like him, did you?

parier qch sur qch/qn   to bet sth on sth/sb

- Antoine a parié cent francs sur le challenger.
  Antoine placed a one hundred franc bet on the challenger.

■ Tu n'as pas parié sur le bon cheval.
You did not bet on the right horse.

parier contre/pour qch/qn   to bet against/on sth

■ La presse parie pour un règlement rapide du conflit.
The press is betting on a speedy resolution of the conflict.

■ Je sais bien que vous avez parié contre son élection depuis le début de la campagne.
I know that you bet against his election from the beginning of the campaign.

parler (à/avec qn de qch)   to speak, talk (to sb about sth)

■ Il nous défend de parler pendant le cours.
He forbids us to talk during class.

■ Elle était tellement émue qu'elle avait de la peine à parler.
She was so moved that she had a hard time speaking.

■ Est-ce que vous parlez (le) chinois?
Do you speak Chinese?

■ Il a promis de parler à Jean-Louis demain matin.
He promised to speak to Jean-Louis tomorrow morning.

■ Je n'arrive jamais à parler en tête à tête avec lui.
I can never talk to him one on one.

■ Quand est-ce que le prof doit parler de l'examen?
When is the professor going to talk about the exam?

■ Yves nous a longuement parlé de ses projets.
Yves told us about his projects in detail.

■ Nous avons beaucoup parlé de vous à la dernière réunion. Les oreilles ont dû vous tinter!
We talked a lot about you in the last meeting. Your ears must have been burning!

■ Avez-vous eu le temps de parler de nos projets de vacances à Patricia?
Did you have time to talk to Patricia about our vacation plans?

■ Le président parlera à la presse de la situation économique internationale.
The president will speak to the press about the international economic situation.

parler dans qch   to speak into sth

■ Parlez dans le micro, on vous entendra mieux.
Speak into the mike; we'll hear you better.

parler de + *inf*   to talk about + *ger*

■ Gaston parle de passer trois ans en Indonésie.
Gaston is talking about spending three years in Indonesia.

■ Elles parlent de rester une semaine de plus.
They are talking about staying another week.

parler contre/pour qch/qn   to speak against/for sth/sb

- Une jeune femme a parlé contre la construction du nouveau pont.
  A young woman spoke against the building of the new bridge.

- Personne n'a osé parler contre le dictateur.
  No one dared speak out against the dictator.

- Leur représentant a parlé pour l'ouverture de négociations.
  Their representative spoke in favor of opening negotiations.

parler sur qch/qn   to talk about sth/sb

- Nous allons parler sur Shakespeare pendant tout le colloque.
  We are going to talk about Shakespeare during the entire conference.

- Le conférencier parlera sur son dernier voyage au Pérou.
  The conference speaker will talk about his last trip to Peru.

partager qch/qn (avec qn)   to share sth/sb (with sb)

- Entre amis, il est normal de partager.
  It is normal to share among friends.

- Nous partageons votre douleur.
  We share your sorrow.

- J'ai besoin d'un couteau pour partager le gâteau.
  I need a knife to cut the cake.

- Voulez-vous partager notre modeste repas?
  Would you like to share our modest meal?

- Pendant quinze ans, elle a partagé l'exil de son mari.
  She shared her husband's exile for fifteen years.

- Je partagerais bien avec vous, mais il n'en reste qu'un morceau.
  I would share with you, but there is only one piece left.

- Elodie est à l'âge où elle ne veut partager son papa avec personne.
  Elodie is at the age at which she does not want to share her daddy with anyone.

- Elle partage la direction de l'entreprise familiale avec son frère.
  She shares the management of the family business with her brother.

(se) partager en qch   to divide into sth

- Qui est capable de partager la quiche en cinq parts absolument égales?
  Who can cut the quiche into five absolutely equal parts?

- Sa vie se partage en trois grandes périodes.
  His life breaks down into three major periods.

partager qch entre qch/qn   to share, divide up sth among sth/sb

- L'institutrice a partagé les bonbons entre tous les enfants.
  The school teacher divided the candy among all the children.

se partager qch (entre qch)   to share, divide sth among sth/sb

- Vous vous partagerez la responsabilité de notre échec.
  You will share the responsibility for our failure.

- Les voix se sont partagées presque également entre tous les candidats.
  The votes were divided almost equally among all the candidates.

être partagé entre qch/qn et qch/qn   to be torn, divided between sth/sb and sth/sb

- Nous étions partagés entre la crainte et l'espoir.
  We were torn between fear and hope.

- Jean-Paul est partagé entre sa carrière et ses enfants.
  Jean-Paul is divided between his career and his children.

être partagé sur qch   to be divided on sth

- Les avis sont partagés sur cette question.
  Opinions are divided on this question.

participer à qch   to participate in sth

- L'important n'est pas de gagner, mais de participer.
  The important thing is not winning but playing.

- Chloé ne participe pas suffisamment en classe.
  Chloé does not participate enough in class.

- Elle n'a plus le temps de participer aux activités du club.
  She no longer has time to take part in the club's activities.

- On nous a demandé de participer à la lutte contre le chômage.
  We have been asked to take part in the fight against unemployment.

- De nombreux enfants participaient aux manifestations.
  Many children were taking part in the demonstrations.

participer de qch (*lit*)   to partake of sth

- Je trouve que ses remarques participent d'une vision trop pessimiste de l'avenir.
  I find that his comments share in a too pessimistic view of the future.

- Son dernier ouvrage participe à la fois du récit historique et du roman policier.
  His last book is part historical novel, part detective story.

partir (+ *inf*)   to leave, go out; to go + *inf*

- Partir, c'est mourir un peu.
  To leave is to die a little.

- La navette partira dans dix minutes.
  The shuttle will leave in ten minutes.

- Denis part battu d'avance.
  Dennis sets himself up to fail.

- Elle est partie faire quelques courses, elle rentrera vers six heures.
  She has gone to do a little shopping. She will be back around six o'clock.

- Colomb était parti chercher la route des Indes.
  Columbus had set out to look for the way to India.

partir à/en/pour qch/de qch   to leave for/from somewhere

- Nous partons aux Antilles le mois prochain.
  We will leave for the West Indies next month.

- Il va partir en Argentine construire un barrage.
  He is leaving for Argentina to build a dam.

- Nos voisins sont partis pour la montagne.
  Our neighbors have left for the mountains.

- Quand est-ce que vous partez pour votre croisière?
  When are you leaving on your cruise?

- Nous partirons de Marseille le lundi quatorze.
  We will leave from Marseilles on Monday the fourteenth.

- Il est parti de rien et a bâti un empire.
  He started with nothing and built an empire.

- Sherlock Holmes partait des indices les plus infimes.
  Sherlock Holmes started with the most infinitesimal clues.

partir pour + *inf*   to leave to + *inf*

- Elle est partie en Afrique pour combattre le sous-développement.
  She left to fight underdevelopment in Africa.

- Il est bien parti pour gagner le Tour de France.
  He has gotten off to a good start in the Tour de France.

- Je suis parti pour rester tout l'été à travailler.
  It looks like I will be working here all summer.

parvenir à qch/à + *inf*   to reach sth; to succeed in sth/in + *ger*

- Ils prévoient de parvenir au sommet dans dix jours.
  They predict they will arrive at the summit in ten days.

- Il est très déçu de n'avoir pas pu parvenir à ses fins.
  He is very disappointed not to have been able to achieve his goals.

- Nous espérons parvenir à les convaincre de nous accompagner.
  We hope to succeed in convincing them to accompany us.

- On n'est toujours pas parvenu à découvrir un remède contre le rhume de cerveau.
  They still have not been able to discover a cure for the head cold.

passer qch (à qn)   to go by; to pass (sth to sb)

- La foule n'a pas voulu nous laisser passer.
  The crowd did not want to let us through.

■ Les vacances passent toujours trop vite.
Vacation always goes by too quickly.

■ Pourriez-vous me passer le sel, s'il vous plaît?
Could you please pass the salt?

■ Je ne vois vraiment pas comment ils vont passer l'hiver sans chauffage.
I really do not see how they are going to get through the winter without heating.

■ Il passe son permis de conduire demain après-midi.
He is taking his driving test tomorrow afternoon.

■ Nous avons passé un convoi militaire sur la route de Grenoble.
We passed a military convoy on the road to Grenoble.

■ Geneviève m'a passé un livre sur les Mayas.
Genevieve lent me a book on the Mayas.

■ Elle lui passe toutes ses fantaisies (/tous ses caprices).
She gives in to all his desires (/tantrums).

passer + *inf*   to come to + *inf*

■ Elle est passée nous emprunter un sac à dos et une paire de chaussures.
She came by to borrow a backpack and a pair of shoes.

■ Je passerai vous prendre avant midi.
I will stop by and pick you up before noon.

passer à/dans qch   to move on/into sth

■ Je préférerais que nous passions à la question suivante.
I would prefer it if we could move on to the next question.

■ De nombreux soldats sont passés à l'ennemi.
Numerous soldiers have defected to the enemy.

■ Lebrun est passé dans l'opposition après les dernières élections.
Lebrun switched to the opposition after the last elections.

passer (sa vie/le temps/du temps, etc.) à + *inf*   to spend (/your life/the time/time /etc.) + *ger*

■ Il passe une heure à se préparer le matin.
It takes him an hour to get ready each morning.

■ Irène a passé sa vie à s'inquiéter.
Irene spent her life worrying.

■ Je passe tout mon temps à répéter la même chose.
I spend all my time saying the same thing over and over.

passer chez qn   to stop at sb's

■ Peux-tu passer chez l'épicier en rentrant du bureau?
Can you stop by the grocery store on your way home from the office?

■ Je passerai chez eux avant de partir.
I will stop by their house before leaving.

passer par qch/qn   to go through sth/sb

- Cette année, le Tour de France passe par Toulouse.
  This year the Tour de France goes through Toulouse.

- Elle est passée par la littérature chinoise pour nous expliquer ce poème d'Eluard.
  She used examples from Chinese literature to explain Eluard's poem to us.

- Si tu passes par Robert, tu auras plus de chance d'obtenir un entretien avec le directeur du journal.
  If you go through Robert, you will have a better chance of getting an appointment with the manager of the newspaper.

passer pour qch/qn   to be taken for sth/sb

- Il passe pour un homme honnête.
  He is regarded as an honest man.

- Sa prudence passe pour de l'avarice.
  His caution is mistaken for stinginess.

- Elle pourrait passer pour une américaine.
  She could be taken for an American.

passer pour + *inf*   to be thought to + *inf*

- Ce député passait pour avoir des relations étroites avec le patronat.
  This congressman was thought to have close ties to the business community.

- Notre nouveau collègue passe pour être très sympathique.
  They say our new colleague is very nice.

passer sur qch   to go by; to pass over, overlook sth

- Elle regarde les péniches passer sur le canal.
  She watches the barges go by on the canal.

- Il n'a pas l'intention de passer sur ce genre d'erreur.
  He has no intention of overlooking this kind of mistake.

- Passons sur les détails, je vous prie.
  Let's skip the details, please.

se passer de qch/qn/de + *inf*   to do, get by without sth/sb/without + *ger*

- Je ne peux pas me passer de mon café après déjeuner.
  I cannot get by without my coffee after lunch.

- Elle se passerait bien de sa visite.
  She could do without his visit.

- Ça se passe de tout commentaire.
  There is nothing to say about that.

- Antoine et Cléopâtre ne pouvaient se passer l'un de l'autre.
  Anthony and Cleopatra could not live without each other.

- Est-ce que nous pouvons nous passer de les inviter?
  Can we get by without inviting them?

passionner qn   to fascinate sb

- L'astronomie le passionne depuis toujours.
  Astronomy has always been his passion.

- Le scandale a passionné tout Paris.
  The scandal fascinated all of Paris.

être passionné de qch, se passionner pour qch   to have a passion for sth

- Vincent est passionné de science-fiction.
  Vincent has a passion for science fiction.

- Je ne comprends pas que vous vous passionniez pour un sport aussi violent.
  I cannot believe that you can be so taken with such a violent sport.

- Louis XVI se passionnait plus pour la serrurerie que pour la politique.
  Louis XVI was more interested in ironwork than in politics.

pâtir de qch (*lit*)   to suffer (because of) sth

- Nous allons tous pâtir des conséquences de ses actes.
  We are all going to suffer the consequences of his actions.

- C'est toi qui va pâtir de cette décision.
  You are the one who is going to pay for this decision.

payer qn/qch (à qn)   to pay sth/sb (sth)

- Nous payons de plus en plus d'impôts.
  We pay more and more taxes.

- Joseph a payé cinq cents francs pour son costume.
  Joseph paid five hundred francs for his suit.

- Elle ne paie pas ses fournisseurs régulièrement.
  She does not pay her suppliers regularly.

- L'opposition l'a payé pour qu'il raconte tout à la presse.
  The opposition paid him to tell everything to the press.

- Ses parents lui ont payé une voiture.
  Her parents bought her a car.

payer qn de/pour qch   to (re)pay sb for sth

- Comment pourrais-je jamais vous payer de votre gentillesse?
  How will I ever be able to repay your kindness?

- Il a été bien mal payé de sa patience.
  He was poorly rewarded for his patience.

- Est-ce que tu as payé l'électricien pour son travail?
  Did you pay the electrician for his work?

payer qn pour + *inf*   to pay sb to + *inf*

- Elle dit qu'elle te paiera pour repeindre sa maison.
  She says that she will pay you to repaint her house.

■   Je ne suis pas payé pour vous tenir compagnie.
I am not paid to keep you company.

être payé pour qch/pour + *inf*   to be paid for sth/to + *inf*

■   Je regrette, monsieur, je ne suis pas payé pour ce genre de travail.
I am sorry, sir. I am not paid to do this kind of work.

■   Vous serez payés pour votre insolence.
You will suffer the consequences of your insolence.

■   N'ayez pas peur de lui poser des questions, elle est payée pour vous répondre.
Do not be afraid to ask her. She is paid to answer your questions.

■   Je suis bien payé pour savoir qu'il est incompétent.
I have learned the hard way that he is incompetent.

se payer qch/qn (*fam*)   to treat oneself to sth; to let sb have it

■   Tu as vu que Jacqueline s'est payé un nouveau manteau de fourrure!
Have you seen that Jacqueline bought herself a new fur coat?

■   Ils se sont encore payé des vacances à Tahiti.
They treated themselves to another vacation in Tahiti.

■   S'il continue à m'embêter, je vais me le payer, tu vas voir!
If he keeps bugging me, he's going to get it. You'll see!

se payer de qch   to delude oneself with sth

■   Ce que j'apprécie en elle, c'est qu'elle ne se paie pas de mots (/d'illusions).
What I like about her is that she does not mince words (/she does not delude herself).

pécher contre qch/qn   to sin against sth/sb

■   Il a promis au prêtre de ne plus pécher.
He promised the priest that he would sin no more.

■   Ne pas les recevoir, c'est pécher contre l'hospitalité.
Not to welcome them is to sin against hospitality.

pécher par/sur qch   to sin by sth; to err on sth

■   Je crois qu'il a péché par ignorance (/par excès de confiance).
I think that he sinned by ignorance (/overconfidence).

■   Votre raisonnement pèche sur un point précis.
Your reasoning errs on a specific point.

■   Son projet pèche sur (/par) bien des côtés.
This project has many shortcomings.

pencher (pour qch/qn)   to lean, to tilt; to tend towards sth/sb

■   Est-ce que la Tour de Pise penche vraiment?
Does the Tower of Pisa really lean?

- La mer était si mauvaise que le bateau penchait dangereusement.
  The sea was so bad that the boat was leaning dangerously.
- Le photographe nous a demandé de pencher un peu la tête.
  The photographer asked us to tilt our heads a little.
- Nous n'arrivons pas à nous mettre d'accord: je penche pour une décapotable et ma femme pour un break.
  We cannot reach an agreement; I am leaning towards a convertible and my wife towards a station wagon.
- Je crois que le jury penche plutôt pour la peine maximum.
  I think that the jury is leaning towards the maximum sentence.
- Elle penche nettement pour les conservateurs.
  Clearly, she is leaning towards the conservatives.

se pencher à/par/sur qch   to lean over, out of sth; to look into sth

- Si vous vous penchez un peu, vous verrez mieux.
  If you lean over here a little, you will see better.
- Ne te penche pas à (/par) la fenêtre, tu vas tomber.
  Do not lean out of the window. You may fall.
- C'est une série d'émissions qui se penche sur le problème des sans-abri.
  It is a series of programs about the problems of the homeless.
- Les plus grands spécialistes se sont penchés sur son cas.
  The most famous specialists looked into his case.

pendre qch/qn (à qch)   to hang sth/sb (from/on sth)

- Va pendre ton manteau.
  Go hang up your coat.
- Dans le temps, on pendait les assassins, ou bien on leur coupait la tête.
  In the old days murderers were hanged or beheaded.
- Dans la vieille ville, le linge pendait aux fenêtres.
  In the old town laundry hung from the windows.
- Un pistolet pendait à la ceinture du policier.
  A gun was in the police officer's holster.
- Elle reste des heures pendue au téléphone.
  She spends hours on the telephone.
- Pour éloigner les vampires, on pendait de l'ail aux portes des granges.
  To ward off vampires, they would hang garlic over the barn doors.
- On a essayé de le pendre au plafond par les pieds, mais il n'a pas trouvé ça drôle.
  We tried to hang him from the ceiling by his feet, but he did not find it funny.

se pendre à qch/qn   to hang oneself from/on sth/sb

- Ghislaine s'est pendue à son cou pendant toute la soirée.
  Ghislaine was hanging on his neck all through the evening.
- La petite fille se pendait à sa mère de peur de tomber.
  The little girl, afraid of falling, was clinging onto her mother.

pénétrer (dans qch)   to enter, penetrate (into sth)

■ Le froid pénétrait même nos manteaux.
  The cold was getting inside our coats.

■ Il est difficile de pénétrer sa pensée (/le sens de ce poème).
  It is hard to fathom his thoughts (/the meaning of this poem).

■ Est-ce que tu as pénétré le secret de Jean-Marie?
  Have you discovered Jean-Marie's secret?

■ Il faut laisser ses paroles vous pénétrer l'esprit.
  You have to let his words seep into your mind.

■ Le cambrioleur a réussi à pénétrer dans la maison malgré l'alarme.
  The burglar managed to break into our house in spite of the alarm system.

■ L'eau a pénétré dans le bois et a laissé une tache.
  Water seeped into the wood and left a stain.

pénétrer qn de qch   to fill sb with sth, be filled with sth

■ Son courage a pénétré d'admiration tous ses amis.
  His courage filled all his friends with admiration.

se pénétrer de qch   to understand sth, to convince oneself of sth

■ J'espère que vous vous êtes pénétré de l'importance de votre décision.
  I hope that you really understand the importance of your decision.

■ Claude n'arrive pas à se pénétrer de la valeur de son travail.
  Claude can't quite fathom the value of his work.

penser (+ *inf*)   to think, believe that

■ Qui a dit: "Je pense, donc je suis"?
  Who said, "I think, therefore I am"?

■ Quand je pense que j'aurais pu devenir amiral!
  When I think that I could have become an admiral!

■ Nathalie pense venir nous voir l'été prochain.
  Natalie is thinking about coming to see us next summer.

■ Je pense pouvoir terminer le manuscrit avant la fin du mois.
  I think I will be able to finish the manuscript before the end of the month.

penser à qch/qn/à + *inf*   to think of sth/sb/to + *inf*

■ Nous pensons à toi tous les jours.
  We think about you every day.

■ Pense à la tête qu'il fera quand il ne trouvera plus sa voiture.
  Imagine the look on his face when he cannot find his car.

■ Elle n'a pas pensé au bureau pendant une semaine.
  She did not think about the office for a week.

■ Je n'ai pas pensé à lui laisser des instructions.
  I did not think to leave him instructions.

- Vous penserez à lui donner le bonjour de ma part, n'est-ce pas?
  You will remember to say hello to him for me, won't you?

penser qch de qch/qn   to think sth of sth/sb

- Janine pense beaucoup de bien de vous.
  Janine thinks very highly of you.

- Que pensez-vous de ma nouvelle coupe de cheveux? —Je n'en pense rien du tout.
  What do you think about my new hairstyle? —I do not think anything about it at all.

perfectionner qch   to improve sth

- Il prend des cours de tennis pour perfectionner son revers.
  He is taking tennis lessons to improve his backhand.

- Le nouveau modèle Peugeot a besoin d'être perfectionné.
  The new Peugeot needs fine tuning.

se perfectionner (dans/en qch)   to improve oneself (in sth)

- Thérèse cherche toujours à se perfectionner.
  Therese is always trying to better herself.

- Il suit des cours du soir pour se perfectionner en informatique.
  He is taking night classes to learn more about computers.

- Ses parents l'envoient au Japon pour qu'il se perfectionne dans la langue.
  His parents are sending him to Japan to work on his Japanese.

périr de qch   to die of sth

- Vous n'allez pas laisser périr ces fleurs?
  You are not going to let these flowers die?

- De nombreuses personnes ont péri dans la catastrophe.
  Many people died in the catastrophe.

- Une partie de la population a péri de malnutrition.
  Part of the population died from malnutrition.

- Si l'hiver continue, de nombreux oiseaux vont périr de froid.
  If winter lasts much longer, many birds will perish from the cold.

permettre qch (à qn)   to allow (sb) sth

- Vous permettez que je donne un coup de téléphone?
  May I make a telephone call?

- La loi ne permettait pas l'importation des magnétoscopes.
  The law did not allow VCRs to be imported.

- Le conseil municipal a permis la construction d'un nouveau pont.
  The city council authorized the construction of a new bridge.

- Je ne peux pas vous permettre de telles remarques.
  I cannot allow you to make such remarks.

- Le succès de son roman lui permet les plus grands espoirs.
  His novel's success has given him great hope.

permettre de + *inf*   to allow to + *inf*

- La porte de derrière permet de sortir sans être vu.
  The back door allows you to leave without being seen.
- Un escalier extérieur permet d'accéder au deuxième étage.
  An outdoor staircase provides access to the second floor.

permettre à qn de + *inf*   to allow sb to + *inf*

- Permettez-moi de vous montrer le chemin.
  Allow me to show you the way.
- Le temps n'a pas permis aux vacanciers de faire le tour de l'île en bateau.
  The weather did not allow the vacationers to tour the island by boat.
- Qui vous a permis de lire mon courrier?
  Who authorized you to read my mail?

se permettre qch/de + *inf*   to allow oneself sth/to + *inf*

- Vous vous permettez vraiment n'importe quoi!
  You really think you can do anything!
- Puis-je me permettre une dernière question?
  May I ask just one last question?
- Elle se permettait d'interrompre le conférencier à tout moment.
  She rudely kept interrupting the speaker.
- Je ne me permettrais jamais de lui parler sur ce ton.
  I would never talk to him that way.
- Irène se permet de me téléphoner à n'importe quelle heure.
  Irene calls me at all hours of the day and night.

persévérer (à + *inf*)   to persevere, continue to + *inf*

- Le secret de la réussite, c'est de persévérer.
  Perseverance is the secret of success.
- Henri persévère à vouloir me prouver le contraire.
  Henry still wants to prove the contrary.
- Je persévère à croire qu'il y a une meilleure solution.
  I still think that there is a better solution.

persévérer dans qch   to persevere, persist in sth

- Je vous engage à persévérer dans cette voie.
  I encourage you to persist in this direction.
- Ne persévérez pas dans votre erreur.
  Do not persevere in your error.
- Cet élève a fait des progrès, il doit persévérer dans ses efforts.
  This student has made progress. He has to persevere.

persister (à + *inf*)   to persist (in + *ger*)

■ Le temps chaud va persister jusqu'à la fin de la semaine.
The hot weather will continue until the end of the week.

■ Comme la douleur persistait, elle est allée voir le médecin.
Since the pain was persistent, she went to see the doctor.

■ Il persiste à vouloir que je lui donne une augmentation.
He persists in wanting me to give him a raise.

■ Je persiste à croire que nous pourrions faire mieux.
I continue to believe that we can do better.

persister dans qch   to persist in sth

■ Je suis désolé de voir que vous persistez dans votre erreur (/dans votre refus).
I am sorry to see that you are persisting in your mistakes (/maintaining your refusal).

■ Philippe persiste dans ses mauvaises habitudes.
Philippe persists in his bad habits.

persuader qn (de qch)   to persuade, convince sb (of sth)

■ Il en faut plus pour me persuader.
It will take more to persuade me.

■ Elle voulait persuader ses parents que tout irait bien.
She wanted to persuade her parents that everything would be all right.

■ Il a essayé de persuader le jury de son innocence.
He tried to persuade the jury of his innocence.

■ Laure n'a pas pu persuader les douaniers de sa bonne foi.
Laure could not persuade the customs officers of her good faith.

persuader (à) qn de + *inf*   to persuade sb to + *inf*

■ Ils l'ont finalement persuadé de donner sa démission.
They finally persuaded him to submit his resignation.

■ Cette campagne vise à persuader aux (les) automobilistes de respecter la limite de vitesse.
This campaign aims at convincing motorists to respect the speed limit.

■ Persuade-le (lui) de me donner une deuxième chance.
Persuade him to give me a second chance.

se persuader que/de qch   to persuade oneself that/of sth

■ Elle s'est persuadée que je lui veux du mal.
She is persuaded that I want to hurt her.

■ William a fini par se persuader de la valeur de son travail.
William finally persuaded himself of the importance of his work.

■ J'attends toujours qu'elle se persuade de l'importance de mon projet.
I am still waiting for her to convince herself of the importance of my proposal.

peser (à qn)   to weigh (sb down)

- Il pesait plus de cent kilos avant de commencer son régime.
  He weighed over two hundred pounds before starting his diet.
- N'oublie pas de faire peser le paquet avant de l'affranchir.
  Do not forget to have the package weighed before putting stamps on it.
- Et encore, je pèse mes mots!
  I am weighing my words.
- Son travail lui pèse de plus en plus.
  He feels more and more weighted down by his job.
- L'exil en Amérique latine leur a beaucoup pesé.
  Their exile in Latin America was difficult for them.

peser de qch/sur qch/qn   to weigh with sth/on sth/sb

- Le rocher pesait de tout son poids sur la jambe du blessé.
  The rock was pressing heavily on the wounded man's leg.
- Ses nouvelles responsabilités pèsent lourd sur ses épaules.
  Her new responsibilities weigh heavily on her shoulders.
- Son échec lui pèse sur le cœur.
  His failure lies heavily on his heart.
- Le départ de sa femme a beaucoup pesé sur sa décision.
  His wife's departure had a lot to do with his decision.
- La plupart des soupçons pèsent sur lui.
  Most of the suspicions hang over him.

peupler (de qch/qn)   to populate, fill (with sth/sb)

- Les colons anglais ont peuplé toute la côte est du pays.
  The English colonists populated the entire east coast of the country.
- Cette région est peuplée depuis des millénaires.
  This area has been populated for thousands of years.
- Les voyages ont toujours peuplé les rêves (/l'imagination) de l'humanité.
  Traveling has always filled the dreams (/the imagination) of humankind.
- Cette forêt est peuplée de cerfs et de daims.
  This forest is full of stags and deer.
- La ferme de mon grand-père est peuplée de souvenirs du temps passé.
  My grandfather's farm is filled with memories of the past.
- L'esprit de l'artiste était peuplé de visions d'horreur.
  Visions of horror filled the artist's mind.

se peupler (de qch/qn)   to fill up, be populated (with sth/sb)

- A Madrid, le centre-ville se peuple après le coucher du soleil.
  In Madrid the center of the town fills up with people after sunset.
- La côte se peuple de touristes pendant l'été.
  The coast fills up with tourists in the summer.

piquer qch/qn   to sting, excite, arouse sth/sb

- Attention aux orties, ça pique!
  Watch out for thistles. They sting!
- La pollution me pique les yeux.
  The pollution is making my eyes sting.
- Les remarques de Maryse ont piqué ma curiosité (/mon intérêt).
  Maryse's remarks aroused my curiosity (/my interest).
- Les moqueries de ses camarades ont piqué son amour-propre.
  His friends' taunting remarks hurt his pride.
- Les policiers l'ont piqué à la sortie du casino. *(fam)*
  The police nabbed him outside the casino.

piquer qch à qn (*fam*)   to steal sth from sb

- Qui est-ce qui m'a piqué mon crayon?
  Who swiped my pencil?
- Attention, il essaie de te piquer tes idées!
  Watch out! He is trying to steal your ideas.

piquer qn contre qch   to inoculate sb against sth

- Avant de partir au Brésil, il s'est fait piquer contre la malaria.
  Before leaving for Brazil, he was inoculated against malaria.
- Il va falloir faire piquer Stéphanie contre le tétanos.
  You are going to have to inoculate Stephanie against tetanus.

piquer sur/vers qch/qn   to swoop down on sth/sb

- L'avion piqua sur l'aéroport.
  The plane headed straight for the airport.

se piquer (à qch)   to prick oneself (on sth)

- Le vin a fini par se piquer.
  The wine finally turned into vinegar.
- La Belle au Bois Dormant s'est piquée en filant sa quenouille.
  Sleeping Beauty pricked her finger on a spinning wheel.
- Armand se pique facilement.
  Armand takes offense easily.
- Attention de ne pas te piquer aux ronces (/aux orties/rosiers).
  Be careful not to prick yourself on the thorns (/thistles/rose bushes).
- Il paraît qu'il se pique à la morphine (/à l'héroïne).
  Apparently, he is shooting morphine (/heroin).

se piquer de qch/de + *inf*   to pride oneself on sth, pretend that

- Depuis quelque temps, Mathieu se pique de critique littéraire.
  Lately, Matthew has been thinking of himself as a literary critic.

- Savez-vous qu'il se pique de pouvoir courir le marathon?
  Do you know that he pretends he can run a marathon?

plaider (contre/pour/en faveur de qch/qn)   to plead (against/for sth/sb)

- L'avocat a plaidé les circonstances atténuantes.
  The lawyer pleaded extenuating circumstances.
- Plaidez-vous coupable?
  Do you plead guilty?
- Il a encore fallu que je plaide sa cause devant le patron.
  I had to plead his case before the boss.
- J'ai eu beau plaider en sa faveur, on l'a mis à la porte.
  I did what I could to defend him, but they fired him.
- Plusieurs groupes écologistes ont plaidé contre la construction de la nouvelle centrale nucléaire.
  Several environmental groups pleaded against building the new nuclear power plant.

plaindre qn (de + *inf*)   to pity sb (for + *ger*)

- Je plains les gens qui habitent près de l'autoroute.
  I feel sorry for the people who live near the highway.
- La pauvre, avec les enfants qu'elle a, je la plains!
  Poor gal, I pity her with kids like hers!
- Je vous plains d'avoir à vivre avec lui.
  I feel sorry for you having to live with him.

se plaindre à qn (de qch/qn)   to complain to sb (about sth/sb)

- Elle a déliré de fièvre et s'est plainte toute la nuit.
  She was delirious with fever and complained all night long.
- Les usagers se plaignent que la route est trop étroite.
  The drivers complain that the road is too narrow.
- Tu n'utilises jamais l'anti-vol: ne viens pas te plaindre si on te prend ton vélo.
  You never use your bike lock; don't complain if your bike is stolen.
- Il ne s'est jamais plaint de ses souffrances.
  He never complained about his suffering.
- Christiane s'est plainte amèrement de sa nièce.
  Christiane complained bitterly about her niece.
- Les gens se plaignent de plus en plus de la hausse des prix.
  People complain more and more about the rising cost of living.
- Si vous n'êtes pas satisfait, allez vous plaindre à la direction!
  If you are not happy, go complain to the management!
- Tout le quartier s'est plaint du bruit à la police, mais rien n'a changé.
  The entire neighborhood complained to the police about the noise, but nothing changed.
- Elle est allée se plaindre de son voisin au professeur.
  She went and complained about her neighbor to the professor.

plaire à qn   to please sb

- Elle ne pense qu'à plaire.
  She only thinks about being attractive.

- Est-ce que la pièce vous a plu?
  Did you enjoy the play?

- Il ne sait comment plaire à ses beaux-parents.
  He does not know how to please his in-laws.

- Notre nouveau modèle plaira à tous ceux qui aiment à la fois la vitesse et le comfort.
  Our new model will please anyone who likes speed and comfort.

- Elle fait toujours ce qui lui plaît.
  She always does as she pleases.

il plaît à qn de + *inf*   it pleases sb to + *inf*

- Il me plaît de penser que je vais la revoir.
  I like to think that I will be seeing her again.

- Est-ce que ça vous plairait de visiter la vieille ville?
  Would you like to visit the old town?

se plaire (à + *inf*)   to like (oneself); to enjoy + *ger*

- Ils se sont plu à leur première rencontre.
  They liked each other from their first meeting.

- Tu te plais avec ce costume?
  Do you like the way you look in this suit?

- Eric s'est beaucoup plu en Amérique.
  Eric really liked it in America.

- Il se plaît à marcher seul dans la montagne.
  He enjoys walking alone in the mountains.

- Vous vous plaisez vraiment à courir pendant 42 kilomètres?
  Do you really enjoy running 42 kilometers?

plaisanter avec qch/qn   to tease sb; to joke with sth/sb

- Son père n'a pas l'air de plaisanter!
  His father does not seem to be kidding around!

- On ne plaisante pas avec la loi (/le règlement)!
  You do not play around with the law (/the rules)!

- Il ne faut pas plaisanter avec sa santé.
  It is not good to play games with your health.

- Le prince est très sympathique: il a plaisanté quelques instants avec nous avant de repartir.
  The prince is very nice. He joked with us for a few minutes before leaving.

- Je ne te conseille pas de plaisanter avec Lenoir, c'est un violent.
  I advise you not to joke with Lenoir; he gets violent.

plaisanter (qn) sur qch/qn   to kid (sb), joke about sth

- Elle n'aime pas beaucoup qu'on plaisante sur ce sujet.
  She does not like us to joke about this subject.

- Ils n'ont pas arrêté de plaisanter sur le compte de François.
  They did not stop making fun of François.

- Il m'arrive de plaisanter Lucien sur son étourderie.
  Sometimes I kid Lucien about his absent-mindedness.

pleurer (qch/qn)   to cry (over sth/sb)

- Arrête de pleurer, tout ça va s'arranger.
  Stop crying. It will all work out.

- J'ai fermé les clés à l'intérieur de la voiture; j'en aurais pleuré.
  I locked my keys inside the car; I could have cried.

- Le pays entier pleure le chef de l'Etat.
  The entire country is mourning for the head of state.

- Harpagon pleurait la perte de sa cassette.
  Harpagon was crying over the loss of his money box.

pleurer après/sur qch   to cry, whine for/over sth

- Elle pleure après des sucreries toute la journée.
  She cries for candy all day long.

- Il est allé pleurer après sa prime de fin d'année.
  He went to beg for his end-of-the-year bonus.

- Inutile de pleurer sur le passé, ce qui est fait est fait.
  There is no use crying over spilt milk. What is done is done.

- Il a passé une heure à pleurer sur son sort.
  He spent an hour bemoaning his lot in life.

pleurer de qch   to cry for/with sth

- L'enfant pleurait de rage et d'humiliation.
  The child was crying out of rage and humiliation.

- C'est à pleurer d'ennui.
  It is boring me to tears.

plier qch/qn (à qch)   to bend sth/sb (to sth)

- Pour bien skier, il faut plier les jambes.
  To ski well, you have to bend your knees.

- Pliez la lettre en deux avant de la glisser dans l'enveloppe.
  Fold the letter in half before putting it into the envelope.

- Il a juré de te plier à sa loi (/à sa volonté).
  He swore to lay down the law to you (/to bend you to his will).

plier devant qch   to give in, yield to sth; to bow before sth/sb

- Il ne plie devant aucune autorité.
  He does not give in (/yield) to any authority.

- Elle a plié le genou devant l'autel.
  She genuflected in front of the altar.

se plier à qch   to submit to sth

- Il a du mal à se plier à la discipline militaire.
  He has a hard time submitting to military discipline.

- Je ne me plierai pas à tous tes caprices.
  I will not give in to all of your tantrums (/whims).

- Il faudra bien qu'elle se plie à la loi (/à la règle) comme tout le monde.
  She'll have to abide by the law (/the rules) like anyone else.

plonger dans/sur qch   to dive into/onto sth

- Cet été, Bernard a décidé d'apprendre à plonger.
  This summer Bernard decided to learn how to dive.

- L'oiseau a plongé et a disparu dans les flots.
  The bird dove and disappeared in the waves.

- A Etretat, les falaises de calcaire plongent dans la mer.
  At Etretat the limestone cliffs plunge into the sea.

- Elle a plongé son regard dans le mien et mon cœur n'a fait qu'un bond.
  She looked into my eyes, and my heart leaped.

- J'étais si fatigué que j'ai tout de suite plongé dans un sommeil profond.
  I was so tired that I immediately sank into a deep sleep.

- Il a plongé sa main dans le sac de bonbons.
  He plunged his hand into the bag of candy.

- Soudain, l'aigle a plongé sur sa proie.
  Suddenly, the eagle dove onto its prey.

- De sa fenêtre, le regard plonge sur l'océan.
  Her window has a view overlooking the ocean.

- L'avion plongeait droit sur la ville.
  The airplane was diving straight for the city.

plonger qn dans qch   to throw sb into sth

- Sa visite nous a plongés dans l'embarras.
  Her visit was very embarrassing to us.

- La nouvelle a plongé les enfants dans l'angoisse.
  The news made the children anxious.

- L'éruption volcanique a plongé le village dans la nuit.
  The volcanic eruption plunged the village into darkness.

se plonger dans qch   to dive, throw oneself into sth

- Depuis qu'il s'est plongé dans les romans de science-fiction, il en oublie de manger.
  Since he has gotten into science fiction novels, he even forgets to eat.

- Evelyne se plonge dans ses études avec enthousiasme.
  Evelyne enthusiastically throws herself into her studies.

porter qch (à qn)   to wear sth; to take, carry sth (to sb)

- Il portait un chapeau mou et des gants de cuir.
  He was wearing a fedora and leather gloves.

- Vous porterez la responsabilité de votre échec.
  You will bear the responsibility for your failure.

- Toute l'équipe portait l'entraîneur sur ses épaules.
  The entire team was carrying the coach on their shoulders.

- Son visage portait les traces de la maladie.
  His face showed the marks of the disease.

- Le Petit Chaperon Rouge portait à sa grand-mère une galette et un pot de lait.
  Little Red Riding Hood took a cake and a jug of milk to her grandmother.

- Va porter mes lettres à la poste, s'il te plaît.
  Please take my letters to the post office.

- Ses origines sociales le portaient à l'action politique.
  His social background led him to political action.

- Portez la température à 200 degrés.
  Bring the temperature up to 200 degrees.

- Il a porté l'art de la nouvelle à sa perfection.
  He has taken the art of short story writing to perfection.

porter qn à + *inf*   to lead sb to + *inf*

- Tout me porte à croire qu'il est coupable.
  Everything leads me to believe that he is guilty.

- Son caractère le portait à fuir les responsabilités.
  His character made him shrink from responsibilities.

- Qu'est-ce qui a pu le porter à se conduire comme cela?
  What on earth could have made him act like that?

porter contre   to come in contact with/ against sth

- Il a glissé et sa tête a porté contre le coin de la table.
  He slipped, and his head banged against the corner of the table.

porter sur qch   to be supported by, fall on sth; to turn on, be about, focus on sth

- Le toit porte sur trois poutres.
  The roof is supported by three beams.

- Le cours portera sur la littérature québécoise.
  The class will be about literature from Quebec.
- Ses critiques portaient sur le bilan de l'année dernière.
  His criticisms focused on last year's annual report.

être porté à qch/+ *inf*   to be prone to sth, be inclined to + *inf*

- Par nature, elle n'est pas portée à la conciliation.
  She is not naturally prone to conciliations.
- Je suis porté à croire que vous mentez.
  I am inclined to believe that you're lying.
- Je ne suis pas très porté à me laisser marcher sur les pieds.
  I am not very fond of being stepped on.

être porté sur qch   to be into sth

- On dit qu'il est porté sur la boisson.
  Apparently, he is into drinking.
- Anne n'est pas très portée sur la musique rock.
  Anne is not very interested in rock music.

se porter   to be, do (well/poorly)

- Comment vous portez-vous ces jours-ci? —Je ne me porte pas mal, merci.
  How have you been lately? —I am doing well, thank you.

se porter sur qch   to fall on sth

- Les soupçons de la police se sont portés sur le jardinier.
  The police's suspicions fell on the gardener.
- Tous les regards se sont portés sur l'étranger.
  Everyone looked at the stranger.

poser   to put (down), to set (down)

- Posez vos bagages et asseyez-vous.
  Put down your luggage and have a seat.

poser à qn   to act like sb

- Il pose à l'amateur d'art.
  He acts the part of the art connoisseur.
- Gabriel pose à celui qui est revenu de tout.
  Gabriel acts as if he has seen it all.

poser qch à qch/qn   to ask sb sth; to pose, present sb with sth

- Pourrais-je poser une question à M. Leblanc?
  May I ask Mr. Leblanc a question?
- Son départ va nous poser un gros problème.
  His departure will present us with a big problem.

■ Il va falloir poser des limites à son action.
You are going to have to set limits on his actions.

poser pour qch   to pose for sth

■ Elle pose pour des magazines de mode.
She poses for fashion magazines.

poser qch contre/sur qch   to put sth against/on sth

■ Posez votre manteau sur la chaise.
Put your coat on the chair.

■ Je t'ai interdit de poser ton vélo contre la voiture.
I forbade you to lean your bike against the car.

se poser (sur qch/qn)   to come up; to land on sth/sb

■ La question s'est posée de savoir si nous allions continuer.
The question came up of whether or not we are going to continue.

■ L'avion s'est posé malgré le brouillard.
The airplane landed in spite of the fog.

■ L'oiseau s'est posé sur ma main.
The bird came down and landed on my hand.

■ Lorsque son regard se posait sur moi, j'étais terrifié.
When he looked at me, I was terrified.

se poser en qn   to pretend to be sb

■ Il adore se poser en sauveur de la patrie.
He loves to present himself as the savior of the country.

pourvoir à qch   to provide for sth

■ C'est à vous de pourvoir à l'entretien de l'immeuble.
It is up to you to take care of the building's maintenance.

■ Il est chargé de pourvoir à la bonne marche des machines.
He is in charge of taking care of the upkeep of the machines.

■ Sa mère pourvoit à tous ses besoins.
Her mother provides for all her needs.

pourvoir qch/qn de qch   to provide, endow sb with sth

■ Leur nouvelle cuisine est pourvue de tout le confort moderne.
Their new kitchen is equipped with the latest conveniences.

■ La compagnie a pourvu Fabrice d'un bureau et d'une voiture de fonction.
The company provided Fabrice with an office and a company car.

■ La nature a pourvu Gilles d'une robuste constitution.
Nature provided Gilles with a strong constitution.

se pourvoir de qch   to provide oneself, equip oneself with sth

- Je me suis pourvu de chèques de voyage avant de partir.
  I got my traveler's checks before leaving.

- Est-ce que vous vous êtes pourvu de chaînes en cas de neige?
  Did you bring chains in case of snow?

pousser (qch/qn dans/sur qch)   to grow; to push (sth/sb in/on sth/sb)

- Ne poussez pas, s'il vous plaît.
  Please do not push.

- Nous avons décidé de pousser jusqu'à la frontière avant la nuit.
  We decided to drive up to the border before nightfall.

- C'est incroyable comme elle a poussé en un an.
  It is unbelievable how much she has grown in one year.

- Il fait pousser des endives dans son garage.
  He is growing Belgian endives in his garage.

- Elle a poussé un cri en voyant le désordre de la pièce.
  She let out a cry when she saw the mess in the room.

- Ma voiture est embourbée, pourriez-vous m'aider à la pousser?
  My car is stuck. Could you please help me to push it?

- Jean pousse trop ses enfants.
  Jean is pushing his children too much.

- Ils ont poussé la gentillesse jusqu'à nous prêter leur voiture.
  Their kindness went so far as to lend us their car.

- Il prétend qu'on l'a poussé dans l'escalier.
  He claims that he was pushed down the stairs.

- La tempête a poussé le navire sur les récifs.
  The storm swept the ship onto the reef.

pousser qn à qch/+ *inf*   to encourage, urge sb to + *inf;* to talk sb into + *ger;* to drive sb to sth

- Ses conseils m'ont poussé à investir dans l'immobilier.
  His advice got me to invest in real estate.

- Tout les pousse à prendre des risques.
  Everything is urging them to take risks.

- C'est sa femme qui le poussait à faire de la politique.
  His wife is the one who pushed him into politics.

précipiter qch   to speed sth up; hasten, precipitate sth

- Le mauvais temps a précipité notre départ.
  We left in a hurry because of the bad weather.

précipiter qch/qn de/du haut de qch   to throw sth/sb down from sth

- Le tremblement de terre a précipité la maison du haut de la falaise.
  The house was thrown from the top of the cliff by the earthquake.

précipiter qch contre qch   to throw sth against sth

- L'ouragan a précipité le navire contre les rochers.
  The hurricane drove the ship against the rocks.

se précipiter à/dans/sur qch   to rush toward/into sth

- Au printemps, la crise s'est précipitée.
  The crisis moved faster in the spring.

- Précipitez-vous aux Galeries Lafayette, les soldes se terminent le 15 mai.
  Hurry to the Galeries Lafayette. The sale is over on May 15.

- Quand il a appris la nouvelle, il s'est précipité à son chevet.
  When he learned the news, he rushed to her bedside.

- Les clients vont se précipiter sur les soldes.
  The customers are going to rush in to take advantage of the sale.

- Dès les premières gouttes, nous nous sommes précipités dans la maison.
  As soon as the first raindrops started, we hurried into the house.

prédire qch à qn   to predict sth to sb

- Personne n'avait prédit la tempête de neige.
  No one had predicted the snowstorm.

- Elle prétend pouvoir prédire l'avenir.
  She claims she can predict the future.

- Elle avait prédit à toutes ses amies qu'elle se marierait dans l'année.
  She had told all her friends that she would be married within a year.

- Je vous prédis qu'il changera d'avis d'ici peu.
  I predict that he will have changed his mind shortly.

- On prédit à Lenoir une brillante carrière.
  People foresee Lenoir having a brilliant career.

prédisposer qn à qch/à + *inf*   to predispose sb to sth/to + *inf*

- Son caractère le prédisposait à la mélancolie.
  His personality predisposed him to melancholy.

- Hubert est prédisposé aux accidents cardiaques.
  Hubert has a predisposition to heart problems.

- Le juge considéra que l'enfance de l'accusé l'avait prédisposé à commettre ses crimes.
  The judge considered (the fact) that the suspect's childhood had predisposed him to commit his crimes.

- Elle n'est pas prédisposée à nous faire des concessions.
  She is not predisposed to make any concessions to us.

prédisposer qn contre/en faveur de qch/qn   to predispose sb against/for sth/sb

- Notre dispute a prédisposé Georges contre tout compromis.
  Our argument predisposed George against any compromise.

- Le patron est prédisposé en sa faveur.
  The boss only sees the good side of her.

prédominer sur qch/qn   to dominate over sth/sb

- Dans cette région, c'est le vent du nord qui prédomine.
  In this area the north wind is predominant.

- Dans la plupart des tableaux de Delacroix, c'est le rouge qui prédomine.
  Red is the predominant color in most of Delacroix's paintings.

- Sa volonté prédomine sur celle de tous les autres.
  His will dominates all the others.

- Louise a toujours prédominé sur ses frères et sœurs.
  Louise always dominated her brothers and sisters.

- C'est l'influence de Picasso qui a prédominé sur le jeune peintre à ses débuts.
  Picasso's influence prevailed over the young painter in the beginning of his career.

préexister à qn/qch   to pre-exist sth/sb

- Cette maison est très ancienne, elle préexistait à tout le reste du quartier.
  This house is very old; it predates the rest of the neighborhood.

- Est-ce que la monarchie absolue préexistait à Louis XVI?
  Did absolute monarchy exist before Louis XVI?

préférer qch/qn/ + *inf*   to prefer sth to sb/to + *inf*

- Lequel de ces deux tableaux préférez-vous?
  Which of these two paintings do you prefer?

- Je crois que je préfère celui de Claude Monet.
  I think I prefer this one of Claude Monet's.

- Nous préférerions partir tout de suite après le déjeuner.
  We would prefer to leave immediately after lunch.

- Mathieu préférait travailler seul.
  Matthew preferred to work alone.

préférer qch/qn à qch/qn   to prefer sth/sb to sth/sb

- Au lycée, elle préférait l'histoire à la biologie.
  In high school she preferred history to biology.

- Je préfère Elizabeth à son frère.
  I prefer Elizabeth to her brother.

préméditer qch/de + *inf*   to plan sth/to + *inf*; to plan on + *ger*

- Je savais que Xavier préméditait un mauvais coup.
  I knew that Xavier was planning a dirty trick.

- L'assassin avait prémédité son crime pendant des mois.
  The assassin had planned his crime for months in advance.

- C'est une action qui méritait d'être préméditée plus longuement.
  This is an action that deserved much more advance planning.

- Il paraît qu'il avait prémédité de s'enfuir à l'étranger.
  Apparently, his escape abroad was premeditated.

- Elle préméditait de transférer son argent en Suisse.
  She was planning on transferring her money to Switzerland.

prémunir qn contre qch   to protect sb against sth

- Ce contrat nous prémunit contre toutes les mauvaises surprises.
  This contract protects us against any unexpected surprises.

- Etes-vous suffisamment prémunis contre le froid?
  Have you taken enough care to protect yourself against the cold?

se prémunir contre qch/qn   to protect oneself against sth/sb

- Si tu vas en Angleterre, je te conseille de te prémunir contre la pluie.
  If you go to England, I advise you to take precautions against rain.

- Je ne sais comment me prémunir contre ses attaques.
  I do not know how to protect myself against his attacks.

prendre qch/qn   to take sth/sb

- J'espère que la sauce va prendre.
  I hope that the sauce will set.

- En général, ce genre d'argument ne prend pas avec moi.
  In general, this kind of argument does not work with me.

- Qu'est-ce que vous prenez pour le petit déjeuner?
  What are you having for breakfast?

- C'est lui qui a pris la place de Legendre.
  He has taken Legendre's place.

- Tu prends un ou deux sucres?
  Do you take one or two lumps of sugar?

- Il a pris deux brochets dimanche dernier.
  He caught two pikes last Sunday.

- Je passerai vous prendre un peu avant huit heures.
  I will stop by and get you a little before eight o'clock.

- On l'a pris en train de voler une voiture.
  They caught him stealing a car.

prendre qch à qn   to take sth from sb

- Qui m'a pris mon stylo?
  Who took my pen?

- Les rebelles ont pris trois villes aux forces gouvernementales.
  The rebels took three cities from governmental forces.

- Je vais lui prendre sa température.
  I am going to take his temperature.

prendre qch/qn comme/pour qch/qn   to take sth/sb as/for sth/sb

- Au début, je l'ai prise pour une Anglaise.
  In the beginning I took her for an English woman.

- Il ne faut pas prendre cette région pour le paradis terrestre.
  Do not take this area to be heaven on earth.

- Vous avez tort de prendre tout ce qu'il dit pour argent comptant.
  You are wrong to take what he says for granted.

- Quelquefois, j'ai l'impression qu'il me prend pour un idiot.
  Sometimes I get the impression that he takes me for an idiot.

- On dit qu'elle prendra Nicole comme associée l'année prochaine.
  People say that she will take Nicole as her associate next year.

- Le prof nous a conseillé de prendre ce livre pour référence.
  The teacher advised us to use this book as a reference.

être pris dans qch   to be caught in sth

- L'oiseau est pris dans les mailles du filet.
  The bird got caught in the net.

- Elle était prise dans une situation très difficile.
  She was stuck in a very difficult situation.

s'en prendre à qch/qn   to go after sth/sb; to take it out on sb

- Je ne comprends pas pourquoi il s'en est pris à vous si violemment.
  I do not understand why he took it out on you so violently.

- Le ministre s'en est pris à la concurrence étrangère.
  The minister went after foreign competition.

se prendre pour qch/qn   to think of oneself as sth/sb

- Vincent se prend pour un génie.
  Vincent thinks he is a genius.

- Autrefois, son pays se prenait pour le centre du monde.
  In the old days his country thought it was the center of the world.

- Elle ne se prend pas pour une imbécile.
  She thinks highly of herself.

préoccuper qn   to preoccupy sb

- La situation politique le préoccupe.
  He is preoccupied by the political situation.

- La santé de Jean a beaucoup préoccupé sa famille.
  Jean's health preoccupied his family a lot.

se préoccuper de qch/qn   to concern oneself with, worry about sth/sb

- Tu devrais te préoccuper davantage de ton avenir!
  You should think about your future a little more!

■ Marthe ne se préoccupe pas du qu'en dira-t-on.
Martha does not really care what people will say.

■ Je trouve qu'il ne se préoccupe pas assez de ses enfants.
I find that he does not pay enough attention to his children.

préparer qch (à qn)   to prepare sth (for sb)

■ Il a dû partir pour préparer le dîner.
He had to leave to prepare dinner.

■ Je préparerai mon cours demain matin.
I will prepare my class tomorrow morning.

■ Je crois que le gouvernement nous a préparé une mauvaise surprise.
I think that the government has an unpleasant surprise in store for us.

■ Olivier nous prépare une bonne grippe.
Olivier is coming down with a bad case of the flu.

préparer qn à qch/à + *inf*   to prepare sb for sth/to + *inf*

■ Vous devriez les préparer à la nouvelle.
You'd better prepare them to hear the news.

■ Les étudiants pensent que tu ne les as pas très bien préparés à l'examen.
The students think that you did not prepare them very well for the exam.

■ La presse a préparé l'opinion à accepter la hausse des prix.
The press prepared public opinion to accept the price hikes.

■ Elle n'était pas préparée à devenir chef de famille.
She was not prepared to become head of the family.

se préparer (à qch/à + *inf*)   to get ready for sth/to + *inf*

■ Il est temps que tu te prépares, il vient nous chercher dans une demi-heure.
It is time for you to get ready. He is coming to get us in half an hour.

■ Nous nous préparons à cette éventualité depuis longtemps.
We have been preparing for this possibility for a long time.

■ De nos jours, il faut se préparer à tout.
These days you have to be ready for anything.

■ Thérèse se prépare à passer trois ans en Corée.
Therese is getting ready to spend three years in Korea.

se préparer pour qch   to prepare for sth

■ Est-ce que tu t'es préparée pour l'examen?
Did you prepare for the exam?

■ Nous ne nous sommes pas encore préparés pour le voyage.
We have not gotten ready for the trip yet.

prescrire qch à qn   to prescribe sth for sb

■ Le médecin lui a prescrit du repos et des antibiotiques.
The doctor prescribed rest and antibiotics.

■   On a prescrit à Eric un régime sévère.
They prescribed a severe diet for Eric.

présenter qch/qn (à qch/qn)   to present, introduce sth/sb to sth/sb

■   Je trouve que son mari présente très bien.
I think that her husband always looks nice.

■   Le malade présentait des symptômes inquiétants.
The patient showed disturbing symptoms.

■   Elle connaît le journaliste qui présente les actualités télévisées.
She knows the journalist who gives the broadcast news.

■   Est-ce qu'on t'a présenté le nouveau chef de la comptabilité?
Have you been introduced to the new head of accounting?

■   On va présenter la collection d'automne à la presse lundi prochain.
The fall collection is going to be presented to the press Monday morning.

■   Xavier présentera bientôt sa candidature au conseil municipal.
Xavier will soon announce his candidacy for the city council.

se présenter (à qch/qn)   to apply for sth, introduce oneself to sb

■   Les vacances se présentent bien.
Our vacation is off to a good start.

■   Permettez-moi de me présenter, je m'appelle Dumoulin.
Allow me to introduce myself. My name is Dumoulin.

■   Tu devrais te présenter au doyen.
You should introduce yourself to the dean.

■   On dit qu'elle se présentera aux prochaines élections.
It has been said that she will be a candidate in the next election.

■   Je lui ai conseillé de se présenter au poste de directeur commercial.
I advised him to apply for the position of commercial manager.

se présenter pour qch   to show up for sth

■   Elle s'est présentée pour l'entretien avec un quart d'heure de retard.
She showed up for the interview fifteen minutes late.

préserver qch/qn (de qch/qn)   to preserve, guard, save sth/sb (from sth/sb)

■   Jim préserve farouchement son indépendance.
Jim fiercely guards his independence.

■   Ils essaient de préserver les parcs naturels.
They are trying to preserve the natural parks.

■   Il faut préserver la rivière de toute contamination.
The river has to be preserved from any contamination.

■   Le comité de sélection doit être préservé de toute influence extérieure.
The selection committee must be shielded from all outside influence.

- Son nouvel emploi le préservera de tout souci matériel.
  His new position will guard him from any material concerns.

se préserver de qch/qn   to protect oneself from sth/sb

- Qu'est-ce que tu comptes faire pour te préserver de lui?
  What are you planning to do to protect yourself from him?

- On se préserve de la grippe en se faisant vacciner.
  You protect yourself from the flu by getting vaccinated.

- Cela ne suffira pas à les préserver du mauvais temps.
  That will not be enough to protect them from the bad weather.

présider (à) qch   to preside over sth

- Qui est-ce qui préside la conférence?
  Who is chairing the conference?

- Pendant quatre ans, elle présidera aux destinées du pays.
  She will preside over the country's destiny for four years.

presser qch/qn   to squeeze sth, hurry sb

- Le temps presse, il faut que vous vous décidiez!
  We are out of time; you have to decide!

- Pressez les citrons puis versez le jus sur la salade de fruit.
  Squeeze the lemons, and then pour the juice over the fruit salad.

- Que peut-on faire pour presser un peu les choses?
  What can we do to speed things up a little?

- Je ne voudrais pas vous presser, mais nous avons vingt minutes pour arriver à l'aéroport.
  I hate to hurry you, but we have twenty minutes to get to the airport.

presser qn de + *inf*   to urge, pressure sb to + *inf*

- Sa famille le presse de donner sa démission.
  His family is pressuring him to submit his resignation.

- Il m'a pressé de dire toute la vérité.
  He pressured me to tell the whole truth.

se presser (de + *inf*)   to hurry (to + *inf*)

- Presse-toi un peu, nous sommes déjà en retard.
  Hurry. We are already late.

- La foule se pressait à l'entrée du stade.
  The crowd was pressing around the stadium entrance.

- Elle ne s'est pas pressée de terminer son devoir.
  She was in no hurry to finish her assignment.

- Nous nous sommes pressés d'arriver avant la nuit.
  We hurried to arrive before nightfall.

présumer (de qch)   to presume, to be presumptuous about sth

- Je présume que vous savez ce que vous faites.
  I presume that you know what you are doing.
- Victoria présume qu'ils arriveront après le dîner.
  Victoria presumes that they will arrive after dinner.
- Il ne présume jamais de ses capacités à résoudre un problème.
  He is never presumptuous about his capability to solve problems.
- Ne présume pas trop de ton influence.
  Do not overestimate your influence.
- Le champion a présumé de ses forces.
  The champion overestimated his strength.

prétendre (à) qch   to pretend, claim sth

- Inutile de prétendre, je sais tout.
  It is no use pretending; I know everything.
- On prétend qu'il va quitter la région.
  People claim that he is going to leave the area.
- Il prétend à la succession depuis toujours.
  He has always had a claim to the succession.
- Vous ne prétendez tout de même pas à une compréhension totale du phénomène!
  You do not pretend to have a complete understanding of the phenomenon, do you?

prétendre + *inf*   to claim to + *inf*

- Jean-Claude prétend toujours savoir mieux que les autres.
  Jean-Claude always thinks he knows better than the others.
- Les deux hommes prétendent avoir battu le record de la traversée de l'Atlantique.
  The two men claim to have beaten the record for crossing the Atlantic.

se prétendre + *adj*   to claim, pretend to be + *adj*

- Elle se prétend compétente en la matière.
  She claims to be competent in the matter.

prêter qch à qn   to lend sb sth; to attribute sth to sb

- Ils ne prêtent pas facilement leurs jouets.
  They do not lend their toys easily.
- La banque prête à 11%.
  The bank offers loans at 11%.
- Est-ce que tu peux me prêter ta voiture?
  Can you lend me your car?
- On prête à Leclair des ambitions politiques.
  Leclair is said to have political ambitions.

prêter à qch   to be open to sth, to invite sth

- Son attitude a beaucoup prêté à la critique.
  His attitude has invited a lot of criticism.

- L'avarice d'Harpagon prête à rire.
  Harpagon's stinginess is laughable.

se prêter à qch   to lend oneself to sth; to go along with sth

- Elle s'est prêtée au jeu avec bonne volonté.
  She went along willingly with the game.

- Comment pouvez-vous vous prêter à ses manigances?
  How can you fall in with his schemes?

- Je refuse de me prêter à ce chantage.
  I refuse to lend myself to this blackmail.

- Le site se prête mal à une cérémonie d'une telle importance.
  The site does not lend itself well to such a big ceremony.

prévaloir (sur/contre qch/qn)   to prevail (over, against sth/sb); to overcome

- C'est son opinion qui a finalement prévalu.
  It is his opinion that finally prevailed.

- Je vous conseille de faire prévaloir vos droits.
  I advise you to insist upon your rights.

- Antoine a prévalu contre ses adversaires.
  Antoine overcame his adversaries.

- J'ai finalement prévalu contre sa résistance.
  I finally overcame his resistance.

- De toute façon, son avis prévaut toujours contre le mien.
  In any case, his opinion always prevails against (/overrides) mine.

se prévaloir de qch   to pride oneself on, take advantage of sth

- Jean-Pierre se prévaut de ses origines aristocratiques.
  Jean-Pierre prides himself on (/takes pride in) his aristocratic origins.

- Il s'est prévalu de ses relations avec Leblanc pour obtenir son emploi.
  He took advantage of his relationship with Leblanc to get his position.

prévenir qch   to prevent, avoid sth

- Ils ont tout fait pour prévenir la catastrophe.
  They did everything to prevent the catastrophe.

prévenir qn (de qch)   to warn, notify sb (of sth)

- Il faut que je les prévienne que le cours a été annulé.
  I have to let them know that the class has been cancelled.

- Je vous préviens, l'année prochaine sera difficile.
  I am warning you. Next year will be difficult.

■ On m'a prévenu trop tard de sa visite.
They let me know about his visit too late.

■ Est-ce qu'on nous préviendra du changement d'horaire?
Will we be notified of the time change?

être prévenu en faveur de/contre qch/qn   to be predisposed in favor of/against sth/sb; to be biased, prejudiced against sb

■ Tu as de la chance, il est prévenu en ta faveur.
You are lucky. He is predisposed in your favor.

■ J'ai l'impression que vous étiez prévenu contre moi bien avant notre rencontre.
I have the feeling that you were biased (/prejudiced) against me long before we met.

prévoir qch   to foresee, anticipate sth; to forecast (weather)

■ Personne n'avait prévu qu'il changerait d'avis.
No one foresaw that he would change his mind.

■ On prévoit une amélioration du temps en fin de semaine.
They are forecasting better weather at the end of the week.

prévoir de + *inf*   to plan to + *inf*

■ Nous avions prévu d'aller au cinéma, mais il s'est décommandé à la dernière minute.
We had planned to go to the movies, but he cancelled at the last minute.

■ Prévoyez-vous de visiter le Palais des Papes?
Are you planning to visit the Palais des Papes?

prier qn (à qch)   to pray to sb, invite sb to sth

■ Ils priaient les dieux de leur envoyer la pluie.
They prayed to the gods for rain.

■ Ils nous ont priés à dîner.
They invited us to dinner.

prier qn de + *inf*   to beg, ask, urge sb to + *inf*

■ Je vous prie de m'excuser.
I beg your pardon.

■ Elle m'a prié de t'envoyer son bonjour.
She asked me to say hello for her.

■ Vous êtes prié de vous présenter à mon bureau à 8 heures.
You are requested to present yourself at my office at 8 o'clock.

prier (qn) pour qch   to pray (sb) for sth

■ Le peuple prie pour sa guérison.
The people are praying for his recovery.

priver qn de qch   to deprive sb of sth

- Si vous continuez, je vais vous priver de cinéma pendant un mois.
  If you keep this up, I am going to take away your movie privileges for a month.

- La guerre a privé le pays de ressources pendant quatre ans.
  The war deprived the country of some resources for four years.

se priver de qch (pour qn)   to do without sth (for sb)

- Depuis qu'elle a gagné au loto, elle ne se prive plus de rien.
  She does not deny herself anything since she won the lottery.

- Ils ont décidé de se priver de mes services.
  They have decided to do without my help.

- Nous ne pouvons pas nous permettre de nous priver de son appui.
  We can't afford to do without his support.

- Ses parents se sont privés toute leur vie pour leurs enfants.
  His parents made sacrifices all their lives for their children.

procéder (à qch)   to proceed; to conduct sth

- Il a une drôle de manière de procéder, tu ne trouves pas?
  He has a strange way of going about things, don't you think?

- Pour résoudre ce type de problème, il suffit de procéder logiquement.
  To solve this kind of problem, all you have to do is proceed logically.

- Nous allons procéder à la vente aux enchères dans un quart d'heure.
  We are going to start the auction in fifteen minutes.

- Procédons au vote sans plus attendre.
  Let's move to the vote without further delay.

- Si tu vas lui demander de l'aide, je te conseille de procéder avec prudence.
  If you go ask him for help, I advise you to proceed with caution.

procéder de qch   to come, proceed from sth; to originate in sth

- Nos échecs procèdent d'un manque d'organisation.
  Our failures stem from a lack of organization.

- Sa théorie procède des travaux d'Einstein.
  His theory comes from Einstein's work.

procéder par qch   to proceed in/by sth

- Procédons par ordre, je vous prie.
  Let's take things one by one, please.

- Il faut procéder par élimination.
  We have to proceed by elimination.

procurer qch à qn   to bring sth to sb; to provide sb with sth

- La pratique du piano lui procure beaucoup de plaisir.
  She gets a lot of pleasure from playing the piano.

- Est-ce que vous pourriez-me procurer une liste des étudiants de mon prochain cours?
  Could you get me a class list for my next class?

se procurer qch   to get, obtain sth for oneself

- J'ai essayé de me procurer des chèques de voyage mais toutes les banques sont fermées le lundi.
  I tried to get myself some traveler's checks, but all the banks are closed on Mondays.

- Il va falloir que nous nous procurions un plan de la ville.
  We are going to have to get a map of the city.

prodiguer qch à qn   to lavish sth on sb

- Il adore prodiguer ses conseils à tout le monde.
  He adores lavishing his advice on everyone.

- Les médecins lui ont prodigué des soins intensifs.
  The doctors gave him intensive care.

se prodiguer pour qch   to give unsparingly of oneself to sth

- Louise s'est prodiguée à son métier sans compter.
  Louise gave unsparingly of herself to her profession.

profiter (à qch/qn)   to benefit (sth/sb)

- Le bébé a profité depuis notre dernière visite.
  The baby has gained weight since our last visit.

- La situation profite à nos intérêts.
  This situation is beneficial to our interests.

- Ses vacances lui ont profité.
  He really took advantage of his vacation.

- Cherchez à qui profite le crime.
  Look for whoever benefits from the crime.

profiter de qch/qn   to benefit from, take advantage of sth/sb

- Elle profite de son séjour à Mexico pour apprendre l'espagnol.
  She is taking advantage of her stay in Mexico City to learn Spanish.

- Je crois qu'ils ont assez profité de nous.
  I think that they have taken advantage of us enough.

- Vous avez profité de mon absence pour réorganiser le service.
  You took advantage of my absence to reorganize the department.

projeter qch/qn (à/sur/hors de qch)   to throw sth/sb (on/out of sth); to plan sth

- Les débris de l'appareil ont été projetés à plusieurs centaines de mètres de distance.
  The remains of the plane were hurled several hundred yards away.

- Au cours du tremblement de terre, l'eau a été projetée hors de la piscine.
  During the earthquake the water splashed out of the pool.

- Jackson Pollock projetait des pots de peinture sur sa toile.
  Jackson Pollock hurled paint from the pots onto his canvas.

- Les Legris projettent un voyage à Tunis.
  The Legris are planning a trip to Tunis.

- D'après les journaux, le gouvernement projetterait une nouvelle dévaluation.
  According to the newspapers, the government could be planning another devaluation.

- On doit projeter un film de Truffaut à la cinémathèque mardi prochain.
  They are scheduled to show one of Truffaut's films at the film club next Tuesday.

projeter de + *inf*   to plan to + *inf*

- Alice projette de rester en Bretagne jusqu'à la rentrée des classes.
  Alice is planning to stay in Brittany until school starts again.

- Nous projetions de revenir samedi soir, mais nous avons changé d'avis.
  We were planning to come back Saturday evening, but we changed our minds.

prolonger qch (de qch)   to continue, add sth (to sth)

- Est-ce qu'ils vont prolonger l'autoroute jusqu'à Troyes?
  Are they going to extend the highway all the way to Troyes?

- Inutile de prolonger notre entretien plus longtemps!
  It is useless to continue our conversation any longer!

- L'opération a prolongé sa vie de plusieurs années.
  The operation added several years to his life.

- Elle a décidé de prolonger son voyage d'une semaine.
  She decided to add another week to her trip.

se prolonger jusqu'à   to last until

- La discussion s'est prolongée jusqu'à minuit.
  The conversation lasted until midnight.

- Les effets de la crise de 1929 se sont prolongés jusqu'à la guerre.
  The effects of the 1929 stock market crash lasted until the war broke out.

promettre qch (à qn)   to promise (sb) sth; to be promising

- J'ai promis, je ne peux pas me dédire.
  I promised. I cannot go back on my word.

- Voilà un jeune violoniste qui promet!
  Here is a promising young violinist!

- Le patron promet toujours monts et merveilles.
  The boss is always promising the moon.

- Elle a promis que nous serions remboursés avant la fin du mois.
  She promised that we would be reimbursed before the end of the month.

- On nous a promis une amélioration du temps.
  They are promising that the weather will get better.

- Nous lui avons promis une bicyclette pour son anniversaire.
  We promised him a bicycle for his birthday.

- Tout ça nous promet du plaisir!
  There is a lot of fun in store for us!

promettre (à qn) de + *inf*   to promise (sb) to + *inf*

- Vous promettez de nous écrire avant Noël?
  Are you promising to write to us before Christmas?

- Son nouveau roman promet de déclencher un scandale.
  His new novel will surely provoke an uproar.

- La soirée chez les Leduc promet d'être mortelle.
  The evening at the Leducs promises to be boring.

- Jean-Luc nous a promis de nous faire visiter l'île.
  Jean-Luc promised to show us around the island.

se promettre qch/de + *inf*   to promise oneself sth/that

- Pour ses vacances, il s'est promis une semaine en Corse.
  He promised himself a week in Corsica for his vacation.

- Al Capone s'était promis de faire fortune par tous les moyens.
  Al Capone had sworn that he would become rich any way he could.

- Je me suis promis de ne plus jamais toucher une cigarette.
  I promised myself that I would never touch another cigarette.

prononcer qch   to pronounce sth

- Les gens n'arrivent jamais à prononcer son prénom.
  People can never pronounce her first name.

- Elle était tellement émue qu'elle ne pouvait pas prononcer un mot.
  She was so moved that she was speechless.

se prononcer (pour/en faveur de qch/qn)   to pronounce oneself in favor of sth/sb

- En français, il y a beaucoup de lettres qui ne se prononcent pas.
  In French there are many letters that are silent.

- Les médecins refusent encore de se prononcer.
  The doctors are refusing to make any prognosis yet.

- On ignore si les urnes se prononceront en sa faveur.
  No one knows if the election results will favor him.

- Le ministre s'est prononcé publiquement en faveur de la réduction des impôts.
  The minister made a public statement in favor of lowering taxes.

se prononcer sur qch   to make a statement on sth

- L'opposition, elle, ne s'est pas prononcée sur la question.
  The opposition party has not made a statement on the matter.

proposer qch/qn (à qn)   to propose, offer sth/sb to sb

- Je propose que nous allions faire un tour avant la nuit.
  I suggest that we go for a walk before nightfall.

- La prof a proposé une nouvelle version de l'examen.
  The professor offered a new version of the test.

- Qui nous proposez-vous pour la succession de Legendre?
  Who do you suggest to replace Legendre?

- Le chef nous propose une soupe à la queue de bœuf.
  The chef has an ox-tail soup to offer.

- Ne t'imagine pas qu'il va te proposer une augmentation.
  Don't even think that he is going to offer you a raise.

proposer à qn de + *inf*   to offer sb to + *inf*

- Il m'a proposé de l'accompagner à New York en novembre.
  He asked me to accompany him on his trip to New York in November.

- Tu crois qu'il va te proposer de t'emmener au cinéma?
  Do you think he is going to offer to take you to the movies?

se proposer de + *inf***/pour qch/pour +** *inf*   to offer to + *inf*/to volunteer for sth

- L'architecte se propose de construire deux pièces supplémentaires.
  The architect is offering to build two extra rooms.

- Nous nous proposons de régler vos difficultés en quelques semaines.
  We intend to take care of your problems in a few weeks.

- Est-ce que tu vas te proposer pour la vaisselle?
  Are you going to offer to do the dishes?

- Elle s'est proposée pour surveiller la maison pendant notre absence.
  She offered to keep an eye on our house when we are away.

protéger qch/qn contre/de qch/qn   to protect sth/sb against/from sth/sb

- Il va falloir protéger les fleurs contre le gel.
  We are going to have to protect the flowers from the frost.

- Elle a tort de vouloir protéger ses enfants de toute influence extérieure.
  She is wrong to want to protect her children from any outside influence.

se protéger contre/de qch/qn   to protect, shield oneself from sth/sb

- Des parasols permettaient aux touristes de se protéger de la chaleur.
  Beach umbrellas allowed the tourists to shield themselves from the heat.

- Comment te protégeras-tu contre ses attaques?
  How will you protect yourself against his attacks?
- Les Romains construisirent le mur d'Hadrien pour se protéger des barbares.
  The Romans built Adrian's wall to protect themselves against the barbarians.

protester contre qch/qn   to protest, argue against sth/sb

- Les manifestants protestaient contre la projection du film.
  The demonstrators were protesting against the showing of the movie.
- Personne n'a osé protester contre lui.
  No one dared argue against him.

protester de qch   to profess sth

- L'accusé protesta de son attachement aux lois de son pays.
  The accused professed his respect for the laws of his country.

prouver qch (à qn)   to prove sth (to sb)

- Ceci reste à prouver.
  That remains to be seen.
- Son honnêteté n'est plus à prouver.
  His honesty is not in question.
- L'avocat aura du mal à prouver l'innocence de son client.
  The lawyer will have a hard time proving his client's innocence.
- Son dernier livre prouve son intelligence et sa sensibilité.
  His last book proves his intelligence and his sensitivity.
- Il te prouvera que tu as tort.
  He will prove to you that you are wrong.
- Le conférencier a essayé de prouver à ses auditeurs que les soucoupes volantes existent bien.
  The speaker tried to prove to his audience that flying saucers really exist.
- Je n'ai pas besoin de vous prouver l'importance de ces remarques.
  I do not need to prove to you how important these remarks are.

se prouver qch   to prove oneself; to convince oneself of sth

- Jacques veut se prouver par tous les moyens.
  Jacques wants to prove himself any way that he can.
- Elle essaye de se prouver qu'elle a eu raison de partir.
  She is trying to convince herself that she was right to leave.

provenir de qch/qn   to come from sth/sb

- Toutes nos ressources en énergie proviennent de l'étranger.
  All our energy resources come from abroad.

■ Leur héritage provient d'un vieil oncle d'Amérique.
Their inheritance comes from an old uncle who lived in America.

■ La maladie provient d'un manque d'hygiène alimentaire.
The disease results from a lack of good nutrition.

provoquer qch/qn   to cause, produce sth; to provoke, challenge sb

■ Le tremblement de terre a provoqué une véritable catastrophe.
The earthquake caused a real catastrophe.

■ Son attitude insolente a provoqué notre colère.
His insolent attitude caused our anger.

■ Le dernier film de Xavier a provoqué l'enthousiasme du public.
The response to Xavier's last film was enthusiastic.

■ Il adore provoquer ses adversaires en les ridiculisant.
He loves provoking his opponents by ridiculing them.

■ Il faut tout faire pour ne pas le provoquer.
We must do everything not to provoke him.

provoquer qn à + *inf*/en qch   to urge, challenge sb to sth/to + *inf*

■ J'espère que cela va provoquer les responsables à faire preuve d'autorité.
I hope that that will prompt the authorities to show some determination.

■ Les aristocrates avaient l'habitude de provoquer leurs ennemis en duel.
The aristocrats used to challenge their enemies to duels.

punir qch/qn (de/par qch)   to punish sth/sb (by/with sth)

■ La police est décidée à punir toute infraction au code de la route.
The police decided to punish any violation of the rules of the road.

■ Elle a l'habitude de punir ses élèves très sévèrement.
She is used to punishing her students very severely.

■ Il paraît qu'on va punir de mort tous les coupables.
Apparently all the guilty will be punished by death.

■ Le tribunal les a punis d'une lourde peine de prison.
The court punished them with a heavy prison sentence.

■ Ce genre d'activité est punie par la loi.
This kind of activity is punishable by law.

punir qn de/pour qch/pour + *inf*   to punish sb for sth/for + *ger*

■ Pierre a été puni de son arrogance.
Pierre was punished for his arrogance.

■ Tu mériterais que je te punisse pour ton mensonge.
I should punish you for your lying.

■ Les enfants seront punis pour avoir fait l'école buissonnière.
The children will be punished for having skipped school.

Q

qualifier qch/qn de qch/qn   to call sth/sb a sth/sb

- Je ne qualifierais pas son roman d'œuvre de génie.
  I would not call his novel the work of a genius.
- Le procureur l'a qualifié d'escroc et de menteur.
  The district attorney called him a crook and a liar.

qualifier qch/qn pour qch/+ *inf*   to qualify sth/sb for sth/to + *inf*

- L'entraîneur espère qualifier l'équipe pour les demi-finales.
  The coach hopes to qualify his team for the semi-finals.
- Son passé la qualifie pour diriger le pays.
  Her past makes her qualified to rule the country.
- Gérard n'est pas qualifié pour parler de ces choses-là.
  Gerard is not qualified to talk about these kinds of things.

se qualifier de qch   to describe oneself as sth; to call oneself sth

- Il se qualifie de sauveur de la patrie.
  He calls himself the savior of the country.

se qualifier pour qch   to qualify for sth

- Anne s'est qualifiée pour les championnats d'Europe de patinage.
  Anne qualified for the European ice skating championships.

se quereller avec qn (au sujet de/à propos de/pour qch)   to quarrel with sb (about/over sth)

- Elle s'est querellée avec son mari pendant toute la soirée.
  She quarreled with her husband the entire evening.
- Ils se sont querellés pour une question d'héritage.
  They argued about an inheritance issue.
- Vous n'allez tout de même pas vous quereller à propos d'une chose sans importance.
  You are not really going to argue over something of such little importance.

questionner qn sur qch   to question sb about sth

- Les policiers l'ont questionné pendant une heure.
  The police officers questioned him for an hour.
- Le jury a questionné les candidats sur ce qui n'était pas au programme.
  The jury interrogated the applicants about things that were not on the program.
- Si tu vas la voir, elle va te questionner sur tes projets.
  If you go and see her, she will ask you about your plans.

R

rabattre qch (sur qch)   to beat down, pull down, lower sth (over sth)

- Il va pleuvoir, aide-moi à rabattre la capote.
  It's going to rain; help me put the top down.

- C'est un plaisir de rabattre son orgueil.
  I enjoy humbling his pride.

- Il avait rabattu sa casquette sur ses yeux pour qu'on ne le reconnaisse pas.
  He pulled his hat down over his eyes so that no one would recognize him.

- N'oubliez pas de rabattre le couvercle du réservoir après avoir pris de l'essence.
  Do not forget to put the cap back on the tank after you get gas.

- Il faudra bien qu'il en rabatte un jour ou l'autre.
  He'll have to get down off his high horse one day or another.

se rabattre devant qn   to pull in front of sb

- Après m'avoir doublé, le camion s'est rabattu devant moi.
  After having passed me, the truck pulled in front of me.

se rabattre sur qch   to fall back on sth; to make do with sth

- S'il n'y a rien à manger, on se rabattra sur les boissons.
  If there is nothing to eat, we will make do with drinks.

raccorder qch à qch   to link, join sth to/with sth

- Un pont raccorde les deux îles.
  A bridge joins the two islands.

- Le nouveau tunnel raccorde la Grande-Bretagne au continent.
  The new tunnel links Great Britain with the continent.

- Je viens d'être raccordé au réseau.
  My phone has just been connected.

raccrocher qch (à qch)   to hang (back) up; to link, connect sth to sth

- Pourrais-tu m'aider à raccrocher ce tableau?
  Can you help me hang this picture back up?

- Il m'a raccroché au nez! *(fam)*
  He hung up on me!

- On a dû raccrocher les wagons à la locomotive.
  They had to attach the cars to the engine again.

- Tu devrais raccrocher ce passage au dernier chapitre.
  You should put this passage at the end of the last chapter.

se raccrocher à qch/qn   to cling to, hang on to sth/sb

- Si tu glisses, raccroche-toi à la rampe.
  If you slip, hold on to the railing.

- Heureusement qu'il s'est raccroché à toi, sinon il tombait dans la piscine.
  Luckily, he caught hold of you; otherwise, he would have fallen into the pool.

- Depuis la mort de leurs parents, Thomas se raccroche à son grand frère.
  Ever since their parents' death, Thomas has been clinging to his big brother.

- Votre conclusion se raccroche mal au reste de l'exposé.
  Your conclusion does not tie in with the rest of the talk.

- Quand ça va mal, on se raccroche à l'espoir.
  When things go wrong, we hold on to hope.

racheter qch (à qn)   to make up for sth; to buy sth (back) from sb

- On prétend qu'il va racheter la maison de ses cousins.
  People say that he is going to buy his cousins' house.

- Antoine a tout fait pour racheter ses fautes passées.
  Antoine has done everything to make up for his past mistakes.

- Véronique veut nous racheter la vieille machine à laver.
  Veronique wants to buy the old washing machine from us.

- Je vous rachète le tout pour cinq cents francs.
  I will buy the whole lot from you for five hundred francs.

raconter qch (à qn)   to tell (sb) sth

- Antoine raconte toujours des histoires à dormir debout.
  Antoine always tells unbelievable stories.

- On raconte qu'elle va vendre sa propriété sur la Côte d'Azur.
  People are saying that she is going to sell her property on the French Riviera.

- Je vais vous raconter l'histoire du Petit Chaperon Rouge.
  I am going to tell you the story of Little Red Riding Hood.

- Il nous a raconté comment il avait gagné le tournoi.
  He told us how he won the tournament.

- Pouvez-vous raconter à Bernadette ce qui s'est passé?
  Can you tell Bernadette what happened?

radier qn de qch   to exclude, strike off sb from sth

- Ils ont radié Lebrun du Barreau de Paris.
  They disbarred Lebrun.

- Elizabeth a fini par se faire radier de la liste des candidats.
  Elizabeth ended up getting struck off the list of candidates.

raidir qch   to stiffen, tense, harden sth

- L'animal raidit ses muscles et se prépara à bondir.
  The animal tensed its muscles and got ready to leap.

- Il a considérablement raidi sa position depuis la dernière fois.
  He has hardened his position considerably since the last time.

se raidir (contre qch)   to tense up, up (against sth)

- Le corps du blessé s'était raidi de froid.
  The wounded man's body had stiffened with cold.

- Jeanne a tendance à se raidir lorsqu'on la critique.
  Jeanne has a tendency to tense up when someone criticizes her.

- Véronique s'est raidie contre le malheur (/contre l'adversité).
  Veronique has hardened herself against unhappiness (/against adversity).

raisonner qch/(avec) qn   to reason out sth, reason with sb

- Vous raisonnez de mieux en mieux.
  Your reasoning skills are getting better and better.

- J'ai du mal à raisonner votre conduite.
  I have a hard time figuring out your behavior.

- Les personnages tragiques ne raisonnent jamais leur passion.
  Tragic characters never reason with their passions.

- Essayez un peu de le raisonner, et vous verrez!
  Try to reason with him a little, and you will see!

- Le maire est sorti et a tenté de raisonner les manifestants.
  The mayor came out and tried to reason with the demonstrators.

- Il est impossible de raisonner avec toi!
  It is impossible to reason with you!

- Elle refuse de raisonner avec ceux qui la critiquent.
  She refuses to reason with anyone who criticizes her.

raisonner de/sur qch   to argue about sth

- Le prof a passé une heure à raisonner sur ce problème.
  The professor spent an hour working out this problem.

rallier qch   to reach, rejoin sth

- Le navigateur a rallié les côtes argentines en moins d'une semaine.
  The navigator reached the Argentinian coast in less than a week.

- Il a l'intention de rallier l'opposition après les élections.
  His intention is to rejoin the opposition after the elections.

rallier qn à qch/autour de qch/qn   to rally, win over sb to sth/sb

- Elle espère rallier ses collègues à sa cause.
  She hopes to win her colleagues over to her cause.

- Le sénateur a rallié ses partisans autour de lui.
  The senator rallied his supporters around himself.

- Nous devons rallier le plus grand nombre de gens à notre projet.
  We have to get the most people to support our project.

se rallier à qch/qn   to come around to sth, rally around sb

- Vous finirez par vous rallier à mon avis.
  You will finally come around to my point of view.

- Pour mettre fin aux guerres de religion, les catholiques se sont ralliés au roi Henri IV.
  To put an end to the religious wars, the Catholics rallied around Henri IV.

ramener qch/qn à qch   to bring sth/sb back to sth

- Son intervention a ramené le calme.
  Her intervention restored order.

- Je vous ramènerai chez vous après la réunion.
  I will bring you back home after the meeting.

- Ce film ramène le public trente ans en arrière.
  This movie brings the audience back thirty years.

- Comment pourrais-je vous ramener à la raison?
  How can I make you see reason?

- Il faut ramener la crise à ses justes proportions.
  You have to cut the crisis back down to size.

- Le ministre espère ramener la hausse des prix à moins de 10%.
  The minister hopes to bring the inflation back down below 10%.

ramener qch sur qch   to bring sth over sth

- L'espion ramena son chapeau sur son visage.
  The spy brought his hat down over his face.

- Je souhaiterais ramener le débat sur la terre ferme.
  I would like to bring the debate back onto solid ground.

se ramener *(fam)*   to show up

- Regarde un peu qui est-ce qui se ramène!
  Take a look at who is showing up!

se ramener à qch   to come, boil down to sth

- Le problème se ramène à une équation assez simple.
  The problem comes down to a fairly simple equation.

- Le conflit se ramenait à une question de préséance.
  The conflict boiled down to a question of protocol.

rappeler qn   to call sb back

- Comme la tension internationale montait, on a rappelé les réservistes.
  Due to mounting international tension, the reservists were called up.

- Je vous rappellerai demain soir.
  I will call you back tomorrow evening.

rappeler qch/qn à qn   to remind sb (of) sth/sb

- Rappelez-moi votre nom?
  Could you remind me of your name?

- Cette photo me rappelle ma jeunesse.
  This picture reminds me of my youth.

- Vous me rappelez beaucoup votre mère.
  You remind me a lot of your mother.

- Est-ce que ce bâtiment ne vous rappelle pas l'architecture romane?
  Doesn't this building remind you of Romanesque architecture?

- Je vous rappelle que nous partons dans une demi-heure.
  Let me remind you that we are leaving in half an hour.

rappeler à qn de + *inf*   to remind sb to + *inf*

- Rappelle-moi de lui envoyer notre adresse.
  Remind me to send him our address.

rappeler qn à qch   to call sb to sth

- Il m'a convoqué dans son bureau pour me rappeler à l'ordre.
  He summoned me to his office to read me the riot act.

- Que peut-on faire pour la rappeler à la raison?
  What can we do to bring her back to reality?

- Je me permets de vous rappeler à vos obligations.
  I take the liberty of reminding you of your commitments.

se rappeler (qch)   to remember (sth)

- Tu te rappelles comme nous étions heureux?
  Do you remember how happy we were?

- Mais si, rappelez-vous, c'était en avril 52!
  Oh, yes, you remember. It was in April of '52!

- Je n'arrive pas à me rappeler son numéro de téléphone.
  I cannot remember his telephone number.

- Elle s'est rappelé qu'elle avait rendez-vous chez le dentiste.
  She remembered that she had a dentist appointment.

rapporter qch (à qn)   to bring, carry, report sth to sb

- Ce genre de placement rapporte énormément.
  This kind of investment pays well.

- Ce n'est pas bien de rapporter.
  It is not good to tattletale.

- La vente de ses actions lui a rapporté un million de francs.
  The sale of his stock brought him a million francs.

- On rapporte dans les journaux que le cours du franc remonte.
  The papers are reporting that the franc's exchange rate is going up.

- Je veux que vous me rapportiez la moindre de ses activités.
  I want you to report each and every one of his activities to me.

- Si vous allez à Genève, rapportez-moi du chocolat.
  If you go to Geneva, bring me some chocolate.

se rapporter à qch   to relate, be related to sth

- Montrez comment ce passage se rapporte au reste du roman.
  Show how this passage relates (/is related) to the rest of the novel.

s'en rapporter à qch/qn   to bow to, rely on sth/sb

- Dans ce domaine, je m'en rapporte à son expérience.
  In this area I bow to his experience.

- Vous avez tort de vous en rapporter à lui.
  You are wrong to rely on him in this matter.

rapprocher qch/qn (de qch/qn)   to bring sth/sb closer (to sth/sb)

- Rapprochez votre chaise, vous entendrez mieux.
  Pull your chair closer, and you will hear better.

- Pendant toute la soirée, nous avons rapproché nos impressions du Brésil.
  We compared our impressions of Brazil for an entire evening.

- Essayez de rapprocher le bateau du bord.
  Try to get the boat closer to the side.

- On peut rapprocher ce tableau de ceux de Sisley.
  You can see a relationship between this painting and Sisley's.

- Le chagrin les a rapprochés.
  Sorrow has brought them closer together.

- Son nouveau travail le rapproche de sa famille.
  His new job has gotten him closer to his family.

se rapprocher de qch/qn   to draw close to sth/sb

- Rapprochez-vous, ne restez pas au fond de la classe!
  Move up. Do not stay in the back of the classroom!

- A mesure que l'île se rapprochait, on distinguait mieux le port et le village.
  As the island got closer, we could make out the port and the village better.

- Les fantassins se rapprochèrent des lignes ennemies.
  The infantrymen were drawing closer to the enemy lines.

- Depuis les élections, elle s'est rapprochée de nos positions.
  Since the elections her position is more in line with ours.

- On dit qu'il s'est enfin rapproché de sa sœur.
  People say that he has finally gotten closer to his sister.

rassasier qn (de qch)   to fill sb (with sth)

- Depuis quelque temps, on n'arrive plus à le rassasier.
  It has been impossible to satisfy his hunger lately.

- Les Leduc m'ont rassasié de champagne et de petits fours.
  The Leducs filled me with champagne and petit fours.

se rassasier de qch   to tire, have enough of sth

- Il ne pouvait se rassasier du spectacle de la plage sous la lune.
  He couldn't get enough of the sight of the beach in the moonlight.

rassurer qn sur qch   to reassure sb about sth

- Je peux vous rassurer, ils sont arrivés à bon port.
  I can reassure you that they have arrived safely at their destination.

- Le médecin l'a rassuré sur son état de santé.
  The physician reassured him about the state of his health.

- Nous voilà rassurés sur son sort.
  We are now reassured about her lot in life.

- J'aimerais que vous me rassuriez sur ce point.
  I would like you to reassure me on this point.

se rassurer sur qch   to be reassured about sth

- Après notre conversation, elle s'est finalement rassurée.
  After our conversation she was finally reassured.

- Rassurez-vous, tout va s'arranger.
  Rest assured that everything is going to work out.

- Je voudrais pouvoir me rassurer sur son avenir.
  I would like to be able to feel better about his future.

rattacher qch/qn à qch/qn   to link, connect sth/sb to sth/sb

- Rattache ton lacet, tu vas tomber.
  Tie your shoelace, or you are going to fall.

- Il est sorti rattacher le chien, qui a failli s'enfuir.
  He went to tie up the dog which almost got away.

- Napoléon III a rattaché le comté de Nice à la France.
  Napoleon III annexed the earldom of Nice to France.

- Dans son dernier livre, il essaye de rattacher les événements récents à la tradition politique française.
  In his last book he tries to link recent events to French political traditions.

- La ferme paternelle est le seul lien qui le rattache encore à ses ancêtres.
  The family farm is the only thing still linking him to his ancestors.

rattraper qch/qn   to catch up with sth/sb again

- Inutile de courir pour rattraper le bus.
  There is no use running to catch up with the bus.

- J'ai passé la nuit à rattraper ses erreurs de calcul.
  I spent the night trying to correct his miscalculations.

- Le chauffeur de taxi prenait des risques pour rattraper le temps perdu.
  The taxi driver was taking risks to make up for lost time.

- Il a glissé et je l'ai rattrapé in extremis.
  He slipped, and I caught him at the last moment.

- Le peloton a rattrapé les échappés à 25 kilomètres de l'arrivée.
  The pack caught up with the leaders 15 miles from the finish line.

se rattraper (à qch/qn)   to make up for sth; to hold on to sth/sb

- Cela faisait deux ans qu'il n'avait pas pris de vacances, alors il s'est rattrapé.
  He hadn't taken a vacation in two years, so he made up for it.

- J'ai failli trahir notre secret, mais je me suis rattrapé à temps.
  I almost gave away our secret, but I caught myself in time.

- Si elle ne s'était pas rattrapée à moi, elle tombait à l'eau.
  If she hadn't held on to me, she would have fallen into the water.

- En cas de problème, rattrapez-vous à la corde.
  If there is a problem, catch hold of the rope.

ravir qn   to please, enchant sb

- Notre cadeau les a ravis.
  Our gift enchanted them.

- Sa nouvelle robe lui allait à ravir.
  Her new dress looked beautiful on her.

ravir qch à qn   to rob sb of sth

- Son manque d'entraînement lui a ravi la victoire.
  His lack of training robbed him of the victory.

être ravi de + *inf*   to be delighted to + *inf*

- Elle était ravie de faire notre connaissance.
  She was delighted to meet you.

- Nous sommes ravis de pouvoir vous aider.
  We are delighted to be able to help you.

rayer qch/qn de qch   to scratch, strike off sth/sb from sth

- Attention avec ce couteau; tu vas rayer la table!
  Be careful with this knife; you are going to scratch the table!

- Pourquoi avez-vous rayé son nom?
  Why did you cross out her name?

- On a dû rayer plusieurs personnes de la liste des invités.
  Several people have been removed from the guest list.

- J'ai rayé Jérôme de notre cercle d'amis.
  I have crossed Jerome off our list of friends.

- Elle essaye de rayer tout cela de sa mémoire.
  She is trying to wipe all that from her memory.

rayonner (dans/sur qch)   to shine forth, be radiant; to radiate in/on sth

- Il a une personnalité qui rayonne.
  He has a radiant personality.

- La fierté faisait rayonner son visage.
  His face glowed with pride.

- La joie rayonnait dans le regard de la jeune femme.
  The young woman's eyes sparkled with joy.

- Au XVIIIe siècle, la culture française rayonnait sur toute l'Europe.
  French culture influenced all of Europe in the eighteenth century.

rayonner de qch   to shine with sth

- Christian rayonnait de bonheur.
  Christian was radiant with happiness.

- Les mannequins rayonnaient de charme et d'élégance.
  The models shone with charm and elegance.

rayonner (autour) de/à partir de qch   to radiate from sth

- Les avenues rayonnent du centre ville.
  The avenues radiate out from the center of the city.

- Nous ferons des excursions d'un jour en rayonnant autour de Chamonix.
  We will take day trips making Chamonix our base.

réagir (à/contre qch/qn)   to react (against/to sth/sb)

- Ne vous découragez pas, il faut réagir!
  Do not get discouraged. You have to react!

- Vincent a réagi avec violence.
  Vincent reacted with violence.

- J'étais tellement surpris que je n'ai pas réagi à ses paroles.
  I was so surprised that I did not react to his words.

- Comment vont-ils réagir à la nouvelle?
  How are they going to react to the news?

- Qui aura le courage de réagir contre lui?
  Who will have the courage to act against him?

- Elle a décidé de réagir contre le pessimisme ambiant.
  She decided to react against the pervasive pessimism.

réagir sur qch   to react with sth

- Tu vas voir, l'acide va réagir sur la solution sulfurée.
  You will see that the acid will react with the sulfuric solution.

- Il croit que les nouvelles mesures vont réagir sur l'économie du pays.
  He thinks that the new measures will have an effect on the country's economy.

recevoir qch/qn (à qch)   to receive sth/sb

- Nos voisins reçoivent beaucoup.
  Our neighbors entertain a lot.

- Nous avons reçu le paquet ce matin.
  We received the package this morning.

- Le président les a reçus en grande pompe.
  The president received them with pomp and circumstance.

- Quand est-ce que vous allez recevoir sa visite?
  When are you going to receive her?

- L'ambassadeur les reçoit à dîner le mois prochain.
  The ambassador will host them at a dinner next month.

- Bob a finalement été reçu à son examen.
  Bob finally passed his exam.

recevoir qch de qn   to receive sth from sb

- Je viens de recevoir une gentille lettre de William.
  I just received a nice letter from William.

- Elle a reçu les félicitations du jury.
  She received the jury's congratulations.

recevoir qch dans/en/sur qch   to receive sth in/on sth

- Le cavalier a reçu la flèche en pleine poitrine.
  The horseman took the arrow right in his chest.

- Il prétend avoir reçu plusieurs coups sur la tête.
  He claims he was hit on the head several times.

se recevoir (sur qch)   to land (on sth)

- Un bon gymnaste sait se recevoir.
  A good gymnast knows how to land.

- Elle a glissé, et, heureusement, elle s'est reçue sur les mains.
  She slipped, and, luckily, she landed on her hands.

réclamer qch   to demand sth; to complain about sth; to ask for sth

- Il est toujours en train de réclamer.
  He is always complaining about something.

- L'orateur réclama le silence d'un geste de la main.
  The speaker demanded silence with a wave of his hand.

- Ce genre de travail réclame de la patience.
  This kind of work demands patience.

■ Il a réclamé une glace au chocolat toute la matinée.
He asked for chocolate ice cream all morning long.

réclamer contre qch/qn   to protest against sth/sb

■ Les manifestants réclament contre l'inflation.
The demonstrators are protesting against inflation.

réclamer qch à qn   to demand sth from sb

■ Le voisin ne m'a toujours pas réclamé sa perceuse.
The neighbor has still not asked for his drill.

■ Les réfugiés réclament aux autorités des soins et de la nourriture.
The refugees are demanding care and food from the authorities.

se réclamer de qch/qn   to rely on, call upon sth/sb

■ Les indigènes se réclamaient de leurs droits ancestraux.
The natives were relying on their ancestral rights.

■ Si on te pose des questions, tu peux te réclamer de moi.
If anyone asks you any questions, you can mention my name.

recommander qch/qn (à qn)   to recommend sth/sb (to sb)

■ Le chef recommande les champignons à la grecque.
The chef recommends the Greek-style mushrooms.

■ Nous recommandons la plus grande prudence sur les routes ce week-end.
We are advising the utmost caution on the road this weekend.

■ Je recommande Bernard pour le poste d'instructeur.
I recommend Bernard for the instructor's position.

■ Il m'a recommandé la lecture des *Pensées* de Pascal.
He encouraged me to read Pascal's Pensées.

■ Je vous recommande le bourgogne, il est délicieux.
I recommend the Burgundy wine. It is delicious.

■ On nous a fortement recommandé le nouveau candidat.
The new applicant was highly recommended to us.

recommander à qn de + *inf*   to advise sb to + *inf*

■ L'agence de voyage nous a recommandé de prendre nos réservations longtemps
à l'avance.
The travel agency advised us to make our reservations well in advance.

il est recommandé de + *inf*   it's recommended to + *inf*

■ Il est recommandé de se munir de chèques de voyage.
It is a good idea to get traveler's checks.

se recommander à qn/de qn   to commend oneself to sb; to give sb's name as a reference

- Le prêtre lui conseilla de se recommander à Dieu.
  The priest advised him to turn it over to God.

- Est-ce que je peux me recommander de vous dans ma lettre de candidature?
  May I use your name as a reference in my letter of application?

se recommander par qch   to be commended by/for sth

- Ce jeune avocat se recommande par sa probité.
  This young lawyer is commended for his honesty.

recommencer (qch)   to begin again, start sth over again

- Je n'ai pas très bien suivi votre explication, pouvez-vous recommencer?
  I did not follow your explanation. Could you start over at the beginning?

- Il faut que nous recommencions à zéro.
  We have to start back at square one.

- Les cours recommenceront en septembre.
  Classes start again in September.

- Tu dois recommencer ta conclusion.
  You must rewrite your conclusion.

- A soixante ans, elle a dû recommencer sa vie.
  At 60, she had to start her life all over again.

recommencer à + *inf*   to start again + *ger*

- Il a recommencé à pleuvoir.
  It has started raining again.

- Quand est-ce que tu recommences à t'entraîner?
  When do you start training again?

récompenser qn de qch/de + *inf*   to reward sb for sth/for + *ger*

- Elle tenait à nous récompenser de notre aide.
  She wanted to reward us for having helped her.

- Tu seras récompensée de ton bon travail.
  You will be rewarded for your good work.

- Est-ce qu'ils t'ont récompensé de les avoir tirés d'affaire?
  Did they reward you for having gotten them out of trouble?

réconcilier qn avec qch/qn   to reconcile sb to/with sth/sb

- Mon séjour à Chamonix m'a réconcilié avec la montagne.
  My stay in Chamonix made me enjoy the mountains again.

- Il a réussi à réconcilier Christine avec son mari.
  He succeeded in getting Christine to make up with her husband.

■ La nouvelle loi ne va pas réconcilier les Français avec leur percepteur.
The new law won't endear the tax collector to the French.

se réconcilier avec qn   to make up with sb

■ Ils se sont réconciliés après des années de brouille.
They made up after years of feuding.

■ Allez, tout cela n'est pas grave, va te réconcilier avec elle.
Come on. All this is not so important. Go and make up with her.

reconnaître qch/qn (à qch)   to recognize sth/sb (by sth)

■ J'ai en du mal à reconnaître ta voix au téléphone.
I had difficulty recognizing your voice on the telephone.

■ Jean-Marie ne reconnaît pas facilement ses erreurs.
Jean-Marie has a hard time admitting his mistakes.

■ Avec ses nouvelles lunettes, je ne l'ai pas reconnue.
I did not recognize her with her new glasses.

■ Je reconnais que l'examen était difficile.
I admit that the exam was hard.

■ On reconnaît un bon boxeur à son jeu de jambes.
You can tell a good boxer by the way he moves his feet.

■ A quoi est-ce que je le reconnaîtrai?
How will I recognize him?

reconnaître qch à qn   to recognize sth in sb

■ Ses professeurs lui reconnaissent de l'intelligence et beaucoup de connaissances.
Her professors recognize her intelligence and depth of knowledge.

■ On lui reconnaît de l'influence en matière de politique étrangère.
He is known to be influential in foreign affairs.

se reconnaître (à qch)   to recognize one another; to find one's way around; to be recognizable by sth

■ S'il retournait dans son pays natal, il ne se reconnaîtrait plus.
If he returned to his homeland, he would no longer know his way around.

■ Nous nous sommes reconnus tout de suite malgré les années.
We recognized each other right away in spite of all the years gone by.

■ Les villageois se reconnaissent à leurs costumes colorés.
You can tell the villagers by their brightly-colored clothes.

se reconnaître dans/en qch/qn   to see oneself in sth/sb

■ Vous êtes-vous reconnue dans le portrait qu'il a dressé de vous?
Did you recognize yourself in his description of you?

■ Je me reconnais en toi, mon fils.
I see myself in you, my son.

recourir à qch/qn   to resort to sth, to appeal to sb

- La police va-t-elle recourir à la force?
  Are the police going to have to use force?
- N'hésitez pas à recourir à moi en cas de besoin.
  Do not hesitate to call on me in case of need.
- A ta place, je recourrais à ses services.
  If I were you, I would call upon his services.

recouvrir qch/qn (de qch)   to cover sth/sb (with sth)

- La neige avait recouvert les champs.
  Snow had covered the fields.
- Elle a fait recouvrir son canapé.
  She had her couch recovered.
- Il faudrait recouvrir les meubles d'une couche de vernis.
  The furniture needs to be varnished.
- Le blessé était recouvert d'un drap.
  The wounded person was covered with a sheet.

reculer (devant qch/qn)   to back up, withdraw (from sth/sb)

- Veuillez reculer, s'il vous plaît.
  Please back up.
- Il est trop tard pour reculer maintenant.
  It is too late to go back now.
- Les alliés reculèrent devant l'ennemi.
  The allies retreated from the enemy.
- Eliane n'a pas l'habitude de reculer devant les difficultés.
  Eliane is not used to backing away from difficulties.

(se) reculer de qch   to move, step, draw back

- Ils obligèrent la foule à (se) reculer de quelques mètres.
  They made the crowd move back several feet.
- Il (se) recula de terreur à la vue d'un tel spectacle.
  He drew back in horror at the sight of such a spectacle.

redouter qch/de + *inf*   to fear sth/to be afraid to + *inf*

- Les marins redoutaient la tempête.
  The sailors feared the storm.
- Nous redoutons sa visite.
  We are not looking forward to her visit.
- Je redoute d'apprendre la vérité.
  I am afraid to learn the truth.
- Virginie redoutait de le rencontrer à nouveau.
  Virginie was afraid to meet him again.

réduire qch/qn (à/en qch)   to reduce sth/sb (to sth)

- L'Etat devrait réduire ses dépenses.
  The state should reduce its spending.

- L'OPEP a réduit le prix du baril de brut.
  OPEC reduced the price of a barrel of crude oil.

- Ils devront réduire leur train de vie.
  They will have to cut back on their lifestyle.

- On lui a demandé de réduire son livre de deux ou trois chapitres.
  They asked him to shorten his book by two or three chapters.

- S'il continue ainsi, il va tous nous réduire à la misère.
  If he keeps up like this, he is going to land us all in the poor house.

- La ville entière est réduite en cendres.
  The entire city was reduced to ashes.

- L'armée ennemie a été réduite en miettes.
  The enemy army was reduced to nothing.

- Après la conquête, la population fut réduite en esclavage.
  After the conquest the population was reduced to slavery.

réduire qch/qn à + *inf*   to reduce sth/sb to sth/+ *inf*

- Le dictateur a réduit la moitié du pays à s'exiler.
  The dictator forced half of the country into exile.

- Le mauvais temps nous a réduits à rester au port.
  The bad weather kept us in port.

en être réduit à + *inf*   to be reduced to + *ger*

- Il en a été réduit à vendre tous ses biens.
  He was reduced to selling all his belongings.

- Nous en sommes réduits à accepter ses conditions.
  We are forced to accept his conditions.

se réduire à qch   to come down to sth

- Son exposé s'est réduit à quelques remarques superficielles.
  His talk boiled down to a few superficial remarks.

- Je vous demanderais de réduire votre démonstration à quelques cas précis.
  I would ask that you shorten your demonstration to a few precise cases.

se référer à qch/qn   to refer to sth/to consult sb

- Le professeur se réfère constamment à l'œuvre d'André Gide.
  The professor refers constantly to the works of André Gide.

- Vous permettez que je me réfère à vous au cours de ma conférence?
  Would you allow me to refer to you during my talk?

(s') en référer à qn   to refer to sb

- Pour les questions financières, veuillez (vous) en référer à mon adjoint.
  For any financial questions, please see my associate.

réfléchir (à qch)   to think about, reflect upon sth

- Ce genre de film donne à réfléchir.
  This kind of movie leaves one with lots to think about.

- Donnez-moi une semaine pour réfléchir.
  Give me a week to think about it.

- Avez-vous réfléchi à ma proposition?
  Have you thought about my proposal?

- Tu devrais réfléchir aux conséquences de tes actes.
  You should think about the consequences of your actions.

réfléchir qch   to realize sth; to reflect sth

- Je n'avais pas réfléchi que les banques sont fermées le lundi.
  I did not realize that the banks are closed on Mondays.

- Le miroir réfléchissait son image en la déformant.
  The mirror deformed the reflection of his image.

se réfléchir dans/sur qch   to be reflected in/on sth

- Le visage de Narcisse se réfléchissait dans l'eau.
  Narcissus's face was reflected in the water.

- L'image se réfléchit sur la rétine.
  The image is reflected on the retina.

refuser qch/qn (à qn)   to refuse, turn down sth (to sb)

- Don Corleone lui a fait une offre qu'il ne pouvait pas refuser.
  Don Corleone made him an offer he could not refuse.

- Tu as tort de refuser son aide.
  You are wrong to refuse his help.

- Ils ont déjà refusé une trentaine de candidats.
  They have already turned down about thirty applicants.

- Joël ne peut rien me refuser.
  Joel cannot say no to me.

- Est-ce que je vous ai une seule fois refusé mon soutien?
  Have I ever once refuses to help you?

refuser qn à qch   to fail sb at/for sth

- Ils ont refusé la moitié de la classe au baccalauréat.
  They failed half of the class at the baccalaureat exam.

- Elizabeth a été refusée au concours d'entrée en médecine.
  Elizabeth failed the entrance exam for medical school.

refuser de + *inf*   to refuse to + *inf*

- Je ne comprends pas pourquoi il refuse de nous accompagner.
  I do not understand why he refuses to go with us.

■ Elle a refusé de nous laisser entrer.
She would not let us in.

se refuser (à qch/qn)   to deny oneself sth; to reject sth/sb

■ Une offre pareille, ça ne se refuse pas!
You can't turn down such an offer!

■ Depuis qu'il a gagné au loto, il ne se refuse rien.
Since he won the lottery, he does not deny himself anything.

■ Joseph se refuse à l'évidence.
Joseph refuses to see the light.

■ Je me refuse à ce genre de chantage.
I refuse to condone this kind of blackmail.

■ Il était furieux qu'elle se soit refusée à lui.
He was furious that she had refused to be his.

se refuser à + *inf*   to refuse to + *inf*

■ Le juge s'est refusé à donner des informations aux journalistes.
The judge refused to provide any information to the journalists.

■ Ils se refusent à accepter la vérité.
They refuse to accept the truth.

regarder qch/qn   to look at sth/sb, look up sth

■ Regardez où vous mettez les pieds.
Watch where you are walking.

■ Est-ce que tu as regardé le film hier soir?
Did you see the film last night?

■ L'enfant me regardait avec curiosité.
The child was looking at me with curiosity.

■ Regarde son adresse dans l'annuaire.
Look up his address in the phone book.

■ Cela ne nous regarde pas.
It is none of our business.

regarder + *inf*   to watch + *inf*

■ Il a passé une heure à regarder tomber la neige.
He spent an hour watching the snow fall.

■ Elle regarde le jardinier tailler les rosiers.
She is watching the gardener prune the roses.

regarder à qch/à + *inf*   to hesitate to + *inf*

■ Les Leblanc ne regardent pas à la dépense.
The Leblancs spend freely.

■ Ils ne regardent pas à dépenser mille francs en une soirée.
They do not hesitate to spend a thousand francs in an evening.

regarder qch/qn comme   to consider sth/sb as

- Ses collègues le regardaient comme un génie.
  His colleagues considered him a genius.

- On regarde généralement sa politique comme un échec.
  His politics are generally considered to have failed.

régler qch (à/avec qn)   to pay (sb) for sth, deal with sth; to adjust sth

- Encore un problème à régler.
  Here's another problem to take care of.

- Qui est-ce qui va (me) régler la note?
  Who is going to pick up the check?

- Pourrais-tu régler la télévision, l'image est brouillée.
  Could you adjust the TV? The image is out of focus.

- Le sort des condamnés n'est toujours pas réglé.
  The lot of the convicts has still not been decided.

- S'il continue à t'embêter, je lui règle son compte.
  If he keeps bothering you, I'll take care of him.

- Elle a plus d'un compte à régler avec son ancien mari.
  She has a lot of unfinished business to take care of with her ex-husband.

régler qch/se régler sur qch   to model sth/oneself on sth

- Je souhaite régler ma conduite sur la vôtre.
  I hope to model my behavior on yours.

- Ne te règle pas sur lui, il manque totalement de bon sens.
  Do not follow his example; he has absolutely no common sense.

- Nous allons nous régler sur le budget de l'année dernière.
  We are going to take last year's budget as a starting point.

- Avant l'invention de la boussole, on se réglait sur les étoiles.
  Before the discovery of the compass, they consulted the stars.

régner dans/sur qch/qn   to reign in/over sth/sb

- A quelle époque régnait Philippe-Auguste?
  When did Philippe-Auguste reign?

- Depuis son arrivée au pouvoir, l'ordre règne dans le pays.
  Since he came to power, order has prevailed in the country.

- Un silence de mort régnait dans la maison.
  Deathly silence reigned in the house.

- La confiance règne!
  That's trust for you!

- Diviser pour régner.
  Divide and conquer.

- L'ogre régnait en maître sur toute la contrée.
  The ogre ruled over the area.

- Louis XIV a régné sur 20 millions de Français pendant plus d'un demi-siècle.
  Louis XIV ruled over 20 million Frenchmen for more than half a century.
- Il fait régner la terreur dans sa classe.
  Terror reigns in his classroom.

regretter qch/qn   to regret sth/sb

- Je regrette, mais cette place est réservée.
  I am sorry, but this seat is reserved.
- Vous le regretterez!
  You will be sorry!
- Est-ce que vous regrettez votre décision?
  Do you regret your decision?
- Nous allons vous regretter après votre départ.
  We are going to miss you after you leave.
- Je regrette que nous ne puissions vous aider.
  I am sorry that we cannot help you.

regretter de + *inf*   to regret + *ger*

- Vous regretterez de ne pas m'avoir écouté.
  You will be sorry that you did not listen to me.
- Elle a longtemps regretté d'être partie.
  For a long time she regretted having left.

rejaillir à/sur qch/qn   to splash into/onto sth; to rebound on sb

- Attention que l'huile ne te rejaillisse pas au visage.
  Be careful, or the oil will splash into your face.
- Les conséquences de son choix vont rejaillir sur nous.
  The consequences of his choice will weigh upon us.
- Le succès de René a rejailli sur ses enfants.
  René's success spilled over on his children.

rejeter qch/qn (sur qch/qn)   to reject sth/sb; to put sth on sth/sb

- La mer a rejeté les débris du naufrage sur la côte.
  The sea tossed the debris from the shipwreck onto the coast.
- L'assemblée a rejeté le nouveau projet de loi.
  The assembly rejected the newly-proposed law.
- Il a été rejeté par tous ses amis.
  All his friends rejected him.
- Ils ont rejeté sur Gérard la responsabilité de l'accident.
  They made Gérard responsible for the accident.

réjouir qn   to delight sb

- La perspective d'un nouveau déménagement ne la réjouit pas beaucoup.
  She doesn't relish the thought of yet another move.

- Son départ à la retraite réjouit ses employés.
  His employees rejoiced at his taking retirement.

se réjouir de qch/de + *inf*   to be delighted about sth/to + *inf*

- Il s'est beaucoup réjoui de nos malheurs.
  He took delight in our difficulties.

- Je me réjouis que vous ayez trouvé du travail.
  I am delighted you found a job.

- Nous nous réjouissons de votre visite.
  We are thrilled by your visit.

- Elle se réjouit à l'avance de passer un mois avec nous.
  She is looking forward to spending a month with us.

relever qch/qn   to stand up, pick up sth/sb

- On a eu du mal à la relever après sa chute.
  They had a hard time getting her up after her fall.

- Après l'humiliation de la défaite, le pays a relevé la tête.
  After the humiliation of defeat, the country picked itself up.

- Sherlock Holmes a relevé des traces de pas suspectes.
  Sherlock Holmes picked up the track of suspicious footsteps.

- Vous devriez utiliser du poivre et des épices pour relever la sauce.
  You should use pepper and spices to flavor the gravy.

relever de qch   to recover from sth; to come under sth

- Il relève tout juste de trois mois de convalescence.
  He is just coming out of three months of convalescence.

- Son cas relève de la psychiatrie.
  He needs psychiatric care.

- Désolé, ce problème ne relève pas de nos services.
  Sorry, this problem is not under our jurisdiction.

relever qn de qch   to relieve sb of sth

- Le tribunal l'a relevé de ses obligations.
  The court relieved him of his responsibilities.

- On vous relèvera de votre garde à cinq heures.
  You will be relieved from your guard duty at five o'clock.

se relever (de qch)   to get up; to recover from sth

- Il n'y avait personne pour l'aider à se relever.
  There was no one to help him get up.

- La région se relève lentement de ses ruines.
  The area is slowly rising from its ruins.

relier qch/qn à qch/qn   to link sth/sb to sth/sb

- Une nouvelle ligne aérienne doit relier les deux capitales.
  A new air route is to link the two capitals.

- Les deux mots sont reliés par un trait d'union.
  The two words are linked by a hyphen.

- Les alpinistes étaient tous reliés au chef de cordée.
  The mountain climbers were all attached to the leader.

- Depuis la tempête, l'île n'est plus reliée au continent.
  The island has been cut off from the mainland since the storm.

- Comment allez-vous relier ce paragraphe au reste du chapitre?
  How are you going to relate this paragraph to the rest of the chapter?

rembourser qn de qch/qch à qn   to reimburse sb for sth

- Je vous rembourserai à la fin du mois.
  I will pay you back at the end of the month.

- Elle doit rembourser tout ce qu'elle a emprunté.
  She has to pay back everything she borrowed.

- Ils prétendent nous avoir remboursés (de) nos frais d'hôtel la semaine dernière.
  They claim to have paid us back for our hotel bill last week.

- Gisèle a remboursé toutes ses dettes.
  Gisèle paid back all her debts.

- Est-ce que tu as été remboursée de tous tes efforts?
  Have your efforts paid off?

- C'est comme ça que vous me remboursez de ma gentillesse!
  That's how you repay me for my kindness!

remédier à qch   to remedy, solve sth

- Il va falloir remédier à ce problème.
  We're going to have to solve this problem.

- Ne pourrait-on pas remédier à cette situation?
  Couldn't this situation be remedied?

remercier qn de/pour qch   to thank sb for sth

- Il a oublié de vous remercier.
  He forgot to thank you.

- Je vous remercie, je ne prends pas de café.
  Thank you, I don't drink coffee.

- Elle nous a longuement remerciés de notre accueil.
  She thanked us profusely for our hospitality.

- Je vous remercie de la confiance que vous me portez.
  Thank you for showing such confidence in me.

remettre qch (à qn)   to put sth back; to submit sth to sb

- Tu ne vas pas remettre ce vieux chapeau cette année!
  You are not going to wear that old hat again this year!

- Si le froid continue, on va être obligé de remettre le chauffage.
  If this cold weather continues, we are going to have to turn the heat on again.

- Remets la lumière, j'ai oublié de mettre le réveil.
  Turn the light back on; I forgot to set the alarm clock.

- Il faut remettre les pendules à l'heure.
  We have to set the record straight.

- J'ai vraiment passé une merveilleuse soirée avec vous, j'espère qu'on remettra ça un de ces jours.
  I had a wonderful evening with you, and I hope we'll do it again some day.

- Il vient de remettre son manuscrit à l'éditeur.
  He just submitted his manuscript to the publisher.

- On a remis un paquet suspect à la police de l'aéroport.
  A suspicious package was turned in to the airport police.

remettre qn   to place sb, remember sb

- Excusez-moi, mais je ne vous remets pas du tout.
  Excuse me, but I can't place you at all.

remettre qch à   to put off, postpone sth until

- Ne remettez pas au lendemain ce que vous pouvez faire le jour même.
  Do not put off until tomorrow what you can do today.

remettre en   to put in(to)

- Il n'admet pas qu'on remette ses opinions en cause (/en question).
  He cannot accept having his opinions questioned.

- J'ai mis une demi-heure à remettre la voiture en marche.
  It took me half an hour to start the car again.

se remettre (à qch/à + *inf*)   to pull oneself together, take sth up again; to start again + *ger*

- Remettez-vous, voyons, ça n'est pas si grave!
  Pull yourself together. There, it is not so bad!

- Nos voisins se sont finalement remis ensemble.
  Our neighbors have finally gotten back together.

- Elle s'est remise au ski un an après son accident.
  She started skiing again one year after her accident.

- Quand est-ce que tu vas te remettre au travail?
  When are you going to get back to work?

- Je crois qu'il va se remettre à pleuvoir.
  I think that it is going to start raining again.

- Xavier s'est remis à écrire son roman.
  Xavier has started writing his novel again.

se remettre avec qn   to get back together, make up with sb

- Après une longue brouille, elle s'est remise avec son mari.
  After a long feud she has made up with her husband.

se remettre de qch   to get over sth

- Mon oncle a été très long à se remettre de la grippe.
  My uncle took a long time getting over his flu.

- Elle ne s'est pas remise du divorce.
  She has not gotten over the divorce.

s'en remettre à qch/qn   to put oneself into sb's hands, care; to leave sth to sb

- Ils s'en sont remis à notre jugement.
  They left it to our judgment.

- Je m'en remets totalement à vous.
  I am putting myself totally in your hands.

remonter (qch)   to go (back) up; to rebuild sth, put sth back together again

- Le cours du dollar remonte depuis quelques jours.
  The dollar's exchange rate has gone up in the last several days.

- Tu as démonté et remonté le poste de télé tout seul?
  You took the television apart and put it back together all by yourself?

- Le cortège remontait l'Avenue des Champs-Elysées.
  The procession was going up the Champs-Elysees.

remonter à/dans/en/sur qch   to get back in/on/into sth

- Ils ne sont pas remontés à bord lors de la dernière escale.
  They did not reboard after the last stop.

- Les passagers sont priés de remonter immédiatement dans le train.
  The passengers are to reboard the train immediately.

- Il n'était pas remonté sur la scène depuis dix ans.
  He had not been on stage for the last ten years.

remonter à/jusqu'à qch   to go back to sth

- C'est une statue qui remonte au début du XVIème siècle.
  The statue dates back to the beginning of the 16th century.

- Inutile de remonter jusqu'au déluge.
  There is no point in going back to the dark ages.

remontrer qch   to show sth again

- Pouvez-vous me remontrer la robe à rayures?
  Can you show me the striped dress again?

- Il va encore nous remontrer *Autant en emporte le vent!*
  He is going to show us Gone with the Wind *again!*

en remontrer à qn   to teach sb sth

- Je pourrais vous en remontrer en ce domaine.
  I could teach you a thing or two about this.

remplacer qch/qn (par qch/qn)   to replace sth/sb (with sth/sb)

- A la suite du cambriolage, elle a fait remplacer toutes les serrures.
  She had all the locks changed after the burglary.

- Il rêve de vous remplacer comme chef de la comptabilité.
  He dreams of taking your place as head of accounting.

- Ils ont remplacé Mozart par du rock 'n roll!
  They replaced Mozart with rock 'n roll!

- Les jeunes veulent toujours remplacer le vieux par du neuf.
  Young people always want to replace the old with the new.

remplir qch/qn (de qch)   to fill, fulfill sth/sb (with sth)

- Il a rempli mon verre une troisième fois.
  He refilled my glass for the third time.

- Désolé, mais vous n'avez pas rempli votre contrat.
  Sorry, but you have not fulfilled your contract.

- Il veut remplir la piscine de champagne.
  He wants to fill the pool with champagne.

- Son dernier livre m'a rempli d'admiration.
  His last book filled me with admiration.

- Les bois sont remplis de champignons.
  The woods are full of mushrooms.

renaître (à qch)   to be reborn, renewed (to sth)

- Une fois arrivé à la montagne, je me suis senti renaître.
  Once we got to the mountains, I felt reborn.

- Notre rencontre a fait renaître beaucoup de souvenirs.
  Our meeting brought up (/revived) lots of memories.

- Nous renaissons à l'espoir de le voir guérir.
  We have new hope of seeing him get better.

renaître de qch   to rise from sth

- Le phénix renaît de ses cendres.
  The phoenix rises from its ashes.

rendre qch à qn   to return sth, give sth back to sb

- N'oubliez pas de rendre les clés à la concierge.
  Do not forget to turn the keys in to the concierge.
- Elle n'a pas de comptes à vous rendre.
  She does not owe you any explanation.
- Il souhaite que nous lui rendions visite.
  He hopes that we will visit him.
- Hubert vous a rendu beaucoup de services.
  Hubert did a lot for you.

se rendre (à qch/qn)   to get to sth; to surrender (to sth/sb)

- Comment est-ce que vous vous rendez à votre travail?
  How do you get to work?
- Il se rend à Paris tous les mardis.
  He goes to Paris every Tuesday.
- Je me rendrai à votre avis.
  I will give in to your opinion.
- La ville se rendra à l'aube.
  The city will surrender at dawn.
- Nos soldats se sont rendus aux troupes ennemies sans la moindre résistance.
  Our soldiers turned themselves in to the enemy troops without the least resistance.

se rendre compte de qch   to realize sth, be aware of sth

- Je ne m'étais pas rendu compte de l'heure.
  I was not aware of the time.
- Vous vous rendez compte de ce que vous affirmez!
  Do you realize what you are saying!

renoncer (à qch/qn/à + *inf*)   to give up (+ *ger*); to renounce sth/sb

- Je crois qu'il vaut mieux renoncer.
  I think it would be better to give up.
- Il n'est pas du genre à renoncer si facilement.
  He is not the type to give up so easily.
- Elle ne renoncera jamais à sa part d'héritage.
  She will never give up her part of the inheritance.
- Nous avons dû renoncer à nos projets.
  We had to give up our plans.
- Les parents de Juliette voulaient qu'elle renonce à Roméo.
  Juliet's parents wanted her to give up Romeo.
- Elle a finalement renoncé à me convaincre.
  She finally gave up trying to convince me.
- Ne renoncez pas à obtenir justice.
  Do not give up trying to obtain justice.

renouer qch   to tie again, renew, resume sth

- Je n'ai même pas eu le temps de renouer ma cravate.
  I did not even have the time to reknot my tie.

- Ce sera l'occasion de renouer une vieille amitié.
  This will provide us with the opportunity to renew our friendship.

- Après ce qu'elle nous a dit, il est difficile de renouer la conversation.
  After what she said to us, it is hard to resume the conversation.

renouer avec qch/qn   to take up with sb again; to take up sth again; to revive sth

- Elizabeth a décidé de renouer avec ses anciens amis.
  Elizabeth decided to take up with her old friends again.

- Les villageois ont renoué avec une coutume vieille de plus de mille ans.
  The villagers revived a thousand year old custom.

- Alors, tu renoues avec les bonnes habitudes?
  So, you are getting back to the good old habits?

renseigner qn sur qch/qn   to inform sb on sth/sb

- Puis-je vous renseigner?
  Can I help you?

- Le syndicat d'initiative nous a mal renseignées.
  The tourist office gave us the wrong information.

- Mon collègue pourra vous renseigner sur les voyages en Crète.
  My colleague can help you with the trips to Crete.

se renseigner sur qch/qn   to inquire about sth/sb

- Vous auriez pu vous renseigner un peu mieux avant d'accepter ce travail.
  You could have gotten better information before accepting this job.

- La police se renseigne sur tes activités.
  The police are looking into your activities.

- Je vais me renseigner sur lui au plus tôt.
  I am going to find out about him as soon as possible.

renvoyer qch/qn à qch   to put off, postpone sth; to refer sb to sth

- Le début du tournage est renvoyé au printemps.
  The start of the filming has been put off until spring.

- Ce tableau renvoie à la mythologie grecque.
  This painting refers to Greek mythology.

- Le prof nous a renvoyés à ses remarques de la semaine dernière.
  The professor referred us to his remarks from last week.

- Je vous renvoie à l'article 4 du code pénal.
  I advise you to look at article 4 of the penal code.

renvoyer qch à qn   to send sth back to sb

- Renvoyez-moi le manuscrit après correction.
  Send me back the manuscript after it has been corrected.

- Il me renvoie toujours la balle dans les coins.
  He always sends the ball back to me in the corners.

renvoyer qn (de qch)   to expel sb from sth

- L'entreprise a dû renvoyer la moitié du personnel.
  The firm has to lay off half of its employees.
- On l'a renvoyé du lycée pour indiscipline.
  He was expelled from the high school for lack of discipline.

répandre qch dans/en qch/sur qn   to spread, spill sth in sth/on sb

- Attention de ne pas répandre du jus de fruits sur le tapis.
  Be careful not to spill any fruit juice on the rug.
- L'assassin a répandu la terreur dans le quartier pendant des mois.
  The killer spread terror in the neighborhood for months.
- St Patrick a répandu le christianisme en Irlande.
  St. Patrick spread Christianity in Ireland.
- Inutile de répandre des larmes sur son sort, il l'a bien mérité.
  It is useless to shed tears over him; he got what he deserved.

se répandre en qch   to pour out sth

- Nelly s'est répandue en compliments sur toi.
  Nelly poured forth compliments about you.
- Il se répand en menaces contre ses adversaires.
  He is spreading threats against his opponents.

se répandre dans/sur qch   to spill, spread in/on sth

- Le camion-citerne s'est renversé et le pétrole s'est répandu sur la chaussée.
  The tanker truck overturned, and the oil spilled over the road.
- L'Islam s'est vite répandu dans tout le bassin méditerranéen.
  Islam quickly spread throughout the entire Mediterranean region.
- La nouvelle de sa démission se répand dans toute la ville.
  The news of his resignation is spreading throughout the town.

répartir qch en/entre qch   to divide sth into sth

- Les ressources ont été mal réparties.
  The resources have been poorly distributed.
- Il va falloir répartir les responsabilités.
  We are going to have to divide up the responsibilities.
- Sous l'ancien régime, l'impôt était très inégalement réparti.
  In the Old Regime taxes were very unequally shared.
- Cela revient à répartir les électeurs en deux catégories.
  That ends up dividing the electorate into two categories.
- Répartissez les cartes également entre tous les joueurs.
  Divide the cards equally among all the players.

se répartir en qch   to divide oneself, split into sth

- Les enfants se sont répartis en deux groupes.
  The children broke up into two groups.

se repentir de qch/de + *inf*   to repent of sth/of + *ger;* to regret sth/+ *ger,* to be sorry for sth/+ *ger*

- Il s'est repenti de ses crimes.
  He repented of his crimes.
- Vous vous repentirez de votre conduite.
  You will be sorry for your behavior.
- Napoléon s'est repenti d'avoir attaqué la Russie.
  Napoleon regretted having attacked Russia.

répéter qch (à qn)   to repeat sth (to sb)

- Voulez-vous répéter, s'il vous plaît, je n'ai pas bien compris.
  Would you please repeat that? I did not understand.
- Il répète le même discours depuis dix ans.
  He has been saying the same things for ten years.
- Ils répètent la pièce tous les soirs à huit heures.
  They rehearse the play every evening at eight o'clock.
- Ce morceau doit être répété deux fois.
  This piece has to be repeated twice.
- Elle nous a répété tout ce qui s'est dit à la réunion.
  She told us everything that was said at the meeting.
- Je vous répète pour la centième fois que je n'en sais rien!
  I am telling you for the hundredth time that I do not know anything about it!

replier qch   to fold, withdraw sth

- Il replia ses jambes sous les couvertures.
  He tucked his legs under the covers.
- Le général a décidé de replier une partie de ses troupes.
  The general decided to withdraw part of his troops.

se replier sur qch/qn   to fall back on sth

- Le tigre s'est replié sur lui-même avant de bondir.
  The tiger crouched down before pouncing.
- Les troupes se sont repliées sur la capitale.
  The troops withdrew to the capital.
- Vu les prix, nous nous sommes repliés sur un hôtel deux étoiles.
  Considering the prices, we fell back on a two-star hotel.

répliquer qch à qn   to retort sth to sb

- Que voulais-tu que je réplique?
  What did you want me to say?

- Le sénateur a répliqué qu'il n'était pas au courant.
  The senator retorted that he was not aware of what was going on.

- Je n'ai rien trouvé à répliquer à ses critiques (/objections).
  I could not come up with anything to respond to her criticism (/her objections).

- Qu'a-t-elle répliqué aux journalistes?
  How did she answer the journalists?

répondre (à qch)   to answer (sth); to correspond to sth

- Il a répondu brièvement.
  He responded briefly.

- Jeanne vous répondra qu'elle n'avait pas prévu cela.
  Jeanne will tell you that she had not seen it coming.

- La direction ne répondait plus et j'ai paniqué.
  The steering wheel was not responding, and I panicked.

- Je prendrai le temps de répondre à sa lettre.
  I will take the time to answer her letter.

- Ne vous abaissez pas à répondre à ses injures.
  Do not lower yourself to answering his insults.

- Elizabeth n'a pas répondu à notre appel.
  Elizabeth did not answer our call.

- Cela répond tout à fait à notre attente.
  This completely meets our expectations.

- Sa description répondait à l'idée que je me faisais du Japon.
  His description corresponded to the idea I had of Japan.

répondre qch à qn   to answer sb

- Qu'est-ce que vous allez leur répondre?
  What are you going to give them for an answer?

- Il m'a répondu sèchement qu'il avait autre chose à faire.
  He answered me dryly that he had other things to do.

répondre de/pour qch/qn   to speak for sth/sb

- Tu peux lui faire confiance, je réponds totalement de lui.
  You can trust him. I can speak for him.

- Répondez-vous de ses qualifications?
  Can you answer for his qualifications?

- Je ne me permettrais pas de répondre pour eux.
  I am afraid I cannot speak for them.

répondre par qch   to answer by/with sth

- Il a répondu aux questions du jury par une suite de mensonges.
  He answered the jury's questions with a list of lies.

- Pourquoi ne m'avez-vous pas répondu par lettre?
  Why did you not answer by letter?

- Elise vous répond toujours par un sourire.
  Elise always answers with a smile.

reporter qch (à qn)   to report sth; to take sth back to sb

- N'oubliez pas de reporter votre salaire dans la première colonne.
  Do not forget to report your salary in the first column.

- Va reporter son rateau au voisin.
  Take the rake back to the neighbor.

reporter qch à (date)   to postpone; to put off

- L'examen est reporté au mois prochain.
  The exam has been put off until next month.

- L'ouverture de la piscine a été reportée.
  The pool's opening has been postponed.

reporter qch sur qch   to transfer sth to sth

- Elle a reporté toute son angoisse sur ses enfants.
  She transferred all her anxiety to her children.

- L'enfant reporte son affection sur son grand-père.
  The child transferred her affection to her grandfather.

se reporter à/sur qch/qn   to refer, turn to sth; to carry over to sth

- Reportez-vous à la circulaire numéro 8536.
  See file number 8536.

- Reportons-nous en imagination à la fin de l'Empire Romain.
  Let's travel back in our imaginations to the end of the Roman Empire.

- Son inquiétude s'est reportée sur son travail.
  His anxiety (/restlessness) carried over to his work.

reposer (qn de qch)   to rest; to give sb a break from sth

- Qu'ils reposent en paix.
  Let them rest in peace.

- Mes ancêtres reposent tous dans un petit village de Bourgogne.
  My ancestors all rest in a little village in Burgundy.

- Les films d'aventure le reposent de tous ses soucis.
  Adventure movies give him a break from all his worries.

reposer qch   to put back down, ask again

- Quand tu auras fini, repose mes outils sur l'établi.
  When you are finished, leave my tools on the workbench.

- Vous permettez que je vous repose une question?
  If you please, may I ask yet another question?

- Laisser reposer le mélange pendant une demi-heure.
  Let the mixture rest for a half hour.

(se) reposer sur qch   to rest on sth

- L'enquête repose sur des bases fragiles.
  The investigation rests on shaky ground.

- Sa plaidoirie reposait sur des faits bien établis.
  His defense was based on established facts.

- Il se repose sur ses lauriers.
  He rests on his laurels.

- Tu peux te reposer entièrement sur lui.
  You can count on him totally.

se reposer (de qch)   to come up again; to get some rest (from sth)

- La question s'est reposée de savoir si nous partirions avec lui.
  The question of whether or not we would leave with him came up again.

- Profitez de votre congé pour vous reposer.
  Take advantage of your vacation to get some rest.

- Elle a besoin de se reposer de toute cette folie.
  She needs a rest from all this madness.

reprendre qch   to resume, take up again

- L'activité reprend peu à peu après le tremblement de terre.
  Bit by bit, activities are resuming after the earthquake.

- La violence a repris dans les quartiers pauvres.
  Violence has started up again in the poor neighborhoods.

- Elle a repris courage.
  She has found her courage again.

- Vous reprendrez bien de la purée?
  You'll have some more mashed potatoes, won't you?

- Laissez-moi reprendre mon souffle.
  Let me catch my breath.

- Les grévistes ont repris le chemin de l'usine.
  The striking workers went back to work in the factory.

reprendre qn   to seize sb again, correct sb

- Que dois-je faire si la rage de dents me reprend?
  What should I do if my toothache comes back?

- Le désir de revoir son pays le reprend de temps en temps.
  The desire to see his country overtakes him from time to time.

- Si je dis une bêtise, reprenez-moi!
  If I say something stupid, correct me.

reprendre qn à + *inf*   to catch sb + *ger*

- Si je vous reprends à rôder dans le quartier, j'appelle la police.
  If I catch you hanging around in this neighborhood again, I will call the police.

se reprendre   to pull oneself together, correct oneself

- Reprenez-vous, ce n'est pas la fin du monde!
  Pull yourself together. It's not the end of the world.
- Elle a failli révéler notre secret. Elle s'est reprise juste à temps.
  She almost told our secret. She caught herself just in time.
- Au début de l'examen oral, j'ai bafouillé, mais après ça, je me suis bien repris.
  At the beginning of the oral exam, I stuttered, but after that I pulled myself together.

se reprendre à qch/s'y reprendre à qch + pour + *inf*   to make several attempts to + *inf*/at + *ger*

- Le matin, il faut se reprendre à plusieurs fois pour démarrer le moteur.
  In the morning you have to try several times to get the motor started.
- Il a dû s'y reprendre à deux fois pour atteindre la cible.
  He had to try twice before he hit the target.

reprocher qch à qch/qn   to reproach sth/sb for sth; to find fault with sth

- Qu'est-ce que tu reproches à notre maison?
  What don't you like about our house?
- Elle reprochait à ses collègues leur manque de coopération.
  She resented her colleagues' lack of cooperation.
- Le prof lui a reproché son absence.
  The professor held his absence against him.

reprocher à qch/qn de + *inf*   to blame sb for + *ger*

- Elle nous reproche de ne pas l'avoir soutenue.
  She blames us for not having supported her.
- Je reproche à leurs voitures d'être trop bruyantes.
  I do not like the noise level of their cars.

se reprocher qch/de + *inf*   to blame oneself for sth/for + *ger*

- Tu n'as rien à te reprocher.
  You haven't done anything bad.
- Gérard se reproche son aveuglement.
  Gerard feels terrible about his blindness.
- Elle se reproche de ne pas nous avoir prévenus à temps.
  She blames herself for not having warned us in time.

répugner à qch/à + *inf*   to find sth disgusting, be reluctant to + *inf*

- Denis répugne à ce genre de travail.
  Dennis is reluctant to do this kind of work.

- Gilles ne répugne pas à se salir les mains.
  Gilles is not reluctant to dig in and get his hands dirty.

- Il répugne à demander de l'aide.
  He is loath to ask for help.

répugner à qn   to disgust sb

- Le mensonge me répugne.
  Lying disgusts me.

- L'idée de passer un mois en Australie ne lui répugne pas.
  The idea of spending a month in Australia does not sound bad to him.

il répugne à qn de + *inf*   it is disgusting to sb to + *inf*

- Il me répugne d'avoir à le mettre à la porte.
  I hate to have to fire him.

être réputé pour qch   to be known for sth

- Cette région est réputée pour ses bons vins.
  This area is known for its good wines.

- La cathédrale est réputée pour ses vitraux.
  The cathedral is famous for its stained-glass windows.

- Lenoir n'est pas réputé pour sa patience!
  Lenoir is not known for his patience!

réserver qch (à qn)   to reserve sth (for sb)

- Est-ce qu'il est nécessaire de réserver pour le dîner?
  Is it necessary to make a dinner reservation?

- Je vais réserver une chambre à l'Hôtel de la Gare.
  I am going to reserve a room at the Hotel de la Gare.

- La commission réserve ses conclusions jusqu'à nouvel ordre.
  The committee is reserving its conclusions until further notice.

- Leur fils leur réserve quelques surprises.
  Their son has a few surprises in store for them.

- Je vous ai réservé deux tables pour samedi soir.
  I reserved two tables for you for Saturday evening.

- Réservez-moi une place sur le vol Paris-Nice.
  Reserve a seat for me on the flight from Paris to Nice.

être réservé sur qch/qn   to be cautious about sth/sb

- Les experts sont réservés sur l'avenir de notre économie.
  The experts are very cautious about our economic future.

se réserver qch/pour qch   to keep sth for oneself; to save oneself for sth

- Le lion s'est réservé la meilleure part.
  The lion kept the best part for himself.

- Je me réserve la conclusion, si vous êtes d'accord.
  I will conclude if it's all right with you.

- Nous nous réservons le droit de modifier le contrat.
  We reserve the right to modify the contract.

- Les enfants se réservent pour le dessert.
  The children are saving up (their appetites) for dessert.

- Viviane se réserve pour les championnats d'Europe.
  Viviane is saving her best for the European Championship.

se réserver de + *inf*   to refrain from + *ger*

- Elle s'est bien réservée de faire des remarques.
  She refrained from making any remarks.

se résigner à qch/à + *inf*   to resign oneself to sth/to + *ger*

- La population se résigne à la hausse du coût de la vie.
  The population is resigned to the rising cost of living.

- Le champion s'est finalement résigné à sa défaite.
  The champion finally accepted his defeat.

- Il faut se résigner à l'évidence.
  You have to give in to the obvious.

- Est-ce qu'il se résignera à n'être que le numéro 2?
  Will he ever accept being number 2?

- Julie s'est résignée à vendre la maison.
  Julie resigned herself to selling the house.

résister (à qch/qn)   to resist (sth/sb)

- Vous avez eu raison de résister.
  You were right to resist.

- Je vous conseille le plastique, c'est un matériau qui résiste.
  I advise you to choose plastic. It is a resistant material.

- Ce tissu résistera à tous les temps.
  This fabric will hold up against all kinds of weather.

- Son argument ne résiste pas à la critique.
  His argument does not stand up to criticism.

- J'ai du mal à résister à son sourire (/à son charme).
  I have a hard time resisting her smile (/charm).

- Personne ne résiste à sa colère.
  No one is safe from his anger.

- C'est le genre de type qui n'admet pas qu'on lui résiste.
  He is the type of guy who won't have anyone opposing him.

- Leur amour n'a pas résisté à l'épreuve du temps.
  Their love did not withstand the test of time.

résoudre qch   to resolve sth

- Comment avez-vous résolu le problème?
  How did you resolve the problem?

résoudre qn à + *inf*   to induce sb to + *inf*

- Je n'ai pas pu la résoudre à accepter notre proposition.
  I was not able to get her to accept our proposal.
- Les derniers événements ont résolu l'ancien Premier ministre à rompre le silence.
  The latest events have convinced the previous prime minister to break his silence.

résoudre de + *inf*   to decide to + *inf*

- Avez-vous résolu de lui dire la vérité?
  Have you decided to tell him the truth?

être résolu à + *inf*   to be determined to + *inf*

- Elle est résolue à tenter sa chance.
  She is determined to try her luck.
- Paul est résolu à reprendre ses études.
  Paul has decided to go back to school.

se résoudre à + *inf*   to decide to + *inf*, resign oneself to + *ger*

- Il finira par se résoudre à nous accompagner.
  In the end he will decide to accompany us.
- Nous nous sommes résolus à signer le contrat.
  We decided to sign the contract.

ressembler à qch/qn   to look like sth/sb

- Il paraît que la Nouvelle-Zélande ressemble beaucoup à la Suisse.
  Apparently, New Zealand looks a lot like Switzerland.
- Elle trouve que la peinture contemporaine ne ressemble à rien.
  She thinks that contemporary painting doesn't look like anything.
- C'est incroyable comme il ressemble à son père!
  It is unbelievable how much he looks like his father!
- Ce genre de remarques ne lui ressemble pas.
  It is not like him to make that kind of remark.

ressentir qch pour qn   to feel sth for sb

- Elle a ressenti des douleurs aiguës à l'estomac au milieu de la nuit.
  She felt sharp pains in her stomach in the middle of the night.
- Il ressent très profondément la critique.
  He takes criticism to heart.

- Je ressens beaucoup d'affection pour lui.
  I have strong feelings of affection for him.

se ressentir de qch   to show the effects of sth

- Chopin a beaucoup souffert, et sa musique s'en ressent.
  Chopin suffered a great deal, and you can feel it in his music.

- J'ai repris le vélo, mais je me ressens du manque d'entraînement.
  I have taken up biking again, but I can tell I am out of shape.

- Votre travail se ressent de vos absences répétées.
  Your work shows the effects of your repeated absences.

rester (à/dans/sur qch)   to stay (at/in/on sth)

- Pourriez-vous rester encore un moment, j'ai deux mots à vous dire?
  Could you stay a few more minutes? I have something to say to you.

- Mes clés sont restées sur le siège de la voiture.
  My keys were left on the seat of the car.

- Reste où tu es, je vais prendre une photo.
  Stay where you are. I'm going to take a picture.

- Il est resté très calme, malgré son impatience.
  He remained very calm in spite of his impatience.

- Nous resterons à la montagne jusqu'au quinze août.
  We will stay in the mountains until the fifteenth of August.

- Elle reste à Paris pendant tout l'été.
  She spends the whole summer in Paris.

- Les convives sont restés à table pendant des heures.
  The guests sat at the table for hours and hours.

rester à + *inf*   to stay + *ger*

- Pouvez-vous rester à dîner?
  Can you stay for dinner?

- Ne reste pas là à rêvasser, viens me donner un coup de main.
  Don't stay here daydreaming. Come and give me a hand.

- Ils sont restés à boire et à écouter des disques jusqu'à l'aube.
  They stayed drinking and listening to records until dawn.

- La cuisine reste à nettoyer.
  The kitchen still needs to be cleaned.

il reste (à qn) à + *inf*   there's sth left (for sb) to + *inf*

- Il reste à finir les valises.
  We still have to finish packing.

- Il me reste à vous remercier de votre hospitalité.
  All I have left to do is to thank you for your hospitality.

■ Il nous reste à trouver un financement pour le projet.
We still need to arrange financing for the project.

■ Il reste à Etienne à prendre une décision.
Etienne still needs to make a decision.

en rester à qch   to go no farther than sth

■ Je n'ai pas eu le temps de finir le roman, j'en suis resté à la première partie.
I did not have time to finish the novel. I only read the first part.

résulter de qch   to result from sth

■ Qu'est-ce qui a résulté de la réunion?
What came out of the meeting?

■ Il résulte de notre étude que la construction d'un nouveau pont est impossible.
Our study concludes that building a new bridge is impossible.

retenir qch/qn   to keep, retain sth/sb

■ Elle retient tout ce qu'on lui apprend.
She remembers everything she is taught.

■ Retenez-moi ou je vais faire un malheur!
Hold me back, or I am going to do something I will regret!

■ Heureusement qu'il m'a retenue par la manche, sinon je tombais à l'eau.
Luckily, he caught me by the sleeve; otherwise I would have fallen in the water.

■ Ils ont retenu 15% de service.
They took a 15% tip off the top.

■ Ils nous ont retenus à dîner.
They kept us for dinner.

retenir qn de + *inf*   to keep sb from + *ger*

■ La timidité m'a retenu de lui adresser la parole.
Shyness kept me from speaking to him.

■ Qu'est-ce qui te retient de leur dire tout ce que tu as sur le cœur?
What is keeping you from telling them everything you have on your mind?

se retenir (à qch/qn)   to restrain oneself; to hold onto sth/sb

■ Pardonnez-moi d'être intervenu si violemment, je n'ai pas pu me retenir.
Excuse me for intervening so violently. I couldn't help myself.

■ Retiens-toi à la rampe, ces escaliers sont dangereux.
Hold on to the banister. These stairs are dangerous.

■ Si vous glissez, retenez-vous à moi.
If you slip, hold on to me.

se retenir de/pour + *inf*   to refrain from + *ger*

- On voyait bien qu'elle se retenait pour ne pas exploser.
  We could all see that she was working very hard to contain herself.

- Il n'a pas pu se retenir de fondre en larmes.
  He was not able to keep from bursting into tears.

retirer qch (à qn)   to withdraw sth (from sb)

- Si je n'avais pas retiré la main à temps, leur chien m'aurait mordu.
  If I had not taken my hand away in time, their dog would have bitten me.

- A partir de quand peut-on retirer ses places pour le concert?
  When can we buy tickets for the concert?

- Je vous retire ma confiance (/mon aide/mon soutien).
  I can no longer trust you (/You can no longer count on my help/support).

- Ils ont retiré à Antoine la direction du bureau de Lille.
  Antoine was removed from the management of the office in Lille.

retirer qch/qn de qch   to get, take sth/sb out of sth

- Retire les doigts de ta bouche!
  Take your fingers out of your mouth!

- J'ai retiré beaucoup de profit de notre conversation.
  I got a lot out of our conversation.

- Autrefois, on retirait de l'huile de la viande de baleine.
  In the olden days they obtained heating oil from whale blubber.

- Les secouristes ont retiré deux corps de l'eau glacée du canal.
  The emergency workers took two bodies out of the icy waters of the canal.

- Jacques a été retiré de la liste des candidats possibles.
  Jacques' name was taken off the list of possible candidates.

se retirer (de qch)   to withdraw (from sth)

- Vous avez bien fait de vous retirer.
  You were right to withdraw.

- Ils vont se retirer en Corse à la fin de l'année.
  They are going to move to Corsica at the end of the year.

- Valérie se retire de la compétition.
  Valery is giving up competition.

- Alceste songeait à se retirer de la société des humains.
  Alceste thought about withdrawing from human society.

retourner (qch/qn)   to return (sth); to upset (sth/sb)

- Ils sont retournés dans leur village d'origine.
  They returned to their home town.

- Après avoir joué du jazz pendant des années, Paule est retournée à la musique classique.
  After having played jazz for years, Paula went back to classical music.

- Je suis retourné sur mes pas, mais je n'ai pas retrouvé mes clés.
  I retraced my steps, but I did not find my keys.

- Pour faire une partie de solitaire, il faut retourner les cartes.
  In order to play solitaire, you have to turn over the cards.

- Les pirates ont retourné la moitié de l'île pour trouver le trésor.
  The pirates dug up half of the island to find the treasure.

- La nouvelle de son échec à l'examen l'a complètement retournée.
  The news that she flunked the exam completely overwhelmed her.

retourner qch à qn   to return sth to sb

- La lettre m'a été retournée avec la mention "inconnu à cette adresse."
  The letter was returned to me stamped "not known at this address."

- Je pourrais vous retourner le compliment.
  I could pay you the same compliment.

retourner qch contre qn   to turn sth against sb

- Il est facile de retourner ses arguments contre lui.
  It is easy to turn his arguments against him.

- Le forcené menace de retourner son arme contre ses propres enfants.
  The maniac is threatening to turn his weapon against his own children.

se retourner (contre qn)   to turn around/against sb

- Sa cuisine est si petite que l'on avait à peine la place de se retourner.
  Her kitchen is so small that we hardly had room to move around.

- La route etait barrée, et nous avons dû nous retourner.
  The road was blocked, and we had to turn around and go back.

- Tout à coup, il a changé de camp et s'est retourné contre moi.
  All of a sudden, he changed sides and turned against me.

- Le taureau s'est retourné contre le matador.
  The bull turned against the matador.

- Ses critiques se retournent contre elle.
  Her criticisms have come back to haunt her.

retrancher qch de qch   to take sth away (from sth)

- On lui a retranché une partie de la jambe.
  They cut off a part of his leg.

- La censure l'a obligée à retrancher plusieurs passages de son discours.
  Censors made her cut out several passages of her talk.

- Ses crimes l'ont retranché de la société.
  His crimes cut him off from society.

se retrancher derrière/dans/sur qch   to take refuge, hide oneself behind/in sth

- Edouard se retranche toujours derrière la tradition.
  Edward always hides behind tradition.

- Nos adversaires se sont retranchés sur des positions indéfendables.
  Our opponents dug themselves in indefensible positions.

- Il s'est retranché dans ses habitudes.
  He took refuge in his habits.

réunir qch/qn (à qch/qn)   to gather sth/sb; to unite sth/sb to sth/sb

- Le procureur a réuni contre lui les preuves les plus accablantes.
  The district attorney assembled the most damaging evidence against him.

- Les Leblanc ont réuni quelques amis pour la Saint-Valentin.
  The Leblancs got a few friends together for a Valentine's Day party.

- Nous n'avons jamais pu réunir tous les membres du comité le même jour.
  We were never able to get all the members of the committee together on the same day.

- La Savoie a été réunie à la France au siècle dernier.
  Savoie became part of France in the last century.

se réunir (avec/contre qn)   to join; to unite (with/against sb)

- Les deux bras du fleuve se réunissent au sud de la ville.
  The two branches of the river meet south of town.

- Ils se réunissaient tous les mercredis au Café du Commerce.
  They got together every Wednesday at the Café du Commerce.

- Nous devons nous réunir avec les Lebrun pour en discuter.
  We need to get together with the Lebruns to talk about it.

- Toute l'assemblée s'est réunie contre nous.
  The entire group united against us.

se réunir en qch   to combine into sth

- Les deux sociétés se sont réunies en cartel.
  The two companies got together and formed a cartel.

réussir (à/dans) qch   to be successful (in sth)

- Eric n'a qu'une ambition: réussir.
  Eric has only one ambition: To be successful.

- Elle réussit bien la vinaigrette.
  She makes a wonderful vinaigrette.

- Il espère réussir le (au) concours des Postes.
  He hopes to pass the civil service exam for the post office.

- Est-ce qu'elle a réussi à son bac?
  Did she pass her baccalaureate?

- Il est difficile de réussir dans la publicité.
  It is hard to be successful in advertising.

- Leroux a réussi dans l'import-export.
  Leroux is a success in the import-export business.

réussir à qn   to benefit sb

- Sa tentative ne lui a pas réussi.
  She was not successful.

- L'air de la montagne vous réussit.
  Mountain air does you a world of good.

réussir à + *inf*   to succeed in + *ger,* be able to + *inf*

- Tu ne réussiras pas à me convaincre.
  You will not be able to convince me.

- Elle a réussi à nous mettre en colère.
  She succeeded in making us angry.

- Gabriel a réussi à marquer deux buts.
  Gabriel managed to score two goals.

revaloir qch à qn   to pay sb back for sth

- Merci de votre soutien, je vous revaudrai ça.
  Thank you for your support. I will pay you back.

- Isabelle a voulu me piéger, je le lui revaudrai.
  Isabelle wanted to trap me. I will remember that.

réveiller qch/qn (de qch)   to revive sth/sb; to wake sb up (from sth)

- La sonnerie du téléphone m'a réveillé d'un sommeil profond.
  The telephone's ring woke me from a deep sleep.

- Son voyage en Italie a réveillé en elle un tas de souvenirs.
  Her trip to Italy brought back a lot of memories to her (/revived a lot of memories).

- Le médecin n'a pas pu réveiller le malade de sa torpeur.
  The physician was not able to awaken the patient from his torpor.

- Rien ne peut la réveiller de son insouciance.
  Nothing can shake her out of her carefree attitude.

se réveiller de qch   to wake up from sth

- Il est temps que Julien se réveille de son rêve de gloire.
  It is about time for Julien to wake up from his dreams of glory.

révéler qch (à qn)   to reveal sth (to sb)

- Ne révélez rien de ce que vous avez entendu ici.
  Do not reveal any of what you have heard here.
- Son dernier roman révèle un talent de psychologue.
  Her last novel reveals the talent of a psychologist.
- Il a révélé à la presse des secrets d'Etat.
  He revealed state secrets to the press.
- Jacqueline n'osait pas nous révéler la vérité.
  Jacqueline did not dare reveal the truth to us.
- Elle a révélé à ses auditeurs les moments les plus émouvants de son enfance.
  She disclosed her most moving childhood moments to her audience.

se révéler (à qn)   to be revealed (to sb); to prove, turn out to + *inf*

- Durand s'est révélé (être) un excellent joueur de tennis.
  Durand proved (/turned out) to be an excellent tennis player.
- La traversée du fleuve se révéla périlleuse.
  Crossing the river proved to be hazardous.
- Ce n'est qu'après plusieurs jours que la beauté sauvage de la région s'est révélée à nous.
  It is only after several days that the untamed beauty of the area became apparent to us.
- Son vrai caractère s'est finalement révélé à tout son entourage.
  His true personality has finally been revealed to those around him.

revenir à qch/qn   to come back to sth/sb

- Les beaux jours sont enfin revenus.
  Finally, the good weather is back.
- J'espère que vous reviendrez nous voir bientôt.
  I hope that you will come back to see us soon.
- Ça revient au même!
  That ends up being the same!
- Le voyage nous est revenu à cinq mille francs tout compris.
  The trip cost us five thousand francs with everything included.
- Il est revenu à de meilleurs sentiments à mon égard.
  He is feeling better about me once again.
- Attendez, ça va me revenir!
  Wait! It'll come back to me.
- Cette part de l'héritage revient à Maxime.
  This part of the inheritance belongs to Maxime.
- Les forces lui sont revenues et elle s'est relevée.
  Her strength returned, and she got up.

revenir à + *inf* to come, boil down to + *ger*

- Cela revient à dire que vous acceptez ma proposition.
  In other words, you accept my offer.

- Cela revient à les considérer comme nos adversaires.
  That boils down to considering them as our opponents.

en revenir à qch   to come back to sth

- On en revient toujours au même problème.
  We always come back to the same problem.

- Je n'en reviens pas!
  I cannot believe it!

revenir de qch/de + *inf* to come back from sth/from + *ger*

- Nos voisins sont revenus de vacances la nuit dernière.
  Our neighbors got back from vacation last night.

- Elle revient de la Côte d'Azur où elle a passé plus d'un mois.
  She just returned from spending over a month on the Riviera.

- Lucien de Rubempré est revenu de toutes ses illusions.
  Lucien de Rubempré lost all his illusions.

- Dupont revient de passer une semaine à la Martinique.
  Dupont just spent a week in Martinique.

- Elle revient de travailler.
  She just got back from work.

il revient à qn de + *inf* it is up to sb to + *inf*

- C'est à vous qu'il revenait de prendre une décision.
  It was up to you to make a decision.

- Il revient aux autorités de régler ce problème.
  It is up to the authorities to take care of this problem.

revenir sur qch   to go back on sth

- Vous ne pouvez pas revenir sur ce qui a été décidé.
  You cannot go back on what was decided.

- Je ne souhaite pas revenir sur ce sujet.
  I do not wish to go back over this subject.

s'en revenir de qch *(lit)*   to come back from sth

- Trois jeunes tambours s'en revenaient de guerre (chanson populaire française).
  Three young drummers were comin' back from war (French folksong).

rêver (à/de qch/qn)   to dream (about sth/sb)

- Vous avez dû rêver!
  You must have been dreaming!

- Ils rêvaient devant la devanture d'un bijoutier.
  They were dreaming in front of a jeweler's display window.
- Ne reste pas là à rêver!
  Don't just stand there dreaming!
- Nous avons rêvé la même chose la nuit dernière.
  We dreamed about the same thing last night.
- Elise a rêvé qu'elle avait gagné au loto.
  Elise dreamed that she had won the lottery.
- Il rêvait à elle presque toutes les nuits.
  He used to dream about her almost every night.
- Les pauvres gens rêvaient à un monde meilleur.
  Those poor people were dreaming of a better world.
- Georges rêve d'une voiture de course depuis des années.
  George has been dreaming about a sports car for years.
- Nous rêvons d'une maison en Provence.
  We are dreaming about a house in Provence.
- Elle a toujours rêvé d'une brillante carrière.
  She always dreamed about a brilliant career.

rêver de + *inf*   to long to + *inf*

- Il rêve de prendre votre place.
  He longs to take your place.
- Napoléon rêvait de conquérir toute l'Europe.
  Napoleon longed to conquer all of Europe.

se révolter contre qch/qn   to revolt, rebel, rise up against sth/sb

- Les mutins du Bounty se sont révoltés contre leur capitaine.
  The mutineers of the Bounty rose up against their captain.
- Comment osez-vous vous révolter contre moi?
  How dare you turn against me?
- Antigone s'est révoltée contre les lois de son pays.
  Antigone revolted against the laws of her country.

rimer (avec qch)   to rhyme (with sth)

- Il rime à ses moments perdus.
  He writes poetry in his spare time.
- Ces deux vers ne riment pas.
  These two verses do not rhyme.
- Amour rime avec toujours.
  Love rhymes with forever in French.
- Travail ne rime pas toujours avec succès, malheureusement.
  Hard work is not always coupled with success, unfortunately.

rimer à qch   to make sense

- A quoi tout cela rime-t-il?
  What is this all about?

- Ça ne rime à rien.
  This does not make any sense.

riposter (à qch/qn par qch)   to reply (to sth/sb with sth)

- Il a riposté que sa famille valait bien la nôtre.
  He replied that his family was worth (as much as) ours.

- Il va bien falloir riposter à leurs attaques.
  We are going to have to counter their attacks.

- Ne vous abaissez pas à riposter à leurs insultes.
  Do not lower yourself to answering their insults.

- Il riposta à nos critiques par une lettre d'injures.
  He replied to our criticism with an abusive letter.

rire de qch/qn   to laugh at, make fun of sth/sb

- Hier soir, nous sommes allés au théâtre et nous avons beaucoup ri.
  Yesterday evening we went to the theater, and we laughed a lot.

- Son attitude ne me fait pas rire.
  His attitude does not amuse me.

- Vous voulez rire!
  You have got to be kidding!

- Elle a beaucoup ri de nos malheurs, paraît-il.
  Apparently, our misfortunes have given her cause to laugh a lot.

- Toute la ville rit de lui.
  The whole town is laughing at him.

- Après coup, nous avons bien ri de notre erreur.
  After the fact, we had a good laugh over our mistake.

risquer qch   to risk sth

- Cet alpiniste a risqué plusieurs fois sa vie.
  This mountain climber has risked his life several times.

- Vous risquez gros dans cette affaire.
  You are laying a lot on the line in this deal.

- Vous n'allez tout de même pas risquer votre fortune sur un coup de tête!
  Surely, you are not going to risk your fortune on a whim!

risquer de + *inf*   to be likely to + *inf*

- Tu risques d'être déçue par son dernier roman.
  You're likely to be disappointed by his last novel.

- Nous risquons d'arriver en retard.
  We may be late.

- Je ne risque pas de lui donner un coup de main.
  There is no way I would lend him a helping hand.

se risquer à + *inf*   to venture, dare (to) + *inf*

- A votre place, je ne me risquerais pas à le contredire.
  If I were you, I would not dare contradict him.

se risquer dans qch   to get involved in sth

- Il s'est risqué dans une drôle d'affaire.
  He got into a strange affair.

- Je ne vous conseille pas de vous risquer dans cette entreprise.
  I advise you not to get involved in this undertaking.

rivaliser avec qn (de qch)   to compete, vie with sb (in sth)

- Tu ne pourras jamais rivaliser avec lui.
  You'll never be able to compete with him.

- Son dernier livre rivalise avec les plus grands romans.
  His latest book holds its own against the best novels.

- Les convives rivalisaient de mots d'esprit.
  The guests were trying to outwit one another.

- Ils ont rivalisé de gentillesse à mon égard.
  They vied with each other in kindness to me.

rompre (avec qch/qn)   to break sth (off), break away/up with sth/sb

- Elle a rompu ses fiançailles au dernier moment.
  She broke off her engagement at the last minute.

- Il s'est décidé à rompre le silence.
  He decided to speak up.

- Michèle a décidé de rompre avec sa famille.
  Michelle decided to break away from her family.

- Il a rompu avec son meilleur ami.
  He broke up with his best friend.

- Il est difficile de rompre avec les vieilles habitudes.
  It is hard to change old habits.

être rompu à qch   to be familiar with, experienced in sth

- Après dix ans d'études supérieures, Charles est rompu aux mathématiques.
  After ten years of higher education, Charles is experienced in mathematics.

- Le sénateur est rompu à l'art d'esquiver les questions gênantes.
  The senator is a pro at avoiding embarrassing questions.

être rompu de qch   to be worn out, tired out by sth

- Nous sommes rompus de fatigue.
  We are exhausted.

rougir de qch   to blush with sth

- Il a rougi de plaisir (/de honte/confusion/colère).
  He blushed with pleasure (/shame/confusion/anger).

rouler (qch/qn dans qch)   to drive; to roll (sth/sb in sth)

- Les camionneurs ont roulé toute la nuit.
  The truck drivers drove all night long.

- Sur l'autoroute, il roule à 160.
  On the highway he drives 160 kilometers an hour.

- Peux-tu m'aider à rouler le tapis?
  Could you help me roll the rug?

- Vous m'avez bien roulé. *(fam)*
  You really tricked me.

- On a roulé les blessés dans des couvertures.
  They rolled the wounded in blankets.

- Elle roule son ours en peluche dans son chariot.
  She is pushing her teddy bear in her wagon.

- Roulez les fraises dans le sucre.
  Dip the strawberries in sugar.

- Toute la conversation a roulé sur nos projets de vacances.
  The entire conversation turned around our vacation plans.

se rouler dans/sur qch   to roll in/on sth

- Le chien s'est roulé dans la boue, regarde dans quel état il est.
  The dog rolled in the mud. See how dirty he is.

- Bernard se roulait de douleur sur son lit.
  Bernard was rolling in pain on his bed.

se ruer à/dans/sur/vers qch/qn   to rush at/into/for/toward sth/sb

- La foule s'est ruée sur les deux actrices.
  The crowd rushed towards the two actresses.

- Lorsque l'alarme a retenti, les clients se sont rués vers la sortie.
  When the alarm sounded, the clients rushed for the exit.

- A la sonnette, les lycéens se ruent dans l'escalier.
  At the bell the students rush for the stairs.

S

sacrifier qch/qn (à/pour qch/qn)   to give up, sacrifice sth/sb (to/for sth)

- Il a dû sacrifier une partie de son salaire.
  He had to give up part of his salary.

- Dieu ordonna à Abraham de sacrifier son fils.
  God ordered Abraham to sacrifice his son.

- Ils m'ont demandé de sacrifier le dernier chapitre de mon livre.
  They asked me to give up the last chapter of my book.

- Le docteur Lebrun a sacrifié sa vie à (/pour) la science.
  Doctor Lebrun sacrificed his life to science.

- Il sacrifierait ses meilleurs amis à son ambition.
  He would sacrifice his best friends to his ambitions.

- Ce metteur en scène sacrifie à toutes les modes.
  This director conforms to every single trend.

- Elle est prête à tout sacrifier pour réussir.
  She is ready to sacrifice everything to succeed.

se sacrifier à/pour qch/qn   to sacrifice oneself to/for sth/sb

- Elle s'est sacrifiée à la cause des opprimés.
  She has given her life to further the cause of the oppressed.

- Crois-tu qu'il va se sacrifier pour toi?
  Do you believe that he will sacrifice himself for you?

saisir qch/qn (à/par qch)   to understand sth; to seize, grab sth/sb (by sth)

- Il a saisi un couteau et m'a menacé.
  He grabbed a knife and threatened me.

- En sortant du restaurant, le froid nous a saisis.
  We were hit by the bitter cold as we left the restaurant.

- Je ne saisis pas très bien ce que vous voulez dire.
  I do not see exactly what you are trying to say.

- Leur détresse nous a saisis.
  Their distress overcame us.

- Le cambrioleur l'a saisie à la gorge.
  The burglar grabbed her throat.

- Il parle si vite qu'il faut saisir ses paroles au vol.
  He talks so fast that you have to catch his words as they fly by.

- Le chasseur saisit son chien par le collier.
  The hunter grabbed his dog by the collar.

être saisi de qch   to be seized, gripped, struck by sth

■ En apercevant l'ogre, le petit Poucet fut saisi d'épouvante (/de peur/de panique /d'horreur).
On seeing the ogre, Tom Thumb was terror-stricken (/gripped by fear/panic/a feeling of horror).

se saisir de qch/qn   to seize, grab sth/sb

■ La police espère se saisir des malfaiteurs dans les jours qui viennent.
The police hope to nab the criminals in the next few days.

■ Les sans-culottes se saisirent de toutes les armes enfermées à la Bastille.
The sans-culottes seized all the firearms that were in the Bastille.

■ Il se saisit de la moindre occasion pour me critiquer.
He takes advantage of every single opportunity to criticize me.

satisfaire (à) qch/satisfaire qn   to satisfy sth/sb

■ Le menu à 250 francs devrait satisfaire votre appétit.
The 250 franc menu should satisfy your appetite.

■ On ne produit pas assez de téléviseurs pour satisfaire la demande.
They do not manufacture enough televisions to keep up with the demand.

■ Est-ce que ma réponse vous satisfait?
Does my answer satisfy you?

■ Nous nous efforçons de satisfaire la clientèle.
We are trying our hardest to please our patrons.

■ Je ferais tout mon possible pour satisfaire à votre demande (/à vos exigences).
I will do everything in my power to answer your needs (/your demands).

■ Ils considèrent que tu n'as pas satisfait à tes obligations (/promesses).
They consider the fact that you have not met your obligations (/kept your promises).

■ Il paraît que notre salle de bains ne satisfait pas aux normes.
Apparently, our bathroom is not up to code.

se satisfaire de qch/qn   to be satisfied with sth/sb

■ Je ne me satisfais pas de vos explications.
I am not satisfied with your explanations.

■ Il va falloir se satisfaire du nouveau gouvernement.
We will have to make do with the new government.

sauter (à/dans/par/sur qch)   to jump, hop, leap (at/in/on/over/to sth)

■ Le cheval refusa de sauter l'obstacle.
The horse refused to jump over the obstacle.

■ Il a sauté tout habillé dans la piscine.
He jumped, fully dressed, into the swimming pool.

- Le voleur a sauté par la fenêtre.
  The thief jumped out the window.

- Dès que l'ambassadeur est entré, elle a sauté sur lui.
  As soon as the ambassador made his entrance, she jumped on him.

- Tu vas sauter le cours de maths, demain?
  Are you going to skip math class tomorrow?

- Elle adore sauter à la corde.
  She loves to jump rope.

- Aujourd'hui, nous allons sauter au chapitre quatre.
  Today we are going to skip over to chapter four.

- La nouvelle l'a fait sauter au plafond.
  The news made her hit the roof.

- La vérité m'a sauté aux yeux.
  The truth hit me in the face.

sauter de qch   to jump from/for sth

- Tu as sauté du plongeoir de dix mètres?
  You jumped off the ten meter diving board?

- Il a menacé de sauter (du haut) des tours de Notre-Dame.
  He threatened to jump from the top of the towers of Notre Dame de Paris.

- La nouvelle l'a fait sauter de joie.
  The news made him jump for joy.

sauver qch/qn (de qch)   to save, rescue sth/sb (from sth)

- Ils ont réussi à sauver la plupart des tableaux.
  They were able to save most of the paintings.

- On a sauvé tous les naufragés.
  All of the shipwrecked were saved.

- Que proposez-vous de faire pour sauver l'entreprise?
  What would you suggest to save the company?

- Ils essaient de sauver le pays de la banqueroute.
  They are trying to save the country from bankruptcy.

- Tous les locataires ont été sauvés de l'incendie.
  All of the tenants were rescued from the fire.

- Il faut tout faire pour les sauver du désespoir.
  We must do everything to save them from despair.

se sauver (de qch)   to leave, escape (from sth)

- Ils se sont sauvés juste avant la pluie.
  They left right before the rain.

- Je me sauve, il est déjà dix heures.
  I am out of here. It is already ten o'clock.

- Les promeneurs se sauvaient pour échapper à l'orage.
  The pedestrians were hurrying to get in before the storm.
- Il s'est sauvé deux fois de prison.
  He escaped from prison twice.
- Comment vas-tu te sauver de ce mauvais pas?
  How are you going to get out of this one?

faire savoir qch à qn   to let sb know sth

- Pourriez-vous me faire savoir à quelle heure vous comptez partir demain soir?
  Could you let me know at what time you are planning to leave tomorrow evening?

sembler (+ *inf*)   to seem, appear (to + *inf*)

- La ville semblait inoccupée.
  The city seemed deserted.
- Tu sembles soucieux. Qu'est-ce qui ne va pas?
  You seem worried. What is wrong?
- Patricia semble avoir enfin trouvé le bonheur.
  Patricia seems to have finally found happiness.
- Vous semblez croire que je vous cache quelque chose.
  You seem to believe that I am hiding something from you.

sembler à qn   to appear to sb

- Est-ce que sa proposition te semble réaliste?
  Does her proposal seem realistic to you?
- La maison nous semblait être abandonnée depuis des années.
  The house seemed to us to have been abandoned for several years.

il semble à qn que/+ *inf*   it seems to sb/+ *inf*

- Il me semble que tu aurais pu nous demander notre avis.
  It seems to me that you could have asked our opinion.
- Il semblait à Christine que tu faisais tout pour l'éviter.
  Christine seemed to think that you were trying to avoid her by all means.
- Il nous a semblé la reconnaître malgré la foule.
  We thought we had recognized her, in spite of the crowd.
- Il me semble vous avoir déjà dit que je serai absent la semaine prochaine.
  It seems to me that I already told you I would not be here next week.

servir qch (à qn)/qn   to serve (sb) sth, wait on sb

- Est-ce que vous servez le repas de midi?
  Do you serve lunch?
- Ils servent un coq au vin délicieux.
  They serve a delicious coq au vin.
- Il s'est engagé dans la marine pour servir son pays.
  He joined the Navy to serve his country.

- Il exige qu'on le serve comme un prince.
  He demands to be waited on like a prince.

- L'épicier nous a bien servi en légumes.
  The grocer gave us nice vegetables.

- Son ambition sert nos intérêts.
  His ambition serves our interests.

- Puis-je vous servir l'apéritif?
  Can I serve you a cocktail?

- Elle sert le même discours à ses enfants depuis vingt ans.
  She has been saying the same things to her children for the past twenty years.

servir à qch/qn/à + *inf* to be useful to sth/sb/to + *inf*

- Il prétend que les études ne servent à rien.
  He claims that studying is useless.

- Ma connaissance du portugais m'a beaucoup servi.
  My knowledge of Portugese served me well.

- A quoi vous sert tout votre argent?
  What good is all your money?

- L'exercice sert à rester en forme.
  Exercise keeps you in shape.

- Cette machine lui sert à faire des pâtes.
  He uses this machine to make noodles.

il sert à qch/qn de + *inf* it is useful to sb to + *inf*

- A quoi ça sert de se plaindre?
  What good is complaining?

- Il ne vous servira à rien de lui téléphoner, il est parti depuis deux mois.
  Don't bother calling him. He left two months ago.

servir de qch/qn à qn to be of use to sb

- Le manche d'une fourchette nous a servi d'ouvre-bouteille.
  The handle of a fork did a good job as a bottle opener.

- L'œuvre de Zola me sert de référence.
  I use Zola's works as a reference.

- Il sert de souffre-douleur à tous ses camarades.
  He is the scapegoat for all his classmates.

se servir de qch/qn to help oneself to sth; to use sth/sb

- Ne te sers pas avant les invités!
  Do not help yourself before the guests!

- Je vous en prie, servez-vous copieusement.
  Please, help yourself to a big piece.

- Est-ce que je peux me servir de ta voiture?
  May I use your car?

- Je me suis beaucoup servi de vos conseils.
  Your advice has been very helpful to me.

- Le prof m'a conseillé de me servir des théories de Freud.
  The professor advised me to make use of Freud's theories.

- Tu ne comprends pas qu'il s'est servi de toi!
  Don't you understand that he used you?

signaler qch/qn à qn   to indicate, point out sth to sb

- Je vous signale que vous m'aviez promis de m'acheter le journal.
  I would like to remind you that you had promised to buy me a newspaper.

- On nous a signalé l'arrivée du vol de Buenos Aires avec une heure de retard.
  The arrival of the flight from Buenos Aires has been posted with a delay of one hour.

- Ils nous ont signalé leur intention de déménager.
  They have informed us of their intention to move.

- On a signalé une personne suspecte à la police.
  Someone pointed out a suspicious person to the police.

se signaler (à qn) par qch   to distinguish oneself by sth

- Odile s'est signalée à notre attention par ses qualités intellectuelles.
  Odile's intellectual abilities have attracted our attention.

- Il s'est déjà signalé par son courage et sa ténacité.
  He already distinguished himself by his courage and persistence.

signifier qch (à qn)   to mean sth; to inform sb of sth

- Qu'est-ce que ça signifie?
  What is the meaning of all this?

- Ces symboles signifiaient l'irréversibilité du temps.
  These symbols meant the irreversibility of time.

- Sa dernière remarque signifie qu'elle n'est pas d'accord avec nous.
  Her last remark shows that she does not agree with us.

- Je leur ai clairement signifié ma volonté (/mes intentions).
  I made my wishes (/intentions) clear.

- Il paraît qu'on va signifier son congé à Lenoir.
  Apparently, Lenoir is going to be fired.

songer à qch/qn   to think about sth/sb

- Songez que cette opération pourrait nous rapporter gros.
  Think about it: This operation could bring us a lot of money.

- Songe à tout ce que tu pourrais faire si tu prenais ta retraite.
  Think of everything you could do if you retired.

- Il serait tant que vous songiez à votre avenir (/à votre carrière).
  It is high time for you to think about your future (/about your career).
- Vous n'y songez pas sérieusement!
  You have got to be kidding!
- Quand il a pris sa décision, il n'a pas songé à ses proches.
  When he made his decision, he was not thinking about the people close to him.

songer à + *inf*   to think about + *ger*

- Raymond songe à s'installer à son compte.
  Raymond is thinking about setting up his own business.
- Je songe à prendre une retraite anticipée.
  I am thinking about taking early retirement.
- As-tu déjà songé à te marier?
  Have you ever thought about getting married?

sortir (qch/qn)   to go out; to remove sth/sb

- La concierge est sortie.
  The concierge is out.
- Les élèves sortent à quatre heures et demie.
  The schoolchildren leave at four-thirty.
- Les Leduc sortaient beaucoup autrefois.
  The Leducs used to go out a lot.
- Le dernier film de Woody Allen vient de sortir.
  Woody Allen's latest movie just came out.
- Est-ce que tu peux sortir la poubelle?
  Can you take the trash out?
- Ils ont sorti son dernier roman en livre de poche.
  His last novel has come out in paperback.
- La foule hurlait pour qu'on sorte l'arbitre. (*fam*)
  The crowd was yelling for the umpire's removal.
- Allez faire un tour à pied, ça vous sortira.
  Go for a walk. You'll get out that way.

sortir (qch/qn) de qch   to get out of sth; to take sth/sb out of sth

- Elle sort du lycée à trois heures le mercredi.
  She gets out of school at three o'clock on Wednesday.
- Napoléon sortait d'une famille de la petite noblesse.
  Napoleon was from the lower nobility.
- Elle est sortie des limites de la bienséance.
  She went beyond the limits of good taste.
- On sort tout juste de l'hiver.
  We just got through winter.

- Sors les mains de tes poches.
  Take your hands out of your pockets.

- Avec tout ce désordre, je ne peux même pas sortir mon vélo du garage.
  With all this mess I can't even take my bike out of the garage.

- Nous avons eu du mal à sortir les blessés de la voiture accidentée.
  We had a hard time getting the injured people out of the crashed car.

sortir de + *inf* to have just done sth

- Il sort de passer une semaine à l'hôpital.
  He just spent a week in the hospital.

- Nous sortons d'en discuter.
  We just finished talking about this.

se sortir de qch   to get oneself out of sth

- Je ne savais pas comment me sortir de ce mauvais pas.
  I did not know how to get myself out of this mess.

- Il a du mal à s'en sortir.
  He is having a hard time pulling through.

se soucier de qch/qn   to worry, care about sth/sb

- Vous ne vous êtes pas soucié des conséquences de votre décision.
  You did not worry about the consequences of your decision.

- Pascal se soucie de toi comme de sa première chemise.
  Pascal couldn't care less about you.

- Il ne se soucie pas de ce que les autres pensent de lui.
  He does not care what other people think about him.

se soucier de + *inf*   to care to + *inf*

- Elle ne se soucie pas de plaire.
  She does not care to be attractive.

- Je me suis toujours soucié de vous être agréable.
  I have always been careful to please you.

souffler (qch à qn)   to blow; to whisper, prompt sth to sb

- Le vent a soufflé toute la nuit.
  The wind blew all night long.

- Il soufflait sur ses doigts pour les réchauffer.
  He was blowing on his fingers to warm them up.

- Bill passe toutes ses soirées à souffler dans un saxophone.
  Bill spends all his evenings blowing on a saxophone.

- Donnez-moi une minute pour souffler un peu.
  Please give me a minute to catch my breath.

- Elle s'est penchée et m'a soufflé quelques mots à l'oreille.
  She leaned over and whispered a few words in my ear.

- Il est interdit de souffler les réponses aux candidats.
  It is forbidden to prompt the candidates with the answers.

- Qui est-ce qui m'a soufflé mes pantoufles? (*fam*)
  Who swiped my slippers?

souffrir (de) qch/souffrir qn   to stand sth/sb; to suffer from sth

- Ton départ l'a beaucoup fait souffrir.
  Your leaving hurt him a lot.

- Il ne peut pas souffrir Elizabeth.
  He cannot stand Elizabeth.

- Elle n'a jamais pu souffrir l'hypocrisie.
  She has never been able to stand hypocrisy.

- Je ne souffrirai pas que vous me parliez sur ce ton.
  I will not let you speak to me in that tone of voice.

- Jean-Luc souffre d'allergies depuis des années.
  Jean-Luc has suffered from allergies for years.

- Quand nous vivions en Finlande, nous avons beaucoup souffert du froid.
  When we lived in Finland, we suffered a lot from the cold.

- Elle souffre de l'indifférence de ses collègues.
  She is hurt by her colleagues' indifference towards her.

souffrir de + *inf*   to suffer from + *ger*

- Pierre souffre d'être rejeté par ses camarades.
  Pierre suffers from being rejected by his classmates.

- Elle ne peut souffrir de te voir si malheureux.
  She cannot stand to see you so unhappy.

- Il a beaucoup souffert d'avoir dû quitter son emploi.
  He suffered a great deal from having had to leave his job.

souhaiter qch (à qn)   to wish (sb) sth

- Je souhaite que vous réussissiez.
  I hope you'll succeed.

- Brigitte a souhaité que nous nous rencontrions à nouveau.
  Brigitte wanted us to get together again.

- Dans sa lettre, elle nous souhaite une bonne et heureuse année.
  In her letter she wishes us a good and happy new year.

- Le maire a souhaité beaucoup de bonheur aux jeunes mariés.
  The mayor extended many wishes of happiness to the newlyweds.

- Ils nous ont souhaité de bonnes vacances.
  They wished us a nice vacation.

souhaiter + *inf*   to hope to + *inf*

- Je souhaiterais pouvoir vous être utile.
  I hope to be able to help you.

■ Elle souhaite réussir dans ses études.
  She hopes to be successful in her studies.

■ Nous souhaitions sincèrement vous aider.
  We were sincerely trying to help you.

souhaiter à qn de + *inf*   to wish that sb do sth

■ Je te souhaite de retrouver bientôt du travail.
  I hope that you will soon find work again.

soulager qch/qn de qch   to soothe sth/sb; to relieve sb of sth

■ Ce médicament soulage les maux de tête.
  This medicine relieves headaches.

■ Elle a fait tout ce qu'elle a pu pour soulager ma douleur.
  She did everything she could to soothe my pain.

■ Il m'a offert de me soulager en portant une de mes valises.
  He offered to help me by carrying one of my suitcases.

■ Prends ce comprimé, ça te soulagera.
  Take this pill. It will make you feel better.

■ Ses aveux l'ont soulagé de sa faute.
  His confession eased his guilt.

■ L'architecte nous a soulagé de 8,000 francs. *(fam)*
  The architect lightened our bank account by 8000 francs.

■ Un petit voyage vous soulagera de tous vos ennuis.
  A little trip will relieve you of all of your problems.

soulager/être soulagé de + *inf*   to (be) relieve(d) to + *inf*

■ J'ai été soulagé d'apprendre que vous alliez mieux.
  I was relieved to learn that you were feeling better.

■ Ça soulage de raconter ses malheurs.
  It helps to tell about one's troubles.

■ Nous avons été soulagés de la voir repartir.
  We were relieved to see her go.

se soulager de qch   to find relief from sth

■ En t'avouant la vérité, elle s'est soulagée d'un grand poids.
  By telling you the truth, she has unburdened herself of a great weight.

■ Tu dois te soulager de ces soucis.
  You have to get relief from these worries.

soulever qch/qn (de qch)   to raise, lift sth/sb from sth

■ Son attitude a soulevé un problème.
  His attitude raised a problem.

- Elle a soulevé la question à la dernière réunion.
  She brought up the question at the last meeting.

- Il a soulevé cinquante kilos d'une seule main.
  He lifted a hundred pounds with one hand.

- La tempête soulevait presque notre voiture.
  The storm was almost lifting our car.

- Le vent m'a soulevé de terre.
  The wind lifted me from the ground.

- Aidez-moi à soulever le malade de son lit.
  Help me lift the patient from his bed.

soulever qn contre qch/qn   to stir up, rouse sb against sth/sb

- La presse a soulevé l'opinion contre toi.
  The press had roused public opinion against you.

- L'orateur souleva l'assemblée contre le gouvernement.
  The speaker stirred the audience up against the government.

- Son arrogance a soulevé tout le mondre contre lui.
  His arrogance has turned everyone against him.

se soulever (de qch)   to rise up; to lift oneself up (from sth)

- Le pays tout entier s'est soulevé.
  The entire country is up in arms.

- Quand je suis entré dans sa chambre d'hôpital, elle s'est soulevée péniblement sur un coude et m'a souri.
  When I entered her hospital room, she lifted herself up on one elbow with difficulty and smiled at me.

- Il n'a même pas la force de se soulever de son fauteuil.
  He does not even have the strength to get up out of his armchair.

se soulever contre qch/qn   to rise up against sth/sb

- En 1917, le peuple russe se souleva contre la monarchie (/le tsar).
  In 1917, the Russian people rose up against the monarchy (/the Czar).

soumettre qch/qn   to subject, put down sth/sb

- Le dictateur a décidé de soumettre toutes les régions dissidentes.
  The dictator decided to subjugate all the dissident areas.

- L'armée n'a toujours pas soumis les rebelles.
  The army still has not overcome the rebels.

soumettre qch à qn   to submit sth to sb

- Je vous soumettrai mon rapport la semaine prochaine.
  I will submit my report to you next week.

- Elle a soumis son article au *Monde*.
  She submitted her article to Le Monde.

■ Puis-je soumettre ces quelques paragraphes à votre réflexion (/critique/examen)?
May I submit these few paragraphs for your reflection (/criticism/examination)?

soumettre qn à qch   to subject sb to sth

■ Le jury de thèse l'a soumis à un interrogatoire serré.
The thesis jury put him through a tough examination.

■ Nous sommes soumis à l'impôt dans ce pays.
We are subject to taxes in this country.

se soumettre (à qch/qn)   to surrender (to sth/sb)

■ Tôt ou tard, les insurgés devront se soumettre.
Sooner or later, the rebels will have to surrender.

■ Cet enfant a du caractère, il ne se soumet pas facilement.
This child has quite a personality; he does not give in easily.

■ Vous devrez vous soumettre à la règle (/à la loi) comme tout le monde.
You'll have to obey the rules (/the law) like everyone else.

■ Depuis sa crise cardiaque, il se soumet à un régime très strict.
He has been following a strict diet since his heart attack.

■ J'ai dû me soumettre à leurs volontés (/exigences/ordres).
I have had to give in to their wishes (/demands/orders).

soupçonner qch/qn de qch   to suspect sth/sb of sth

■ La police soupçonne un complot (/un incendie criminel/la mafia).
The police suspect a plot (/arson/the mafia).

■ Dans cette affaire, on soupçonne la famille de la victime.
In this case, the victim's family is under suspicion.

■ Je soupçonne un coup fourré.
I suspect a dirty trick.

■ Elle ne soupçonne pas qu'on puisse lui vouloir du mal.
She cannot imagine that anyone could wish her any harm.

■ Le jeune homme est soupçonné de traffic de drogue (/de mensonge/de trahison).
The young man is a suspected drug dealer (/is suspected of lying/is suspected of treason).

■ La police les soupçonne de complicité avec les malfaiteurs.
The police suspect them of working with the criminals.

soupçonner qn de + *inf*   to suspect sb of + *ger*

■ On le soupçonnait d'avoir livré des secrets à l'ennemi.
He was suspected of having handed over secret information to the enemy.

■ Je le soupçonne de prendre un malin plaisir à vous contredire.
I suspect he takes a malicious pleasure in contradicting you.

■ Elle soupçonne Valérie d'être à l'origine du scandale.
She suspects that Valery started the scandal.

sourire (à qn)   to smile (at sb)

- Ma remarque l'a fait sourire.
  My comment made her smile.

- Il m'a souri de toutes ses dents.
  He flashed a toothy grin at me.

- Elle souriait malgré son inquiétude.
  She was smiling in spite of her concern.

- Il m'a souri à travers ses larmes.
  He smiled at me through his tears.

- Enfin, la chance lui a souri!
  Finally, his luck changed.

- L'idée de passer une semaine en sa compagnie ne me sourit pas beaucoup.
  The idea of spending a week with him does not really appeal to me.

sourire de qch/de + *inf*   to be amused by sth/at sth

- Tout le monde a souri de sa naïveté.
  Everyone smiles at how naive he is.

- Ils sourient de nos difficultés.
  They take pleasure in seeing our struggle.

- Je souris de le voir enfin tiré d'affaire.
  I am happy to see him finally out of hot water.

souscrire à qch   to subscribe to sth

- La ville a souscrit plusieurs millions à la construction d'un nouveau stade.
  The city contributed several million to build a new stadium.

- Elle souscrit totalement à notre projet (/proposition/arrangement/décision).
  She subscribes totally to our project (/proposal/arrangement/decision).

soustraire qch à qn   to take, get sth away from sb

- Combien d'argent a-t-il réussi à vous soustraire par ses manigances?
  How much money did he manage to get from you with his tricks?

- Le tribunal vient de lui soustraire la garde de ses enfants.
  The judge has just taken away his custody of the children.

soustraire qn à qch   to shield, protect sb from sth

- Rien ne pourra nous soustraire à sa colère (/vengeance/malédiction).
  Nothing will be able to get us away from his anger (/revenge/curse).

- L'avocat a essayé de soustraire son client à la justice.
  The attorney tried to shield his client from justice.

soustraire qch de qch   to subtract sth from sth

- Pouvez-vous soustraire vos frais professionnels de vos impôts?
  Can you deduct business expenses from your income taxes?

se soustraire à qch   to get out of, away from sth

- Vous ne pouvez pas vous soustraire à vos obligations (/devoirs/responsabilités).
  You cannot shirk your commitments (/duties/responsibilities).

- J'ai tout fait pour me soustraire à cette corvée.
  I did everything I could to get out of doing this chore.

- Tu devrais te soustraire à son influence.
  You should get away from his influence.

se souvenir de qch/qn   to remember sth/sb

- Souvenez-vous que je vous ai toujours fait confiance.
  Remember that I have always trusted you.

- Je me souviens qu'elle avait promis de venir.
  I remember that she promised to come.

- Vous souvenez-vous de notre première rencontre?
  Do you remember our first meeting?

- Il ne s'est plus souvenu de nous.
  He did not remember us anymore.

- Je vais vous donner une leçon dont vous vous souviendrez.
  I am going to teach you a lesson you will not forget.

se souvenir de + *inf*   to remember + *ger*

- Edouard ne se souvenait pas de nous avoir téléphoné.
  Edward did not remember having telephoned us.

- Je me souviens de l'avoir vue à Marseille l'année dernière.
  I remember having seen her in Marseille last year.

subir qch/qn   to undergo sth; to put up with sth/sb

- Il m'a fallu subir ses critiques (/attaques) pendant une heure.
  I had to put up with his criticism (/attacks) for an hour.

- En raison de l'ouragan, l'île a subi des dégâts importants.
  The island was badly damaged by the hurricane.

- Je crois que notre équipe va subir une grave défaite.
  I think our team will be badly beaten.

- Elle refuse de le subir encore pendant une journée.
  She refuses to put up with him again for a whole day.

faire subir qch à qch/qn   to submit sb to sth

- Le Gulf Stream fait subir son influence à une grande partie de la France.
  A large part of France is under the influence of the Gulf Stream.

- Je ne lui pardonnerai jamais de m'avoir fait subir une telle humiliation.
  I will never forgive him for having put me through such a humiliating experience.

■ Nous allons faire subir à nos partenaires européens les conséquences de nos erreurs.
We are going to make our European partners suffer the consequences of our mistakes.

subordonner qch/qn à qch/qn   to subordinate sth/sb to sth/sb

■ Notre décision est subordonnée aux résultats de l'enquête.
Our decision depends on the survey results.

■ Les sous-officiers sont subordonnés au capitaine.
The noncommissioned officers are under the captain's orders.

se subordonner à qch/qn   to subordinate oneself to sth/sb

■ Ce soldat a refusé de se subordonner à ses supérieurs.
This soldier refused to submit to his superiors.

■ Je me subordonnerai à votre décision.
I will abide by your decision.

substituer qch/qn à qch/qn   to substitute sth for sth

■ Vous n'aviez pas le droit de substituer un mot à un autre dans mon discours.
You had no right to substitute one word for another in my speech.

■ Dans la légende grecque, une biche fut substituée à Iphigénie juste avant son exécution.
In the Greek legend a doe was put in Iphigenia's place right before her execution.

se substituer à qch/qn   to substitute oneself for sth/sb

■ Il a dû se substituer à moi au dernier moment.
He had to replace me at the last minute.

■ Pourquoi le Premier ministre s'est-il substitué au Président?
Why did the prime minister take the president's place?

succéder à qch/qn   to follow, replace sth/sb

■ Lorsqu'on approche du Colorado, des montagnes succèdent aux grandes plaines.
As one approaches Colorado, the mountains take the place of the great plains.

■ Louis XV a succédé à son grand-père sur le trône de France.
Louis XV was his grandfather's successor on the throne of France.

suffir à qch/qn   to suffice, be sufficient for sth/sb

■ Ça suffira comme ça!
That'll be enough!

■ Son salaire suffit à leurs besoins.
His salary meets their needs.

■ Deux semaines de vacances lui suffisent largement.
A two-week vacation is long enough for him.

suffir à/pour + *inf*   to be enough to + *inf*

- Votre explication n'a pas suffi à les convaincre.
  Your explanation was not enough to convince them.

- Un rien suffit pour mettre Antoine en colère.
  Antoine gets angry very easily.

- Cette somme ne suffira pas à rembourser ta dette.
  This amount will not be enough to pay back your debt.

il suffit (à qn) de + *inf*   it is enough (for sb) to + *inf*

- Il suffisait de lui demander gentiment.
  All you had to do is ask him nicely.

- Il ne suffit pas d'être riche pour être heureux.
  It is not enough to be rich in order to be happy.

- Je ne suis pas difficile: il me suffit d'avoir un bon livre et je suis content.
  I am not hard to please; a good book is enough to make me happy.

- Il te suffira d'écouter, tu n'auras pas à prendre la parole.
  All you will need to do is listen. You will not have to speak.

il suffit (à qn) de qch pour + *inf*   it takes (sb) sth to + *inf*

- Il suffit d'un rien pour l'irriter.
  It does not take much to irritate him.

- Il te suffira d'un instant pour comprendre la situation.
  It will only take you a second to understand the situation.

il suffit que   it is enough that

- Il suffit que tu me donnes ta réponse lundi.
  I only need your response by Monday.

- Il suffit qu'on lui dise non pour qu'il se mette à pleurer.
  All it takes is for someone to say no to him, and he starts crying.

- Il suffit qu'on lui explique une fois pour qu'elle comprenne.
  You only have to explain once, and she understands.

suggérer qch/qn   to suggest sth/sb

- Ce tableau suggère l'horreur de la guerre.
  This painting suggests the horrors of war.

- C'est vous qui avez suggéré ce projet?
  Did you suggest this project?

- Il a suggéré Martin comme chef des achats.
  He proposed Martin as sales manager.

- Véronique suggère que nous allions au restaurant demain soir.
  Veronica suggests that we go out to dinner tomorrow.

suggérer qch à qn/à qn de + *inf*   to suggest sth to sb, advise sb to + *inf*

- Le docteur lui a suggéré une cure thermale.
  The doctor suggested therapy at a spa.

- Puis-je vous suggérer une solution possible?
  May I offer you a possible solution?

- Je vous suggère de vous adresser à Mme Leduc.
  I suggest you ask Mrs. Leduc.

- L'auteur suggère aux lecteurs de faire dix minutes d'exercice chaque matin.
  The author advises his readers to exercise for ten minutes each morning.

supplier qn (de + *inf*)   to beg sb (to + *inf*)

- Est-ce que je vais devoir vous supplier?
  Am I going to have to beg you?

- Elle m'a pratiquement supplié à genoux.
  She practically implored me on bended knees.

- Il m'a supplié de lui accorder un entretien.
  He begged me to grant him an interview.

- Je vous supplie de me donner une seconde chance.
  I beg of you to give me a second chance.

supporter qch/qn   to support, stand sth/sb

- Plusieurs colonnes supportaient le temple.
  Several columns were supporting the temple.

- Gabrielle ne supporte pas qu'on la contredise.
  Gabrielle cannot stand to be contradicted.

- Je supporte très mal la chaleur.
  I do not do well in heat.

- Vincent ne supporte pas les plats épicés.
  Vincent cannot digest spicy dishes.

- Je sais bien que vous ne pouvez pas me supporter!
  I know you cannot stand me!

supporter de + *inf*   to stand to + *inf/ger*

- Elle ne supportait de voir gaspiller toutes ses économies.
  She could not stand to see all her savings wasted.

- Je n'ai pas pu supporter d'être tenu à l'écart des discussions.
  I could not stand having to stay on the sidelines during the talks.

supprimer qn/qch (à qn)   to cancel sth; to take sth away (from sb)

- L'éditeur m'a demandé de supprimer tout un paragraphe.
  The editor asked me to cancel an entire paragraph.

- Le gouvernement s'efforce de supprimer les inégalités les plus flagrantres.
  The government is working hard to get rid of the most glaring inequalities.
- On a supprimé trois mille emplois en cinq ans.
  Three thousand jobs have been cut in five years.
- Les gangsters ont supprimé un témoin gênant.
  The gangsters got rid of an embarrassing witness.
- On lui a supprimé une partie de son salaire.
  They cut out part of his salary.
- Le colonel a supprimé toutes leurs permissions aux appelés.
  The colonel canceled all the leaves of the draftees.

supprimer qch de qch   to suppress, erase sth from sth, cut sth out

- Le médecin lui a conseillé de supprimer le sel de tous ses repas.
  The doctor advised him to cut salt out of all his meals.
- Tu devrais supprimer ce passage de ton dernier chapitre.
  You should cut this passage out of your last chapter.

surpasser qch/qn (en qch)   to surpass, outdo sth/sb (in sth)

- Son succès a surpassé toutes nos espérances.
  Her success went beyond our wildest hopes.
- Le champion a facilement surpassé tous ses concurrents.
  The champion easily outdid the other players.
- Kevin nous surpasse tous en intelligence.
  Kevin is far beyond us in intelligence.
- Cet ouvrage surpasse en profondeur tout ce qui a été écrit sur le sujet.
  This work is deeper than anything written on the subject.

survivre à qch/qn   to survive sth/sb

- Dans certains villages, cette pratique survit encore de nos jours.
  In certain villages this practice has survived until today.
- Heureusement, toute la population a survécu au passage du cyclone.
  Luckily, the entire population survived the cyclone's passage.
- Deux enfants et sept petits-enfants lui survivent.
  Two children and seven grandchildren survive him.
- Phèdre n'a pas voulu survivre à la nouvelle de la mort d'Hyppolite.
  Phaedra refused to go on living after the news of the death of Hyppolitus.

suspecter qch/qn de qch   to suspect sth/sb of sth

- Les enquêteurs suspectent un certain nombre d'employés de l'hôtel.
  The investigators suspect several hotel employees.
- Vous n'avez aucune raison de suspecter sa bonne foi (/son honnêteté).
  You have no reason to question her good faith (/honesty).
- On le suspecte de traffic de cigarettes.
  He is suspected of dealing in cigarettes.

suspecter qn de + *inf*   to suspect sb of + *ger*

- Je le suspecte de préparer un mauvais coup.
  I suspect him of planning a dirty trick.
- Dupont nous suspectait de comploter contre lui.
  Dupont suspected us of plotting against him.

suspendre qch   to put off, postpone sth

- Nous avons décidé de suspendre notre décision jusqu'à la semaine prochaine.
  We decided to put off our decision until next week.
- L'enquête est suspendue jusqu'à nouvel ordre.
  The investigation is postponed until further notice.

suspendre qch à qch   to hang sth on sth

- Pourrais-tu m'aider à suspendre ce ventilateur au plafond?
  Could you help me hang this fan on the ceiling?
- Vous pouvez suspendre votre imperméable au porte-manteau.
  You can hang your raincoat on the coat rack.

suspendre qn de qch   to suspend sb from sth

- L'arbitre a été suspendu de ses activités.
  The umpire was suspended from office.
- Ils vont te suspendre de tes fonctions pour faute professionnelle.
  They will suspend you for negligence.

sympathiser (avec qn)   to hit it off (with sb)

- Malgré nos désaccords, nous avons tout de suite sympathisé.
  Despite our differences, we hit it off right away.
- Est-ce que vous avez sympathisé avec vos nouveaux voisins?
  Did you make friends with the new neighbors?
- Simon ne sympathise pas facilement avec ses camarades de classe.
  Simon does not get on well with his classmates.

T

tabler sur qch   to count on sth

- Les économistes tablent sur une reprise de l'activité.
  Economists are counting on business to pick up again.
- A ta place, je ne tablerais pas sur son aide.
  If I were you, I would not count on his help.

tâcher de + *inf* to try to + *inf*

- Je vais tâcher de passer vous voir demain soir.
  I will try to come and see you tomorrow evening.

- Tâchez de vous rappeler de ce que je viens de vous dire.
  Try to remember what I have just told you.

taire qch à qn to conceal sth from sb

- Il leur a été impossible de taire la vérité.
  It was impossible for them not to tell the truth.

- Elle n'a pas pu me taire longtemps la vraie raison de sa visite.
  She was not able to conceal from me the real reason for her visit.

- Il a tu à la presse le nom de son informateur par peur des représailles.
  He did not mention his informer's name to the press for fear of reprisals.

- Je ne vous tairai pas que je suis très mécontent de votre travail.
  I won't hide from you the fact that I am very unhappy with your work.

taper qch/qn to hit sth/sb; to type sth

- Il paraît qu'elle tape ses enfants.
  They say she hits her children.

- Elle a tapé cinquante pages en deux jours.
  She typed fifty pages in two days.

taper à/dans/sur qch/qn to knock at/in/on sth/sb

- Quelqu'un tape à la porte.
  Someone's knocking at the door.

- Est-ce que tu sais taper à la machine?
  Do you know how to type?

- Ils ont tapé dans le frigo, et il n'y a plus rien à manger. *(fam)*
  They raided the fridge. There's nothing left to eat.

- Tu as tapé en plein dans le mille!
  You hit the bull's eye!

- Le boxeur tapait sur son adversaire avec une violence inouïe.
  The boxer was hitting his opponent with unbelievable violence.

- Arrête de taper sur la table, tu me rends folle!
  Quit knocking on the table. You're driving me crazy!

taper qn de qch (*fam*) to hit sb up for sth

- Bernard m'a encore tapé de cinq cents francs.
  Bernard hit me up again for five hundred francs.

tarder (à + *inf*) to be late; to put off + *ger*

- Il est huit heures, elle ne va pas tarder.
  It is eight o'clock. She won't be much longer.

■ Jean-Pierre n'est toujours pas rentré, il a dû tarder en chemin.
Jean-Pierre is still not home. He must have stopped on the way.

■ Excusez-moi d'avoir tant tardé à répondre à votre lettre.
Please forgive me for having taken so long to answer your letter.

■ Le train ne va pas tarder à partir.
The train will be leaving before long.

■ Le printemps tarde à venir cette année.
Spring is taking a long time to come this year.

■ Les autorités ont trop tardé à réagir.
The authorities waited too long before taking action.

il tarde à qn de + *inf*   to long to + *inf*

■ Il lui tarde de revoir son pays natal.
He longs to see his native country again.

■ Il me tarde de commencer ce nouveau projet.
I can't wait to start this new project.

téléphoner à qn   to call sb on the phone

■ N'oublie pas de lui téléphoner à l'heure du déjeuner.
Do not forget to call him at lunchtime.

témoigner qch/ + *inf*   to show, testify sth/that

■ Il a toujours témoigné du goût pour la peinture abstraite.
He has always been fond of abstract painting.

■ Irène a témoigné qu'elle avait vu la victime quelques heures avant le crime.
Irene testified that she had seen the victim a few hours before the crime.

■ Je veux que tu témoignes m'avoir bien remis la lettre.
I want you to testify that you really did give the letter to me.

témoigner qch à qn   to show sth for sb

■ Tu n'as jamais témoigné à ce pauvre Leduc beaucoup de sympathie.
You never showed much sympathy for this poor Leduc.

■ Comment pourrais-je vous témoigner ma reconnaissance?
How can I show you my gratitude?

témoigner de qch   to attest, reveal sth

■ Son invitation témoigne de l'intérêt qu'il vous porte.
His invitation shows how interested he is in you.

■ La réaction du public témoignait de l'importance de votre discours.
The public's reaction attested to the importance of your speech.

témoigner contre/en faveur de qch/qn   to testify against/in favor of sth/sb

■ Personne n'osera témoigner contre lui.
No one will testify against him.

■ Il a témoigné en faveur de l'accusé.
He testified in favor of the accused.

tendre qch   to tighten, stretch sth

■ Le cycliste a tendu le bras pour indiquer qu'il allait tourner.
The cyclist held out his arm to show that he was going to turn.

■ Il parle si bas qu'on est obligé de tendre l'oreille pour le comprendre.
His voice is so low you have to prick up your ears to hear him.

■ Le sauteur à la perche tendit tous ses muscles avant de s'élancer.
The pole vaulter tensed his muscles before starting off.

■ Ils ont tendu une corde entre quatre poteaux pour marquer leur propriété.
They tied a rope to four posts to mark off their property.

tendre qch à qn   to hold sth out to sb

■ L'hôtesse m'a tendu un verre de champagne en souriant.
With a smile, the hostess offered me a glass of champagne.

■ Je lui ai tendu la main mais il m'a ignoré.
I held out my hand but he ignored me.

■ Ils t'ont tendu un piège.
They set a trap for you.

tendre à qch/+ *inf*   to tend toward sth/to + *inf*

■ Son œuvre tend à la perfection.
His work approaches perfection.

■ Depuis quelque temps, ses peintures tendent à l'abstraction.
For a while now his paintings have leaned toward abstract art.

■ La société moderne tend à devenir de plus en plus complexe.
Modern society tends to become more and more complex.

■ Ceci tend à prouver que vous aviez tort.
This tends to prove that you were wrong.

■ Cette mesure tend à améliorer la situation.
This measure aims at improving the situation.

tenir (à) qch/qn   to hold (on to) sth/sb; to be due to sth

■ J'espère que la corde va tenir bon.
I hope the rope will hold.

■ La mendiante tenait un enfant par la main.
The beggar held a child by the hand.

■ La police tient la preuve de sa culpabilité.
The police have the proof that he is guilty.

■ Le mauvais temps nous a tenus enfermés pendant une semaine.
The bad weather kept us locked up inside the house for a week.

■ Laurent tient un magasin de vêtements au centre ville.
Lawrence runs a clothing store downtown.

- Le tableau ne tient au mur que par un petit crochet.
  The painting is held to the wall only by a tiny hook.

- Jean-Christophe tient beaucoup à Anne.
  Jean-Christophe is very attached to Anne.

- A quatre-vingt ans passés, grand-père tient encore à la vie.
  Although he is over 80, Grandpa hangs on to life.

- Les mesures d'austérité tiennent à la situation économique.
  The austerity measures are due to the economic situation.

tenir à/dans/en qch   to fit in sth; to consist in sth

- On ne tiendra pas à dix à cette table.
  We will not be able to fit ten people at this table.

- Les valises ne tiennent pas dans la malle.
  The suitcases do not fit in the trunk.

- La solution du problème tient en quelques lignes.
  The solution to the problem takes a few lines.

- Sa réponse tient en un seul mot: d'accord.
  His answer can be summed up in one word: Yes.

tenir à + *inf*   to insist on + *ger*

- Elle tient absolument à vous inviter avant les vacances.
  She insists on having you over before vacation starts.

- Je tenais à vous rappeler votre promesse.
  I was anxious to remind you of your promise.

tenir contre qch/qn   to hold out against sth/sb

- Il a tenu contre l'adversité.
  He held out against adversity.

- La joueuse n'a tenu que trois sets contre (/face à) son adversaire.
  The tennis player only held out for three sets against her opponent.

tenir de qch/qn   to take after sth/sb

- Cet enfant tient de son père.
  This child takes after his father.

- Son élection tient du miracle (/du prodige).
  His election is something of a miracle.

- Sa peinture tient à la fois du cubisme et de l'art abstrait.
  His paintings take after cubism and abstract art.

tenir qch de qch/qn   to get sth from sb

- Elle tient tous ses bijoux de sa mère.
  She got all of her jewelry from her mother.

- Nous tenons cette propriété de mes grands-parents.
  We got this property from my grandparents.
- Il tient toute sa culture de son milieu familial.
  All of his culture comes from his family.
- Elle tient son assurance d'une enfance privilégiée.
  She gets her assurance from a very privileged childhood.

il ne tient à qn que/de + *inf*   it's up to sb to + *inf*

- Il ne tient qu'à toi de me prouver ta bonne foi.
  It's up to you to prove your good faith to me.
- Il ne tient qu'à elle que le mariage ait lieu.
  It is entirely up to her to see that the marriage takes place.

être tenu de + *inf*   to have to + *inf*

- Je suis tenu d'écrire un rapport sur vous.
  I have to write a report on you.
- Les citoyens sont tenus de respecter la loi.
  The citizens are to respect the law.
- Elle n'était pas tenue de vous faire ses confidences.
  She did not have to confide in you.

tenir qch/qn pour qch/qn   to consider, regard sth/sb as sth/sb

- Je le tiens pour quelqu'un de sérieux.
  I consider him to be serious.
- On tient son élection pour assurée.
  People regard his election as certain.

se tenir (à qch/qn)   to take place; to hold on to sth/sb

- La réunion va se tenir au Ministère de l'Intérieur.
  The meeting is going to take place at the Ministry of the Interior.
- Elle avait du mal à se tenir debout.
  She was having a hard time staying on her feet.
- Les deux petites filles se tenaient par la main.
  The two little girls were holding hands.
- Les enfants de Jacques se tiennent très mal à table.
  Jacques's children have horrible table manners.
- Tenez-vous bien à la rampe, l'escalier est raide.
  Hold tight to the banister. The staircase is steep.
- En cas de roulis, tenez-vous à moi.
  Hold on to me in case the ship rolls a lot.
- Un vrai champion ne se tient jamais pour battu.
  A true champion never gives up.
- Tenez-vous le pour dit!
  You've been warned once and for all!

s'en tenir à qch   to expect sth; to stick to sth

- Je ne savais vraiment pas à quoi m'en tenir.
  I really did not know what to expect.

- Tu n'auras qu'à t'en tenir aux instructions.
  You will just have to stick to the instructions.

tenter qch/qn   to attempt sth; to tempt sb

- Allez-vous tenter l'expérience?
  Are you going to give it a try?

- Jacques a décidé de tenter sa chance.
  Jacques decided to try his luck.

- Nous avons tout tenté pour lui faire changer d'avis.
  We have tried everything to get him to change his mind.

- Les deux hommes vont tenter l'escalade de l'Everest.
  The two men are going to try to climb Mount Everest.

- Le diable a tenté Faust.
  The devil tempted Faust.

- Est-ce que ce genre de travail vous tenterait?
  Would this kind of work tempt you?

tenter de + *inf*   to try to + *inf*

- Elle va tenter de battre son propre record mondial.
  She is going to try to break her own world record.

- J'ai tenté de lui faire entendre raison, mais sans résultat.
  I tried unsucessfully to get him to listen to reason.

être tenté de + *inf*   to be tempted to + *inf*

- Je suis tenté de vous répondre par l'affirmative.
  I am tempted to give you an affirmative answer.

- Je suis bien tentée d'aller au cinéma ce soir.
  I am really tempted to go to the movies this evening.

terminer qch (par qch)   to end, finish sth (with sth)

- Avez-vous terminé?
  Are you finished?

- Il a terminé en nous souhaitant bonne chance.
  He finished by wishing us good luck.

- Je terminerai mes devoirs demain.
  I will finish my homework tomorrow.

- Ils ont terminé la soirée dans une boîte de nuit.
  They ended the evening in a nightclub.

- S'il continue, il terminera sa vie en prison.
  If he keeps on like that, he'll end his days in prison.

■ Nous terminerons le repas par une pièce montée.
We'll end the meal with a three-layer cake.

en avoir terminé avec qch/qn   to be done with sth/sb

■ Cette fois-ci, j'en ai terminé avec lui.
This time I am over and done with him.

se terminer (en/par qch)   to end (in/with sth)

■ Les vacances se terminent toujours trop tôt.
Vacation always ends too early.

■ Notre entrevue s'est assez mal terminée.
Our interview ended pretty badly.

■ Le film s'est terminé après minuit.
The film was over after midnight.

■ Le *Tartuffe* de Molière se termine presque en tragédie.
Molière's Tartuffe *almost ends in tragedy.*

■ La réunion s'est terminée en une pagaille générale (/par une bagarre).
The meeting ended in mass confusion. (/A brawl ended the meeting.)

■ A la troisième personne du pluriel, les verbes français en -er se terminent par "ent."
In the third person plural, French verbs with -er end in "ent."

tirer (qch)   to fire, shoot; to pull (sth)

■ Qui a donné l'ordre de tirer?
Who gave the order to shoot?

■ Ne tirez pas, vous allez l'étrangler!
Don't pull. You'll strangle him!

■ Est-ce que tu peux tirer les rideaux?
Can you draw the curtains?

■ Il leur fallait une voiture assez puissante pour tirer leur caravane.
They needed a car powerful enough to pull their trailer.

■ Le cambrioleur tira quelques coups de feu avant de s'enfuir.
The burglar fired a few shots before leaving.

tirer à qch   to amount to sth

■ Ce quotidien tire à plusieurs milliers d'exemplaires.
This daily has a circulation of several thousand copies.

■ Ses remarques ne tirent pas à conséquence.
Her comments don't matter (/amount to much).

■ Tu ne dois pas tirer la langue à Mme Lenoir!
Don't stick your tongue out at Mrs. Lenoir!

■ La saison de ski tire à sa fin.
The ski season is drawing to a close.

tirer qch/qn de qch   to pull sth/sb from sth

- Le magicien tira un lapin de son chapeau.
  The magician pulled a rabbit out of his hat.

- Ils n'ont pas tiré beaucoup d'argent de la vente de leur propriété.
  They did not get much money out of selling their property.

- Quelles conclusions tirez-vous de la situation?
  What conclusions do you draw from the situation?

- Le film est tiré d'un roman à succès.
  The film was taken from a best-selling novel.

- Ton coup de téléphone m'a tiré du lit (/du sommeil/de ma rêverie).
  Your phone call dragged me out of bed (/woke me up/brought me out of my daydream).

- Son avocat lui a promis de le tirer de prison (/d'affaire/d'embarras).
  His lawyer promised to get him out of jail (/to help him out of his predicament).

tirer qch/qn par qch   to pull sth/sb by sth

- Le petit mendiant le tirait par la manche.
  The little beggar pulled him by the sleeve.

- Il tirait son cheval par la bride.
  He was leading his horse by the bridle.

tirer sur qch/qn   to pull on sth; to fire at/into sth/sb

- Ne tire pas sur ton pull-over, tu vas le déformer.
  Don't pull on your sweater. You are stretching it out of shape.

- Le forcené se mit à tirer sur la foule.
  The maniac started firing into the crowd.

se tirer de qch   to cope, deal with sth

- J'admire la manière dont elle s'est tirée de ce mauvais pas.
  I admire how she got herself out of this difficult situation.

- Robert a eu de la chance, il s'en est tiré avec une simple entorse.
  Robert was lucky. He got off with a sprained ankle.

- Comment est-ce que Bernard se tire de ses nouvelles responsabilités?
  How is Bernard managing with his new responsibilities?

tomber (de qch/sur qch/qn)   to fall (from sth/on sth/sb)

- Lucien est tombé en réparant son toit.
  Lucien fell while repairing his roof.

- Il est tombé dix centimètres de neige la nuit dernière.
  Four inches of snow fell last night.

- La nuit tombe vite en cette saison.
  Nightfall comes early during this season.

- Vous tombez bien, j'allais vous téléphoner!
  What about that! I was just going to call you.
- Cette année, Noël tombe un mardi.
  This year Christmas falls on a Tuesday.
- Laisse tomber, ce n'est pas bien grave.
  Let it go. It's not important.
- Vincent a laissé tomber tous ses amis.
  Vincent dropped all of his friends.
- Elle est tombée du cerisier (/de l'échelle/de son lit).
  She fell out of the cherry tree (/from the ladder/out of her bed).
- Elle est montée se coucher, elle tombait de sommeil (/de fatigue).
  She went up to bed. She was falling asleep (/she was exhausted).
- Des trombes d'eau sont tombées sur la région.
  A downpour fell on the area.
- En fouillant dans les archives, elle est tombée sur des documents oubliés depuis des siècles.
  In searching the archives, she came upon documents that had been lost for centuries.
- Je suis tombé sur Evelyne en sortant du supermarché.
  I ran into Evelyn as I was leaving the supermarket.

tordre qch (à qn)   to twist sth (sb's arm, wrist)

- Il a tordu la roue avant de sa bicyclette en heurtant la porte du garage.
  He twisted the front tire of his bike when he hit the garage door.
- La douleur tordait le visage du malade.
  Pain was twisting the patient's face.
- La tempête a tordu plusieurs arbres.
  The storm twisted several trees.
- Je lui ai tordu le poignet pour le faire lâcher prise.
  I twisted his wrist to get him to let go.
- L'angoisse nous tordait l'estomac.
  Anxiety tied our stomachs in knots.

se tordre qch/de qch   to twist sth/to be doubled up with sth

- Il s'est tordu la cheville en faisant du patin à glace.
  He twisted his ankle while ice skating.
- Elle se tordait de douleur (/de rire).
  She was doubled up with pain (/laughter).

toucher (à) qch/qn   to touch, reach sth/sb; to move sb

- Il a touché la porte du four et il s'est brûlé.
  He touched the oven door and burned himself.
- La torpille a touché sa cible et le bateau a explosé.
  The torpedo hit its target, and the boat exploded.

■ Il a touché cinq mille francs au loto.
He won five thousand francs playing the lottery.

■ Grégoire est si grand qu'il touche presque le plafond.
Gregory is so tall he almost reaches the ceiling.

■ Sa lettre (/sa gentillesse/son hospitalité) nous a beaucoup touchés.
His letter (/kindness/hospitality) touched us greatly.

■ Ne touche pas à ce couteau, tu pourrais te blesser.
Don't touch this knife. You could hurt yourself.

■ Il était si contrarié qu'il n'a pas touché à son dîner.
He was so upset that he did not touch his dinner.

■ La balle l'a touché à la cuisse.
The bullet got him in the thigh.

■ Vous touchez ici à un problème délicat.
You are raising a delicate issue here.

■ Pour tout ce qui touche aux questions financières, voyez mon comptable.
Concerning financial questions, see my accountant.

tourmenter qn (de qch)   to torment sb (with sth)

■ La douleur l'a tourmenté toute la nuit.
He was racked by pain all night long.

■ Ils m'ont tourmenté de questions.
They harassed me with questions.

se tourmenter pour/à cause de qch/qn   to worry about sth/sb

■ Ne vous tourmentez pas pour si peu, ça n'en vaut pas la peine.
Don't worry over such a little thing. It isn't worth it.

■ Je ne me tourmente pas pour Gérard, il se débrouillera.
I do not lose any sleep over Gerard. He will take care of himself.

tourner (à) qch   to turn sth

■ Avant de tourner (/à gauche), vous devez tendre le bras.
Before turning (/left), you have to signal with your arm.

■ Le temps tourne à l'orage (/le vent a tourné). Il va sûrement pleuvoir.
The weather is getting stormy (/the wind has turned). It is definitely going to rain.

■ La discussion a mal tourné (/a tourné à la dispute) et elle est partie furieuse.
The conversation went sour (/turned into an argument), and she left in a huff.

■ N'oubliez pas de tourner la clef à double tour.
Do not forget to lock the door.

■ Il a tourné la tête et on a dû recommencer la photo.
He turned his head, and we had to take the picture again.

■ Tournez la page pour lire la suite.
Turn the page to read the rest.

■ Ils tournent un film sur la vie de Georges Sand.
They are making a movie about Georges Sand's life.

■ Elle tourne tout à son avantage.
She turns everything around to her advantage.

■ Elle a tourné le dos à son mari pendant toute la soirée.
She turned her back on her husband for the entire evening.

■ Son succès lui a tourné la tête/l'odeur du sulfure me tourne l'estomac.
Success has gone to his head./The smell of sulfur upsets my stomach.

tourner autour de qch/qn   to turn, revolve around sth/sb

■ Galilée affirmait que la terre tourne autour du soleil.
Galileo claimed that the earth revolved around the sun.

■ Il n'a pas arrêté de tourner autour de Véronique.
He did not leave Veronica alone.

■ La conversation tournait autour des derniers événements politiques.
The conversation revolved around the latest political events.

tourner qch en qch   to turn sth into sth

■ Elle a tourné sa défaite en victoire.
She turned her defeat into a victory.

■ Tristan tourne tout en plaisanterie.
Tristan turns everything into a joke.

se tourner vers qch/qn   to turn to sth/sb

■ Elle s'est tournée vers moi et m'a donné la parole.
She turned to me, indicating it was my turn to speak.

■ Ronsard s'est tourné vers la poésie parce qu'il ne pouvait entrer dans la carrière des armes.
Ronsard turned to poetry because he could not become a soldier.

traduire qch (de/en qch)   to translate sth (from/into sth); to convey sth; to bring sb before sth

■ Elle gagne sa vie en traduisant des ouvrages scientifiques et techniques.
She makes a living by translating scientific and technical documents.

■ Ce poème traduit bien l'angoisse des êtres humains devant la mort.
This poem conveys the anxiety of human beings faced with death.

■ Votre interprétation traduit fidèlement la pensée de l'auteur.
Your interpretation is a true rendition of the author's idea.

■ Ce roman est traduit du suédois.
This novel is translated from Swedish.

■ Est-ce que Shakespeare a été traduit en coréen?
Has Shakespeare been translated into Korean?

■ Il vient d'être traduit en justice pour fraude électorale.
He has just been brought before the court for tax evasion.

se traduire par qch   to be translated into sth

- La rencontre s'est traduite par un match nul.
  The match ended in a tie.
- Leur politique s'est traduite par une augmentation du chômage.
  Their policy ended up increasing unemployment.

traiter qch/qn (de/en qch/qn)   to treat sth/sb (as sth/sb)

- Je me demande comment il va traiter un sujet aussi délicat.
  I wonder how he is going to handle such a delicate topic.
- Il aime traiter ses affaires au restaurant.
  He likes to conduct his business in restaurants.
- Avez-vous les moyens de traiter cette maladie?
  Do you have the means to treat this disease?
- Roger a été traité pour une maladie très rare.
  Roger was treated for a very rare disease.
- Notre père nous traitait durement.
  Our father was hard on us.
- Il paraît qu'il traite très bien ses employés.
  Rumor has it he treats his employees very well.
- Christine l'a traité de menteur (/d'hypocrite/d'imbécile).
  Christina called him a liar (/a hypocrite/an idiot).
- Cesse de me traiter en enfant (/en ennemi).
  Stop treating me like a child (/as an enemy).

traiter avec qn   to deal with sb

- L'ennemi a refusé de traiter avec notre ambassadeur.
  The enemy refused to deal with our ambassador.

traiter de qch   to deal with sth

- Cet ouvrage traite des dernières découvertes médicales.
  This book is about the latest medical discoveries.
- Le conférencier a traité de l'évolution des techniques.
  The speaker lectured on the evolution of technology.

transformer qch/qn (en qch/qn)   to change, transform sth/sb (into sth/sb)

- L'autoroute a transformé l'économie de la région.
  The highway changed the economic life of the area.
- Son séjour en Afrique l'a complètement transformée.
  Her trip to Africa completely transformed her.
- Les alchimistes rêvaient de transformer le plomb en or.
  Alchemists dreamed about turning lead into gold.
- La bonne fée a transformé la citrouille en carrosse.
  The good fairy transformed the pumpkin into a carriage.

■ Ils avaient transformé leur garage en imprimerie de faux billets.
They had transformed their garage into a printing workshop for counterfeit bills.

se transformer en qch/qn   to turn oneself into sth/sb

■ Le prince de la légende s'est transformé en grenouille.
The prince in the legend turned himself into a frog.

transmettre qch à qn   to transmit sth to sb

■ Est-ce qu'on vous a transmis mon message?
Did they get my message to you?

■ Veuillez transmettre à Pierre mon bonjour (/mes amitiés).
Please convey my greetings (/my friendship) to Pierre.

■ Je lui ai transmis mon meilleur souvenir (/mes félicitations).
I sent him my best (/my congratulations).

travailler (à) qch   to work (at/on) sth

■ Il travaille à l'usine depuis l'âge de quinze ans.
He has been a factory worker since he was fifteen years old.

■ Le temps travaille pour eux.
Time is on their side.

■ Nous travaillons pour les générations futures.
We are working for the generations to come.

■ Nos ancêtres travaillaient la terre.
Our ancestors worked the land.

■ Elise travaille son piano (/son solfège) tous les jours après l'école.
Elise practices her piano (/her music theory) every day after school.

■ Il travaille à son nouveau film (/projet).
He is working on his new film (/project).

■ Ils travaillent à l'amélioration des relations diplomatiques entre nos deux pays.
They are working at improving the diplomatic relations between our two countries.

■ Il sait travailler une salle. *(fam)*
He knows how to work the audience.

travailler qn   to upset, worry sb

■ Ses soucis le travaillent énormément.
His worries are eating him up.

travailler à + *inf*   to work at + *ger*

■ Le candidat a beaucoup travaillé à renforcer son influence au niveau local.
The candidate dedicated himself to bolstering his influence locally.

triompher de qch/qn   to overcome, triumph over sth/sb

- Je suis sûr que tu sauras triompher de toutes les difficultés.
  I am sure that you will know how to overcome any obstacles.

- Il a fini par triompher de tous ses adversaires.
  He ended up triumphing over all his opponents.

- Dans la légende, Lancelot a triomphé de tous ses rivaux.
  In the legend Lancelot triumphed over all his rivals.

tromper qch/qn (sur qch)   to elude sth; to deceive, fool sb (about sth)

- Les apparences nous ont trompés.
  We were fooled (/taken in) by appearances.

- Il paraît que Robert trompe sa femme.
  Apparently, Robert is cheating on his wife.

- Les rescapés trompaient leur soif en suçant des cailloux.
  The shipwrecked staved off their thirst by sucking on pebbles.

- Il a réussi à tromper tous ses amis sur son passé.
  He was able to fool all his friends about his past.

- Le suspect a tenté de tromper les enquêteurs sur les circonstances du crime.
  The suspect tried to fool the inspectors about the details of the crime.

se tromper de/sur qch   to get sth wrong, be wrong about sth

- "Se tromper est humain," disaient les Anciens.
  "To err is human," said the Ancients.

- Elle s'est trompée de train et elle a dû descendre à la gare suivante.
  She took the wrong train and had to get off at the next station.

- Excusez-moi, je me suis trompé de numéro.
  Excuse me, I have the wrong number.

- Il s'est trompé de dix francs dans l'addition.
  His bill was off by ten francs.

- Nous nous sommes trompés sur ses intentions (/son caractère).
  We were wrong about his intentions (/about his character).

trouver qch à qn/qn   to find sth/sb

- Elle a trouvé un trèfle à quatre feuilles, quelle chance!
  She found a four-leaf clover. What luck!

- Je trouve que vous avez meilleure mine.
  I think that you look healthier.

- On a trouvé l'enfant sur le parvis d'une église.
  They found the child on the steps of a church.

- Brigitte les a trouvés vieillis (/fatigués/amers/détendus).
  Brigitte thought they looked older (/tired/bitter/relaxed).

- Toutes les femmes trouvent à Victor un charme fou.
  All the women think that Victor is extremely attractive.
- Personnellement, je ne lui trouve aucun talent.
  Personally, I do not think that he has any talent.

trouver à + *inf*   to find sth to + *inf*

- Ne vous inquiétez pas, je trouverais bien à m'occuper pendant votre absence.
  Do not worry. I will find things to keep me busy while you are gone.
- Vous trouverez sûrement à vous distraire dans cette ville.
  You certainly will find things to do in this town.
- J'ai trouvé beaucoup de plaisir à recevoir votre lettre.
  Receiving your letter gave me a lot of pleasure.

trouver le temps (la force/l'énergie/le courage) de + *inf*   to find the time (/strength/energy/courage) to + *inf*

- Elle n'a même pas trouvé le temps de passer nous dire bonjour.
  She couldn't find the time to stop by and say hello to us.

se trouver   to be; to find oneself/each other

- Bordeaux ne se trouve pas au bord de la mer.
  Bordeaux is not situated on the ocean.
- Nous avons eu du mal à nous trouver dans cette foule.
  We had a hard time finding each other in this crowd.
- Elle s'est trouvée isolée parmi tous ces étrangers.
  She found herself isolated among all these foreigners.
- Je me trouve dans une situation délicate.
  I find myself in a delicate situation.

se trouver + *inf*/il se trouve que   sth/sb happens to + *inf*/it happens that

- Nous nous trouvons être du même pays.
  We happen to be from the same country.
- Elles se trouvent avoir le même âge.
  It just so happens that they are the same age.
- Il se trouvait que nous allions dans la même direction, alors nous avons fait connaissance.
  It just so happened that we were going in the same direction so we got to know each other.

tuer qch/qn   to kill sth/sb

- Il a été tué à coups de couteau.
  He died of knife wounds.
- Tous ces voyages en avion vont me tuer.
  All this air travel is going to kill me.
- La grande industrie n'a pas tué l'artisanat.
  Large-scale industry did not eliminate craftsmen.

se tuer à + *inf*   to kill, exhaust oneself + *ger*

- Ils se sont tués en voiture (/en avion).
  They were killed in a car (/in a plane).

- Il s'est tué en faisant de l'escalade.
  He killed himself while mountain climbing.

- Je me tue à vous répéter que je n'étais pas au courant.
  I am wearing myself out trying to tell you that I was not aware of it.

- Elle se tue à vous dire qu'elle n'était pas là le soir du drame.
  She keeps telling you that she was not there the evening of the tragedy.

se tuer à/de qch   to kill oneself with sth

- La pauvre femme s'est tuée au (/de) travail(/à la tache/à la peine).
  The poor woman killed herself with work (/worked herself to death).

- Le malade s'est tué d'une balle de revolver.
  The patient shot himself.

U

unir qch/qn à/avec qch/qn   to unite, combine sth/sb with sth/sb

- Un mariage unira les deux familles royales à l'automne.
  The two royal families will be united by marriage in the fall.

- Unissons nos forces, et nous gagnerons.
  Let's pool our strength, and we will win.

- Le maire a uni tout le village derrière lui.
  The mayor had the entire village behind him.

- Elle unissait à une vive intelligence un sens aigu des réalités.
  She coupled a lively intelligence with a heightened sense of reality.

- La peinture de Delacroix unit la technique du dessin à une grande sensibilité.
  Delacroix's painting combines skill and sensitivity.

s'unir (à/avec/contre qn)   to get together (with/against sb)

- Les deux jeunes gens ont décidé de s'unir.
  The two young people decided to get married.

- Les pays de la Communauté Européenne se sont unis pour faire face à la concurrence internationale.
  The EEC countries rallied together in a common front against international competition.

- La France s'est unie à l'Allemagne dans la recherche spatiale.
  France and Germany cooperate in space research.
- Les deux pays se sont unis contre leur puissant voisin.
  The two countries banded together against their powerful neighbor.

user (de) qch/qn   to wear out, weaken sth/sb; to make use of sth

- Tu as déjà usé ta nouvelle paire de chaussures?
  You already wore out your new pair of shoes?
- Les soucis (/la maladie/la misère/l'ingratitude) l'ont usé avant l'âge.
  Worries (/illness/misery/ungratefulness) wore him down before his time.
- Elle a usé sa santé à travailler de nuit.
  She ruined her health by working nights.
- Il a usé de tout son pouvoir (/de violence) pour nous faire reculer.
  He exercised all his power (/violence) to make us back up.
- Vous avez usé de procédés (/méthodes) inacceptables.
  You resorted to unacceptable procedures (/methods).
- Puis-je user de votre permission?
  May I take advantage of your permission?
- En ce domaine, je n'ai fait qu'user de mes droits.
  In this area I have only exercised my rights.

s'user (à qch/à + *inf*)   to wear oneself out + *ger*

- Les vêtements bon marché s'usent vite.
  Cheap clothes wear out fast.
- Vous vous êtes usé à la tâche (/au travail).
  You wore yourself out doing that work.
- Vous allez vous user les yeux à lire sans lunettes.
  You are going to ruin your eyes by reading without glasses.
- Léon s'est usé la santé à faire les trois huit.
  Leon ruined his health by working shifts.
- Je m'use à vous répéter que je n'y suis pour rien.
  I am wearing myself out repeating that I have nothing to do with it.

valoir qch (à qn)   to be worth sth; to bring sth on sb

- Combien ça vaut?
  How much is it?

- Ne perdez pas votre temps à aller voir ce film, il ne vaut rien.
  Don't waste your time going to see this movie. It is not worth it.
- Rien ne vaut un petit dîner aux chandelles.
  There's nothing like an intimate candlelight dinner.
- Le musée vaut le déplacement (/le détour/une visite).
  The museum is worth the trip (/the detour/a visit).
- Le climat de la région ne vaut rien pour les allergies.
  This area's climate is not good for allergies.
- La loi vaut pour tout le monde.
  The law applies to everybody.
- Son dernier livre a valu à Jean-Pierre beaucoup d'ennuis.
  Jean-Pierre's last book got him into lots of trouble.
- Ses activités politiques lui ont valu d'être arrêté et emprisonné plusieurs fois.
  His political activities have gotten him arrested and imprisoned several times.

il vaut mieux que/+ *inf*   it is better if/that/to + *inf*

- Il vaut mieux que vous sachiez toute la vérité.
  It is better if you know the whole truth.
- Il vaut mieux partir avant la pluie.
  It is better to leave before the rain.

vanter qch à qn   to praise sth to sb

- Le vendeur vantait à ses clients la qualité du nouveau modèle.
  The salesperson was praising the quality of the new model to his customers.
- Il nous a longuement vanté les mérites de son projet.
  He advertised the merits of his project at length.
- Le professeur Leduc m'a beaucoup vanté notre nouveau doyen.
  Professor Leduc had a lot of praise for our new dean.

se vanter de qch/de + *inf*   to brag about sth/+ *ger*

- Je n'ai pas l'habitude de me vanter, mais je crois que c'est mon meilleur soufflé.
  I do not usually brag about myself, but I think this is my best soufflé.
- Ne vous vantez pas trop de votre victoire, vous allez vous faire des ennemis.
  Do not boast about your victory. You will make some enemies for yourself.
- Il se vante de sa dernière promotion.
  He is bragging about his last promotion.
- Il n'y a vraiment pas de quoi se vanter!
  There is really nothing to brag about!
- Henri se vante d'avoir les plus beaux chevaux de la région.
  Henry prides himself on having the most beautiful horses in the area.
- Elle se vantait de pouvoir me faire changer d'avis.
  She was bragging about being able to get me to change my mind.

■ Il s'était vanté d'arriver en tête de la course, mais il a échoué.
He was bragging about finishing first, but he lost.

veiller (à qch/à + *inf*)   to stay up; to take care of sth, be sure to + *inf*

■ Hier soir, il a veillé jusqu'à minuit.
Yesterday evening he stayed up until midnight.

■ La famille veille au chevet du malade.
The family is sitting at the patient's bedside.

■ C'est elle qui veille à la bonne marche du restaurant (/à l'approvisionnement).
She watches over the day-to-day operation of the restaurant (/takes care of supplies).

■ Le député veille à sa réputation (/à ses intérêts).
The representative looks out for his reputation (/for his interests).

■ Je vous prie de veiller à ce que ce genre d'incident ne se reproduise pas.
Please make sure that this kind of incident does not happen again.

■ Elle veille à ce qu'il ne fasse pas d'excès.
She is making sure that he does not overindulge.

■ Veillez à arriver à l'heure (/à ranger votre chambre/à fermer votre véhicule à clef).
Be sure to arrive on time (/to clean up your bedroom/to lock your car).

veiller sur qch/qn   to look after sth/sb

■ Je veillerai sur les enfants (/la maison) pendant votre absence.
I will look after the children (/your house) while you are gone.

■ Léonie veille avec soin sur la santé de ses plantes.
Leonie carefully looks after the health of her plants.

vendre qn/qch à qn   to sell out sb; to sell sb sth

■ L'Hôtel de la Plage est à vendre.
The Beach Hotel is for sale.

■ Combien vendez-vous vos laitues?
How much does your lettuce cost?

■ C'est la publicité qui fait vendre.
Advertising is what sells.

■ Patricia a vendu son appartement pour une bouchée de pain.
Patricia sold her apartment for next to nothing.

■ Le malfaiteur a vendu tous ses complices.
The criminal sold out all his accomplices.

■ Le boucher nous a vendu de la viande avariée.
The butcher sold us spoiled meat.

■ Qui est-ce qui a vendu à Etienne ses tableaux de maître?
Who sold Etienne his masterpieces?

■ Le voisin m'a vendu très cher le droit de pêche sur ses terres.
My neighbor sold me the right to fish on his property for a pretty price.

se vendre (à qn)   to be sold; to sell out to sb

- Les voitures se vendent mal cette année.
  Car sales are down this year.

- Les épices se vendent au poids.
  The spices are sold by the ounce.

- Il s'est vendu à l'ennemi (/à la concurrence/à Hollywood).
  He sold out to the enemy (/to the competition/to Hollywood).

venger qch/qn de qch   to avenge sth/sb for sth

- Le héros de la pièce voulait venger la mort (/l'honneur/le nom/la mémoire) de son père.
  The hero of the play wanted to avenge the death (/honor/name/memory) of his father.

- Il te vengera de cette humiliation.
  He will avenge you for this humiliation.

- Le sénateur veut venger sa famille des calomnies de la presse.
  The senator wants to avenge his family for the media slander.

se venger de qch/qn   to take revenge, to avenge oneself on sth/sb

- Je me vengerai de cet affront (/de cette injure).
  I will avenge this affront (/this insult).

- Lise cherche à se venger de toi par tous les moyens.
  Lisa is looking to get back at you by any means available to her.

se venger sur qch   to take it out on sth

- Georges n'a pas bu de vin, mais il s'est vengé sur le dessert.
  Georges did not drink any wine, but he made up for it at dessert.

- Ils n'ont pas pu voler l'autoradio, alors ils se sont vengés sur la voiture.
  They were not able to steal the radio, so they took it out on the car.

venir (+ *inf*)   to come (+ *inf*)

- Ils viennent chez nous demain.
  They will be coming to our house tomorrow.

- Est-ce qu'ils sont venus en train ou en voiture?
  Did they come by train or by car?

- Le soir vient vite à cette saison.
  Evening falls early at this time of year.

- Il vient beaucoup de monde par ici en été.
  Many people pass through here in the summer.

- Le principal a fait venir les deux élèves dans son bureau.
  The principal had two students come to his office.

- Je viendrai vous réveiller à six heures.
  I will come wake you up at six o'clock.

■ Si vous passez dans la région, venez nous dire un petit bonjour.
If you drive through our area, come say hello to us.

■ Elle est venue me parler de tous ses ennuis.
She came to talk to me about all of her problems.

venir à qch/qn   to come to sth/sb

■ L'idée est venue à Joseph d'ouvrir un magasin de sport.
Joseph got the idea of opening a sports shop.

■ Quand il mange des fraises, il lui vient des boutons sur tout le visage.
When he eats strawberries, he gets a rash all over his face.

■ Pendant la dernière crue, l'eau nous venait à la ceinture.
During the last flood the water came up to our waists.

■ Sa fille a tellement grandi qu'elle me vient au menton.
Her daughter has grown so much that she comes up to my chin.

venir à + *inf*   to happen to + *inf*

■ Si elle venait à disparaître, que deviendraient ses enfants?
If she were to die, what would become of the children?

■ S'il vient à pleuvoir, rentre le linge.
If it starts to rain, bring in the laundry.

en venir à qch/à + *inf*   to come to sth, come around to + *inf*

■ J'en viens maintenant à votre deuxième objection (/à ma conclusion).
I am coming now to your second objection (/to my conclusion).

■ Venez-en au fait, je vous prie!
Get to the point, please!

■ Les manifestants des deux bords en sont venus aux mains (/aux coups).
The demonstrators from both sides came to blows.

■ Tu vois où elle veut en venir?
Do you see where she is headed?

■ J'en viens à me demander si c'est vraiment une bonne idée.
I am beginning to wonder if this is really such a good idea.

■ Après bien des déceptions, il en est venu à accepter son sort.
After many disappointments, he came around to accepting his lot.

venir de + *inf*   to have just done sth

■ Elle vient de terminer ses études d'infirmière.
She has just finished her nursing studies.

■ Je viens de vous dire que M. Lenoir est absent.
I just told you that Mr. Lenoir is not here.

■ Nous venions de rentrer quand il nous a appelé au téléphone.
We had just gotten home when he called us on the telephone.

verser qch (à qch/qn)   to pour (sb) sth, to transfer sth to sth/sb

- C'est à vous de verser le vin.
  You are the one who should pour the wine.

- Le gouvernement a rétabli l'ordre sans verser le sang (/une goutte de sang).
  The government restored order without bloodshed (/shedding one drop of blood).

- Sa cruauté a fait verser beaucoup de larmes.
  Many tears were shed as a result of his cruelty.

- Vous ne pourriez pas ralentir un peu, vous allez tous nous faire verser dans le fossé!
  Couldn't you slow down a bit? Otherwise, we are all going to end up in the ditch!

- Puis-je vous verser un peu de champagne?
  May I pour you a little champagne?

- Nous avons dû verser une avance (/des arrhes) à la propriétaire.
  We had to make an advance payment (/a deposit) to the owner.

- Est-ce que tu as fait verser ton salaire au nouveau compte?
  Did you have your salary deposited in the new account?

verser qch dans qch   to pour sth, transfer sb into sth

- Tu peux verser le reste du thé dans l'évier.
  You can pour the rest of the tea in the sink.

- Leur fils a été versé dans la cavalerie.
  Their son was transferred into the cavalry.

- Hubert verse de plus en plus dans l'humour noir.
  Hubert falls more and more into black humor.

- Je trouve que ce romancier verse un peu trop dans le macabre.
  I find that this novelist is a little too macabre.

- Le prof est très versé dans l'histoire de l'art.
  The professor is well-versed in art history.

vider qch/qn (de qch)   to empty sth (of sth), to get rid of sb

- Tu aurais pu vider la poubelle.
  You could have emptied the trash.

- Il faut que nous vidions l'appartement (/les lieux) avant le 1er juin.
  We have to empty the apartment (/vacate the premises) before the first of June.

- Ils ont vidé une bouteille à deux.
  They finished a bottle between the two of them.

- Quand est-ce qu'ils vont le vider? *(fam)*
  When are they going to get rid of him?

- La préparation des examens l'a complètement vidée.
  Preparing for exams has completely exhausted her.

- Tous les automnes, on doit vider l'eau de la piscine.
  Each fall you have to empty the water out of the pool.

- Pendant notre absence, nous avons vidé la maison de tout objet précieux.
  While we were gone, we cleared the house of any precious object.

- Ils nous ont vidés du restaurant comme des malpropres. *(fam)*
  They threw us out of the restaurant like trash.

virer qch à qch/qn de qch   to turn to sth/sth over to sb; to fire sb from sth

- Les voiliers sont censés virer autour de la première bouée.
  The sailboats are supposed to turn around at the first buoy.

- Le pilote a viré trop tôt et sa voiture a quitté la route.
  The driver turned his car too soon and left the road.

- Si tu continues comme ça, tu vas te faire virer de ton boulot! *(fam)*
  If you keep acting like this, you'll get fired from your job!

- J'ai fait virer deux mille francs à ton compte.
  I had two thousand francs credited to your account.

- Daniel vire de plus en plus à droite.
  Daniel is turning more and more conservative.

- On dirait que la temps va virer à l'orage (/à la neige/au beau).
  The weather looks like it will be stormy (/it will snow/it will be nice).

- Au cinquième acte, l'intrigue vire à la tragédie.
  In the fifth act, the intrigue turns to tragedy.

- Ma chemise a viré au rose.
  The color of my shirt turned rose.

viser qn/(à) qch   to aim at/for sth/sb

- Tu dois viser plus haut (/le centre de la cible).
  You should aim higher (/for the center of the target).

- Henri vise la présidence du conseil d'administration.
  Henri is aiming for the position of chief executive officer.

- La nouvelle mesure vise tous les contribuables.
  The new measure is aimed at all taxpayers.

- Le projet vise à l'amélioration de la circulation au centre ville.
  The project aims at improving downtown traffic patterns.

- Notre politique vise à la réduction du chômage.
  Our policies are intended to reduce unemployment.

viser à + inf   to aim at + *ger*/to + *inf/ger*

- Cette mesure vise à faciliter les échanges commerciaux entre les deux pays.
  This measure aims to facilitate commercial exchanges between the two countries.

- L'article visait à nous faire prendre conscience de l'évolution des mœurs.
  The article was directed at making us aware of the evolution of morals.

vivre (de) qch   to live (through sth/on sth)

- Il vous reste encore des années à vivre.
  You still have many years to live.

- Manet vivait sous le Second Empire.
  Manet lived during the Second Empire.

- Jeanne a vécu à Toulouse pendant dix ans.
  Jeanne lived in Toulouse for ten years.

- Pierre vit en artiste (/en ermite).
  Pierre lives like an artist (/a hermit).

- Elle ne vit que pour ses enfants (/son métier/sa carrière).
  She lives for her children (/her work/her career).

- Les Français aiment bien vivre.
  The French like to live well.

- Ce roman fait vivre tout un passé oublié.
  This novel relives a whole forgotten past.

- Il est grand temps que tu vives ta vie.
  It is about time that you got on with your life.

- Nous vivons une époque angoissante (/une crise profonde/une aventure extraordinaire).
  We are living through harrowing times (/a deep crisis/a fantastic adventure).

- Grand-père a vécu la guerre de 14.
  Grandfather lived through World War I.

- Thomas vit de fruits, de yaourt et de céréales.
  Thomas lives on fruit, yogurt, and cereal.

- Ils vivent d'amour et d'eau fraîche (/d'illusions).
  They live on love alone (/on illusions).

- Comment peut-il vivre de son salaire?
  How can he live on his salary?

voir qch/qn/+ inf   to see, understand sth/sb; to see sth/sb + *inf*

- Tu vois ce type là-bas? C'est notre nouveau collègue.
  Do you see that guy over there? He is our new colleague.

- Nous espérons la voir quand elle viendra en France.
  We hope to see her when she comes to France.

- Vous devriez aller voir un médecin (/un avocat/un psychologue).
  You should go see a doctor (/a lawyer/a psychologist).

- Je ne voyais pas très bien où il voulait en venir.
  I could not understand what he was getting at.

- Irène et moi, nous ne voyons pas les choses de la même façon.
  Irene and I do not see eye to eye.

■ Ils n'ont pas laissé voir leur chagrin.
They did not let their suffering show.

■ Michel n'a pas voulu me faire voir sa nouvelle moto.
Michael did not want to show me his new motorcycle.

■ Nous avons vu arriver deux voitures de police et une ambulance.
We saw two police cars and an ambulance arrive.

■ Elle vous a vus grandir.
She watched you grow up.

■ J'adore le voir jouer au basket.
I love to see him play basketball.

voir à ce que + *subj*/à + *inf* to make sure, see to it that

■ Vois à ce qu'on aille le chercher à l'aéroport.
Make sure somebody picks him up at the airport.

■ Il faudrait voir à respecter la limite de vitesse.
You had better obey the speed limit.

■ Voyez à ne pas arriver en retard.
See to it that you are not late.

vouer qch à qch/qn to vow, devote sth to sth/sb

■ Il voue une amitié éternelle (/une haine implacable) à ses anciens compagnons.
He vows eternal friendship (/a merciless hatred) to his old friends.

■ Roger a voué toute sa vie (/toute son activité) à la défense (/la cause) des opprimés.
Roger has devoted all his life (/all his activities) for the defense (/the cause) of the underdog.

■ Votre tentative est vouée à l'échec.
Your attempt is destined to fail.

se vouer à qch/qn to devote oneself to sth/sb

■ Elle se voue entièrement à sa famille (/à ses études/à la lutte contre l'analphabétisme).
She is entirely devoted to her family (/to her studies/to the fight against illiteracy).

vouloir (de) qch/+ *inf* to want sth/to + *inf*

■ Mon frère a toujours fait tout ce qu'il voulait.
My brother has always done what he wanted to do.

■ Je voudrais une livre de pommes, s'il vous plaît.
I would like a pound of apples, please.

■ Elle veut que tu fasses le voyage en train.
She wants you to make the trip by train.

■ Le peuple voulait l'abolition des privilèges.
The people wanted privileges abolished.

- Elle veut bien nous conduire à la gare.
  She will be happy to drive us to the station.

- Je voudrais savoir pourquoi tu m'as menti.
  I would like to know why you lied to me.

- La voiture ne voulait pas démarrer.
  The car would not start.

- Veuillez avoir l'obligeance de m'envoyer la liste des invités.
  Would you be so kind as to send me the guest list?

en vouloir à qch/qn (de qch)   to want sth; to hold sth against sb

- Tartuffe en voulait à l'argent d'Orgon.
  Tartuffe wanted Orgon's money.

- J'espère que vous ne m'en voudrez pas trop si je ne viens pas à la réception.
  I hope that you will not hold it against me if I do not attend the reception.

- Patrick m'en a toujours voulu de mon incompréhension.
  Patrick has always held my lack of understanding against me.

- Elle nous en veut toujours de ne pas l'avoir accompagnée.
  She is still upset with us because we did not accompany her.

vouloir de qch/qn   to want sth/sb

- Voulez-vous encore du poisson?
  Would you like more fish?

- Je ne veux plus de ce manteau.
  I do not want that coat anymore.

- Ses camarades de classe ne veulent plus de lui.
  His classmates do not want anything to do with him.

- Est-ce que tu voudrais d'elle comme collègue?
  Would you want her as a colleague?

vouloir qch de qn   to want sth from sb

- Qu'est-ce que tu veux de moi?
  What do you want from me?

- Elle veut de lui une fidélité absolue.
  She wants absolute faithfulness from him.

- Il veut de ses employés un dévouement total à l'entreprise.
  He wants his employees' total devotion to the company.

s'en vouloir de + *inf*   to feel bad, guilty about + *ger*

- Je m'en suis longtemps voulu!
  For a long time I felt guilty!

- Elle s'en veut de vous avoir fait attendre une heure.
  She feels terrible about having made you wait for an hour.

Appendix
Grammatical Tables

Prepositions

à	at, on, to
au sujet de	about
autour de	around
avec	with
contre	against
dans	in
de	of, out of, from, to
derrière	behind
devant	in front of
loin de	far from
pour	for
près de	near
sans	without
sur	on, about
vers	toward

Verb Forms

Auxiliaries

Avoir *To have*

	Indicative			
	Present	Imperfect	Preterite	Future
j'	**ai**	**avais**	**eus**	**aurai**
tu	**as**	**avais**	**eus**	**auras**
il/elle	**a**	**avait**	**eut**	**aura**
nous	**avons**	**avions**	**eûmes**	**aurons**
vous	**avez**	**aviez**	**eûtes**	**aurez**
ils/elles	**ont**	**avaient**	**eurent**	**auront**

	Perfect	Pluperfect	Future Perfect
j'	**ai eu**	**avais eu**	**aurai eu**
tu	**as eu**	**avais eu**	**auras eu**
il/elle	**a eu**	**avait eu**	**aura eu**
nous	**avons eu**	**avions eu**	**aurons eu**
vous	**avez eu**	**aviez eu**	**aurez eu**
ils/elles	**ont eu**	**avaient eu**	**auront eu**

	Conditional		Subjunctive	
	Present	Past	Present	Past
je/j'	**aurais**	**aurais eu**	**que j'aie**	**que j'aie eu**
tu	**aurais**	**aurais eu**	**que tu aies**	**que tu aies eu**
il/elle	**aurait**	**aurait eu**	**qu'il/elle ait**	**qu'il/elle ait eu**
nous	**aurions**	**aurions eu**	**que nous ayons**	**que nous ayons eu**
vous	**auriez**	**auriez eu**	**que vous ayez**	**que vous ayez eu**
ils/elles	**auraient**	**auraient eu**	**qu'ils/elles aient**	**qu'ils/elles aient eu**

Imperative	Infinitive	Participle	
Present	Past	Present	Past
aie	**avoir eu**	**ayant**	**(ayant) eu**
ayons			
ayez			

Être *to be*

Indicative

	Present	Imperfect	Preterite	Future
je/j'	suis	étais	fus	serai
tu	es	étais	fus	seras
il/elle	est	était	fut	sera
nous	sommes	étions	fûmes	serons
vous	êtes	étiez	fûtes	serez
ils/elles	sont	étaient	furent	seront

	Perfect	Pluperfect	Future Perfect
j'	ai été	avais été	aurai été
tu	as été	avais été	auras été
il/elle	a été	avait été	aura été
nous	avons été	avions été	aurons été
vous	avez été	aviez été	aurez été
ils/elles	ont été	avaient été	auront été

	Conditional		Subjunctive	
	Present	Past	Present	Past
je/j'	serais	aurais été	que je sois	que j'aie été
tu	serais	aurais été	que tu sois	que tu aies été
il/elle	serait	aurait été	qu'il/elle soit	qu'il/elle ait été
nous	serions	aurions été	que nous soyons	que nous ayons été
vous	seriez	auriez été	que vous soyez	que vous ayez été
ils/elles	seraient	auraient été	qu'ils/elles soient	qu'ils/elles aient été

Imperative	Infinitive	Participle	
Present	Past	Present	Past
sois	avoir été	étant	(ayant) été
soyons			
soyez			

Verbs Ending in -ER

Parler *to speak*

Indicative

	Present	Imperfect	Preterite	Future
je	**parle**	**parlais**	**parlai**	**parlerai**
tu	**parles**	**parlais**	**parlas**	**parleras**
il/elle	**parle**	**parlait**	**parla**	**parlera**
nous	**parlons**	**parlions**	**parlâmes**	**parlerons**
vous	**parlez**	**parliez**	**parlâtes**	**parlerez**
ils/elles	**parlent**	**parlaient**	**parlèrent**	**parleront**

	Perfect	Pluperfect	Future Perfect
j'	**ai parlé**	**avais parlé**	**aurai parlé**
tu	**as parlé**	**avais parlé**	**auras parlé**
il/elle	**a parlé**	**avait parlé**	**aura parlé**
nous	**avons parlé**	**avions parlé**	**aurons parlé**
vous	**avez parlé**	**aviez parlé**	**aurez parlé**
ils/elles	**ont parlé**	**avaient parlé**	**auront parlé**

	Conditional		Subjunctive	
	Present	Past	Present	Past
je/j'	**parlerais**	**aurais parlé**	**que je parle**	**que j'aie parlé**
tu	**parlerais**	**aurais parlé**	**que tu parles**	**que tu aies parlé**
il/elle	**parlerait**	**aurait parlé**	**qu'il parle**	**qu'elle ait parlé**
nous	**parlerions**	**aurions parlé**	**que nous parlions**	**que nous ayons parlé**
vous	**parleriez**	**auriez parlé**	**que vous parliez**	**que vous ayez parlé**
ils/elles	**parleraient**	**auraient parlé**	**qu'ils/elles parlent**	**qu'ils/elles aient parlé**

Imperative	Infinitive	Participle	
Present	Past	Present	Past
parle **parlons** **parlez**	**avoir parlé**	**parlant**	**(ayant) parlé**

Verbs Ending in -IR/ISSANT

Finir *to finish*

Indicative

	Present	Imperfect	Preterite	Future
je	finis	finissais	finis	finirai
tu	finis	finissais	finis	finiras
il/elle	finit	finissait	finit	finira
nous	finissons	finissions	finîmes	finirons
vous	finissez	finissiez	finîtes	finirez
ils/elles	finissent	finissaient	finirent	finiront

	Perfect	Pluperfect	Future Perfect
j'	ai fini	avais fini	aurai fini
tu	as fini	avais fini	auras fini
il/elle	a fini	avait fini	aura fini
nous	avons fini	avions fini	aurons fini
vous	avez fini	aviez fini	aurez fini
ils/elles	ont fini	avaient fini	auront fini

	Conditional		Subjunctive	
	Present	Past	Present	Past
je/j'	finirais	aurais fini	que je finisse	que j'aie fini
tu	finirais	aurais fini	que tu finisses	que tu aies fini
il/elle	finirait	aurait fini	qu'il/elle finisse	qu'il/elle ait fini
nous	finirions	aurions fini	que nous finissions	que nous ayons fini
vous	finiriez	auriez fini	que vous finissiez	que vous ayez fini
ils/elles	finiraient	auraient fini	qu'ils/elles finissent	qu'ils/elles aient fini

Imperative	Infinitive	Participle	
Present	Past	Present	Past
finis finissons finissez	avoir fini	finissant	(ayant) fini

Verbs Ending in -RE

Rendre *return*, *give back*

Indicative

	Present	Imperfect	Preterite	Future
je	rends	rendais	rendis	rendrai
tu	rends	rendais	rendis	rendras
il/elle	rend	rendait	rendit	rendra
nous	rendons	rendions	rendimes	rendrons
vous	rendez	rendiez	rendites	rendrez
ils/elles	rendent	rendaient	rendirent	rendront

	Perfect	Pluperfect	Future Perfect
j'	ai rendu	avais rendu	aurai rendu
tu	as rendu	avais rendu	auras rendu
il/elle	a rendu	avait rendu	aura rendu
nous	avons rendu	avions rendu	aurons rendu
vous	avez rendu	aviez rendu	aurez rendu
ils/elles	ont rendu	avaient rendu	auront rendu

	Conditional		Subjunctive	
	Present	Past	Present	Past
je/j'	rendrais	aurais rendu	que je rende	que j'aie rendu
tu	rendrais	aurais rendu	que tu rendes	ques tu aies rendu
il/elle	rendrait	aurait rendu	qu'il/elle rende	qu'il/elle ait rendu
nous	rendrions	aurions rendu	que nous rendions	que nous ayons rendu
vous	rendriez	auriez rendu	que vous rendiez	que vous ayez rendu
ils/elles	rendraient	auraient rendu	qu'ils/elles rendent	qu'ils/elles aient rendu

Imperative	Infinitive	Participle	
Present	Past	Present	Past
rends	aie rendu	rendant	(ayant) rendu
rendons	ayons rendu		
rendez	ayez rendu		

Irregular Verbs

Aller *to go*

Indicative

	Present	Imperfect	Preterite	Future
je/j'	**vais**	**allais**	**allai**	**irai**
tu	**vas**	**allais**	**allas**	**iras**
il/elle	**va**	**allait**	**alla**	**ira**
nous	**allons**	**allions**	**allâmes**	**irons**
vous	**allez**	**alliez**	**allâtes**	**irez**
ils/elles	**vont**	**allaient**	**allèrent**	**iront**

	Perfect	Pluperfect	Future Perfect
je/j'	**suis allé(e)**	**étais allé(e)**	**serai allé(e)**
tu	**es allé(e)**	**étais allé(e)**	**seras allé(e)**
il/elle	**est allé(e)**	**était allé(e)**	**sera allé(e)**
nous	**sommes allé(e)s**	**étions allé(e)s**	**serons allé(e)s**
vous	**êtes allé(e)s**	**étiez allé(e)s**	**serez allé(e)s**
ils/elles	**sont allé(e)s**	**étaient allé(e)s**	**seront allé(e)s**

	Conditional		*Subjunctive*	
	Present	Past	Present	Past
je/j'	**irais**	**serais allé(e)**	**que j'aille**	**que je sois allé(e)**
tu	**irais**	**serais allé(e)**	**que tu ailles**	**que tu sois allé(e)**
il/elle	**irait**	**serait allé(e)**	**qu'il/elle aille**	**qu'il/elle soit allé(e)**
nous	**irions**	**serions allé(e)s**	**que nous allions**	**que nous soyons allé(e)s**
vous	**iriez**	**seriez allé(e)s**	**que vous alliez**	**que vous soyez allé(e)s**
ils/elles	**iraient**	**seraient allé(e)s**	**qu'ils/elles aillent**	**qu'ils/elles soient allé(e)s**

Imperative	*Infinitive*		*Participle*	
Present	Past		Present	Past
va **allons** **allez**	**être allé**		**allant**	**(étant) allé**

Connaître *to know*

Indicative

	Present	Imperfect	Preterite	Future
je	connais	connaissais	connus	connaîtrai
tu	connais	connaissais	connus	connaîtras
il/elle	connaît	connaissait	connut	connaîtra
nous	connaissons	connaissions	connûmes	connaîtrons
vous	connaissez	connaissiez	connûtes	connaîtrez
ils/elles	connaissent	connaissaient	connurent	connaîtront

	Perfect	Pluperfect	Future Perfect
j'	ai connu	avais connu	aurai connu
tu	as connu	avais connu	auras connu
il/elle	a connu	avait connu	aura connu
nous	avons connu	avions connu	aurons connu
vous	avez connu	aviez connu	aurez connu
ils/elles	ont connu	avaient connu	auront connu

	Conditional		*Subjunctive*	
	Present	Past	Present	Past
je/j'	connaîtrais	aurais connu	que je connaisse	que j'aie connu
tu	connaîtrais	aurais connu	que tu connaisses	que tu aies connu
il/elle	connaîtrait	aurait connu	qu'il/elle connaisse	qu'il/elle ait connu
nous	connaîtrions	aurions connu	que nous connaissions	que nous ayons connu
vous	connaîtriez	auriez connu	que vous connaissiez	que vous ayez connu
ils/elles	connaîtraient	auraient connu	qu'ils/elles connaissent	qu'ils/elles aient connu

Imperative	*Infinitive*	*Participle*	
Present	Past	Present	Past
connais	avoir connu	connaissant	(ayant) connu
connaissons			
connaissez			

Devoir *to have to*

Indicative

	Present	Imperfect	Preterite	Future
je	dois	devais	dus	devrai
tu	dois	devais	dus	devras
il/elle	doit	devait	dut	devra
nous	devons	devions	dûmes	devrons
vous	devez	deviez	dûtes	devrez
ils/elles	doivent	devaient	durent	devront

	Perfect	Pluperfect	Future Perfect
j'	ai dû	avais dû	aurai dû
tu	as dû	avais dû	auras dû
il/elle	a dû	avait dû	aura dû
nous	avons dû	avions dû	aurons dû
vous	avez dû	aviez dû	aurez dû
ils/elles	ont dû	avaient dû	auront dû

	Conditional		Subjunctive	
	Present	Past	Present	Past
je/j'	devrais	aurais dû	que je doive	que j'aie dû
tu	devrais	aurais dû	que tu doives	que tu aies dû
il/elle	devrait	aurait dû	qu'il/elle doive	qu'il/elle ait dû
nous	devrions	aurions dû	que nous devions	que nous ayons dû
vous	devriez	auriez dû	que vous deviez	que vous ayez dû
ils/elles	devraient	auraient dû	qu'ils/elles doivent	qu'ils/elles aient dû

Imperative	Infinitive	Participle	
Present	Past	Present	Past
dois	avoir dû	devant	(ayant) dû
devons			
devez			

Dire *to say, to tell*

Indicative

	Present	Imperfect	Preterite	Future
je	dis	disais	dis	dirai
tu	dis	disais	dis	diras
il/elle	dit	disait	dit	dira
nous	disons	disions	dîmes	dirons
vous	dites	disiez	dîtes	direz
ils/elles	disent	disaient	dirent	diront

	Perfect	Pluperfect	Future Perfect
j'	ai dit	avais dit	aurai dit
tu	as dit	avais dit	auras dit
il/elle	a dit	avait dit	aura dit
nous	avons dit	avions dit	aurons dit
vous	avez dit	aviez dit	aurez dit
ils/elles	ont dit	avaient dit	auront dit

	Conditional		Subjunctive	
	Present	Past	Present	Past
je/j'	dirais	aurais dit	que je dise	que j'aie dit
tu	dirais	aurais dit	que tu dises	que tu aies dit
il/elle	dirait	aurait dit	qu'il/elle dise	qu'il/elle ait dit
nous	dirions	aurions dit	que nous disions	que nous ayons dit
vous	diriez	auriez dit	que vous disiez	que vous ayez dit
ils/elles	diraient	auraient dit	qu'ils/elles disent	qu'ils/elles aient dit

Imperative	Infinitive	Participle	
Present	Past	Present	Past
dis	avoir dit	disant	(ayant) dit
disons			
dites			

Ecrire *to write*

Indicative

	Present	Imperfect	Preterite	Future
je/j'	écris	écrivais	écrivis	écrirai
tu	écris	écrivais	écrivis	écriras
il/elle	écrit	écrivait	écrivit	écrira
nous	écrivons	écrivions	écrivîmes	écrirons
vous	écrivez	écriviez	écrivîtes	écrirez
ils/elles	écrivent	écrivaient	écrivirent	écriront

	Perfect	Pluperfect	Future Perfect
j'	ai écrit	avais écrit	aurai écrit
tu	as écrit	avais écrit	auras écrit
il/elle	a écrit	avait écrit	aura écrit
nous	avons écrit	avions écrit	aurons écrit
vous	avez écrit	aviez écrit	aurez écrit
ils/elles	ont écrit	avaient écrit	auront écrit

	Conditional		Subjunctive	
	Present	Past	Present	Past
je/j'	écrirais	aurais écrit	que j'écrive	que j'aie écrit
tu	écrirais	aurais écrit	que tu écrives	que tu aies écrit
il/elle	écrirait	aurait écrit	qu'il/elle écrive	qu'il/elle ait écrit
nous	écririons	aurions écrit	que nous écrivions	que nous ayons écrit
vous	écririez	auriez écrit	que vous écriviez	que vous ayez écrit
ils/elles	écriraient	auraient écrit	qu'ils/elles écrivent	qu'ils/elles aient écrit

Imperative	Infinitive	Participle	
Present	Past	Present	Past
écris	avoir écrit	écrivant	(ayant) écrit
écrivons			
écrivez			

Faire *to make, do*

	Indicative			
	Present	Imperfect	Preterite	Future
je	fais	faisais	fis	ferai
tu	fais	faisais	fis	feras
il/elle	fait	faisait	fit	fera
nous	faisons	faisions	fîmes	ferons
vous	faites	faisiez	fîtes	ferez
ils/elles	font	faisaient	firent	feront

	Perfect	Pluperfect	Future Perfect
j'	ai fait	avais fait	aurai fait
tu	as fait	avais fait	auras fait
il/elle	a fait	avait fait	aura fait
nous	avons fait	avions fait	aurons fait
vous	avez fait	aviez fait	aurez fait
ils/elles	ont fait	avaient fait	auront fait

	Conditional		Subjunctive	
	Present	Past	Present	Past
je/j'	ferais	aurais fait	que je fasse	que j'aie fait
tu	ferais	aurais fait	que tu fasses	que tu aies fait
il/elle	ferait	aurait fait	qu'il/elle fasse	qu'il/elle ait fait
nous	ferions	aurions fait	que nous fassions	que nous ayons fait
vous	feriez	auriez fait	que vous fassiez	que vous ayez fait
ils/elles	feraient	auraient fait	qu'ils/elles fassent	qu'ils/elles aient fait

Imperative	Infinitive	Participle	
Present	Past	Present	Past
fais	avoir fait	faisant	(ayant fait)
faisons			
faites			

Lire *to read*

	Indicative			
	Present	Imperfect	Preterite	Future
je	lis	lisais	lus	lirai
tu	lis	lisais	lus	liras
il/elle	lit	lisait	lut	lira
nous	lisons	lisions	lûmes	lirons
vous	lisez	lisiez	lûtes	lirez
ils/elles	lisent	lisaient	lurent	liront

	Perfect	Pluperfect	Future Perfect
j'	ai lu	avais lu	aurai lu
tu	as lu	avais lu	auras lu
il/elle	a lu	avait lu	aura lu
nous	avons lu	avions lu	aurons lu
vous	avez lu	aviez lu	aurez lu
ils/elles	ont lu	avaient lu	auront lu

	Conditional		*Subjunctive*	
	Present	Past	Present	Past
je/j'	lirais	aurais lu	que je lise	que j'aie lu
tu	lirais	aurais lu	que tu lises	que tu aies lu
il/elle	lirait	aurait lu	qu'il/elle lise	qu'il/elle ait lu
nous	lirions	aurions lu	que nous lisions	que nous ayons lu
vous	liriez	auriez lu	que vous lisiez	que vous ayez lu
ils/elles	liraient	auraient lu	qu'ils/elles lisent	qu'ils/elles aient lu

Imperative	*Infinitive*	*Participle*	
Present	Past	Present	Past
lis	avoir lu	lisant	(ayant) lu
lisons			
lisez			

Mettre *to put*

Indicative

	Present	Imperfect	Preterite	Future
je	mets	mettais	mis	mettrai
tu	mets	mettais	mis	mettras
il/elle	met	mettait	mit	mettra
nous	mettons	mettions	mîmes	mettrons
vous	mettez	mettiez	mîtes	mettrez
ils/elles	mettent	mettaient	mirent	mettront

	Perfect	Pluperfect	Future Perfect
j'	ai mis	avais mis	aurai mis
tu	as mis	avais mis	auras mis
il/elle	a mis	avait mis	aura mis
nous	avons mis	avions mis	aurons mis
vous	avez mis	aviez mis	aurez mis
ils/elles	ont mis	avaient mis	auront mis

	Conditional		Subjunctive	
	Present	Past	Present	Past
je/j'	mettrais	aurais mis	que je mette	que j'aie mis
tu	mettrais	aurais mis	que tu mettes	que tu aies mis
il/elle	mettrait	aurait mis	qu'il/elle mette	qu'il/elle ait mis
nous	mettrions	aurions mis	que nous mettions	que nous ayons mis
vous	mettriez	auriez mis	que vous mettiez	que vous ayez mis
ils/elles	mettraient	auraient mis	qu'ils/elles mettent	qu'ils/elles aient mis

Imperative	Infinitive	Participle	
Present	Past	Present	Past
mets mettons mettez	avoir mis	mettant	(ayant) mis

Ouvrir *to open*

	Indicative			
	Present	Imperfect	Preterite	Future
j'	ouvre	ouvrais	ouvris	ouvrirai
tu	ouvres	ouvrais	ouvris	ouvriras
il/elle	ouvre	ouvrait	ouvrit	ouvrira
nous	ouvrons	ouvrions	ouvrîmes	ouvrirons
vous	ouvrez	ouvriez	ouvrîtes	ouvrirez
ils/elles	ouvrent	ouvraient	ouvrirent	ouvriront

	Perfect	Pluperfect	Future Perfect
j'	ai ouvert	avais ouvert	aurai ouvert
tu	as ouvert	avais ouvert	auras ouvert
il/elle	a ouvert	avait ouvert	aura ouvert
nous	avons ouvert	avions ouvert	aurons ouvert
vous	avez ouvert	aviez ouvert	aurez ouvert
ils/elles	ont ouvert	avaient ouvert	auront ouvert

	Conditional		Subjunctive	
	Present	Past	Present	Past
je/j'	ouvrirais	aurais ouvert	que j'ouvre	que j'aie ouvert
tu	ouvrirais	aurais ouvert	que tu ouvres	que tu aies ouvert
il/elle	ouvrirait	aurait ouvert	qu'il/elle ouvre	qu'il/elle ait ouvert
nous	ouvririons	aurions ouvert	que nous ouvrions	que nous ayons ouvert
vous	ouvririez	auriez ouvert	que vous ouvriez	que vous ayez ouvert
ils/elles	ouvriraient	auraient ouvert	qu'ils/elles ouvrent	qu'ils/elles aient ouvert

Imperative	Infinitive	Participle	
Present	Past	Present	Past
ouvre ouvrons ouvrez	avoir ouvert	ouvrant	(ayant) ouvert

Partir *to leave, depart*

	Indicative			
	Present	Imperfect	Preterite	Future
je	pars	partais	partis	partirai
tu	pars	partais	partis	partiras
il/elle	part	partait	partit	partira
nous	partons	partions	partîmes	partirons
vous	partez	partiez	partîtes	partirez
ils/elles	partent	partaient	partirent	partiront

	Perfect	Pluperfect	Future Perfect
je/j'	suis parti(e)	étais parti(e)	serai parti(e)
tu	es parti(e)	étais parti(e)	seras parti(e)
il/elle	est parti(e)	était parti(e)	sera parti(e)
nous	sommes parti(e)s	étions parti(e)s	serons parti(e)s
vous	êtes parti(e)s	étiez parti(e)s	serez parti(e)s
ils/elles	sont parti(e)s	étaient parti(e)s	seront parti(e)s

	Conditional		Subjunctive	
	Present	Past	Present	Past
je	partirais	serais parti(e)	que je parte	que je sois parti(e)
tu	partirais	serais parti(e)	que tu partes	que tu sois parti(e)
il/elle	partirait	serait parti(e)	qu'il/elle parte	qu'il/elle soit parti(e)
nous	partirions	serions parti(e)s	que nous partions	que nous soyons parti(e)s
vous	partiriez	seriez parti(e)s	que vous partiez	que vous soyez parti(e)s
ils/elles	partiraient	seraient parti(e)s	qu'ils/elles partent	qu'ils/elles soient parti(e)s

Imperative	Infinitive	Participle	
Present	Past	Present	Past
pars partons partez	être parti	partant	(étant) parti

Pouvoir *to be able to, can*

			Indicative		
		Present	Imperfect	Preterite	Future
je		peux	pouvais	pus	pourrai
tu		peux	pouvais	pus	pourras
il/elle		peut	pouvait	put	pourra
nous		pouvons	pouvions	pûmes	pourrons
vous		pouvez	pouviez	pûtes	pourrez
ils/elles		peuvent	pouvaient	purent	pourront

	Perfect	Pluperfect	Future Perfect
j'	ai pu	avais pu	aurai pu
tu	as pu	avais pu	auras pu
il/elle	a pu	avait pu	aura pu
nous	avons pu	avions pu	aurons pu
vous	avez pu	aviez pu	aurez pu
ils/elles	ont pu	avaient pu	auront pu

	Conditional		Subjunctive	
	Present	Past	Present	Past
je/j'	pourrais	aurais pu	que je puisse	que j'aie pu
tu	pourrais	aurais pu	que tu puisses	que tu aies pu
il/elle	pourrait	aurait pu	qu'il/elle puisse	qu'il/elle ait pu
nous	pourrions	aurions pu	que nous puissions	que nous ayons pu
vous	pourriez	auriez pu	que vous puissiez	que vous ayez pu
ils/elles	pourraient	auraient pu	qu'ils/elles puissent	qu'ils/elles aient pu

Imperative	*Infinitive*		*Participle*	
Present	Past		Present	Past
N/A	avoir pu		pouvant	(ayant) pu

Prendre *to Take*

		Indicative		
	Present	Imperfect	Preterite	Future
je	prends	prenais	pris	prendrai
tu	prends	prenais	pris	prendras
il/elle	prend	prenait	prit	prendra
nous	prenons	prenions	prîmes	prendrons
vous	prenez	preniez	prîtes	prendrez
ils/elles	prennent	prenaient	prirent	prendront

	Perfect	Pluperfect	Future Perfect
j'	ai pris	avais pris	aurai pris
tu	as pris	avais pris	auras pris
il/elle	a pris	avait pris	aura pris
nous	avons pris	avions pris	aurons pris
vous	avez pris	aviez pris	aurez pris
ils/elles	ont pris	avaient pris	auront pris

	Conditional		*Subjunctive*	
	Present	Past	Present	Past
je/j'	prendrais	aurais pris	que je prenne	que j'aie pris
tu	prendrais	aurais pris	que tu prennes	que tu aies pris
il/elle	prendrait	aurait pris	qu'il/elle prenne	qu'il/elle ait pris
nous	prendrions	aurions pris	que nous prenions	que nous ayons pris
vous	prendriez	auriez pris	que vous preniez	que vous ayez pris
ils/elles	prendraient	auraient pris	qu'ils/elles prennent	qu'ils/elles aient pris

Imperative	*Infinitive*	*Participle*	
Present	Past	Present	Past
prends prenons prenez	avoir pris	prenant	(ayant) pris

Savoir *to know*

	Indicative			
	Present	Imperfect	Preterite	Future
je	sais	savais	sus	saurai
tu	sais	savais	sus	sauras
il/elle	sait	savait	sut	saura
nous	savons	savions	sûmes	saurons
vous	savez	saviez	sûtes	saurez
ils/elles	savent	savaient	surent	sauront

	Perfect	Pluperfect	Future Perfect
j'	ai su	avais su	aurai su
tu	as su	avais su	auras su
il/elle	a su	avait su	aura su
nous	avons su	avions su	aurons su
vous	avez su	aviez su	aurez su
ils/elles	ont su	avaient su	auront su

	Conditional		Subjunctive	
	Present	Past	Present	Past
je/j'	saurais	aurais su	que je sache	que j'aie su
tu	saurais	aurais su	que tu saches	que tu aies su
il/elle	saurait	aurait su	qu'il/elle sache	qu'il/elle ait su
nous	saurions	aurions su	que nous sachions	que nous ayons su
vous	sauriez	auriez su	que vous sachiez	que vous ayez su
ils/elles	sauraient	auraient su	qu'ils/elles sachent	qu'ils/elles aient su

Imperative	Infinitive	Participle	
Present	Past	Present	Past
sache	avoir su	sachant	(ayant) su
sachons			
sachez			

Tenir

	Indicative			
	Present	Imperfect	Preterite	Future
je	tiens	tenais	tins	tiendrai
tu	tiens	tenais	tins	tiendras
il/elle	tient	tenait	tint	tiendra
nous	tenons	tenions	tînmes	tiendrons
vous	tenez	teniez	tîntes	tiendrez
ils/elles	tiennent	tenaient	tinrent	tiendront

	Perfect	Pluperfect	Future Perfect
j'	ai tenu	avais tenu	aurai tenu
tu	as tenu	avais tenu	auras tenu
il/elle	a tenu	avait tenu	aura tenu
nous	avons tenu	avions tenu	aurons tenu
vous	avez tenu	aviez tenu	aurez tenu
ils/elles	ont tenu	avaient tenu	auront tenu

	Conditional		Subjunctive	
	Present	Past	Present	Past
je/j'	tiendrais	aurais tenu	que je tienne	que j'aie tenu
tu	tiendrais	aurais tenu	que tu tiennes	que tu aies tenu
il/elle	tiendrait	aurait tenu	qu'il/elle tienne	qu'il/elle ait tenu
nous	tiendrions	aurions tenu	que nous tenions	que nous ayons tenu
vous	tiendriez	auriez tenu	que vous teniez	que vous ayez tenu
ils/elles	tiendraient	auraient tenu	qu'ils/elles tiennent	qu'ils/elles aient tenu

Imperative	Infinitive	Participle	
Present	Past	Present	Past
tiens tenons tenez	avoir tenu	tenant	(ayant) tenu

Venir *to come*

Indicative

	Present	Imperfect	Preterite	Future
je	viens	venais	vins	viendrai
tu	viens	venais	vins	viendras
il/elle	vient	venait	vint	viendra
nous	venons	venions	vînmes	viendrons
vous	venez	veniez	vîntes	viendrez
ils/elles	viennent	venaient	vinrent	viendront

	Perfect	Pluperfect	Future Perfect
je/j'	suis venu(e)	étais venu(e)	serai venu(e)
tu	es venu(e)	étais venu(e)	seras venu(e)
il/elle	est venu(e)	était venu(e)	sera venu(e)
nous	sommes venu(e)s	étions venu(e)s	serons venu(e)s
vous	êtes venu(e)s	étiez venu(e)s	serez venu(e)s
ils/elles	sont venu(e)s	étaient venu(e)s	seront venu(e)s

Conditional

	Present	Past
je/j'	viendrais	serais venu(e)
tu	viendrais	serais venu(e)
il/elle	viendrait	serait venu(e)
nous	viendrions	serions venu(e)s
vous	viendriez	seriez venu(e)s
ils/elles	viendraient	seraient venu(e)s

Subjunctive

	Present	Past
je/j'	que je vienne	que je sois venu(e)
tu	que tu viennes	que tu sois venu(e)
il/elle	qu'il/elle vienne	qu'il/elle soit venu(e)
nous	que nous venions	que nous soyons venu(e)s
vous	que vous veniez	que vous soyez venu(e)s
ils/elles	qu'ils/elles viennent	qu'ils/elles soient venu(e)s

Imperative	Infinitive	Participle	
Present	Past	Present	Past
viens	être venu	venant	(étant) venu
venons			
venez			

Voir *to see*

	Indicative			
	Present	Imperfect	Preterite	Future
je	vois	voyais	vis	verrai
tu	vois	voyais	vis	verras
il/elle	voit	voyait	vit	verra
nous	voyons	voyions	vîmes	verrons
vous	voyez	voyiez	vîtes	verrez
ils/elles	voient	voyaient	virent	verront

	Perfect	Pluperfect	Future Perfect
j'	ai vu	avais vu	aurai vu
tu	as vu	avais vu	auras vu
il/elle	a vu	avait vu	aura vu
nous	avons vu	avions vu	aurons vu
vous	avez vu	aviez vu	aurez vu
ils/elles	ont vu	avaient vu	auront vu

	Conditional		Subjunctive	
	Present	Past	Present	Past
je/j'	verrais	aurais vu	que je voie	que j'aie vu
tu	verrais	aurais vu	que tu voies	que tu aies vu
il/elle	verrait	aurait vu	qu'il/elle voie	qu'il/elle ait vu
nous	verrions	aurions vu	que nous voyions	que nous ayons vu
vous	verriez	auriez vu	que vous voyiez	que vous ayez vu
ils/elles	verraient	auraient vu	qu'ils/elles voient	qu'ils/elles aient vu

Imperative	Infinitive	Participle	
Present	Past	Present	Past
vois voyons voyez	avoir vu	voyant	(ayant) vu

Vouloir *to want*

Indicative

	Present	Imperfect	Preterite	Future
je	veux	voulais	voulus	voudrai
tu	veux	voulais	voulus	voudras
il/elle	veut	voulait	voulut	voudra
nous	voulons	voulions	voulûmes	voudrons
vous	voulez	vouliez	voulûtes	voudrez
ils/elles	veulent	voulaient	voulurent	voudront

	Perfect	Pluperfect	Future Perfect
j'	ai voulu	avais voulu	aurai voulu
tu	as voulu	avais voulu	auras voulu
il/elle	a voulu	avait voulu	aura voulu
nous	avons voulu	avions voulu	aurons voulu
vous	avez voulu	aviez voulu	aurez voulu
ils/elles	ont voulu	avaient voulu	auront voulu

Conditional / Subjunctive

	Conditional Present	Conditional Past	Subjunctive Present	Subjunctive Past
je/j'	voudrais	aurais voulu	que je veuille	que j'aie voulu
tu	voudrais	aurais voulu	que tu veuilles	que tu aies voulu
il/elle	voudrait	aurait voulu	qu'il/elle veuille	qu'il/elle ait voulu
nous	voudrions	aurions voulu	que nous voulions	que nous ayons voulu
vous	voudriez	auriez voulu	que vous vouliez	que vous ayez voulu
ils/elles	voudraient	auraient voulu	qu'ils/elles veuillent	qu'ils/elles aient voulu

Imperative / Infinitive / Participle

Imperative Present	Infinitive Past	Participle Present	Participle Past
veuille veuillez	avoir voulu	voulant	(ayant) voulu

Pronominal form

Se Laver *to wash, to wash oneself*

Indicative

	Present	Imperfect	Preterite	Future
je me	lave	lavais	lavai	laverai
tu te	laves	lavais	lavas	laveras
il/elle se	lave	lavait	lava	lavera
nous nous	lavons	lavions	lavâmes	laverons
vous vous	lavez	laviez	lavâtes	laverez
ils/elles se	lavent	lavaient	lavèrent	laveront

	Perfect	Pluperfect	Future Perfect
je me/m'	suis lavé(e)	étais lavé(e)	serai lavé(e)
tu t'/te	es lavé(e)	étais lavé(e)	seras lavé(e)
il/elle s'/se	est lavé(e)	était lavé(e)	sera lavé(e)
nous nous	sommes lavé(e)s	étions lavé(e)s	serons lavé(e)s
vous vous	êtes lavé(e)s	étiez lavé(e)s	serez lavé(e)s
ils/elles se/s'	sont lavé(e)s	étaient lavé(e)s	seront lavé(e)s

Conditional

	Present	Past
je me	laverais	serais laveé(e)
tu te	laverais	serais lavé(e)
il/elle se	laverait	serait lavé(e)
nous nous	laverions	serions lavé(e)s
vous vous	laveriez	seriez lavé(e)s
ils/elles se	laveraient	seraient lavé(e)s

Subjunctive

	Present	Past
je me	que je me lave	que je me sois lavé(e)
tu te	que tu te laves	que tu sois lavé(e)
il/elle se	qu'il/elle se lave	qu'il/elle se soit lavé(e)
nous nous	que nous nous lavions	que nous nous soyons lavé(e)s
vous vous	que vous vous laviez	que vous vous soyez lavé(e)s
ils/elles se	qu'ils/elles se lavent	qu'ils/elles se soient lavé(e)s

Imperative	Infinitive	Participle	
Present	Past	Present	Past
lave-toi	s'être lavé	se lavant	s'étant lavé
lavons-nous			
lavez-vous			

Passive form

Etre Aimé

Indicative

	Present	Imperfect	Preterite	Future
je/j'	suis aimé(e)	étais aimé(e)	fus aimé(e)	serai aimé(e)
tu	es aimé(e)	étais aimé(e)	fus aimé(e)	seras aimé(e)
il/elle	est aimé(e)	était aimé(e)	fut aimé(e)	sera aimé(e)
nous	sommes aimé(e)s	étions aimé(e)s	fûmes aimé(e)s	serons aimé(e)s
vous	êtes aimé(e)s	étiez aimé(e)s	fûtes aimé(e)s	serez aimé(e)s
ils/elles	sont aimé(e)s	étaient aimé(e)s	furent aimé(e)s	seront aimé(e)s

	Perfect	Pluperfect	Future Perfect
j'	ai été aimé(e)	avais été aimé(e)	aurai été aimé(e)
tu	as été aimé(e)	avais été aimé(e)	auras été aimé(e)
il/elle	a été aimé(e)	avait été aimé(e)	aura été aimé(e)
nous	avons été aimé(e)s	avions été aimé(e)s	aurons été aimé(e)s
vous	avez été aimé(e)s	aviez été aimé(e)s	aurez été aimé(e)s
ils/elles	ont été aimé(e)s	avaient été aimé(e)s	auront été aimé(e)s

Conditional

	Present	Past
je/j'	serais aimé(e)	aurais été aimé(e)
tu	serais aimé(e)	aurais été aimé(e)
il/elle	serait aimé(e)	aurait été aimé(e)
nous	serions aimé(e)s	aurions été aimé(e)s
vous	seriez aimé(e)s	auriez été aimé(e)s
ils/elles	seraient aimé(e)s	auraient été aimé(e)s

Subjunctive

	Present	Past
je/j'	que je sois aimé(e)	que j'aie été aimé(e)
tu	que tu sois aimé(e)	que tu aies été aimé(e)
il/elle	qu'il/elle soit aimé(e)	qu'il/elle ait été aimé(e)
nous	que nous soyons aimé(e)s	que nous ayons été aimé(e)s
vous	que vous soyez aimé(e)s	que vous ayez été aimé(e)s
ils/elles	qu'ils/elles soient aimé(e)s	qu'ils/elles aient été aimé(e)s

Imperative	Infinitive	Participle	
Present	Past	Present	Past
sois aimé(e)	avoir été aimé	étant aimé	ayant été aimé(e)(s)
soyons aimé(e)s			
soyez aimé(e)(s)			

Glossary

abstain from   s'abstenir de
abuse   abuser de
accept to   accepter de
accuse (oneself) of   (s')accuser de
accustom to   (s')habituer à
act on   agir sur
adapt (oneself) to   (s')adapter à
add to   ajouter à
address   s'adresser à
adhere to   adhérer à
admit to   admettre de
advise to   conseiller de
agree   être d'accord
   agree on   s'accorder sur
   agree to   accepter de
   agree with   être d'accord avec, concorder avec
aim at   viser à
allow (oneself) to   (se) permettre de
ally with   (s')allier à
amuse (oneself) with, be amused by   s'amuser de
answer to/for   répondre à/de
apologize to/for   s'excuser à/de
appeal to   en appeler à, plaire à
appear to   apparaître à, sembler à
apply (oneself) to   (s')appliquer à
approach   (s')approcher de
argue   se disputer
   argue about   se disputer sur
   argue with   se disputer avec
arrange   arranger
   make an arrangement with   s'arranger avec
arrive   arriver à
ask to   demander à
aspire to   aspirer à

assign to   affecter à
associate with   (s')associer à
assure of   assurer de, garantir de
attach to   attacher à
(be) attached to   tenir à
attack   s'attaquer à
attain   atteindre à
attempt to   tenter de
attend   assister à
attract to   attirer à/sur
attribute to   imputer à
avenge oneself for   se venger de
avoid   éviter de
(get) away from   s'éloigner de
back into   acculer à
bargain with   marchander avec
be   être
bear upon   porter sur
beg   supplier de
begin   commencer
   begin by   commencer par
   begin with   commencer à
believe in   croire à/en
belong to   appartenir à, être à
benefit from   profiter de
bet on   parier sur
bind to/with   lier à/par
blame for   blâmer de
   blame oneself for   s'accuser de
blend with   (se) mélanger ou (se) mêler à/avec
blush with   rougir de
borrow from   emprunter à
brag about   se vanter de
break   briser, casser
   break up into   (se) répartir en
   break up with   rompre avec
bring to   apporter à, amener à
   bring closer to   rapprocher de
burn with   brûler de
burst into   éclater en

buy   acheter
  buy back from   racheter à
  buy from   acheter à
call   appeler, traiter de
  call on   appeler sur
  call to   appeler à
care about   se soucier de
  care for, take care of   s'occuper de, se charger de
carry   porter
  carry out   s'acquitter de
  carry over to   se reporter sur
  carry to   porter à
challenge to   défier de
change   changer de
  change into   (se) changer en
charge with   inculper de
chase after   courir après
choose   choisir de
clear of   vider de
climb   grimper à
cling to   s'accrocher à
coincide with   coïncider avec
collaborate in/with   collaborer à/avec
come   venir
  come back from   revenir de
  come back to   revenir à
  come closer to   se rapprocher de
  come down   descendre
  come down to   se ramener à
  come from   venir de
  come (around) to   en venir à
  come (up) to   venir à, en venir à
  come out of   sortir de
command to   commander à/de, ordonner à/de
commit oneself to   s'engager à
communicate to/with   communiquer à/avec
compare to/with   comparer à/avec
compel to   obliger à
compete with   rivaliser avec

compliment on   complimenter sur
complain   se plaindre
  complain about/of   se plaindre de
  complain to   se plaindre à
concede to   concéder à
concentrate on   (se) concentrer sur
condemn to   condamner à
condescend to   condescendre à
confess to   (se) confesser à, avouer à
confide in   se confier à
confirm to   confirmer à
conform to   se conformer à
confront with   confronter à/avec
confuse with   confondre avec
congratulate (oneself) on/for   (se) féliciter de
connect with   lier à
consent to   consentir à
consider (oneself) as   (se) prendre pour
consist of/in   consister de/à
consult on   consulter sur
(be) content with   se contenter de, se satisfaire de
  be content to   se borner à
contrast with   opposer à
contribute to   contribuer à
converge on   converger sur
convert to   (se) convertir à
  convert into   convertir en
cooperate with   coopérer avec
copy from   copier sur
correspond to/with   correspondre à/avec
count for/on   compter pour/sur, tabler sur
cover with   couvrir de
crown with   couronner de
crush with   écraser de
cry   pleurer
  cry out of   pleurer de
  cry over   pleurer sur
cure of   guérir de
  to get cured of   se guérir de

deal with   traiter avec, composer avec
decide   décider
  decide to   décider de, se décider à
  to decide on   se décider pour
declare   déclarer
  declare oneself for/against   se déclarer pour/contre
  declare to   déclarer à
decorate with   orner de, garnir de
dedicate to   dédier à
defend (oneself) against/from sth   (se) défendre de/contre
delight in   se réjouir de
(be) delighted to   être enchanté de
deliver to   livrer à
demand   exiger de
  demand from   réclamer à
demonstrate against/for   manifester contre/pour
deny oneself   se priver de
depend on   dépendre de
deprive of   priver de, démunir de
derive from   dériver de
descend from   descendre de
deserve to   mériter de
despair over   désespérer de
(be) destined to   se destiner à
devote (oneself) to   (se) vouer à, (se) dévouer à, (se) consacrer à
die for/of   mourir pour/de
differ from   différer de
direct at/to   diriger sur
  direct against   diriger contre
disappear from   disparaître de
discourage from   décourager de
discuss about/with   discuter de/avec, s'entretenir de/avec
dissuade from   dissuader de
distinguish   distinguer
  distinguish between   distinguer entre
  distinguish from   distinguer de
  distinguish oneself by   se signaler par
distract from   distraire de
distribute to   distribuer à

dive in/from   plonger sur/dans
divert from   diverger de
divide into   (se) diviser en
(get) divorced from   divorcer de
do   faire
  do without   se passer de
  (be) done with   en avoir terminé avec
(be) doubled up with   se tordre de
doubt   douter de
dream about/of   rêver de
dress in/with   habiller de
drown in   se noyer dans
dwell   habiter
  dwell in   habiter à
  dwell on   s'arrêter à/sur
empty   vider
  empty out in   vider dans
  empty out of   vider de
encourage to   encourager à
end or finish   finir de, terminer de, achever de
  bring an end to   en finir avec
  end in/with   se terminer en/par
  end with/up   finir par
(be) enough for/to   suffir à
enslave to   asservir à
enter   entrer (à)
  enter into   entrer en/dans
entice to   inciter à
entrust with   confier à
envy for   envier de/pour
erase from   effacer de
escape from   s'échapper de, se sauver de, se soustraire à
exclude from   exclure de
excuse for   excuser de
exempt from   dispenser de
exhort to   exhorter à
expect   s'attendre à
  expect from   attendre de
expel from   expulser de, chasser de

(be) experienced in   être rompu à
expose to   exposer à
extract from   extraire de
fall   tomber
   fall in love with   s'éprendre de
   fall on   tomber sur
   fall out of   tomber de
familiarize (oneself) with   (se) familiariser avec
fasten to   attacher à
fear   redouter de
   fear for   craindre pour
fight for/against   lutter pour/contre
fill with   remplir de
find to   trouver à
flee from   s'enfuir de
flunk   échouer à
forbid to   empêcher de, défendre à/de
focus on   centrer sur
force to   forcer à, obliger à
forget to   oublier de
forgive   pardonner à
   forgive for   pardonner de
found or base on   fonder sur
free (oneself) from   (se) délivrer de, (se) libérer de, (s')affranchir de
(make) friends with   se lier avec
garnish with   garnir de
get   obtenir
   get along with   s'entendre, s'accorder avec
   get (sth) from   obtenir de
   get in   entrer dans
   get out of   (se) sortir de
   get over   guérir de
   get up from   se lever de
give   donner
   give in to   s'abandonner à, céder à
   give to   donner à
   give up   renoncer à
   give (oneself) up to   (se) sacrifier à
go   aller
   go away from   partir de

go back to   retourner à, remonter à

go to   aller à

go with   aller avec

grab or grasp   se saisir de

grant   accorder à

guard against   se garder contre/de

hang   (se) pendre

  hang from   (se) pendre à

  hang up on   raccrocher à, suspendre à

happen to   arriver à

have   avoir

  have against   avoir contre

  have to   avoir à, être obligé de

head for   se diriger sur

help   aider

  help oneself to   se servir en

  help to   aider à

hesitate to   hésiter à

hide from   cacher à, se cacher de; dissimuler à

hit   frapper

  hit it off with   s'entendre avec, sympathiser avec

  hit (up)on   tomber sur

hold   tenir

  hold (sth) against sb   en vouloir à qn

  hold back   (se) retenir

  hold on to   s'accrocher à, se raccrocher à, se retenir à

  hold out against   tenir contre

honor with   honorer de

hope for   espérer en

hurry to   se dépêcher de

identify with   s'identifier à/avec

import from   importer de

impose on   imposer à

incite to   provoquer à

incline to   incliner à, disposer à

incorporate into   incorporer à/dans

include in/on   inclure dans

indicate to   signaler à

indulge in   s'adonner à

inflict upon   infliger à

inform of   informer de

inquire about   s'informer sur

inherit from   hériter de

inscribe in   inscrire dans

insist on   tenir à, insister sur

integrate into   intégrer à

introduce (oneself) to   (se) présenter à

involve in   impliquer dans

(be) interested in   s'intéresser à

join to   joindre à, réunir à

jump for   sauter de

keep   garder

   keep from   se retenir de

   keep on   continuer à/de

kick out of   virer de

kill   tuer

   kill oneself at   se tuer à

knock at/on   taper à/sur

know   savoir

   (let sb) know   faire savoir à (qn)

land on   se poser sur

laugh at   rire de

launch against   lancer contre

lead to   mener à, conduire à, aboutir à

lean   pencher

   lean on   s'appuyer sur

   lean out   se pencher à

   lean over   se pencher

learn   apprendre à

leave   partir

   leave for   partir pour

   leave from   partir de

lend to   prêter à

let go of   se détacher de

lie to   mentir à

lift from   soulever de

link to   lier à, relier à

limit (oneself) to   (se) limiter à

live on/off   vivre de

look   regarder
  look after   veiller sur
  look like   ressembler à
make   faire
  make fun of   se moquer de
  make sure of   veiller à, voir à, s'assurer de
  make up with   se réconcilier avec
(get) married to   se marier avec
meddle in   se mêler de
mistrust   se méfier de
mix with   (se) mélanger à/avec, (se) mêler à/avec
model after/on   (se) modeler sur, (se) régler sur
move   bouger, émouvoir
  move away from   (s')éloigner de
mutter against   murmurer contre
neglect to   négliger de
negotiate with   négocier avec
obey   obéir à
object to   objecter à
offer to   offrir de, s'offrir à, se promettre de
omit to   omettre de
open   ouvrir
  open out onto   ouvrir sur
  open up to (sb)   s'ouvrir à (qn)
order to   ordonner de
overcome   triompher de
overflow with   déborder de
overwhelm with   noyer de, accabler de
pay   payer
  pay back   rembourser de
  pay for   payer pour
partake in/of   participer à/de
persist in   s'obstiner à, s'acharner à, s'entêter à
persuade   persuader
  persuade (oneself) of   (se) persuader de
  persuade to   persuader de
plan to   projeter de
play   jouer à/de
plot against   comploter contre

postpone   renvoyer à
pour in   verser dans
praise   vanter
  praise to   vanter à
  praise (oneself) for   (se) louer de
predispose to   prédisposer à
press on   appuyer sur
prevail over   prédominer sur
prefer to   préférer à
prepare (oneself) for/to   se préparer à
prescribe for   prescrire à
preserve from   préserver de
pretend to   prétendre à, affecter de
prevent from   empêcher de
pride oneself on   se vanter de
promise to   promettre de
propose to   proposer de
protect (oneself) from   (se) protéger de
prove to   prouver à
provide   pourvoir
  provide for   pourvoir à
  provide (oneself) with   (se) pourvoir de
pull   tirer
  pull out of   tirer de
  pull by   tirer par
punish for   punir de
push away from   écarter de
put   mettre
  put down   poser, réprimer
  put down on   poser sur
  put off   repousser
  put out   éteindre
  put up with   supporter
qualify for   (se) qualifier pour
quarrel   se quereller
  quarrel about/over   se quereller pour
  quarrel with   se quereller avec
(be) radiant with   rayonner de
radiate from   rayonner de

rally   rallier à
   rally around   se rallier à
react   réagir
   react against   réagir contre
   react to   réagir à
   react with   réagir sur
read to   lire à
realize   s'apercevoir de
reason with   raisonner avec
reassure about/on   rassurer sur
receive   recevoir
   receive for   recevoir à
   receive from   recevoir de
recommend to   recommander à
reduce to   réduire à/en
refer to   se référer à
refuse to   refuser de
regret   regretter de
reject on   rejeter sur
release from   relever de
relieve of   soulager de
(be) reluctant to   répugner à
remember   se souvenir de
remind   rappeler à
remove from   enlever de, ôter de
repent from   se repentir de
replace with   remplacer par
rent to   louer à
renew with   renouer avec
reply to   répondre à
report to   rapporter, faire un rapport à
request to   demander de, exiger de
rescue from   sauver de
reserve for   reserver à/pour
(be) resigned to   se résigner à
resist   résister à
resort to   recourir à
rest on   (se) reposer sur
result in   aboutir à

return retourner
  return to retourner à, rendre à
reveal to révéler à
reward for récompenser de
rise se lever
  rise up against se révolter contre, se dresser contre
  rise up on se dresser sur
roll rouler
  roll in/on se rouler dans/sur
rouse against soulever contre
rule over régner sur
rush in/on/toward se précipiter, se ruer dans/sur/vers
(be) satisfied with se satisfaire de
save from sauver de
say to dire à
sell to vendre à
send to envoyer à, transmettre à
sin against pécher contre
share with partager avec
show (oneself) to (se) montrer à
spill over se répandre sur
smile at sourire à
soak with baigner de
spare épargner à
speak about, of parler de
  speak to s'adresser à
stand être debout
  stand out against se détacher sur
  stand up to résister à, supporter de
start commencer
  start again se remettre à
  start over recommencer
steal from voler à, dérober à
stop (s')arrêter de, cesser de
strike off rayer de
strip of dépouiller de
strive to s'efforcer de
subject to soumettre à
submit to soumettre à, faire subir à
subordinate to subordonner à

substitute for   substituer à
subtract from   soustraire de
succeed in   réussir à
(be) successful in   réussir dans
suffer from   souffrir de
suggest to   suggérer à/de
surpass in   surpasser en
(be) surprised at   s'étonner de
survive   survivre à
suspect of   soupçonner de, suspecter de
take   prendre
   take a long time to   tarder à
   take after   tenir de
   take apart   démonter
   take away from   soustraire à
   take it out on   se venger sur
   take off   enlever
   take offense at   s'offenser de
   take on   s'attaquer à
   take part in   participer à
   take pleasure in   s'amuser à
   take up to   monter à
talk   parler
   talk about   parler de
   talk into   parler dans
   talk to   parler à
   talk with   parler avec
teach   apprendre à
tear (oneself) from   (s')arracher à/de
tell to   raconter à
tend to   tendre à
testify   témoigner
   testify for/against   témoigner pour/contre
   testify to   témoigner de
thank for   remercier de
think about/of   penser à/de, réfléchir à, songer à
threaten with   menacer de
throw (oneself) at   (se) jeter à
(get) tired of   se fatiguer de
touch   toucher à

train to   dresser à
  train for   former à
transfer to   verser à
transform into   transformer en
translate   traduire
  translate from   traduire de
  translate into   traduire en
treat like/as   traiter en
try to   essayer de, tâcher de
turn   tourner
  turn against   (se) retourner contre
  turn (oneself) into   (se) transformer en
  turn oneself in to   se rendre à
transfer to   rapporter sur, transférer à
undertake   entreprendre de
urge to   engager à
(get) used to   s'accoutumer à, s'habituer à
(be) useful to   servir à
wake (up) from   (se) réveiller de
want   vouloir
  want for   manquer de
  want from   vouloir de
warn of   prévenir de
wear   porter
  wear oneself out   s'user à
whisper to/into   murmurer à, souffler à/dans
withdraw   retirer
  withdraw from   (se) retirer de
  withdraw to   se replier sur
wonder about   s'émerveiller de
work   travailler
  work at   s'entraîner à
  work on   travailler à
  work with   travailler avec
worry about   s'inquiéter de, se soucier de, se tourmenter de
wound with   blesser de
write to   écrire à
(be) wrong about   se tromper de/sur